企业信贷与
商业信用尽职调查

蒲小雷　著

中国金融出版社

责任编辑：童祎薇
责任校对：张志文
责任印制：张也男

图书在版编目（CIP）数据

企业信贷与商业信用尽职调查（Qiye Xindai yu Shangye Xinyong Jinzhi
Diaocha）/蒲小雷著.—北京：中国金融出版社，2017.9
ISBN 978 - 7 - 5049 - 9149 - 2

Ⅰ.①企…　Ⅱ.①蒲…　Ⅲ.①企业管理—信贷管理—调查研究—中国
②商业信用—调查研究—中国　Ⅳ.①F832.42

中国版本图书馆 CIP 数据核字（2017）第 201005 号

出版
发行　中国金融出版社

社址　北京市丰台区益泽路 2 号
市场开发部　(010)63266347，63805472，63439533（传真）
网 上 书 店　http://www.chinafph.com
　　　　　　　(010)63286832，63365686（传真）
读者服务部　(010)66070833，62568380
邮编　100071
经销　新华书店
印刷　北京市松源印刷有限公司
装订　平阳装订厂
尺寸　185 毫米×260 毫米
印张　26.25
字数　394 千
版次　2017 年 9 月第 1 版
印次　2017 年 9 月第 1 次印刷
定价　78.00 元
ISBN 978 - 7 - 5049 - 9149 - 2
如出现印装错误本社负责调换　联系电话　(010) 63263947

序一

征信服务在社会信用体系建设中的作用

信用是市场经济的基石，是市场经济运行的前提和基础，是人们进行经济社会交往的基本准则。市场经济越发达，对信用的要求就越高。在经济活动中，交易双方信用信息不对称现象普遍存在，使市场机制对资源配置的效率大大降低。信用体系越健全、信用信息越开放越真实，就越能够提高资源配置效率和市场运行效率。

企业创立之初，需要借助自身信用打开市场、获得客户、筹集和融通资金。随着企业的发展壮大，企业在金融市场发债、上市，以及对外投融资行为等，更需要高水平的信用作支撑。在现代信用体系基础上，多元化的金融组织迅速发展，取代了传统银行的金融垄断，形成了现代化的金融组织体系和市场体系，为社会提供了更多的融资机会与渠道，不仅给金融业的发展带来了活力，同时也给整个社会经济发展注入了新的生机，使社会资源配置得以高效、合理地发展。

在成熟市场经济国家的信用体系当中，信用服务行业扮演着维护信用体系正常运行的极为重要的角色。专业化、市场化、规范化的信用服务机构是保障一个国家信用体系健康运行的必要条件。信用服务业具有智力密集、技术密集、专业化程度高的特点，承担着信用信息收集、加工、传递及信用中介、信用保障、信用辅助等功能，并在防范信用风险、促进信用交易方面发挥着重要作用。

征信业是信用服务行业的重要分支，也是所有信用服务行业的基础产业，在维护国家经济金融稳定方面有着重要作用。第二次世界大战后，一些国家经过经济恢复，到20世纪60年代普遍进入了经济高速增长时期。随着国内外贸易量大幅度增加，交易范围日益广泛，征信的业务量也随之迅速增大。从全球来看，发达国家的征信服务业已形成了比较完备的运作体系和法律法规体系，对各国经济发展和规范市场秩序起到了重要作用。

20世纪90年代以来，随着互联网和移动互联网的飞速发展，网商、微商、网贷、移动支付、互联网金融迅速崛起，对世界各大经济体产生了巨大和深远的影响。新经济创新模式彻底改变了传统经济社会的经济运营模式，新经济模式对现代信用活动带来了深刻的影响。新经济模式一方面依靠大量的信用方式进行交易、融资和支付，另一方面又极大地促进了金融创新和信用规模。各种经济信息形成了信用的基础，信用信息公开且相对透明，消除了技术和市场的障碍，整个社会的信用交易和信用信息互换同时呈现几何式上升，经济得以日益信用化。随着全球经济一体化进程的加速和以互联网为代表的现代信息技术的不断创新发展，各个国家有实力的征信公司正在从原先的人工、个体信息采集查询向基于互联网的批量信息收集和数据库信息查询、全球信息互联和信息共享方向飞速发展。

2002年，党的十六大第一次提出"建立健全现代市场经济的社会信用体系"，2012年党的十八大明确提出要"加强政务诚信、商务诚信、社会诚信和司法公信建设"，我国社会信用体系建设进入快车道。随着中国社会信用体系建设步伐的加快，征信行业已经成为一个极为广阔的蓝海。据权威机构预测，中国企业征信和个人征信市场空间高达2000亿元，而目前我国整个征信行业的总规模仅为20亿元，增长空间极为广阔。未来20年间，中国征信行业将产生百万就业岗位，并将产生世界级的征信机构。

我国征信行业的春天正在到来！

商务部国际贸易经济合作研究院副院长

序二

推行"政保银信"模式　破解中小企业融资难题

在本书出版之际，正值第五次全国金融工作会议召开不久。此次会议确定了做好金融工作的四项原则：回归本源、优化结构、强化监管和市场导向，明确了金融服务实体经济、防范金融风险和深化金融改革等三项任务。突出强调了金融要把为实体经济服务作为出发点和落脚点，把更多金融资源配置到经济社会发展的重点领域和薄弱环节，更好满足人民群众和实体经济多样化的金融需求。同时要以强化金融监管为重点，要把主动防范化解系统性金融风险放在更加重要的位置，科学防范，早识别、早预警、早发现、早处置，着力防范化解重点领域风险，着力完善金融安全防线和风险应急处置机制。

近年来，我国各级政府部门、行业组织和广大金融机构在服务实体经济尤其是中小企业方面做出了很多努力，但效果并不理想，中小企业融资难、融资贵状况一直未得到根本性改善。具体表现在：

一是中小企业获得贷款户数占比不升反降。近年来，经济下行导致银行不良资产率快速上升，银行出于自保对中小企业惜贷、拒贷现象仍然较为普遍。据中国银监会提供的数据，2000 年全国中小企业数量为 500 万家，当年获得信贷支持的中小企业户数约为 160 万家，占比 32 ％；到 2015 年，全国中小企业数量为 2400 万家，其中获得信贷支持的中小企业户数约为 700 万家，占比降为 29％。

二是中小企业贷款金额占比也呈现下降趋势。据中国银监会提供的数据，2000 年我国企业总信贷规模为 13.33 万亿元，中小企业信贷规模为 6.96 万亿元，占比 52.25％；到 2015 年，我国企业总体贷款规模为 138.14 万亿元，中小企业贷款规模为 70.8 万亿元，占比 51.2％。

需要指出的是，按照中国中小企业协会会长李子彬发布的数据，2015年我国中小微企业获得贷款总额为26万亿元（包括个体工商户的贷款），与中国银监会发布的数据有较大出入。从商务部研究院课题组到各地调研的情况看，近年来广大中小企业认为，相对于国际金融危机期间，现在获得银行贷款的比例降低了、贷款难度也更大。

综合分析，中小企业融资难问题一直没有得到有效解决，其症结主要有以下四个方面。

一是从供给端看，主要是金融市场总体供给不足、结构性问题突出。我国传统金融体系主要服务于大企业（国企、央企、上市公司、地方政府融资平台）和高端人群，金融机构多年来墨守成规、管理落后、创新动力不足，缺乏面向中小企业和中低收入人群服务的积极性。我国银行重抵（质）押、轻信用的信贷模式，从根本上制约了中小企业获得银行的信贷支持。一些人将中国的银行形容为"当铺"，虽然有失偏颇，却也一语中的。目前我国企业抵（质）押贷款占比达到85%~88%，信用贷款比例很低。大型企业普遍表现为"重资产"特征，固定资产占企业总资产的60%甚至80%以上，通过抵（质）押容易获得银行融资；而中小企业普遍表现为"轻资产"特征，中小企业流动资产占总资产的比例达70%~80%，造成银行放贷的刚性要求与中小企业的资产特征严重错位，形成"银行只会锦上添花，不会雪中送炭；只认大企业，不理小企业"的信贷潜规则。

事实上，为中小企业提供信用贷款并非一定带来银行高坏账率。美国富国银行2010年中小企业信用贷款余额为885.85亿美元，小企业贷款净坏账冲销余额为17.19亿美元，坏账率为1.94%，与美国银行业平均坏账水平基本持平。同时，美国银行业对中小企业贷款的比重非常高。美国资本金规模在1亿美元以下的银行，中小企业贷款比例为96.7%；资本金规模在1亿~3亿美元的银行，中小企业贷款比例为85%；资本金规模在10亿~50亿美元的银行，中小企业贷款比例为37.8%。美国银行业中小企业信贷坏账率低、比重大的主要原因，一方面是美国商业银行市场化程度高，信贷市场供给充分，竞争激烈，信贷风控管理能力强；另一方面是美国社会信用体系健全，信用服务行业发达，为银行信用贷款提供了有力的外部保障。

二是从需求端看，中小企业自身信用能力不足，资金需求以"短、小、急、频"为主，与现有银行信贷管理体系不匹配。中小企业普遍成立时间较短、管理不规范、信息不透明，缺乏固定资产抵押和有效担保，信用等级无法达到银行信贷准入门槛。同时，中小企业资金需求特点是"短、小、急、频"，即贷款周期短、贷款额度小、申请时间急、贷款频率高。一方面，银行缺乏针对中小企业融资需求的信贷产品，另一方面，银行信贷管理体系无法适应，导致信贷风险和操作成本过高，经济上也不划算。

三是从融资环境看，我国社会信用体系建设滞后，中小企业征信体系不健全。由于中小企业缺乏信贷记录，经营交易记录不完整、不透明，社会化征信机构均难以获得中小企业征信数据。同时，由于中国社会信用体系建设刚刚起步，失信联合惩戒和守信联合激励机制尚未健全，使得部分中小企业获得贷款后容易产生道德风险，不能满足银行信贷风控要求。

四是从外部支持看，政府对中小企业的扶持政策执行不到位、执行效果不理想。近年来，中央和地方政府出台了许多中小企业扶持政策并安排了配套资金，但实际扶持效果却远低于预期。具体表现在扶持资金拨放不理想，许多省市中小企业各类扶持资金每年都有较大剩余发放不出去；覆盖范围小，无法发挥普惠作用。据不完全统计，2015 年全国获得扶持资金的中小企业数仅占中小企业总量的 1% ~ 2%；部分地方甚至存在一些中小企业通过虚报、瞒报骗取扶持资金的现象，造成各种不公平现象。

综上所述，目前解决中小企业融资难、融资贵的方案尚不能真正奏效，需要探索新的解决方案和路径。

根据部分地方的前期探索，适当调整现阶段中小企业政策扶持方式，加大对中小企业的信用贷款支持力度，全面试点推行"政保银信"模式。在健全中小企业信用体系的基础上，充分发挥专业信用服务机构的作用，采用"政府引导、综合代偿、风险共担、信用服务"相结合的方式，大力发展信用贷款，全面破解中小企业融资难题。

"政保银信"模式具体包括：由中央和地方政府从中小企业扶持资金中划拨专项资金，建立"中小企业信贷专项扶持基金"；由政府部门牵头，财政部门、保险机构（或担保机构，以下统称为保险机构）和银行三方机构共同建立"中小企业信贷综合代偿资金"，并根据代偿资金规模联合承担中小企业信贷坏账损失；银行根据代偿资金规模放大 10 ~ 15 倍为经营优良的中小企业提供信用贷款支持；同时，专业信用服务机构为上述三方，尤其是政府部门提供专业化信贷风控服务和监理服务，保障"政保银信"模式下中小企业信贷坏账率维持在合理水平。

相对于以往的中小企业融资解决方案，这种模式有如下突出优势。

第一，政府通过较少的代偿引导资金，能够带动庞大的信贷规模，为广大中小企业提供普惠的信用贷款融资。由于政府、保险机构承担了绝大部分坏账风险，解决了银行的后顾之忧，因此银行愿意积极组织配套信贷资金为中小企业提供信贷服务。以全国各地设立中小企业信用贷款扶持基金规模 1000 亿元、政府承担 40% 风险代偿计算，综合代偿资金池总规模为 2500 亿元。银行放大信贷资金 15 倍，就能够撬动银行为中小企业提供信用贷款 3.75 万亿元。以每个中小企业平均获得 200 万元贷款计算，一年就能够支持 187.5 万家中小企业。

第二，政府获得的财政收入完全可覆盖其承担的代偿风险。根据历史数据测算，中小企业信贷规模和财政收入增加额成正比：每投入 1 元中小企业信贷，新增财政税收收入约为 0.04 元。按此比例计算，如果新增 3.75 万亿元的贷款，可产生财政收入约 1500 亿元。

从收入/损失比来看，以政府承担中小企业 40% 的信贷坏账计算，只要中小企业信贷坏账率不超过贷款总规模的 10%，政府从中小企业新增贷款中获得的财政税收收入就能够覆盖坏账代偿成本。

第三，可有效解决中小企业融资贵问题。在"政保银信"模式下，政府、保险机构承担了大部分信贷风险，银行只承担小部分风险，因此银行可将中小企业贷款利率降到较低的水平。综合测算，即使加上其他费用，中小企业信用贷款总成本仍可低于 8%，远低于现在中小企业融资成本（15% 左右），可有效解决中小企业融资贵问题。

第四，通过社会信用体系建设创新，政府可有效控制中小企业贷款风险。守信联合激励和失信联合惩戒是社会信用体系的核心机制，对于弘扬社会主义核心价值观，构建以信用为核心的新型市场监管体制，进一步推动简政放权和政府职能转变，营造公平诚信的市场环境，提高社会治理能力，都将发挥重要的支撑作用。

在"政保银信"模式中，政府部门可通过对守信的中小企业及其经营者进行联合激励和褒扬，让信用成为市场配置资源的重要考量因素，产生巨大的正向激励作用；同时，对拖欠贷款的中小企业和经营者采用行政性、市场性、行业性和社会性四方面相结合的联合惩戒，提高其失信成本，将对失信者产生巨大的威慑作用，从而降低政府财政资金的坏账代偿风险。

第五，引入专业机构信用服务是有效控制中小企业信贷风险的关键。信用服务机构是指专业提供信用信息或信用风险管理服务的机构，其在大数据征信、风险评估、信用监控、账款管理、劣后处置等方面具有其他机构无法比拟的技术优势，可为政府、金融机构、企业提供各类专业的信用管理和风控服务，是我国社会信用体系建设的重要组成部分和中坚力量。赛弥斯信用管理（北京）有限公司和商务部研究院投资机构——北京中贸远大信用管理有限公司就是我国信用服务机构的优秀代表。我国《社会信用体系建设规划纲要（2014—2020年）》明确提出："发展各类信用服务机构。逐步建立公共信用服务机构和社会信用服务机构互为补充、信用信息基础服务和增值服务相辅相成的多层次、全方位的信用服务组织体系。……推动信用服务产品广泛运用。拓展信用服务产品应用范围，加大信用服务产品在社会治理和市场交易中的应用。鼓励信用服务产品开发和创新，推动信用保险、信用担保、商业保理、履约担保、信用管理咨询及培训等信用服务业务发展。"

在"政银保信"模式中，引入第三方信用服务机构能够有效解决困扰政府、银行、保险机构的信用风险管理难题，降低信贷风险、提高审贷效率。具体体现在以下两个方面。

一是可以帮助政府部门解决"政银保信"模式中风险识别和风控难题。目前，很多省份和城市陆续推出政府代偿资金，引导银行通过信贷扶持中小企业，但实际上与其出台政策的预期效果相去甚远。其主要症结在于，在扶持政策实施时，政府部门对企业信用风险甄别和风险管理具体工作既不专业也根本无暇顾及，政府代偿时缺乏对风险过程管理的操作方法和认定依据，政府代偿资金变成了银行的"提款机"，银行出现坏账就找政府代偿，政府根本无法辨别在银行操作过程中是否按照政策规范执行，政府部门的积极性因此下降，造成扶持政策无法实施，最终不了了之。引入专业信用服务机构后，信用服务机构在客户前期筛选、贷前调查、信用评级、贷中监控预警、逾期账款处置等各个信贷风控环节均可为政府部门提供技术指导和专业流程管理，保证了"政银保信"模式下信贷管理流程各环节的科学性、规范性、合规性，使政府代偿资金拨付有据可依，充分保障政府代偿资金拨付的安全。

二是可帮助银行提高中小企业信贷审批效率，降低风险和管理成本。中小企业贷款的特点是"短、小、急、频"，银行传统信贷审批流程较慢、风控管理效率较低，其贷前获客成本、尽调成本以及贷中监控成本高昂，导致银行的信贷收益很低，甚至无法弥补成本，客观上影响了银行的参与积极性。信用服务机构利用其在大数据征信、信用评级和集约化信息化流程管理上的优势，可极大地提高银行信贷管理流程效率并大幅降低银行管理成本。

在使用专业机构信用服务控制中小企业信贷风险方面，北京中关村已有成功尝试。2007 年以来，中关村国家自主创新示范区采取政策引导、财政资金扶持、专业机构风控管理等措施开展的中小企业信用贷款试点取得良好效果，走出了一条扶持小微企业发展，同时有效控制金融风险的双赢道路，被国家发展改革委誉为"全国中小企业信用体系建设的示范性'标间'"。2007 年至 2013 年底，各银行累计为中关村 965 家中小企业提供了 2181 笔无抵质押无担保信用贷款，实际发放 276 亿元，未发生一笔坏账。在此过程中，第三方信用服务机构提供了征信、评级、贷中监控、账款管理等各项服务，验证了信用服务机构风控管理的专业性和可行性。

据测算，有专业信用服务的支持，在"政保银信"模式下，银行审贷时间平均从 20 个工作日缩短到 2 个工作日，银行风控管理成本从平均贷款额的 4% 降低到 0.5% 以下，中小企业的信用贷款坏账率有望控制在 1% ～3% 的较低水平，实现在有效控制信贷风险前提下对中小企业的信贷支持。

鉴于以上分析，建议在我国部分有代表性的城市和高新园区尽快开展"政保银信"模式试点工作，待试点取得经验后向全国进行推广，争取在三年内实现中小企业融资问题的全面改善，破解中小企业融资难题。

商务部国际贸易经济合作研究院信用研究所所长
中国服务贸易协会商业保理专业委员会主任

序三

写 作 初 衷

数月前，我与一家全国股份制商业银行的风控部老总见面，问起信贷尽职调查。

问：贵行有贷前和贷中尽职调查专门的培训教材吗？

答：没有。

问：如何指导客户经理开展企业贷前和贷中尽职调查？

答：按照行里的相关规定执行，有几张纸的调查要求。

问：新人的岗位培训怎么办？

答：主要由老人带新人。

这是当前我国金融机构的普遍现象。贷前和贷中尽职调查，是金融机构防范信用风险、降低坏账率的最重要的风控管理环节之一，尽职调查团队的综合素质和能力很大程度上决定了该机构的风控管理水平和不良率、坏账率的高低，各类金融机构本应高度重视尽职调查人员的培养和专业技能培训，然而实际情况却并非如此。很多银行、非银行金融机构和类金融机构都没有尽职调查的培训教材，尽职调查人员（包括金融机构的客户经理、风控人员和企业信用管理人员）没有经过系统化、专业化的尽职调查学习和培训，掌握的相关知识参差不齐，有些从业人员连尽职调查中重要的企业财务报表、财务数据分析和识别都不太了解，也就无法很好地完成尽职调查工作这项重要的工作。金融机构尚且如此，企业间商业信用尽职调查和信用管理水平更可想而知。我想这也是我国金融机构和企业坏账率居高不下的原因之一吧。我在信用管理领域研究的 20 多年来，深刻感受到我国金融机构和企业在信用（信贷）风控的尽职调查环节中存在的问题和不足。

2017 年 7 月，全国金融工作会议召开，习近平总书记出席会议并发表重要讲话。会议着重强调了金融的宗旨是为实体经济服务，要建设普惠金融体系，加强对小微企业、"三农"和偏远地区的金融服务；同时，金融机构必须强化监管，提高防范化解金融风险能力，防范、识别金融信贷风险，预警、发现、处置金融风险是未来金融机构的重中之重。可以说，在未来我国金融机构发展中，更好地为中小微企业提供普惠金融服务，并有效地控制普惠金融可能带来的更高风险，是各类金融机构可持续发展的必由之路和立身之本，而尽职调查就是金融机构在普惠金融中控制信贷风险的极为重要的环节，必须予以高度重视。

这本书的写作动机，就是希望提高尽职调查人员的素质，从而有效防范金融风险。当然，一本书无法改变我国信贷风控和商业信用管理领域的现状，却可抛砖引玉，为金融机构和企业提升信用风控能力略尽绵薄之力。

这本书的特点有以下几点：

1. 这是我国金融信贷领域和商业信用领域一本专门阐述企业信贷和商业信用尽职调查的正式出版书籍。

2. 这是一本尽职调查工具书，应用性和实操性较强。如果对经验丰富的老信贷人员参考作用不大的话，它至少是初入此行的信贷人员、信用管理人员、风控人员和金融、信用专业的学生以及其他相关行业从业人员的良师益友。

3. 一个优秀的尽职调查人员不仅要掌握尽职调查的"专业能力"，还必须具备高超的"社会能力"，即本书所倡导的将尽职调查人员培养成为在"专业智商"和"社会情商"方面均较为出色的复合型人才。因此，本书除了从专业知识角度提出"信贷尽职调查五级风控"的理念和解决方案外，也尝试在尽职调查的行为心理学角度培养和提升尽职调查人员的能力。

4. 在当今日新月异的时代，大数据正在深刻地影响着金融机构在信贷和商业信用风控方面固有的管理理念和管理流程。因此，本书除了重点阐述现场调查的操作方法外，也涉及一部分从外部数据采集的渠道、方法和应用方式，指导尽职调查人员在实践工作中参考使用。

5. 在尽职调查工作中，尽职调查人员财务分析能力的培养极为重要。因此，本书除了阐述传统的财务分析方法外，还深入剖析了发达国家在信贷风险分析、财务指标分析理论和方法上的新思想、新思路和新模型，旨在全面提升尽职调查人员的财务分析能力。

为配合这本书的出版，商务部研究院信用评级与认证中心专门成立了由行业内知名专家组成的教育培训小组，由教育培训小组组织具有多年实战经验的专家共同研发了系统性、实战型的"企业信贷与商业信用风控控制培训课程"。此课程通过理论结合真实案例分析及现场实操演练的方式，使参加培训的人员在课程结束之后，能够真正做到全面了解信贷和商业信用风控的相关知识，并掌握尽职调查、债权保障、商账管理业务实际操作的技能，为我国的风控领域不断输送实战型人才。

参加本书编写人员：曹姗、王蕾、田婧、胡玮、禹金宏、穆怀翀、张广全、佟周红、袁亚光、高爽。在此一并予以感谢。

赛弥斯信用管理（北京）有限公司总经理
北京中贸远大信用管理有限公司总经理

目　录

第一章

信贷与商业信用尽职调查概论

第一节　什么是信贷和商业信用尽职调查

"尽职调查"，英文单词是 Due（应行之事）Diligence（努力、勤勉），最初源于英美法案，来源于证券市场。最早的"尽职"概念是指做事时应有的谨慎态度。"尽职"通常指的是"非同寻常的谨慎"。尽职调查包含两层含义：一是应尽的义务和责任，二是为获取足够信息应该付出的各种努力。

"尽职调查"一词的广泛应用得益于美国《1933 年证券法》，根据该法规定，当购买某一证券的投资者指控证券公司所披露的信息不完全时，证券公司可以援引其对该证券进行了尽职调查工作，并且充分披露其所调查到的该公司信息，证券公司即可不因此承担责任。早期的"尽职调查"仅限于证券公开发行上市，主要用于保护证券市场上的投资者。因此，尽职调查一词在前期是投资领域的用语。随后，"尽职调查"一词逐渐延伸到其他如信贷、商业等各个经济领域和活动中，逐渐替代了这些领域中诸如"征信调查""资信调查""现场调查""商业信用调查""贷前调查""贷中调查""实地调查"等词语或与这些词语混用，通常泛指获取与经济、财务、法律有关的不同调查制度、流程、方法、手段和通过调查取得的信息、数据、资料与研究报告。

本书中所要研究的信贷与商业信用尽职调查是与企业信用或个人信用相关的尽职调查，属于大征信范畴。本书对信贷和商业信用尽职调查进行如下定义：

广义的"信贷和商业信用尽职调查"，是指通过各种有效方法和步骤，对被

1

调查对象（通常是指即将或已经成为某项信贷或商业活动的债务人）的真实情况进行充分调查，获取被调查对象与信贷和商业调查目的有关的信息、数据和资料的过程。在信贷和商业实质性活动尚未发生的前期，通过外部调查和现场调查，对被调查对象的既往历史信息、数据和资料进行采集和验证，以判断被调查对象是否具有信贷和商业合作价值；在信贷和商业实质性活动发生后，通过定期和不定期的外部调查和现场调查，对被调查对象的更新信息、数据和资料进行采集和验证，以判断被调查对象的各种信用变化是否对既成的信贷和商业合作造成实质性影响。

狭义的"信贷和商业信用尽职调查"，仅指对被调查对象的现场调查，包括信贷、商业活动发生前的现场调查和信贷、商业发生后的现场调查。

在本书中，对信贷和商业信用尽职调查的阐述更多是从狭义的信贷和商业信用尽职调查概念进行阐述，但在一些领域也扩展到了广义的信贷和商业信用尽职调查概念。同时，本书阐述的债务人主体是企业，对个人作为债务人主体的尽职调查不在此阐述。

信贷尽职调查业务主要是金融机构和类金融机构通过现场尽职调查和其他渠道全面、真实地获取、核实借款方借贷业务、抵（质）押担保等方面的信用数据，调研出信贷业务可能存在的风险并提出应对措施，为贷款决策提供依据。信贷尽职调查的使用方，不仅限于银行，还包括证券投资公司、保险公司、金融公司、信托公司、资产管理公司、财务公司等非银行金融机构，以及金融租赁公司、保理公司、信用保险公司、小额贷款公司、融资担保公司、典当行、各类互联网金融企业（P2P、P2B）等各种类金融机构。

商业信用尽职调查业务主要是通过对与之有商业合作的企业（主要是下游赊销客户）进行调查，收集与该企业各种信用相关的重要数据信息，找出其现存和潜在的信用问题和影响商业合作的重要因素，以便为作出是否与之进行拟议的合作和信用行为提供依据。商业信用尽职调查的使用方包括工业企业、商业企业、贸易企业、服务企业或机构等。

本书之所以将信贷和商业信用尽职调查合并在一起探讨研究，是因为不论信贷活动还是商业往来都要以调查核实企业或个人的信用为基础，信用是市场经济微观主体经济活动的启动器，没有通过尽职调查掌握客观充足的数据就盲目进行的信贷和商业活动都存在违约风险隐患。所以，西方国家将金融信贷风险管理和商业信用风险管理（也称赊销风险管理）统称为信用管理（Credit Management）。当前，中国信用体系发展严重滞后于经济发展是社会共识，而一个缺乏信用体系的市场，其运行质量是得不到保证的。银行与企业、金融机构与企业、企业与企业间的借贷或商业合作关系如果没有调查数据支持，都会因信用的缺乏而形成债务链，影响其正常的经营活动。

第二节　信贷与商业信用尽职调查的重要性

信用是社会主义市场经济正常运行的基本保证，信用市场与银行、金融体系、商业合作体系是紧密联系在一起的。目前信用问题已经阻碍了中国经济的发展，中国企业每年因信用问题导致的损失高达数千亿元，我国金融业普遍存在数额巨大的信贷风险，而非金融业企业之间因为商业往来所面临的信用风险也不容乐观，具体表现在：

（1）银行对保持国家经济健康发展极为重要，虽然我国改革开放经济发展近 40 年，银行界尚未遭受严重危机，但是银行系统所面临的信用风险一直很严峻。2016 年，伴随着经济周期的波动和企业经营状况的恶化，我国银行业也难以独善其身，资产质量逐步下滑。据银监会公布的数据显示，截至 2016 年第一季度末，我国商业银行不良贷款余额和不良贷款率环比继续连续双升。其中，商业银行不良贷款余额 13921 亿元；商业银行不良贷款率 1.75%，较上季度末上升了 0.07 个百分点，为连续第 18 个季度上升。根据 2016 年上半年的统计数据，国内不良贷款率创近七年新高。尽管银监会的官方数据称 2016 年第一季度商业银行不良贷款率为 1.75%，但外界围绕坏账水平的争议从未间断过。权威机构预计中国银行业不良贷款可能为 15 万亿元，银行整体损失可能达 8 万亿元，相当于财政收入的 50%、GDP 的 12%。

（2）2016 年以来，信用违约事件快速暴露，涉及行业和发行主体不断扩大。截至 2016 年 7 月，国内已出现违约债券共有 40 例。同时，受债券市场环境的负面影响，2016 年共有 364 只债券发行推迟或发行失败。违约事件频发的同时，2016 年初以来已有近 100 家中央国企、地方国企、民营企业的主体信用评级遭到下调，负面评级事件发生频率较往年大幅提升，预计信用债的违约率仍会进一步上升。

（3）从非金融企业角度而言，2016 年，受实体经济去产能、房地产去泡沫等因素影响，各类隐性的风险正在加速暴露。传统产业产能严重过剩，企业的投资回报降低甚至出现大规模亏损，债务违约风险大幅上升。从企业赊销账期来看，在西方国家，企业的赊销账期大多数采用 30 天，坏账率平均为 0.25% ~ 0.5%，而中国企业的赊销账期主要采用 60 天，坏账率平均为 5%，并且有不断上升的趋势。中国各行业企业的利润被坏账、拖欠款成本严重吞噬，商业信用风险仍将不断暴露。

正是因为金融机构和各类非金融企业都已在目前经济下行的趋势下面临潜在信用风险，所以必须对信贷和商业合作的对象进行尽职调查获取详尽的企业信用数据，从而规避相关信用风险。

信贷和商业信用尽职调查的重要性体现在：

（1）信贷尽职调查是银行等金融机构针对企业开展信贷业务、管理信贷风险的基本保障，是降低贷款机构与借款企业之间信息不对称、减少信贷风险隐患的重要手段，有助于银行等金融机构作出正确决策，防范信用风险，降低信贷坏账率。

（2）赊销是市场经济下的普遍商业行为，赊销回款风险是赊销企业必须面对的问题，而企业通过商业信用尽职调查掌握商业合作企业的信用数据，时刻了解、把控赊销风险，就能通过降低和防范赊销坏账，不断优化客户质量、促进销售和提高企业竞争力。

（3）信贷和商业信用尽职调查还可以挖掘被调查企业的信用特质，并可将这些企业的调研信息建立起企业信用档案，作为授信依据，进一步帮助金融机构和企业降低获客成本。

（4）通过信贷和商业信用尽职调查可以发现被调查企业的经营、管理、财务、信息披露中存在的问题，有利于被调查企业进行有针对性的改进，从而提高企业经营、管理、风险控制和规范运作的能力，最终促进企业综合能力的提高，并达到满足金融机构和商业合作伙伴的合作要求和条件。

第三节　信贷与商业信用尽职调查的相关学科

信贷和商业信用尽职调查是一个极为专业的独立学科，是隶属于经济类和金融类的分支专业。尽职调查人员是典型的高素质、复合型人才，必须拥有多方面综合的专业知识，更重要的是，还必须具备与人打交道的社会能力、处理各种复杂情况的应变能力和判断能力。尽职调查专业的必修课程包括会计学、财务管理学、审计学、金融学、法律学、经济学、企业经营管理学、行为心理学和行业研究学等。

1. 会计学和财务管理学。被调查企业的财务状况是其经营成果的反映，也是决定企业信用和还款能力的重要因素。尽职调查的首要条件就是必须熟练掌握企业会计知识、财务知识和财务管理知识，对企业的财务状况、财务报表和经营财务特征进行综合比较和评价。会计学是研究财务活动和资料的收集、分类、综合、分析和解释的基础上形成协助决策的科学系统。无论信贷还是商业信用尽职调查，都需要运用会计学和财务管理学知识，对企业财务报表的重要财务科目、财务指标以及这些科目反映的数据的真实性进行调查和分析。因此，尽职调查人员必然具备相当专业的会计学和财务分析能力。

2. 审计学。尽职调查需要对被调查企业信息进行去伪存真。据权威机构分析，我国中小企业的财务报表粉饰和造假的比例高达95%以上。一个企业的财务报表可能很漂亮，但其背后的真实性还有待于进一步核实。审计学是专门对企业和其他法人的经济活动进行有效监督的社会学科。财务管理学的财务分析侧重对企业财务状况的分析，审计学则侧重对这些财务科目和数据的真实性、合理性、合法性进行调查、核实。一个企业的财务报表是否经得起审计，是否真实地反映了一个企业经济活动效率、效果和效益状况，同样是尽职调查的必要条件，所以尽职调查人员同样离不开审计方面的能力和知识。

3. 金融学。信贷尽职调查属于金融活动范畴，尽职调查人员自然必须掌握金融学知识。金融学包括一切与信用货币的发行、保管、兑换、结算、融通有关的经济活动，信贷尽职调查的使用方大多是银行等金融机构，而融资的被调查企业也大多涉及资金的流转和融通，主要业务都涉及金融学知识。信贷尽职调查需要系统掌握金融学的基本理论与分析方法，熟悉有关政策乃至国际规则。在信贷尽职调查活动中，尽职调查人员要通过金融系统和信贷系统提供的材料，对被调查公司的投资情况、贷款情况、债务融资、募集资金等进行调查。如果不懂得金融学专业知识，开展这方面的尽职调查必然会寸步难行。

4. 法律学。法律尽职调查是尽职调查的一个重要方面，尽职调查对企业经营风险的判断，一个重要方面就是法律风险，具有法律专业知识的人员做尽职调查就成为有效避免法律风险的必不可少的条件。在调查中，尽职调查人员需要运用所掌握的法律专业知识，对被调查对象的有关法律事项进行有目的的调查和了解，例如被调查企业的主体资格、法律文件、诉讼情况、处罚情况、是否存在重大违规行为、是否存在重大未决诉讼或仲裁、资产权属是否清晰完备、是否存在违规担保以及是否存在其他潜在风险等情况，进而判断被调查企业经营的合规性、企业的法律风险对信贷风险的影响。

尽职调查人员需要学习的法律主要是民法、经济法知识。与信贷和商业信用有关的法律有《民法通则》《合同法》《公司法》《国有企业法》《破产法》《税法》《担保法》《贷款通则》《商业银行法》《票据法》《证券法》《税法》《婚姻法》等，同时还包括与银行有关的《中国人民银行法》《商业银行法》《银行监督管理法》等。在实际工作中，尽职调查人员需要把信贷的专业知识、专长及法律知识有机结合起来。除了运用法律防范信贷风险外，尽职调查人员还应遵纪守法，按章操作，按程序放款，依法管理贷款，杜绝冒名贷款、超权限贷款、逆程序放款等违规、违章行为的发生，保障信贷资金的安全。

5. 经济学。尽职调查人员应深入学习宏观经济学和微观经济学。学习宏观经济学，可以让尽职调查人员知道经济的周期特征、对不同行业和企业的影响、风险和机遇等内容。学习这些知识，便于尽职调查人员分析预测宏观经济的走势，掌握各周期的贷款收放策略。学习微观经济学，可以深入了解一个企业作为经济个体的经济行为。微观经济学主要以单个经济单位作为研究对象，分析单个生产者如何将有限的资源分配在各种商品的生产上以取得最大的利润；单个生产者的产量、成本、使用的生产要素数量和利润如何确定；生产要素供应者的收入如何决定；单个商品的效用、供给量、需求量和价格如何确定等，对尽职调查人员全面了解企业的经济运行规律至关重要。

6. 企业经营管理学。被调查企业的经营管理状况是影响信贷和商业合作的重要因素。因为企业管理理念与水平决定了企业的业绩和未来发展方向，也是企业信用的内在决定因素。在大多数情况下，企业管理经营水平和管理效率越高，其还款能力越高，偿付风险越低，信用状况相应的也会好于经营管理效率低下的同类企业。调查企业的管理水平，需要考察该企业的法人治理结构、内部管理机制、管理方式以及规章制度、经营理念和经营策略、企业的经营业绩与历史沿革，以及成本如何控制、质量如何保证、对上下游企业的经营风险、企业的市场竞争力等情况。一个企业治理结构、管理模式是否良好，应该从管理模式是否有效支撑决策系统、是否有效提高生产效能和质量、是否有效增强企业的市场竞争力、不断提高获取利润能力等方面判断。这些都离不开企业管理学方面的专业知识。

7. 行为心理学。与上面阐述的专业学科不同，行为心理学是社会学科范畴。尽职调查的行为心理学就是尽职调查人员通过与人和物的接触，通过各种行为表象发掘风险，探究真相。如果说其他学科是培养尽职调查人员智商的学科，那么，行为心理学就是培养尽职调查人员情商的学科。尽职调查人员需要的是智商和情商都较高的复合型人才，既能够通过高智商运用专业知识开展工作，又能够通过高情商运用高超的沟通和观察能力开展工作。

8. 行业研究学。行业研究学虽然还没有形成专业学科，却是当前经济社会极为重要的科学领域。只有深入了解每个行业的核心特征，才能够紧紧抓住每个行业的风险点。因此，尽职调查人员必须熟悉多数行业的宏观情况、行业特征、行业需求、行业市场容量、企业资源水平与行业中的竞争环境的匹配性、行业发展趋势、竞争格局、专业知识、运行方式、行业惯例、行业指标等知识，优秀尽职调查员应该熟练掌握至少 5~7 个主要行业，并精通 3~5 个行业。

当然，尽职调查是一项综合性非常强的工作，在实践中仅了解上述几个学科是远远不够的。例如，在涉及公司组织结构和人员结构时需要人事管理方面的知识，以了解公司岗位设置、人员结构的合理性和劳动用工存在的风险；在收集汇总分析与企业信用相关的重要数据信息时，又可能需要信息化和统计学的相关知识……实践中应该根据调查工作需要和调查重点不断调整和补充完善。实际上，一个熟练掌握各项知识和具备较高能力的尽职调查人员，往往需要多年培养和积累，而这样的人员也是稀缺的，成为各类机构争夺的对象。

第二章

企业信贷与风险分析

第一节　信贷基本流程与信贷风险概述

金融机构为了最大限度降低不良贷款率，实现利润最大化的目标，需要建立完善的信贷基本流程和信贷风险管理体系。关于这一点，可以从反面案例说明。某银行出现一笔贷款金额为 10000 元的坏账，假设银行年化平均净利差为 2%，那么银行为了弥补这 10000 元的坏账损失，需要新开发多少贷款业务？结果是 10000/0.02 = 500000 元。也就是说，10000 元的损失，需要新开发 50 万元贷款才能弥补。可以想象，银行每出现一笔坏账，都需要耗费几十倍的时间和精力才能弥补，当然这还不算银行在信贷和贷款管理方面花费的大量成本。

很明显，与其亡羊补牢弥补损失，不如未雨绸缪防范风险，在贷款之前建立一套科学健全的信贷流程和风险管控体系，尤其是引入信贷尽职调查机制，能够有效防范信贷损失，节约银行在贷款后期的时间和精力投入。

1. 信贷基本流程。对于金融机构来说，信贷的业务内容不同，信贷的基本流程也不同。零售贷款、个人住房按揭贷款、汽车信贷、企业贷款等信贷流程肯定会有所差异。这里仅以企业贷款流程为例。

企业贷款的特点是贷款金额相对较大，涉及金融机构的不同部门，需要大量的时间和人力投入。金融机构面向企业的贷款既需要一套标准化的审批流程，又需要对每一笔贷款进行全面而具体的信贷分析。正是由于借款金额较大，金融机构需要通过有效的信贷管理流程来调查审核企业，对盈利的可能性和存在的风险进行评估。而标准化的流程则有利于金融机构人员的专业化和信贷成本的最小化。从实践来看，金融机构对企业贷款的通用标准化流程如图2-1所示。

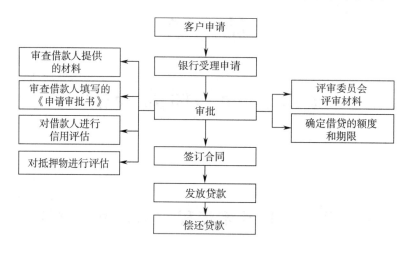

图2-1 企业贷款流程

第一步：借款企业提出贷款申请。借款企业（公司）向金融机构提出书面申请，提交借款申请书，内容应当包括贷款金额、贷款用途、偿还能力及还款方式，同时提交相关证明材料。

第二步：银行受理审批。贷前审查之后，由金融机构工作人员写出贷款审查报告，明确能否给予贷款，提交负责人审批。

第三步：签订借款合同。银行对借款企业审查后同意贷款，双方签订借款合同，约定贷款种类、贷款用途、贷款金额、利率、贷款期限、还款方式、借贷双方的权利和义务、违约责任、纠纷处理等内容。

第四步：贷款的发放。借款合同签订后，银行按合同规定发放贷款，并开始计算利息。借款企业按合同约定的用途、方式使用贷款。

第五步：贷款的收回。贷款到期时，借款企业应按借款合同按期足额归还贷款本息。

2. 信贷流程中的关键阶段。前面介绍的是企业贷款的通用流程。这个流程中，信贷前尽职调查一般是从收集和汇总企业资料开始的，尽职调查人员接到分配的调查任务后，应分析企业贷款申请书、申请时提交的资料，了解企业的行业特点、经营状况以及主要经营风险，并在受理阶段清单的基础上拟定更加详细的材料清单。金融机构有效把握四个关键阶段，对于有效的业务开发和信贷风险管理都是十分必要的。

第一，业务发起阶段。金融机构的业务发起职能部门负责开拓和维护与企业的关系，发展新的贷款业务，类似于公司的营销部。这个部门一般还负责信贷分析、贷款设计并对贷款拨付和还款流程进行全面的管理，同时负责监控和保持现有贷款的信用和盈利质量。由于这个部门直接面向企业，应该对企业贷款的盈利和信贷风险承担主要责任。但是由于业务发起团队受业绩和提成等因素的影响，不排除其在信贷风险方面可能存在放松管控的行为。

第二，信贷审批阶段。在信贷流程比较规范的金融机构中，信贷审批部门负责独立审查由业务发起部门批转的信贷申请。在科学完善的信贷流程中，信贷审批部门独立审查借款企业提交的各项材料和征信情况，并最终决定是否批准公司贷款，而不受业务发起团队的干扰。有些金融机构的信贷审批部门不仅负责分析和决策，还参与信贷的监控流程，在信贷风险和风险评级方面提供协助。

第三，信贷稽核阶段。信贷稽核可以理解为对信贷审批及其他相关流程环节的审查，但通常不是一事一审，而是定期对金融机构的贷款业务进行全面和独立的检查和评估。信贷稽核一般由较高层级的人员组成团队并独立开展，具体包括对信贷政策、程序、法律法规遵守情况的检查；遵循的信贷流程和标准的质量；信贷风险分析和风险评级的准确性；随机抽取和检查风险比较高的贷款，并根据检查情况得出评估意见和结论，并将这些意见和结论直接上报最高管理层。存在重大负面意见的稽核结论，有可能导致对贷款业务负责人的重新评价，甚至对培训和人事安排的重新调整。所以说，稽核职能是对整个信贷业务风险管理的实质性审查。

第四，综合管理阶段。综合管理阶段负责评估贷款的多样性、结构成分、风险形态和盈利特征等，并根据行业、地域、贷款种类、贷款期限、贷款规模、是否逾期等要素把握贷款的演变趋势，类似于贷款项目完成之后的后期评价。综合管理职能的必要性在于，金融机构不仅应该重视审查每一笔贷款，更应该从历年来的贷款整体情况来进行分析，把握未来的发展预期。这有助于防止金融机构发生贷款过度集中的危险，确保金融机构控制贷款整体的风险，从整体上实现风险收益最大化。实践中，这一职能通常由一个专家团队或者由来自不同部门的高级管理人员来完成。

综上所述，一个科学严谨的信贷流程应该如图 2 - 2 所示。

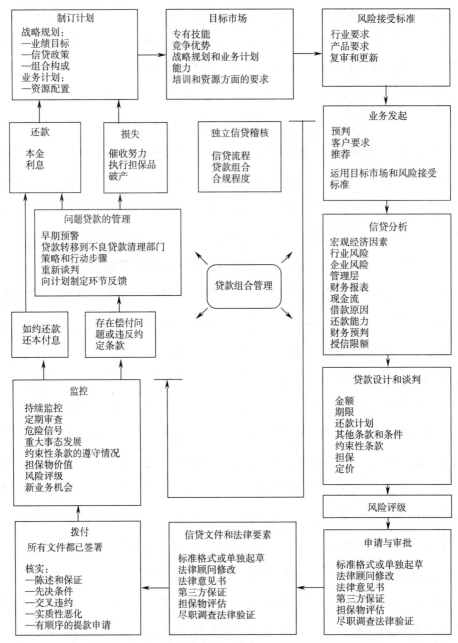

资料来源：世界银行集团国际金融公司中国项目开发中心：《信贷分析与公司贷款》，13 页，北京，外文出版社，2010。

图 2 - 2　信贷流程图

3. 信贷风险概述。金融机构发放贷款之后,可能由于各种原因,面临着无法回收贷款的情形,对于信贷风险应该有正确的认识。一方面,信贷风险是不可避免的,信贷风险和信贷业务是并存的。金融机构既然要通过利率差获取利润,就必须承担一定的风险。另一方面,金融机构承担的风险不是无限的,银行等金融机构有责任保护存款人的资金,只能承担一定水平的风险。

信贷风险从总体上可以分为市场性风险和非市场性风险两类。市场性风险主要来自企业,是由于企业主观上不愿意还款或是由于生产经营过程中,由市场条件和生产技术等因素变动而引起的风险。

非市场风险主要是由于金融机构自身原因,或者自然条件的不可抗力、社会政策的变动引发的风险。具体又可以分为九个方面:

一是信用风险,即借款的公司故意拖欠贷款,不愿意按时偿付贷款或足额偿付。或者由于借款企业的信用度突然恶化,降低了贷款的价值,需要追加提取坏账准备金。

二是利率风险,就是由于市场因素或是国家政策突然提高或者降低利率,而银行信贷仍必须按原合同利率执行,从而给银行利润带来的不利影响。

三是市场风险,例如由于借款企业担保物的市场价格下跌导致对贷款的保障能力降低,增加了借款企业违约的可能;或者由于借款企业在市场竞争中的经营不善,导致还款能力不足。

四是操作风险,即由于银行内部管理不善、人为失误带来的风险。例如信贷业务员可能会为了业绩提成故意美化借款企业的征信情况,银行操作系统故障可能导致的数据混乱和丢失等。

五是流动性风险,即由于银行流动性的欠缺,导致银行在贷款回收之后的现金不足以满足存款人的提款要求,或者银行其他财务或合同义务所需要的现金,极端的甚至可能引发挤兑现象。

六是法律风险,即由于贷款合同在法律上无效、借款企业违反法律遭受罚款、法律的修订对银行方面产生不利影响或者对借款企业的信用度产生消极影响或者导致银行相关支付成本上升等。

七是国家和跨境支付的风险,即银行信贷业务在国家的经济、商业、政治、社会等环境方面发生不利变化，或者当贷款以外币结算时，发生了银行母国的货币相对于该外币升值的情况。

八是信誉风险，即由于银行自身在开展贷款业务时没有遵守法律、发生信用或其他业务危机导致失去公众和监管者的信任；或者是银行与涉嫌犯罪活动的企业发生关联，为其提供贷款，导致银行信誉受损。

九是不可抗力风险。例如发生地震海啸等自然灾害给借款企业带来的损失，进而会给银行带来风险。上述风险都可以看作是信贷风险。

第二节　企业运营风险分析框架

企业运营风险分析框架如图2-3所示，这个框架展示了所有企业的共性风险，即行业风险、企业成熟度，以及与企业管理和资金流通相关的供给、生产、销售、分销等六项为主要分析要素。支撑这个风险框架的底层，是企业经营管理者的品行、能力、经验等。

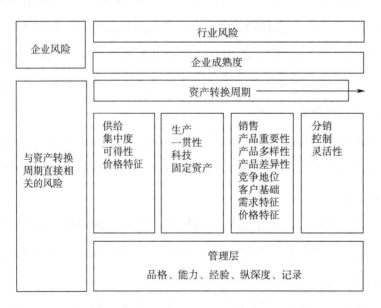

资料来源：世界银行集团国际金融公司中国项目开发中心：《信贷分析与公司贷款》，13页，北京，外文出版社，2010。

图2-3　企业运营风险分析框架

1. 行业风险。企业所处的行业风险会对企业的信贷风险产生重要影响，高风险的行业会导致该行业的企业整体借贷风险高企。分析一个行业的风险，主要从以下几个方面入手。

（1）行业整体风险水平。行业整体风险水平主要是与国家宏观经济形势、国家宏观经济或行业经济政策、行业所在生命周期、行业平均利润率、行业平均不良、违约率尤其是行业企业对银行等金融机构的违约情况而定。那些极易受到国家宏观经济形势影响而宏观经济正在下滑的行业、国家在产业行业政策上出台了不利于行业发展的政策的行业、行业整体处于脆弱的初创期和成长期前期的行业、行业平均利润率极低的行业、在银行中的违约企业激增的行业，行业的整体风险水平均处于较高状态，这样的行业就是高风险行业。

（2）行业竞争风险。哈佛大学迈克尔·波特（Michael Porter）的"波特五力分析模型"认为，行业竞争程度与企业风险密切相关。行业竞争程度高的行业，企业风险大，行业竞争低，企业风险相对小。

影响行业竞争程度因素包括：

- 经营杠杆：企业经营杠杆水平越高，竞争相对越激烈。因为企业必须持续高销售量，才能覆盖较高固定成本。一旦销售下降，企业盈利性骤降。
- 产品或服务差异化水平越低，竞争越激烈。
- 市场增长缓慢，竞争加剧。
- 退出成本较高会加剧竞争。在资本高度集中的行业，固定资产难以变现。
- 处于震荡期的行业，大量新企业进入和市场饱和，引发激烈竞争。
- 弱经济周期更易激发行业激烈竞争。

（3）行业竞争替代品风险。竞争替代品是指，来自其他行业或国外市场的，因产品质量、使用便利性、价格、革命性变革等全面替代旧行业原有产品的新产品。这种来自其他行业的产品和服务的威胁，对特定行业的需求和价格影响越大，风险也越大。例如，智能手机的出现，使传统相机行业和胶卷行业被替代。

当消费者从另一个行业购买替代品或服务的"转换成本"很低时，替代品的威胁以及影响该行业未来利润的风险最大。

竞争替代品的威胁还受到下列因素影响：

- 专利和使用许可。
- 技术和成本：更换产品或服务面临的技术障碍或成本。
- 政策因素：监管因素可能会限制或放开来自国外行业的竞争。
- 社会或文化偏好。

（4）行业整体成本结构风险。成本结构是企业固定成本与变动成本的比例特征。企业固定成本是指该成本不因销售额高低水平而变化，包括固定资产折旧、行政管理费用（热、水、电等）、利息支出、租金费用、管理层和普通员工薪酬等。企业变动成本是指随着销售和生产水平变化而变化的成本，包括原材料、生产环节公共事业费用、广告、销售费用、产量增加而增加的额外人工成本等。相同行业有相似的成本特征。成本特征影响公司的行业风险、企业风险、利润和竞争属性。

从行业成本结构风险来看，行业成本结构风险的特点：

- 高经营杠杆行业：固定成本比重高于变动成本，必须形成"规模经济"，否则其风险就非常高。经济高企时具有优势。
- 低经营杠杆行业。变动成本比重高于固定成本。经济低迷时具有优势。

（5）宏观周期风险。经济周期性是经济活动计量单位指标在增长速度方面呈现出的自然涨跌。经济周期性一般以国内生产总值（GDP）的季度增长和下降衡量。经济周期的五个形态包括：高潮、收缩、低谷、恢复、扩张。其中，宏观经济衰退（收缩到低谷过程）以两个季度出现GDP负增长，以及连续六个月经济产出和活动出现下降（可用PMI作为数据标准）。

在分析行业受经济周期性影响时，需要掌握的几个概念：

顺周期性行业，即行业的发展状况与宏观经济变化呈现完全或相似的周期和幅度的变化趋势。绝大多数行业为顺周期行业。

逆（反）周期性行业，即行业的发展状况与宏观经济变化呈现相反的变化趋势。只有极少数行业是逆周期行业。

非周期性行业，即行业的发展状况与宏观经济变化没有或几乎没有联系。例如一些关系民生的、基础性的行业，如基础饮食、普通服装、基础家电等行业。

宏观周期风险的特点：

- 对经济周期越敏感行业，企业的风险越高。如果历史验证经济周期一变化，行业的销售、利润、现金流就发生剧烈变化，在经济处于衰退时，其周期性行业风险就非常高。

- 如果行业的周期性摇摆幅度远低于经济周期，在经济处于衰退时，其周期性行业风险也相对小。

（6）进入行业壁垒难易风险。各行业均采用各种方法保护行业内企业利润水平，防止潜在竞争者进入。在一个行业中，进入壁垒难易取决于：知识产权、政府政策、资本性投资要求、实现盈利所需的较高市场份额。

行业壁垒风险的特点：

- 较高行业壁垒企业面临较少竞争，企业风险小，反之企业风险大。

（7）监管风险。政府部门的监管政策和规则可能对一个行业非常有利，也可能突然使行业无利可图。监管最常见领域包括污染控制、水质要求、对产品质量或标准的规制和提高、保护性关税、产品定价等。其中，环境保护是最主要的风险。

行业监管风险的特点：

- 除涉及国家安全的行业外，政府对行业监管越多，行业风险越大。

2. 企业的成熟度。企业生命周期是指企业从诞生到死亡的时间过程。企业生命周期理论是美国管理学家艾迪思博士于 1989 年提出的，他通过总结各类企业不同发展时期的特征，将企业存在和发展的历程划分为几个不同的阶段，并提出相应的管理对策。该理论认为，产业、企业和产品在成长的过程中，像生物有机体一样，也会经历诞生、成长、成熟、衰退和死亡几个阶段，处于不同阶段的企业市场竞争力、市场占有率、销售增长率、经营成本等指标各不相同，因而信用风险和偿债能力也不同。

据美国《财富》杂志统计，每年大约会有 100 万家新企业成立，其中大约 62% 在成立的前五年就倒闭了，中小企业的平均寿命不到 7 年，只有 2% 的企业能存活 50 年。我国自 2013 年工商登记制度改革以来，日均成立的企业最高可达 5 万家，但是其中开展后期经营活动，尤其是具有纳税行为的企业不足 50%。这些数据说明，企业的信贷风险与企业成立或存活的时间具有很大的联系，存活时间越长的企业风险越低。

一个新成立的企业由于其成立时间较短而具有很大的不确定性，尤其是企业管理层可能尚且缺少经营企业必要的经验和资源，至少缺乏证明的依据。而已经经营多年的企业，其经营业绩已经有据可查，相对比较容易进行风险判断。但是，还应当结合行业周期进行综合考虑。即便是一个已经成立多年的企业，也应当考虑企业经营期间所处的行业周期。例如，在能源行业发展较好、能源价格相对较高的时间周期内，即便一个经营五六年的煤炭企业取得了较好的经营业绩，依然应该对其管理层的经营能力保持足够的怀疑，而一个仅仅经营一两年的企业如果能够在经济衰退的周期依然保持着持续盈利的能力，则应该对这个企业保持乐观的评价。

从信贷风控和安全性的角度看，一般认为，成熟期和从成长期走向成熟期的企业信贷风险最小，其次是缓慢衰退期，刚刚从初创期向成长期过渡的企业虽然具有成功的特征和潜力，但在很多情况下仍处于高风险状态，而初创期企业的信贷风险最大。

表 2-1　　　　　　　　　　企业成熟度与风险的关系

产品/公司生命周期	特征	风险
新兴阶段	处于巨大变革之中，没有预测规律 增长迅速，甚至超过100%/年 企业需要大量资本支撑度过产品研发阶段 销售：刚刚开始，受价格过高和其他限制 利润：负数，销售额低而研发和生产成本过高 现金流：负数，销售低而研发和投资要求高	最高的风险 研发占用大量现金 企业进入、离开、倒闭频繁 企业投资高风险高回报 不提倡对其融资和赊销
成长阶段	行业趋于稳固，大量公司涌入行业，竞争加剧 每年超过20%的速度扩张 建立了更为有效和盈利性更高的供货、分销 销售：随着价格下降和产品改善而快速增长 利润：正利润。销售快速增长规模、效率提高 现金流：仍为负数，因为快速增长的销售花费了更多的现金，企业现金需求近乎绝望	中度甚至偏高信贷风险 持续的不确定性风险 仍有大量企业参与竞争或倒闭 持续快速销售增长和研发，导致负的、较弱的、间歇的经营现金流，形成巨大的偿债风险，偿债能力一直缺乏，直到企业增长放缓到可持续水平 非常慎重对其融资和赊销

产品/公司生命周期	特征	风险
成熟阶段	增长温和，通常每年5%至10%增长率 依据行业不同，成熟阶段时间为几年至几十年 产品和服务标准化，价格竞争激烈，替代品竞争加剧，行业内领头羊开始实现多元化 销售：持续增长，速度较缓慢，价格下降 利润：因成本控制和持续销售增长而最强 现金流：正数，资产增速放缓，盈利性高	最低信贷风险 无论是投资和对外融资、赊销，均是最佳选择
衰退阶段	已经经历较长时间的销售下滑。尽管销售下降，但仍能实现较高销售量，所以在较长时间内仍能保持正利润和正现金流。技术创新可能使行业复苏，一些企业退出也使剩下企业长时间获得可接受收入利润 销售：逐渐下降，然后可能迅速下降 利润：开始仍保持正利润，然后下降 现金流：保持正数然后下降，正现金流时间长于正利润时间	中度甚至偏低信贷风险 企业投资吸引力最低 但对这样的企业进行短期融资或赊销，其风险仍然可控

3. 供给风险。供给是指企业经营所必需的资源投入，包括企业原材料、专业人员、生产经营场地和设备、水电气等必要资源等，其中，原材料是最重要的企业供给资源。

对供给风险的分析，主要从企业原材料供给风险进行分析。企业的供给风险包括原材料的供给集中度、原材料的可得性和原材料的价格特征。

企业供给集中度是指企业原材料的供应依赖多少个供应商。当企业原材料供给来自一个或极少数供应商，那么企业就存在供给过于集中的风险。一般情况下，如果一个供应商供应企业的原材料的价值超过企业总原材料成本的10%，就认为企业存在供给集中度的风险。当然，如果给企业供给的原材料是大众化商品，这些商品的获得极为容易，而且市场价格与企业购买价格也差距很小，那么即使企业供给集中度较高，也不认为企业存在供给集中度风险。

企业供给可得性是指企业获得原材料的难易程度和持续性。由于某种原因，致使企业的原材料供应或其他必要供应无法获得或极难保证获得，就认为企业存在供给可得性风险。

企业原材料价格风险来源于企业供应商的强势地位或企业自身由于判断失误大量囤积原材料带来的原材料价格风险。如果企业供应商的强势使企业超过市场平均价格获得原材料，或者其囤积了超过正常水平30%的原材料，而此时的原材料市场价格远低于企业原材料采购时的价格，就认为企业存在供给原材料价格风险。

4. 生产风险。生产风险是企业将生产原料和劳动力转化为产品和服务的过程中可能导致的风险。生产过程中的风险包括生产能力、科技风险、固定资产等三个方面的风险。

生产能力就是企业能否稳定的生产出合格的产品，提供合格的服务。生产能力风险会随着生产服务流程的复杂性而增加。环节越复杂，稳定性越重要。尽职调查人员应当认真查看企业生产记录和机器维修记录，留心是否经常出现停工停产现象，关注企业生产的周边环境是否容易发生自然灾害，是否处于化工厂等高危区域等。

科技风险是指由于科技发展给企业生产带来的影响。对于行业科技变化迅速的企业，科技风险是最大的。例如手机行业，科技创新日新月异，产品更新换代很快，诺基亚从处于行业巅峰到销声匿迹只用了短短几年的时间。尽职调查人员应当注意企业是否运用科技手段提高竞争力，尤其注意企业对科技发展的适应能力和应用能力。

企业的固定资产也存在着潜在的风险。例如企业设备需要定期维护保养，维护其良好的运行，而在现实中，国内很多企业的情况是设备只要不坏就不做保养，然而一旦坏掉就会造成巨大损失。又如大型计算机系统需要保持一定的恒温恒湿环境，尤其不能出现断电危险；煤炭企业始终存在着矿井的安全设施风险，这些都是尽职调查需要注意的事项。

5. 销售风险。销售是企业运营风险的最关键环节。一个企业能否盈利并偿还贷款归根到底取决于其产品的销路如何。尤其在我国近年来实行"三去一降一补"的供给侧改革这个大背景下，一个销售不确定的企业蕴含着极大的风险。销售风险表现在多个方面。

（1）产品多样性风险。企业产品多样性是指企业的产品种类、生产线的多样化特征。当企业销售过于依赖某一种产品或生产线，将导致风险。如果产品仅有一个用途或市场，可能会导致销售、利润和现金流不可预期地快速下降。但是，反过来说，如果企业的产品过于分散、企业的生产线极多，这样做的后果是可能弱化一些产品的竞争优势，甚至造成企业所有产品均销售不佳。最糟糕的是，如果企业进入一个不熟悉的领域进行产品多样化，是企业销售的最大风险。这种情况下企业失败的比例非常高。因此，单一的、刚进入的产品生产线意味着最大的风险，过于分散的产品也面临着较高风险。而适度多样的、非新进入的生产线意味着最小的风险。

（2）产品销售差异化风险。产品销售差异化风险是指企业采用多种把自己的产品与竞争对手区别开来的战略选择，也称差异化战略。企业的产品销售差异化战略深刻地影响着企业的销售状况、市场占有率和企业经营账款和企业财务状况。总体上讲，与市场上其他同类产品存在销售高度差异化的企业，风险也最低。产品高度同质化的企业，风险也最高。

产品销售差异化的特征包括：

- 当企业以更低的价格销售商品时，企业能够获得更高的销售量、增长率，但带来的是企业利润率变低；销售业绩波动大，企业获利能力降低。

- 当企业以更好的销售条件（更长的赊销账期和更高的折扣）销售商品时，企业销量增加，但是企业的应收账款质量变差，账款平均回收期延长，毛利率下降，企业现金流出现紧张。

- 当企业以更好的质量将产品推向市场，企业将产生更高的销售成本、生产成本，企业生产产品的设备更昂贵，好处是企业能够获得更高的利润率，同时相对来讲企业的销售是稳定的。

- 当企业以更好的服务占领市场时，企业的营业费用增加，以更高的服务获得市场认可，一般无须参加价格战，但服务的口碑需要一段时间的培养和承认。

- 当企业以科技优势占领市场时，企业前期需要更高研发费用、更高的资本性支出，企业通过更高产品售价回收成本，并由于获得更多无形资产和专利技术，可能实现长期占领市场，领先竞争者的作用。

- 当企业以品牌宣传为销售策略和方向时，企业需要投入大量广告和促销等营业费用，而且广告促销往往不能持续保证销售收入的增长。当广告减少时，企业的销售也随之受到影响。

（3）竞争地位风险。竞争地位是指企业在其行业中所处的位置。一般来说，反映企业竞争地位的一个指标是企业产品的市场份额或销售额份额；另一个指标是企业内在的竞争优势。

企业的市场份额衡量尺度是，企业在本地区销售额的百分比，或者在全国销售额的百分比，市场份额越大风险越小。

竞争优势从企业的成本优势（企业的成本比竞争对手更低）、企业的技术优势（企业能够生产出更独特的产品）、企业的无形资产优势（企业的品牌、口碑、形象等具有比竞争对手更强）进行判断。在实践中，市场份额小而无竞争优势的企业，风险相对越大。

（4）客户风险。客户风险主要体现在客户不稳定和客户过于集中。当一个企业的产品刚刚形成，企业的客户基础就存在不稳定性，这是因为企业刚刚形成的客户群，这个客户群可能不断变化，甚至可能大量或突然流失。并且，如果客户集中度过高，例如企业的客户仅仅依赖于一个或几个客户，这个客户一旦发生变化，就对企业产生灭顶之灾。一般认为，如果单一客户销售额超过全部销售额的10%～20%，企业存在很大风险；超过30%，就认为存在巨大风险。所以，如果企业的客户基础稳定和客户集中度较低的企业，客户基础稳固，企业风险小。

（5）需求风险。企业产品需求风险来自市场对企业产品需求的波动性和长期需求性。如果企业的产品销售呈现无法预测的波动性，说明市场对企业的产品需求不明确，企业需求风险大；如果从企业历史情况看企业的产品需求处于下降趋势，而企业并未主动顺应形势改变产品，企业的需求风险就非常大。

（6）价格风险。企业产品的价格风险与需求风险较为相似，即企业产品价格的波动性和企业产品价格的长期趋势。如果企业的产品价格长期处于波动状态，说明企业产品价格缺乏稳定性或价格将很可能持续下降，企业产品就存在价格风险。如果企业产品价格趋势持续下降，而且企业的利润率也同样持续下降，企业产品的价格风险就非常大。

因此，企业产品价格风险特征：价格越剧烈波动企业风险越大。价格长期趋势呈现负面运动，价格与成本、费用持续收窄，企业持续利润持续下降，企业风险越大。

6. 分销风险。分销就是企业把产品向最终用户交付的过程。例如实物商品的分销过程包括存储商品、向批发商出售并运输商品、向零售商销售并运输商品、上架并卖给最终用户等环节，每个环节都可能发生问题。对于企业的分销风险可以从两方面进行评估。一是企业对分销的控制能力，企业对分销渠道的控制越广，面临的分销风险就越小。二是企业分销的灵活性，企业分销的灵活性越强，风险就越小。例如铁路运输面临问题时，是否能够迅速改用卡车运输。

7. 最后还应该重点考虑尽职调查风险分析框架的底层支撑，即管理层的风险。将管理层纳入风险分析框架时，尽职调查人员应该从三个方面对管理层进行量化评估：一是公司治理结构的合理性，包括企业股东架构的风险、管理组织架构的合理性和能力；二是企业经营管理的健全度和发展能力等；三是企业战略发展情况。

（1）公司治理结构，指为实现公司最佳经营业绩，公司所有权与经营权基于信托责任而形成相互制衡关系的结构性制度安排。股东（大）会由全体股东组成，是公司的最高权力机构和最高决策机构。公司内设机构由董事会、监事会和总经理组成，分别履行公司战略决策职能、纪律监督职能和经营管理职能，在遵照职权相互制衡的前提下，客观、公正、专业地开展公司治理，对股东（大）会负责，以维护和争取公司实现最佳的经营业绩。公司治理结构要解决涉及公司成败的三个基本问题。

一是如何保证投资者（股东）的投资回报，即协调股东与企业的利益关系。在所有权与经营权分离的情况下，由于股权分散，股东有可能失去控制权，企业被内部人（管理者）所控制。这时控制了企业的内部人有可能作出违背股东利益的决策，侵犯了股东的利益。这种情况引起投资者不愿投资或股东"用脚表决"的后果，会有损于企业的长期发展。公司治理结构正是要从制度上保证所有者（股东）的控制与利益。

二是企业内各利益集团的关系协调。这包括对经理层与其他员工的激励，以及对高层管理者的制约。这个问题的解决有助于处理企业各集团的利益关系，又可以避免因高管决策失误给企业造成的不利影响。这就是公司的基本层。

三是提高企业自身抗风险能力。随着企业发展的加速，企业规模不断扩大，企业中股东与企业的利益关系、企业内各利益集团的关系、企业与其他企业关系以及企业与政府的关系将越来越复杂，发展风险增加，尤其是法律风险。合理的公司治理结构，能有效地缓解各利益关系的冲突，增强企业自身的抗风险能力。

（2）企业经营管理制度是企业内部的规范性文件，具有明显不同于其他文件的特点，主要体现在规范性、严肃性、权威性、强制性上。

规范性是企业管理制度的最显著特征。具体表现在：一是形式规范，企业管理制度具有严格规范的表现形式，一般都是以条文的方式表达；二是内容规范，企业管理制度在内容上一般是按照法律规范的逻辑结构，由假定、处理、制裁三个部分组成；三是程序规范，企业管理制度的制定、颁布、修改、废止都必须严格按有关规定的程序进行。严肃性是企业管理制度内在的重要特征。企业管理制度一旦颁布实施，在企业内部便具有相当于法律的效力，企业的全体员工都必须受到管理制度的约束，任何人无权随意否定管理制度的规定。企业管理制度一旦制定颁发，应当保持相对的稳定性，切忌朝令夕改，失信于员工。权威性是企业管理制度在效力上的特征。企业管理制度作为全体员工的行为准则、办事依据，具有法律一样的权威，企业其他文件不得与管理制度抵触和冲突。同时，企业管理制度不经过规定的程序，任何部门和人员都不得随意废止和更改。强制性是企业管理制度在执行上的特征。凡是企业管理制度的规定，任何员工包括企业管理者都必须严格遵照执行，任何员工违反企业管理制度的规定都应受到相应的批评和处罚。

（3）企业战略发展。企业战略就是对企业的谋略，是对企业整体性、长期性、基本性问题的计谋。企业发展战略因时而异、因地而异、因人而异、因事而异，没有固定的内容，也没有固定的模式。一般而言，企业发展战略涉及企业中长期干什么、靠什么和怎么干等三大方面的问题。

谋划企业中长期干什么，就是要定好位。市场已发生变化，连皇帝的女儿也愁嫁。企业要发展，定位很重要。定位是为了解决发展的方向、目标问题。企业发展要有正确方向，要灵活地运用规模化和差别化原则，要坚持专、精、特、新。企业发展要有中长期目标，不要像空中的风筝、路上的出租车，没有远见、决心、魄力和毅力干不成大事业。定位要准确，定错位，劲儿白费。定位主要是为了解决核心业务问题。企业也可以开展多项业务，但核心业务不能多。可以搞多元化经营，但不可以搞多核心经营。用核心业务带动其他业务，用其他业务促进核心业务，这是先进企业的成功之道。不仅对经营范围要定位，而且对经营地区等也要定位。定位有阶段性，不同发展阶段应该有不同的定位。定位的方法很多，定位无定式。定位看起来很简单，实际上很复杂。许多企业认为自己的定位很正确，实际上存在很大问题，而这些问题足以使它们发展缓慢或失败。

谋划企业中长期靠什么，就是要广开资源。集四面潜在资源、成八方受益事业是企业的使命。广开资源是企业发展战略的重要方面，不广开资源，再好的定位也没用。要树立大资源观，不仅要重视物质资源，也要重视人力资源；不仅要重视体力资源，也要重视智力资源；不仅要重视国内资源，也要重视国外资源；不仅要重视空间资源，也要重视时间资源；不仅要重视现实资源，也要重视潜在资源；不仅要重视直接资源，也要重视间接资源；不仅要重视经济资源，也要重视政治资源；不仅要重视有形资源，也要重视无形资源。广开资源要运用智慧，运用智慧就能够善用资源。

谋划企业中长期怎么干，就是要制定好战略措施。战略措施是实现定位的保证，是善用资源的体现，是企业发展战略中关键、生动的部分。从哪里入手、向哪里开刀、先干什么、再干什么、保哪些重点、丢哪些包袱、施什么政策、用什么策略、怎么策划、如何运作，等等，这些都是战略措施的重要内容。战略措施是省钱、省力、省时的措施，省钱、省力、省时不等于不花钱、不用力、不用时。战略措施要贴近实际、顺应趋势、新颖独特、灵活机动。战略措施要以定性为主。战略措施要有可操作性，但这种可操作性不同于战术的可操作性。

第三节 企业借款违约风险与分析

一、企业借款违约风险的分类

如果从企业借款违约风险的角度进行梳理，可以发现，企业借款最终违约原因的依次为：

（1）企业由于自身经营衰败，财务出现危机，客观上丧失了对债权人的还款能力。这部分违约企业占到总体违约企业的80%～90%，是最大的信贷风险产生的原因。我们可称之为经营失败违约风险。

（2）企业，尤其是中小企业的经营者由于自身的诚信和品格出现问题，在企业具有还款能力的情况下，恶意拖欠债权人的借款。这部分的违约企业占到总体违约企业的5%以内，我们可称之为品格违约风险。

（3）由于企业外部风险的发生，使企业丧失了对债权人的还款能力。外部风险包括民间借贷（高利贷）、或有负债（联保、互保、债务担保等）、投资失败、行业风险等。这部分违约企业占总体违约企业的10%～20%，我们可称之为外部违约风险。

（4）由于企业合规性或企业资金使用用途、借款期限错配出现问题，使企业无法偿还借款。这部分的违约企业占总体违约企业的5%以内，我们也可称之为合规性违约风险。

在对一家企业的借款风险进行分析时，一定是从客观的企业各种违约形态和原因中，通过风险类型、风险主次、风险出现概率开展企业风险分析，并建立合理、有效的评估体系。尽职调查是围绕着对企业评估体系进行调查的工作，因此在尽职调查中，尽职调查人员也同样必须清晰地了解企业风险类型、风险主次、风险出现概率，这样尽职调查人员在调查实践中就可以清晰地了解哪些调查是主要的、哪些是次要的，哪些需要花费更多的资源、时间和成本去调查，哪些可以避重就轻，真正做到目标明确、有的放矢。

二、还款能力分析

对企业的还款能力分析是评估一个企业由于经营失败出现违约风险的可能性。由于企业经营失败造成违约的比例最高，因此对企业还款能力的风险分析是所有信贷风险分析中最重要的工作。还款能力分析包括还款能力的定量分析和还款能力的定性分析，传统的定量分析主要通过围绕企业的偿债能力、资产效率、盈利能力、发展能力和现金流等传统财务指标进行分析，定性分析是以企业运营风险分析、组织架构和管理分析、企业战略发展等定性分析，最后综合判断借款企业的还款能力。还款能力分析过程中，以还款能力的定量分析为主，还款能力的定性分析为辅。

20 世纪 80 年代以来，发达国家创新的、更为先进的还款能力分析评估技术和模型陆续问世，极大地拓宽了评估企业还款能力的分析思路，尤其是对传统的定量分析理论中各种错误和问题的纠正，进一步提高了评估企业经营失败违约风险的成功率和预测违约概率的精度。在这些评估技术中，Themis 纯定量异常值评级技术就是典型的优秀评估技术代表。本书将在第五章专门阐述。

三、还款意愿分析

对企业还款意愿分析是评估一个企业由于品格出现违约风险的可能性。对企业还款意愿分析时，大企业看企业的履约情况、合同条款、是否注重契约精神。小企业主要看企业实际控制人的品格。大企业的还款意愿调查重点考察企业本身的诚信记录，对于中小企业还款意愿的尽职调查，除了调查企业的信用记录，更关键的是对企业负责人或实际控制人个人的信用状况和记录。其个人的信用记录就属于企业还款意愿的核心数据。

四、外部风险点分析

对企业外部风险点分析是评估一个企业由于外部风险出现违约风险的可能性。企业外部主要风险点包括隐性负债（民间借贷）、或有负债、行业风险、抽贷资金链断裂、投资失败和企业负责人不良嗜好等因素对企业带来的借款偿还风险。

1 . 隐性负债风险。中小企业隐性负债是中小企业倒闭和违约的最主要原因之一，中小企业由于民间借贷、高利贷等原因造成对其他第三方债权人的还款违约是除企业经营失败以外最大的风险因素。

2. 或有负债风险。企业或有负债有多种，包括债务担保、票据贴现、未决诉讼仲裁、企业对外特殊承诺等。从实践情况看，债务担保是或有负债中的最大风险之一，债务担保存在形式包括联保、互保、债务担保等。

3. 行业风险。行业风险是指由于一些不确定因素的存在，导致对某行业生产、经营、投资或授信后偏离预期结果而造成损失的可能性。反映行业风险的因素包括周期性风险、成长性风险、产业关联度风险、市场集中度风险、行业壁垒风险、宏观政策风险等。

4. 银行抽贷造成资金链断裂风险。"抽贷"或"银行抽贷"是指银行贷款给企业，在还未到协议规定的还款期限期间，或虽然已经到了还款期限，银行认为企业经营存在问题，收回贷款后不再向企业继续发放贷款的行为。在实践中，银行对中小企业的抽贷行为是中小企业资金链断裂的主要原因。无论是经营状况较好还是较差的中小企业，抽贷往往都会对企业带来巨大的财务困难甚至灭顶之灾，也会立刻对其他债权人带来偿债风险。

5. 投资失败风险。多元化投资使中小企业很容易陷入败局陷阱，行业无关联性多元化投资失败的概率要远高于行业相关多元化投资失败的概率。即使是对本行业的上下游进行投资，也会在不同程度上增加企业的借款偿还风险。

6. 实际控制人不良嗜好风险。企业实际控制人的个人不良嗜好、不良习惯也会给企业带来风险。例如偏好炒股票、炒期货、炒某些大宗物品或稀有物品等价格波动性大、具有明显投机、赌博性特征的爱好，一旦投机失败，就可能占用企业资金，对企业带来巨大风险。同时，中小企业管理者、实际控制人沾染上"黄""赌""毒"等不良恶习，也可能给企业带来灭顶之灾。

五、企业合规性风险分析

对企业的合规性风险分析是评估一个企业由于合规性和借款用途问题出现

违约的可能性。在实践工作中，由于一些企业刻意隐瞒借款用途，例如假意以运营资金周转或扩大市场规模的名义借款，却将借来的款用于偿还民间借贷、借新还旧、弥补亏空，一旦失察，就会使借款陷入危机。另外，一些企业由于专业上的知识欠缺，对于自身向银行的借款数额和借款期限并不十分清楚，借款的规模和期限与企业的真正需求产生错位，也会对回款造成影响。因此，对企业借款用途分析，以及帮助企业进行企业资金的缺口测算，能够很好地降低风险。

确认该企业经营的合法性和真实性，具体包括企业的设立时间、注册资金、经营范围、股权结构和出资情况，查验其营业执照、年度报告、企业章程、审计报告、验资报告等资料。

1. 企业设立的合规性，即查阅企业设立的批准文件、证照、章程、工商登记资料等原件，并通过查询网络平台、政府数据、第三方数据验证企业设立的合规性。

2. 企业股东出资的合规性，即查阅企业设立的审计报告、验资报告、资产评估报告、股东证件等原件，并通过查询网络平台、政府数据、第三方数据验证企业股东出资的合规性。

3. 企业股权变动的合法合规性，即查阅企业股权变动时的批准文件、验资报告、股东股权凭证，核对企业股东名册、工商变更登记资料；并通过查询网络平台、政府数据、第三方数据验证企业股权变动的合法合规性。

4. 企业存续的合规性，即查阅企业年度检验文件资料，通过网络平台、第三方数据、政府数据确认企业存续的真实性。

5. 企业资质、权利的合规性，即查阅企业商标、专利、版权、特许经营权等无形资产的权属凭证、相关合同等资料原件。

第三章

企业信贷尽职调查总体规划

第一节　尽职调查的目标和程序

企业信贷与商业信用尽职调查既属于项目管理，又是一个系统工程。一项尽职调查工作的开展，从行业风险研究到财务调查审计，从人员访谈到现场勘查，最后到报告撰写直至后期调查，涉及的领域多、学科多、人员多、数据量大，需要进行统筹设计，制订战略规划，然后分步实施，最终达到企业信贷风险管理和控制目标。

制订企业信贷与商业信用尽职调查战略规划，是为了解决四个方面的问题。一是确定尽职调查的目标；二是确定为了实现尽职调查目标采用的原则、程序、方法，以及调查的内容范围和实施步骤；三是分配尽职调查所需的资源，并确保进度控制，最终形成前期尽职调查报告；四是在调查完成之后开展后期尽职调查，跟踪监控被调查企业的信用变化，并形成后期尽职调查报告。

当尽职调查工作是由尽职调查报告使用方机构内部完成时，尽职调查战略规划由内部尽职调查执行部门制订；当尽职调查工作是委托外部尽职调查机构完成时，尽职调查战略规划是由使用方机构提出需求，经过外包机构对需求进行详细调研和分析，并与使用方讨论后制订。

一、尽职调查的目标

制订企业尽职调查战略规划，首先要确定尽职调查的目标。根据系统工程和项目管理理论，目标分为总目标和分目标。一般来讲，总目标是定性目标，分目标可以是定性目标，也可以细化为定量目标。尽职调查的总目标，就是通过详尽的、专业的调查，全面、真实、客观地反映被调查企业的实际情况，为信贷或商业信用的决策提供依据。这个总目标可以细化为三个方面。

一是识别和控制风险。无论信贷还是商业信用本身都存在着各种各样的信用风险，尽职调查最根本目标就是实现对这些风险识别和控制。在根本目标的总体要求下，需要对这些风险进行细致的分类，辨别哪些风险是影响企业违约的主要因素，哪些风险是影响企业违约的次要因素，并建立识别各类风险的具体方法和目标，通过尽职调查逐一考察和判断。

二是发现企业价值。在商业信用活动中，发现企业合作价值是尽职调查的一个重要目标，这与信贷尽职调查的单一性有所不同。一个存在风险的企业可能无法获得信贷支持，但在商业中却可能存在很强的合作价值。因为企业的价值不仅取决于当前的财务账面价值，同时也取决于未来的收益。在商业尽职调查中，需要对企业内在价值进行全面的评估和考量，从而决定建立合作关系甚至信用关系。

三是获客。在客户是上帝、谁掌握客户谁就掌握经济命脉的今天，获得广泛客户群体是最重要的。商业社会如此，在金融领域竞争越来越激烈的情况下，金融信贷领域也是如此。无论是银行还是企业，获客越来越成为机构发展的重要因素。因此，一些机构把尽职调查作为机构获客的重要手段。此时，大量收集潜在企业信用信息、从第三方获取企业的数据就是尽职调查的主要内容。实际上，很多银行和企业都将获客作为尽职调查的重要目的。

实践中，由于尽职调查涉及的领域和用途不同（信贷、投资、商业信用、商务合作等），以及使用方的不同需求，上述三个方面的目标会各有侧重，但识别和控制风险仍然是尽职调查最主要的目标。

二、尽职调查原则

企业信贷尽职调查团队的成员，应该严格履行各自的职责，恪守职业道德，在信贷尽职调查过程中遵循以下原则：

1. 独立性原则。信贷尽职调查应当保持客观公正的态度、不受其他因素的影响，避免利益驱动，在形式和实质上均保持独立；不能过分依赖于被调查对象的陈述进行判断，要始终保持客观立场和一定的独立性。

2. 全面性原则。信贷尽职调查工作中应当在时间上、空间上涵盖所有被调查对象以及与之相关的内容，包括但不限于被调查企业的经营和财务状况、还款意愿、外部风险、合规性、资金用途等与之相联系的重大内外部因素。

3. 客观性原则。信贷尽职调查工作应当真实、准确、谨慎地反映被调查对象的情况，以第一手的基础材料为主要依据，除了必要的推断，不应做过分预测，对提供或收集到的材料，都必须具备合法、合规、合理的书面依据，并对调查的方式和过程记录，确保客观。

4. 重要性原则。信贷尽职调查工作中一条重要的原则是披露所有可能存在的重大风险。"重大"一词是一个高度相对性的词，它指一般的谨慎的调查人员认为非常重要的一种水平；信贷尽职调查人员应当在具体执行过程中根据项目的具体情况，结合实际经验，对重要性原则灵活把握。

5. 灵活性原则。在信贷尽职调查工作中应该对不同被调查对象进行区别对待，把握灵活性，对处于不同发展阶段的不同行业、不同背景的企业要有不同的侧重点，对不同关键点采用不同的尽职调查方法和处理方式。

6. 谨慎性原则。尽职调查人员在调查过程中应该保持职业谨慎态度，在有不确定因素的情况下作出判断时，要保持必要的谨慎，既不夸大被调查对象的优势，也不刻意压低被调查对象的相关风险因素；现场调查时应当留心现场中的细节问题，在对没有确切依据、无法作出准确判断的数据进行估算时，应当作最保守估算。

7. 保密性原则。信贷尽职调查过程中工作人员可能不可避免地接触一些被调查对象的非公开性信息和资料，尽职调查人员应当对其注意保密，避免侵犯其合法权益。开展信贷尽职调查前应当签署保密协议，对访谈资料、工作底稿等情况实施保密措施，不得透露。

8. 合作原则。信贷尽职调查工作既有分工又有合作，在团队中不同专业的工作组，既要相互配合，又要发挥各自优势解决遇到的问题。观点有争议的地方，可以召开会议进行讨论，阐明各自的意见，形成有效的合作。

三、尽职调查的程序

尽职调查的程序，是指尽职调查人员开展工作的先后顺序和流程。尽职调查程序一般包括：

（1）立项并成立由专业尽职调查人员组成的尽职调查团队。

（2）被调查企业提供调查所需相关资料，尽职调查人员根据企业提供的资料，从外部获取企业信用信息进行交叉检验和分析。

（3）充分了解被调查企业的特点，制订全面现场调查计划。根据企业特点，制订具有侧重点的尽职调查计划，准备尽职调查清单，确定尽职调查内容、范围和具体实施步骤。

（4）开展现场调查和实地勘查，例如与企业负责人及相关人员座谈，查阅企业相关资料、到企业的生产场所、经营场所、办公场所、仓库、运输场所等区域实地察看企业的运营情况等。

（5）进行第三方交叉检验，通过第三方信息进一步核实企业信用状况。

（6）在充分调研了解的基础上，起草尽职调查报告。

（7）复核调查报告之后正式提交。一般来讲，尽职调查报告必须通过复核程序后方能提交。

（8）开展尽职调查项目后的评价和决策，然后进入到谈判和实施等的后续环节。

（9）贷后尽职调查。对已贷款的企业定期、不定期查看企业信用变化情况。

第二节 尽职调查计划

在建立尽职调查团队后，尽职调查工作流程的第一步是制订尽职调查计划。与一般的项目管理相同，在计划制订过程中要明确尽职调查的范围、方法、时间、项目成果的主要内容等。制订尽职调查计划应当围绕三个方面进行：

一是目的性，即所有的时间和任务的确定，都是为了实现目标而开展的。

二是系统性，即尽职调查计划是一个整体，各项分任务之间既相对独立，又紧密相关，在制订计划时要合理设计每项尽职调查任务的工作安排、每个尽职调查人员的工作安排，保证任务高质量、高效率完成。

三是动态性，即尽职调查是随着环境的变化而变化的，当有非流程化的意外情况发生，计划应当随之进行调整。

制订信贷尽职调查计划的核心要素包括以下几个方面：

（1）制订尽职调查报告的形式和内容。尽职调查的最终成果是提交尽职调查报告，尽职调查报告质量的优劣直接决定着信贷决策是否会出现失误。从结果导向的角度看，尽职调查报告内容的设计非常重要，设计的调查项目全面，调查重点突出，调查步骤清晰，调查流程顺畅。

（2）确定任务并做好任务分解。确定实现尽职调查目标需要完成的各种任务，并制定工作分解结构图（Work Breakdown Structure，WBS）。将尽职调查项目按照其内在结构或者实施过程的顺序，对尽职调查任务进行逐层分解，直至将尽职调查项目分解到相对独立的、内容单一的、易于完成的工作单元，并把这些单元直观地表现出来。以某信贷尽职调查为例，对其进行 WBS 任务分解之后，其工作分解结构图如图 3 - 1 所示。

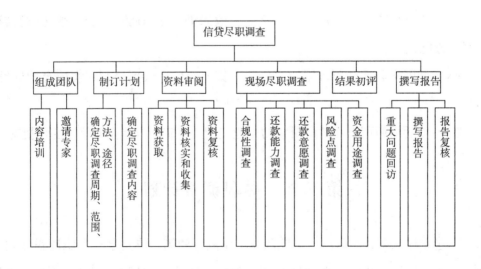

图 3 - 1　信贷尽职调查 WBS

3. 确定尽职调查周期，并对每项任务分配时间。在确定尽职调查的周期时，应当合理制定尽职调查时间周期。一般情况下，对一家企业开展尽职调查的时间不宜过短，也不宜过长。被调查企业的尽职调查的周期过长不仅耗费成本，而且可能错过商机，还会使尽职调查人员变得身心俱疲；而尽职调查的周期过短，则会使尽职调查的全面性和准确性下降，直接影响尽职调查的质量，最终使信贷决策出现错误。

对于每项工作任务的时间估计要力求尽量准确，因为尽职调查各项任务都是前后关联的，估计时间如果与实际时间差距较大，很容易在调查进程中造成被动紧张的局面，甚至使整个调查延期完成。

估算尽职调查的任务时间时，要充分考虑企业的规模、从事的行业、企业财务数据的多寡和调查的难易程度等因素。一些行业由于采用零售形式，其发票笔数、银行对账单数量极为众多，调查难度大、时间长；一些企业由于规模大，经营场所和网点多，或经营地点不在同一处，都会对调查质量产生影响。因此，对不同企业的调查应事先分析调查时间和确定资源配置。可分配资源的多少，例如一个人分别访谈管理层和担保人，与两个人分头去访谈的时间肯定不同。

在实践中，对大中型企业的信贷尽职调查的时间周期多于中小企业。这是因为：第一，大中型企业的规模大、经营场所多、需要查阅的资料繁杂，财务科目审查核实难度大，所以尽职调查难度远远大于中小企业；第二，大中型企业的贷款额度大，尽职调查的成本在信贷收入中的占比低，金融机构完全可以承受。但如果在中小企业的尽职调查上花费大量时间，尽职调查成本在信贷收入中的占比过大，金融机构信贷收入就被成本大量吞噬。因此，在对中小企业进行现场尽职调查时，往往只能花费一天至两天的时间，一些机构为节约成本，甚至设置了一种"前期简易尽调"流程，派遣一个经验丰富的尽职调查人员预先前往企业简单了解情况，预判企业是否具有融资的基本条件，只有具备融资基本条件的企业，才会派遣尽职调查团队开展正式的尽职调查工作，以节约成本。

4. 制定尽职调查项目计划的控制措施。在尽职调查前，要制订尽职调查进度控制、费用控制和质量控制这三项计划。进度控制，就是在尽职调查过程中，监控调查进程以确保每项尽职调查工作都能够按照进度计划进行。尽管进度控制属于实施层面，但事前制订科学合理的进度计划表是非常重要的。在实施中可以不断根据进展情况与项目计划进行对比分析。

费用控制，就是保证尽职调查工作产生的费用要在预算范围内完成。费用控制的基础就是事先对整体的尽职调查各项工作费用进行预算管理。对于银行而言，尽职调查费用控制相对简单，因为借款企业和银行往往同在一个地区，费用相对可控。但是对于跨区域的信贷机构和类金融机构，例如互联网金融 P2B 机构，信托公司、全国性小贷机构、保理机构、汽车金融公司等，因很多尽职调查需要跨区域，费用高，费用控制对于节约信贷成本非常重要。尽职调查费用控制的基本方式，是尽职调查团队人员定期上报费用使用情况，由团队负责人对费用进行审核，保证各种支出的必要性和合规性，然后将已经发生的费用与预算进行比较，分析是否超支，并采取相应的措施。尽职调查的质量控制，就是确保尽职调查各个环节收集到的材料和数据尽量全面客观真实，能够为决策提供参考。一个科学合理的尽职调查计划，对尽职调查质量的贡献是显而易见的。

5. 确定尽职调查的实施步骤。尽职调查在明确任务分解，分配时间和资源，以及制定进度控制相关措施之后，进入到确定实施步骤的环节。制定实施步骤的过程包括：

（1）工作任务描述；

（2）制定工作责任分配表；

（3）确定工作任务之间的先后关系和逻辑关系；

（4）绘制关键路线图，并确定关键线路。

下面以某信贷尽职调查为例，说明尽职调查的实施步骤。首先，要确定对信贷尽职调查进行分解并确定时间和责任人，如表 3-1 所示。

表 3-1 　　　　　　　　　　尽职调查任务分解示例

编号	任务	责任人	时间
1	尽职调查计划制订	×××	×小时
2	企业自行提交资料收集、整理、核实	×××	×小时
3	外部资料收集、整理、核实	×××	×小时
4	审查公司财务情况	×××	×小时
5	现场勘查	×××	×小时
6	访谈公司管理层	×××	×小时
7	访谈基层职工	×××	×小时
8	查看抵押物和质押物、访谈担保人	×××	×小时
9	通过第三方了解借款企业的情况	×××	×小时
10	尽职调查结果初评	×××	×小时
11	重大事项的回访	×××	×小时
12	起草并撰写尽职调查报告（主体报告）	×××	×小时
13	撰写尽职调查报告附件（法律尽职调查）	×××	×小时
14	撰写尽职调查报告附件（行业尽职调查）	×××	×小时
15	审核报告并提交	×××	×小时

　　然后确定各项任务之间的逻辑关系，制定实施的网络线路图，确定出关键线路图。应当注意，关键线路图不是最重要的工作环节相连，而是实施尽职调查计划所需要用的最短时间相连。

第三节　尽职调查的具体内容

　　根据企业，尤其是中小企业出现违约的原因，可以明确区分出企业的主要风险领域，这些风险领域主要是：第一，企业还款能力风险领域；第二，企业还款意愿风险领域；第三，企业风险点领域；第四，企业合规性风险领域；第五，企业资金用途风险领域。因此，应根据企业的这些风险领域开展有针对性的尽职调查。

为便于尽职调查人员清晰地掌握尽职调查的工作流程和内容，就应该根据这些企业违约风险领域，预先设计和区分尽职调查的风控调查领域，指导尽职调查人员开展全面、完整的尽职调查。在此，我们提出"金融信贷五级风控尽职调查"概念，简称"信贷五级风控尽职调查"，当银行、金融机构采用纯信用贷款的形式向企业借款时，尽职调查人员必须根据"信贷五级风控调查"的指导，在具体实践过程中熟练掌握各级风控的调查要领。

"信贷五级风控调查"具体内容包括：

1. 企业还款能力（领域）尽职调查。该领域尽职调查内容为全面围绕着企业的还款能力开展的调查，包括企业财务数据的真实性调查、财务数据的交叉检验、财务状况和现金流的分析、还原企业真实财务报表、企业非财务因素还款能力尽职调查等内容。

2. 企业还款意愿（领域）尽职调查。该领域尽职调查内容包括对企业还款意愿调查、企业经营者还款意愿调查、企业历史违约情况调查、外部信息核实和交叉检验等内容。

3. 企业风险点（领域）尽职调查。该领域尽职调查内容包括对企业的民间借贷调查、或有负债调查、企业投资风险调查、外部抽贷风险调查、行业风险调查、企业在运营过程中出现的其他风险预警信号调查等内容。

4. 企业合规性（领域）尽职调查。该领域尽职调查内容包括企业在成立、运营、治理结构、组织架构、人员、资质等方面的各类合规、合法性的调查等内容。

5. 企业借款用途（领域）尽职调查。该领域尽职调查内容包括对企业的借款用途原因、借款用途真实性、借款用途合理必要性、借款用途的可控制性等方面的调查内容。

以上是金融机构对企业信用贷款的调查内容。当金融机构采用抵（质）押、担保形式向企业借款时，还需要增加一项调查内容，即抵（质）押物尽职调查，以及对担保人的尽职调查。在实践过程中，对企业抵（质）押物和担保人的价值评估、真实性调查核实等工作一般安排其他专业人员负责，在本书中不再赘述。

第四节 企业信用信息的来源途径和采集方法

企业信用信息的来源途径和采集方法包括企业自行提交申请材料、现场尽职调查和外部尽职调查三种方式。

一、企业自行提交申请资料

尽职调查人员向借款企业提供申请借款的材料明细单，约定提交资料的日期。向企业索要企业的相关材料应全面、完整，企业提供资料越全面、完整，现场尽职调查的工作效率越高，同时也有利于尽职调查人员在现场尽职调查前做好充分的功课，企业的申请借款材料应在现场调查之前提交。

二、现场调查

尽职调查人员在调查过程中，主要从企业经营和信贷合规性、企业还款能力、还款意愿、风险点、资金使用用途、抵（质）押担保情况等调查方向开展尽职调查工作。从调查方向上每个方向的调查内容是不同的，但是在现场调查时，尽职调查人员根本不能机械地调查完一个方向，再进行另一个调查方向的调查，这样做效率非常低下，而且也不会得到企业的充分配合。例如，当对企业负责人访谈时，访谈人员会根据实际访谈情况提出各方面问题，相互交叉检验企业经营的真实性；当查阅企业资料时，通过各种材料、文件、合同、报表、凭证交叉检验企业真实经营状况、合规性、风险点、资金使用用途；在实地考察时，交叉验证企业的经营状况、风险点等。

三、外部尽职调查

随着我国社会信用体系逐步建立，国家各主要职能部门陆续开放企业数据，以及网络科技、技术手段的飞跃发展，目前金融机构通过外部尽职调查的调查方法有很多，主要包括以下几种方式：

1. 通过中国人民银行征信系统查询。中国人民银行的征信数据是目前国内积累时间最久、覆盖面最大的数据源，涵盖了历史上所有与金融机构发生借贷往来的企业和个人的法人和自然人信息、信贷数据、抵（质）押担保信息、贷款违约等各种数据信息。目前人民银行征信数据属于限制开放的信息源，主要服务于商业银行以及准许使用数据的其他非银金融机构和类金融机构。各省在人民银行征信数据之外，还尝试建立了联合征信体系，是对人民银行征信数据的有效补充，在风险管理应用中也具有重要意义。本书将在以后章节重点分析人行征信系统的企业信用报告和个人信用报告的内容和分析方法。

2. 通过政府性质的信用信息平台查询。根据 2008 年 5 月 1 日起实施的《中华人民共和国政府信息公开条例》，政府信息开放的力度进一步加强，尽职调查人员应该多渠道查阅相关政府部门的信息公开网站以及公布的黑名单信息。

（1）工商信息。所谓工商信息数据是指来自工商局的企业注册信息以及后续的变更信息，主要反映了企业的性质、注册资金、注册日期、法人代表、经营范围以及股东等的信息。这其中非常有价值的是股东数据，通过查询和追索一个企业或一个自然人，就能够清晰地了解与其有关的所有投资关系族谱。当发现族谱中与借款企业紧密的关联企业或者实际控制人、关联股东出现风险，有可能传递到或殃及借款企业，就应引起尽职调查人员高度警惕。另外，工商信息的深层数据还会提供企业历史的动产抵押登记信息、股权出质登记信息、行政处罚信息、经营异常信息、严重违法信息和抽查检查信息等。

工商信息数据是国家职能部门少有的可公开查询的数据。所有企业的工商信息数据均可通过工商局网站免费查询。目前，一些利用工商局数据的 APP 也非常流行。使用者下载 APP 后，即可免费快捷查询全国所有企业的工商信息。

（2）税务信息。税务信息是反映企业所有税务情况的信息，虽然有些企业在向税务部门纳税时采用隐匿收入和利润的情况，但是相比其他信息，这些信息数据仍然能够审慎和较为准确地反映企业的经营财务状况。国家税务部门对企业上税信息的各种缴纳情况的汇总信息，其中也包括企业历史的税务处罚、税款滞纳金等记录。在国家税务总局金税三期正式上线后，企业税务信息的准确性和有效性进一步增强。如果能够获得企业的税务信息，对金融机构的分析和决策起到至关重要的作用。

（3）海关信息。中国外向型经济的特点以及中国经济与世界经济体系的日益融合，使得海关统计的企业进出口贸易数据集中反映了商品进出口企业的经营状况，特别是周期的数据监测与分析，很好地揭示了这些企业的经营风险，是银行识别贷款客户风险以及工商企业识别应收账款风险的重要信息源。海关信息提供企业基本情况、历史的海关处罚、关税滞纳金等。但海关数据不对外公开，尚无法在公开渠道进行查询。

（4）公检法信息。公检法信息主要是指来源于法院系统的经济案件诉讼数据以及来自公安机关的金融欺诈报案等信息。法院信息可提供企业相关已决诉讼等已完结的法院相关信息，尤其是企业作为被告，与其他企业的业务纠纷。法院的经济案件信息已被金融机构广为使用，通过经济纠纷事件来推断贷款企业或申请贷款企业的信用状况以及可能面临的道德风险；而公安局的报案信息对于发现金融欺诈、非法集资、恶性高利贷等有着直接的应用价值。

目前法院信息也可公开查询。同时，一些征信机构利用技术手段获取法院公开信息，向金融机构提供法院信息接口，方便金融机构查询。

公安机关掌握个人的户籍信息、基本信息、活动信息、违法信息、出行信息等，这些信息对个人信贷、中小企业信贷均有较高价值，但该信息不对外开放。

（5）银监会关联客户信息。银监会向商业银行披露在商业银行贷款客户的关联企业数据，揭示了贷款企业在多家银行贷款和贷款违约的信息。此外，还揭示了信用担保中的关联关系，即互相担保和循环担保情况，为商业银行进行贷款审批、贷后风险管理、担保管理等提供了分析和决策依据。

（6）社保信息。企业缴纳社会保险的充足性和及时性，从另一个层面反映了企业的经营状态。社保信息是信贷的重要信息，提供企业员工社保情况、员工人数、工资情况、相关历史的社保处罚、社保滞纳金等信息。一个经营较差或面临严峻经营风险的企业，可能无力支付足额（优惠的）的社会保险缴纳额或者出现不能及时缴纳社会保险，这显然是一个明确的企业面临经营风险的信号。也有一些企业为了节约费用，没有给全部职工上社保，这是危险信号，可能对企业带来处罚风险。但是，由于其数据的敏感性，社保信息很难从外部获取。在一些金融机构的尽职调查过程中，会在现场查看企业的社保缴纳单据，与其他数据进行比对分析。

（7）环保信息。环保部以及各地环保局关于对违反环境保护法企业的立案及处罚数据，一方面反映了当事企业的社会责任管理缺失、信用状况恶化的状态；另一方面也反映了由于环保限制或环保处罚，而可能导致的企业经营的不确定性或者可能面临的巨大经营风险。这部分数据往往也是银行或交易对手进行相关决策的重要参考信息。

（8）双打信息。商务部提供企业在假冒伪劣和侵犯知识产权的违法企业和个人信息。能够从一个侧面反映企业的违法、违规情况，一定程度上反映企业产品风险和经营风险。据说该数据将很快能够通过公开渠道进行查询。

（9）各地政府部门出资建设的信用信息平台信息。近10多年来，为响应国家关于社会信用体系建设，做到信用为社会服务、激励守信、惩戒失信的作用，各地政府部门陆续投资建立了以省、市为区域的地方信用信息数据平台。这些平台整合了地方很多部门的企业数据，有的为政府部门使用，有的对社会公开查询。一些平台的许多数据有一定的参考价值，但另一些平台的数据存在更新速度慢、数据开发程度低等问题。

3. 第三方服务机构信息。

（1）仓储物流信息。对于制造业或类制造业企业而言，仓储物流数据准确地反映了企业经营的"繁荣"程度，同时这个数据也是供应链金融或供应链融资的基础数据。掌握企业的仓储物流数据，就可以绕开通过财务报表来分析企业经营风险的缺陷，特别是对于贸易融资（流动性贷款）和应收账款风险管理有着信息采集直接、风险控制便利的种种优点。一些大型物流企业正是由于给很多企业提供物流服务而掌握了企业的物流信息，在这些年开展供应链金融服务，并取得了较好的服务效果。

（2）水电气信息。制造业或类制造业企业的用电、用水、用气数据从一个特定的视角反映了其生产的繁忙程度。对这类数据的监测及波动分析，也可以用来反映企业的经营风险，它是企业全部风险识别的一个重要补充维度。在实践中，尽职调查人员在调查制造业企业的经营情况时，往往通过查看企业多年和近期的水电气数据和缴费单判断企业的经营状况。

（3）行业协会信息。在行业协会的公开信息中，提供企业存在的一般信息和历史失信信息。目前，越来越多的行业协会，尤其是一些金融和类金融行业协会，陆续建立了许多行业信息平台、融资服务平台，这些平台往往能够为会员客户提供一些企业基础信用信息查询，有的平台甚至可以提供在行业或平台失信企业的黑名单。

（4）信息中介机构信息。一些征信机构、征信数据提供商可以提供企业存在的历史失信信息。一些征信机构提供企业和个人的信用评分，也可作为一定的参考依据。

（5）电商交易信息。电商网站上的交易数据较好地反映了商品生产企业或商品销售企业的经营状况，据此数据来评定商户的信用等级或信用风险在以往获得了较为满意的准确度。因此，对于从事贷款业务和投资业务的金融机构，如果能获得企业的交易数据就可以较便利地识别企业经营风险。之所以仅提及电商是因为其上的交易数据是电子化的，并且数据管理集中、商品生产企业或商品销售企业的覆盖面较大。目前，个别较大的电商平台推出对个人开展信用评分，一些金融机构开始使用这种评分作为衡量个人信用的标准。

4. 互联网信息。

（1）互联网舆情或负面事件数据。现在很多企业都有企业网站、企业微信公众账号等。舆情或负面事件数据是指在互联网上新闻、微信、微博、论坛以及博客等出现的关于特定机构的负面消息，其表现形式可以是一段文字、视频、音频、图片或其他组合形式。关于特定机构的负面消息或负面事件，可能揭露了其面临的各种风险，甚至是面临的危机，这在各种风险管理中都不应该忽视的重要信息或风险预警信号。例如通过被调查企业微博关注的人、相关粉丝，负责人的微信朋友圈及与其他人的互动信息，都可看出这个人交往的都是哪些人，他的经营理念和处事方式如何，从而有助于衡量这个人的还款能力和还款意愿。

（2）搜索引擎查阅信息。利用搜索引擎，例如百度、360等信息平台对被调查企业相关信息进行查询，查阅其最新活动情况以及有无负面消息，有无企业在网上质疑被调查企业的信誉度。在查询过程中可以以被调查企业名称，企业负责人姓名，担保人、其他关联方等的身份证号、手机号等作为搜索的关键词，查询是否有相关的负面信息，一旦发现负面信息，应该加强警惕，并通过询问核实信息真伪。

第五节　尽职调查的交叉检验

尽职调查的交叉检验，是指尽职调查人员在调查借款企业时，通过多渠道、多方法、多手段对企业提交的各种资料、数据和文件进行全面验证，防止由于尽职调查渠道的单一化、片面化、简单化，造成调查结果与企业实际情况出现偏差，影响调查结果的真实性、完整性和信贷的正确决策，我们称为"多方法交叉检验"模式。尽职调查交叉检验通过企业自行提交资料，结合对企业现场不同人员的访谈、现场实地走访、外部调查、资料查阅核对等手段，对一个企业的不同风控调查领域之间交叉检验，对同一风控调查领域内交叉检验，以验证企业数据、资料的真实性。

一、尽职调查项目多方法交叉检验原则

对借款企业的重点尽职调查项目或调查内容，应经过至少三种方法和手段的交叉检验验证真实性。一般性的尽职调查项目或内容，也至少需要两种方法和手段进行交叉检验验证真实性。坚决杜绝在没有交叉检验的情况下，就将企业自行提交的资料、数据作为尽职调查的最终结论。

应至少采用三种方法交叉检验的重点尽职调查内容一般包括：

（1）企业重要财务科目数额的真实性调查，包括营业收入、成本、利润、货币资金、应收账款（包括其他应收款）、存货、固定资产、应付账款（包括其他应付款）、借款（包括长期借款和短期借款）、所有者权益等会计科目。

（2）企业现金流情况的真实性调查。

（3）企业和企业负责人的负面信息调查。

（4）企业民间借贷情况调查。

（5）企业或有负债调查。

（6）企业所在行业风险调查。

（7）企业借款用途调查。

（8）企业抵（质）押品、担保人调查。

（9）其他重点调查项目。

除重点调查项目外，其他的调查项目可列为一般尽职调查项目。

二、外部渠道的交叉检验

外部尽职调查收集企业信用信息可以交叉检验企业的合规性、还款意愿、外部风险点等多方面信息真实性。例如，企业主要负责人的基本主体资格信息；企业是否存在违法行为和重大诉讼纠纷；企业与其利益相关方之间是否存在具有法律风险的瑕疵；企业是否存在不正当竞争或其他违法犯罪行为；等等。

尽职调查人员也可以通过企业外部合作关系交叉验证企业经营的真实状况，例如，与企业的主要上游供应商联系，印证其与被调查企业的供应关系、采购合同的真实性；与企业下游主要客户联系，印证客户真实性、交易情况和客户对企业的评价。

三、不同风控类别的交叉检验

尽职调查人员应从"信贷五级风控调查"的不同领域交叉检验企业提交资料的真实性。

（1）在还款能力调查中对企业会计科目真实性调查时，可以同时交叉检验企业对债务支付的还款意愿；

（2）在还款能力调查中对企业的银行流水检查时，可以同时交叉检验和判断企业是否可能存在民间借贷、对外投资、关联交易等行为；

（3）在还款能力调查中对企业合同的审查时，可以同时交叉检验企业是否存在债务担保情况、关联交易情况、对外投资情况；

（4）在对企业还款能力分析时，可以同时分析企业借款用途的真实性和合理性。

（5）在企业合规性调查中对企业基本情况检查时，可以同时交叉检验企业和企业负责人的关联信息以及是否存在关联交易等行为；

（6）在还款意愿调查中对企业和个人信用报告审查时，可以同时交叉检验企业风险点中的借款情况、债务担保情况等。

四、同一风险类别的交叉检验

在同一风险类别中，也需要运用交叉检验的方法验证真实性，尤其是对企业财务信息真实性方面。企业财务信息真实性是准确评价企业还款能力的前提，如果财务信息的真实性不能保证，那么后续的信用评估和决策分析就会差之毫厘，谬以千里。因此，在对企业财务信息、数据真实性调查时，应采用账账相符、账证相符和账实相符的"账—证—实"交叉检验方法，就可有效防范企业财务报表造假。

账账相符是指企业提供的账本或简易记账簿中，总账与各分账以及关联科目核算是否一致，不同时间的数据是否一致或基本相似。例如，每天的营业交易流水账累计后是否与月营业收入相近，某一时期金融机构往来凭证与收货入库账及领用支出账是否一致，销售账结合入库账与当前账本显示的存货是否一致等。

账实相符是指企业账簿显示的财务状况、资产情况与企业的实际经营状况、现场实物状况对比是否一致或基本相似。例如，一个被调查企业有自建厂房10000平方米，但由于厂房占有的土地属性是集体性质，且是租用，所以没有房产证。而被调查企业当时建造厂房时为了节省费用，很多费用没有开具发票。因此在企业的纳税报表中，10000平方米的厂房建造费用无法在"固定资产"科目中体现。如果企业建造厂房时实际支出了1000万元，纳税报表资产和其实际资产就形成了1000万元差异。尽职调查人员可以依据几个维度对这1000万元的资产予以核实：一是了解企业对厂房的使用年限，如果使用年限较长，可信度就较高；二是当时建造厂房时的银行对账单流水，如果对账单当时支出有1000万元左右的金额，则可信度较高；三是对周边人群的了解，包括村委会及企业员工，周边人最了解厂房由谁建造的；四是土地租赁合同和其他相关凭证等。

通过这样多点交叉检验，被调查企业的实际资产就变得清晰了。

账证相符是指企业所述的情况是否有凭证予以支持，即口头提供的信息是否与书面证明一致或相似。例如，企业所述的购货量和销售产值是否和原始收发单据相符；一个制造企业，其自述的每月成本列支中是否有电费单、租赁合同等证明提供支持；机器等固定资产归属和使用年限与购买协议等是否吻合等。

但是，很多中小企业没有完整的会计资料，因此对中小企业财务信息核实时，不但需要采用"账—证—实"交叉检验，还需要通过其他方法进行交叉检验。例如：检验访谈信息与企业提交书面财务信息、数据是否一致；检验企业提交财务数据之间是否一致；检验企业提供的不同时间的财务数据是否互相矛盾；检验企业提供的财务信息是否与行业情况基本吻合；检验不同的人对同一问题的回答是否基本一致；检验企业提供的不同数据和信息之间的关系是否合理；检验企业投入与产出之间的关系是否合理；等等。

第六节　尽职调查前期准备

在进行信贷尽职调查时，由于现场调查时间有限，获取的信息量巨大，因此事先需要做好充足的准备。在进入现场后，要按照原则性与灵活性相结合的原则，随机应变，尽可能获取真实信息，尽可能提高调查效率。

一、做好现场尽职调查准备

尽职调查人员在开展现场尽职调查之前，应当做好充分的思想准备和行动准备，具体从如下方面把握。

1. 确定调查人员。在进行现场调查之前，应首先确定参与调查的人员，贷前尽职调查阶段需实行双调查人制度，也就是通常说的尽职调查 AB 角。其中 A 角是主要角色，往往是尽职调查人员中工作能力、经验、社会阅历较高的人员，负责对企业负责人访谈、实地勘察、主要会计科目真实性验证核实等工作；B 角是配合角色，负责对其他人员访谈、收集一般资料、非重点调查项目的调查等工作。形成调查报告后，A 角 B 角均须在调查报告上签字，对调查资料，担保情况、调查意见及调查报告的真实性负责。

需要指出的是，出于避嫌考虑，与企业有任何关联关系的尽职调查人员，包括与企业实际控制人、主要管理者或与企业有关联关系的其他人存在亲属、同学、好友、经济往来关系的，必须回避参加此次尽职调查工作。

2. 充分做好信息收集和核实工作。尽职调查人员在接收到企业信贷申请资料后，应认真研究企业提交的申请资料，并通过外部渠道调查和核实企业提交的资料真实性、完整性和时效性，审核自身已经获取的相关信息的质量。将通过外部获取信息与企业自行提交资料不一致之处、疑点、主要风险点列出，作为现场尽职调查的主要内容。

3. 对借款企业进行初步分析。在对企业信用信息收集、核实工作完成后，初步分析企业的情况，大致概括、判断企业的基本特征。如果能够获得企业经过审计的财务报表，还应该通过专业的信用评级模型对企业的总体风险状况和信用等级进行初评，发现企业经营和财务方面存在各种问题和疑点，使现场尽职调查更有针对性和目的性。

4. 详细设计现场访谈内容。由于各类企业的差别性很大，因此在现场访谈前必须做好充分的前期准备。

（1）拟定访谈提纲。按照尽职调查的具体目标，结合事先掌握的被调查企业情况，尽职调查人员应当收集、汇总被调查企业及其行业的书面资料，确定访谈的主要方向、主要对象。结合被调查企业经营特点及最近经营状况，进一步筛选问题，确定访谈的重点。

（2）做好访谈工作分工。尽职调查人员组成的团队应该进行具体的分工，确定由谁负责主访谈，谁负责其他人员访谈，不同的访谈题目如何在成员之间分配。

（3）事先填写的尽职调查准备表（见表 3－2）和访谈问题，便于在访谈时详细记录访谈内容和随后整理访谈纪要。

表 3 – 2　　　　　　　　　　　尽职调查准备表示例

尽职调查准备表	
企业名称：　　　　　　　　　　　　　　填写日期：	
已调阅的资料	□贷款申请表 □ 企业信用报告 □ 个人信用报告 □本人 □配偶 □保证人） □ 企业行业信息（□行业分析报告 □同行业其他企业调查报告） □其他外部信息 1. 2. 3. ……
企业上下游关系图	
主要负责人关系图	
企业基本情况	
企业外部信息核实疑点	1. 2. 3. ……
Themis 信用评级与分析	
访谈问题	1. 2. 3. ……
交叉检验方法	1. 2. 3. ……
尽职调查人员签字：	
备注：	

　　5. 确定调查行程并与企业预约。在进行现场调查前，须提前向企业预约调查的时间、地点，提前预约时间不宜过长或过短，2～4 天较为合适，一般应避

免周一上午或周五下午的时间段。

预约时要先向企业告知调研的大体事项，告知企业大致需要占用多长时间，要选择合适和充裕的时间进行访谈，不要给人以仓促感，如果被访谈时间匆忙，就容易应付了事。尽量要求负责人陪同调查，如负责人无法陪同，具体经办人应该相应授权。告知企业需要访谈的关键人员一定要在现场，这样可以更方便地对访谈内容进行交叉检验。告诉企业需要准备的所有文本材料以及原件，包括营业执照、房产证、购房合同、租赁合同、进货单、销货单或记录、户口簿、身份证等；要求企业全程应将手机静音或调成震动，不能接打手机、不能打断调查进程、告知企业调查的流程、确保调查能够顺利且不间断地进行等。

良好的预约是成功调查的第一步，很多尽职调查人员希望对企业进行突击调查而不喜欢提前预约企业，但实际情况是这种做法收效甚微且严重影响调查工作的效率，并且让企业觉得很"唐突"。因此，在进行现场调查前一定要与企业进行预约。突击调查一般用在经过初步调查后，对有些问题产生怀疑，企业又不太配合的情况下使用，使用时要相对谨慎。

一些金融机构会向企业发送一份《贷前尽职调查配合指引》，在指引中说明金融机构将于某一具体的时间去企业处进行贷前现场调查，需要企业方提前将相关材料准备好，该复印的应提前复印，并需要企业保证相关证照及文件的原件在调查当天应当在企业，公章应当在企业，法定代表人、主要股东、财务负责人及其他认为必要的人应当在企业现场，应当安排专人及安排专门的场地配合进行贷前尽职调查等。否则，很容易出现人、证、物不在等情况，陷入毫无效率的多次调查之中。

6. 查明调查路线。在去现场前，必须查明调查路线，防止由于路线不清迟到引起企业的不满。在现场调查准备阶段，一定要查明企业所在位置，合理安排调查路线和时间，避免在去往现场过程中由于不认识路而造成不必要的麻烦。可直接向借款企业询问，利用百度地图的搜索功能确定具体位置有时候也很方便。

第七节　撰写尽职调查报告

在尽职调查人员完成现场尽职调查工作后，应立刻撰写尽职调查报告。尽职调查报告是指尽职调查人员在对企业进行全面调查分析的基础上所撰写的书面文件，是反映尽职调查人员贷前调查内容、分析过程和调查结论的报告，是进行信用审查与信用决策的重要依据。

尽职调查人员在通过现场尽职调查和访谈获得全面信息后，应秉承客观、公正的原则，如实撰写《尽职调查报告》。尽职调查人员必须独立分析被调查企业业务的现状及风险状况，并对风险状况提出有针对性的防范措施，形成尽职调查的结论，为最终决策提供参考。

优秀的尽职调查人员必须具备撰写尽职调查报告的技能，一份好的尽职调查报告，有利于贷款的审查、审批人员迅速、全面地了解相应贷款的基本情况，并快速、准确作出信贷决策，调查人员必须认真对待。

一、尽职调查报告的常见格式

从目前各个金融机构的尽职调查报告撰写要求来看，尽职调查报告的写作格式大体上可分为两类：

一类是表格式调查报告。有些金融机构会根据自己的产品及业务特点，将尽职调查报告按照一定的标准制作成制式的表格，调查人员只需要按照制式表格逐项进行填写就可以。表格式尽职调查报告使用比较简便，容易填写，其缺点就是灵活性较差，因为制式表格一般无法涵盖所有情形。一般来说，表格式尽职调查报告适用于借贷金额较小，业务相对简单的借款企业。

另一类是制作式调查报告。使用这类调查报告金融机构数量最多，无论额度大小都可以使用这类格式，一般金融机构都会根据自己的产品及业务类型制定相应的撰写要求。对于借款金额较大，业务类型比较复杂的借款企业建议使用这类尽职调查报告格式。

二、调查报告的基本结构和基本要求

（一）调查报告的基本结构

金融机构都会对尽职调查报告的体例和结构作出规定，一般来说尽职调查报告主要由标题、正文、结尾三部分组成。

标题一般采用公文式标题的写法，一般包含金融机构名称、借款企业名称、贷款种类、贷款金额等内容，例如《关于某某有限公司申请1000万元流动资金贷款的调查报告》，标题尽量简单明了，让人一目了然。

正文这部分主要写明调查的内容，调查报告尾部主要写明两项内容：一是调查人员的签名；二是报告制作时间，写明制作的年、月、日。

（二）尽职调查报告的基本要求

1. 实事求是。尽职调查报告应当以事实为依据，能够真实准确地反映借款企业和贷款项目的基本情况，尽职调查人员必须本着实事求是、尊重事实的态度，将调查掌握的情况如实地在调查报告中反映，千万不能有夸大事实的情况出现。

2. 思路清晰。尽职调查报告应做到条理清晰、主次分明，在撰写过程中可参照撰写的基本要求和顺序进行撰写，但需要注意撰写尽职调查报告不是被动地将一条条信息填到固定格式的模板中，而是有条理地将企业经营以及申请授信的全貌和重点论述的内容展现在受众眼前。除此之外，尽职调查报告还要能反映出贷款调查各个环节的侧重点以及各类型授信企业的特点。

3. 分析透彻。撰写调查报告一定不要只是简单罗列企业提供的各项数据，或陈述企业的表面情况，一定要进行深入的分析。有的尽职调查报告洋洋洒洒一大篇，读后却使人不知所云，不得要领，其主要的原因就是分析不透彻，观点不鲜明，缺乏有力的论证。分析透彻是一个很高的要求，但也是一篇优秀尽职调查报告的基本要求。

4. 详细列明风险点、疑点以及企业作假情况。尽职调查人员必须详细列明在调查该企业过程中查明的各项风险点，以及虽然没有查实某风险，但从各种迹象说明，企业可能存在风险疑点。同时，如果是企业主观作假被调查人员查实，更应在报告中详细说明。

从金融机构内部管理角度看，如果借款企业最终违约，而负责该企业的尽职调查人员没有发现企业存在的问题，该人员就必须承担全部责任。而如果尽职调查人员发现了问题并在报告中已经提示，在企业违约后就应降低或取消对该尽职调查人员的处罚。

三、企业借款企业尽职调查报告的主要内容

（一）开头

尽职调查报告一般会有一个简单的开头（又称导语），包括借款企业因何原因于何年何月何日申请贷款以及申请贷款的金额、期限，并写明金融机构针对借款申请进行了什么样的调查。

以企业流动资金业务为例，尽职调查报告开头可这样写："某某有限公司向本行申请流动资金贷款 1000 万元，用于向上游供货商购买原材料，借款期限七个月，贷款利率月息×％，担保方式为保证担保。经本行贷前双人调查，现将调查情况报告如下⋯⋯"

（二）借款企业尽职调查内容

尽职调查人员根据尽职调查提纲所列内容，按照信贷五级风控调查的具体要求，逐一开展尽职调查工作，完成尽职调查内容。

（三）结论与建议

调查人要在进行贷款综合效益分析的基础上，对借款申请人申请事项给出具体意见，包括是否发放贷款、贷款品种、金额、期限、利率、担保方式、还款方式等。

以上尽职调查人员对企业流动资金贷款调查报告的撰写要点的介绍只是为了能够给金融机构调查人员撰写调查报告提供一个基础性的指引，由于金融机构所处地域、业务品种、风险偏好等均存在显著差异，调查人员使用过程中千万不能生搬硬套，要根据企业的不同情况，结合企业行业、生产经营情况等具体问题具体分析，并根据实际情况进行调整。

第四章

企业还款能力尽职调查

企业还款能力是指企业偿还债务的客观支付能力，即借款到期时企业在没有其他外力干扰的情况下，通过企业的正常运营，在企业债务到期日其资金、现金流偿还欠款的最大资金量和现金流，我们称为"企业第一还款来源还款能力"。在所有发生信贷违约的企业中，企业由于自身经营衰败在客观上造成无法偿还欠款是企业违约的最大原因，远高于其他违约原因。因此，对企业还款能力尽职调查的重要性也远高于其他方面的尽职调查。

企业还款能力尽职调查包括企业财务真实性尽职调查和企业经营能力尽职调查。其中，企业财务真实性尽职调查的重要性又高于企业经营能力尽职调查。这是因为企业的财务数据最能够真实反映出企业的经营状况和还款能力，财务状况优秀的企业，其还款能力也必定优秀。如果企业财务状况较差，即使企业经营能力反映出企业具有较强的发展潜力，也会存在较大的还款风险。

在企业财务真实性尽职调查中，全面核实企业财务数据真实性、还原企业真实财务报表最为重要。当前我国中小企业的财务数据粉饰和造假情况较为严重，如果不能准确调查企业真实的财务数据，还款能力分析就是会被错误地引导，并最终作出错误的信贷决策。

在还款能力尽职调查中，由于企业规模不同，还款能力尽职调查的重点也不同。

第一，大企业与中小企业还款能力尽职调查所侧重的核心数据不同。对于大型企业来说，尽职调查人员应当重点查验其财务数据和账户资金流水往来情况，因为大型企业管理比较规范，制度比较严格。大型企业的账户资金往来往往反映了企业的经济实力、营业收入、利润状况、纳税状况、原材料供应情况、销售情况等真实的情况，尽职调查人员根据这些数据就可以大体了解企业的还款能力。而中小企业由于企业与个人的账户不分，企业运营和交易的资金很多打到了企业实际控制人自己的账户上，财务报表非常不规范，不签合同不开发票，企业本身的财务数据和资金流水情况往往不能全面说明问题，只能作为部分的参考。因此，对中小企业还款能力调查时，除调查核实和推导其财务数据真实性外，还要重点关注企业的其他重要数据，包括水、电、气用量的数据，社保数据、纳税数据等，这些数据相对来讲作假程度更难。例如，一个生产型企业的水、电、气用量较少，单位用电、用水量远低于行业平均水平，或者出现较大的波动，即便财务报告反映企业的经营业绩再高，也非常值得怀疑。

第二，对中小企业现场勘查的重要性远远高于大企业。中小企业的资源有限，实地勘查花费的时间较少，却往往能够起到事半功倍的效果。一个中小企业的财务报表可以造假，但是其生产设备、工人、存货、办公条件以及工作人员数量、能力都较难作假，实地勘查能够发现和验证企业的真实还款能力。

第三，大企业看管理层整体能力，中小企业看企业实际控制人个人能力。大型企业多从事关系国计民生的重要行业，国家法律监管比较严格，其自身管理也比较规范，决策基本需要管理层集体通过，因此整个管理层的素质和能力决定了整个企业的经营水平和还款能力。相对来讲，中小企业大多从事一些门槛比较低的行业，核心竞争力并不强，要想在竞争中脱颖而出，企业实际控制人的经营能力、管理能力就必须很强。因此，在还款能力调查过程中应着重访谈企业实际控制人，判断其经营管理能力。

第一节　企业财务真实性尽职调查

在调查企业会计科目的真实性时，一些重要的会计科目的真实性必须逐一核实。这些重要的会计科目包括营业收入、营业成本、应收账款、其他应收账款、货币资金、固定资产、存货、银行借款、应付账款、其他应付账款等科目。

1. 营业收入真实性调查。如果将反映还款能力各项财务因素按重要性排序的话，企业营业收入是判断企业还款能力的最重要指标。只要把被调查企业的真实营业收入核实清楚，企业的还款能力在很大程度上就已经浮出水面。在大多数情况下，企业只要有营业收入和现金流，即便企业整体亏损也基本能够保证偿还一定程度的短期债务。因此，应投入较多时间和精力交叉检验其数额的真实性。

在实践中，有许多中尽职调查方法验证一个企业营业收入的真实性。这些方法主要包括：

（1）原始单据法。原始单据法是最为简单的一种核实方法，其前提是企业对销售或出货做了纸质或电子版的记录，通常尽职调查人员可以通过销售明细账与发货单的抽查比对销售收入来进行核实。例如：某企业对其每月销售做了明细账记录，尽职调查人员可累加近 6 个月销售推算全年销售，对于淡旺季明显的企业，尽职调查人员可抽查旺季平均销售、淡季平均销售推算全年销售，同时，尽职调查人员可抽查期间任一月份或周的出货单与销售明细账进行对比，进一步证实该销售明细账是以出货单为依据真实编制的。

（2）生产推算法。询问企业的工人数量，向企业实际控制人和工人分别咨询计件工资的提成或者按小时核算的价格以及工作时间、每月的电费单、包装等辅助材料支出数量或者金额等内容。每月消耗的原材料数量扣除必要的损耗后，除以单个单品的重量，就可以得出产品的总产量，结合其销售单价就可以估算出理论销售额，与企业提供的月销售收入进行比较；尽职调查人员也可以用月支付的工人工资和计件提成单价估算出月产数量，核对单个产品的价格乘以估算的月总产量是否与月销售额吻合。

（3）应收账款法。该方法适用于具备较稳定结算账期的企业，应收账款余额 = 账期内的销售额 × 赊销比例，则账期内的销售额 = 应收账款余额/赊销比例。例如：某生产企业结算条件为第三个月支付第一个月货款，该企业的赊销比例为 100%，假设企业近一月应收账款余额为 500 万元，账期内（2 个月）的大致销售额为 1000 万元，从而推算大致的全年销售为 6000 万元。同时，该方法要求企业的回款周期相对稳定，而大多数企业均存在下游企业结算不及时的情况，因此，准确度受到一定程度的影响。

（4）能耗分析法。

①以能耗计算产出推算收入。能耗包括企业的水、电、气等。

例如，开机时间＝期间用电度数/电机功率，如得知生产线每小时的产品生产数量，则可得出期间产品生产总数量。例如：一台 110T 冲床单机功率 11 千瓦，观察或访谈得知企业每小时生产产品 180 个，通过查看电费单据，最近一月用电量 2200 度，则该台冲床当月开机时间为 2200 度/11 千瓦＝200 小时，180 个/小时×200 小时＝36000 个，最后结合单品价格即可得到当月大致销售收入。如果企业的主要能耗为天然气、自来水等，尽职调查人员则同样需要找到能耗与销售收入之间的关联关系。

②能耗分析法。尽职调查人员可以查看企业能耗是否符合其经营淡旺季的特点，是否与往年的产量或销售收入匹配。例如，去年企业单位产量的耗电量是 1000 瓦/个，但今年经过推算单位产品耗电量却只有 800 瓦/个。那么只有企业大规模提高生产效率才能够实现如此大的改善，否则，很可能在产量和销售收入上作假。如果客观如此，现场访谈时可了解企业是否有明确的原因大幅度提高了生产效率。此外，可以将近三月能耗与去年同期作对比，此方法仅能推测出企业的经营规模相比往年是利好、下滑或平稳。

（5）工资推算法。工资推算法主要适用于实施计件工资或提成工资的企业，关键在于掌握其计件及提成的计算方法，通过工资表或提成情况推算出经营规模。例如：尽职调查人员经过现场访谈或内部经营制度调查发现，企业的业务人员提成为销售额的 3%，如当月该企业业务团队提成总额为 3 万元，则当月企业总体收入约为 100 万元。

（6）局部推测整体法。如果企业某一下游企业或某一产品的销售收入易于核实，通过其口述该下游企业或该产品的销售占比反推销售收入。例如：某一贸易公司的下游企业为国有大型百货超市，近 6 个月开票销售为 600 万元，企业负责人访谈或通过存货占比得知，该下游企业销售占总销售比例约 20%，则企业近 6 个月总销售约为 3000 万元。

（7）银行流水法。该方法的核心在于对银行流水的加工与分析，首先是证实银行流水的真实性，再进行技术性处理，如剔除银行流水大额进出账、关联交易账，对银行流水是否符合企业经营模式特点作出判断，最后，加总银行流水贷方发生额得出期间回款销售收入。此外，如果企业上游采购的账务支出较为规范，尽职调查人员可以通过加总借方发生额再结合毛利反推法得出期间销售收入。

（8）合同推定法。该方法就是查阅企业所有历史销售合同，借以推定企业的销售收入是否真实。在查看合同时，要检查：

①合同必备八要素是否齐全；

②甲乙双方签章是否齐全；

③合同是否原件。

在进行合同推定时，还必须小心检验、分析合同的真实性。一般情况下，伪造的合同往往内容简单，对双方责任、义务较少描述，对产品质量、服务等重要的合同要素也不做要求或极简单描述，没有签字只有盖章、没有骑缝章等，这些都是伪造合同经常出现的特征和疑点。

（9）发票推定法。该方法就是查阅企业所有销售发票或增值税发票，借以推定企业的销售收入是否真实。在查看销售发票时，要检查：

①发票的购货方与合同的购货方是否一致；

②确认收入的金额与开票金额是否一致；

③发票的开票项目是否与合同的购货清单一致；

④确认收入的期间与开票时间是否一致；

⑤确认收入的二级科目与发票的购货方是否一致；

⑥确认收入的二级科目与合同的购货方是否一致；

⑦以上如有不一致，尽职调查人员需向企业询问原因，将原因记录在核查备注中。

（10）收款推定法。该方法就是查阅企业所有收款凭证，借以推定企业的销售收入是否真实。在查看收款凭证时，要检查：

①付款单位/人是否与合同购货方、发票购货方一致；

②收款金额与合同约定的金额是否一致；

③收款的分期是否与合同约定的一致；

④收款的银行回单摘要是否与收入项目或业务性质一致；

⑤以上如有不一致，尽职调查人员需向企业询问原因，将原因详细记录。

（11）经营痕迹法。企业的经营痕迹无处不在，该方法需要尽职调查人员不断地去发现与应用。例如，根据制造类企业生产过程中的废料推算销售，根据贸易类企业墙面的业绩展示表或任务表推算销售，根据餐饮类企业的日均一次性餐具使用数量、人均消费水平推算营业额等。

（12）口头询问法。在电话沟通、现场评估过程中，尽职调查人员可以间隔穿插询问淡季销售额、旺季销售额、每天/每周/每月销售额、近期销售额等，以此交叉检验企业各种口头叙述的销售收入折算为全年销售收入后是否相互吻合。

（13）外围信息法。通过外围非关联第三方得知企业大致销售规模，例如制造类企业的上下游企业均有可能知晓企业大致收入规模，尽职调查人员可通过随机给几个企业重要客户打电话，了解企业的销售额，并根据占比推算企业的实际总销售金额。

在实践中，对一家企业营业收入进行真实性调查，不需要完全采用上述所有方法，而是根据具体情况，采用其中部分方法，能够起到多方法交叉检验，满足调查需求即可。否则，如果一个项目采用过于复杂的调查手段交叉检验，就会影响整个尽职调查工作的进度和效率。

2. 销售成本真实性调查。销售成本真实性调查的一些方法与营业收入真实性调查非常相似，调查的方法包括：

（1）原始单据法。通过采购明细账与进货单的抽查比对销售收入进行核实。

（2）毛利反推法。通过企业的销售收入与毛利率反推销售成本。

（3）能耗分析法。以能耗计算产量，再结合单品成本即可得到当月大致销售成本。

（4）举一反三法。根据上游主要供应商的采购金额和占所有采购金额的比例，推导企业的总销售成本。

（5）银行流水法。根据银行流水的借方发生额得出期间销售成本的支出金额。

（6）合同推定法。根据企业所有历史采购合同，借以推定企业的销售成本是否真实。

（7）发票推定法。查阅企业所有进项发票，借以推定企业的销售收入是否真实。

（8）经营痕迹法。根据企业经营痕迹推算其销售成本，例如生产废料等。

（9）口头询问法。通过访谈验证企业的销售成本。

（10）外围信息法。通过对其上游供应商调查验证企业销售成本。

（11）生产场地验证法。到企业生产现场根据企业的生产流程，了解企业生产各环节成本核算方法和步骤，确认公司报告期成本核算的方法是否保持一致。

（12）获取主要产品的成本明细表，了解产品单位成本及构成情况，包括直接材料、直接人工、燃料和动力、制造费用等。报告期内主要产品单位成本大幅变动的，应进行因素分析并结合市场和同行业企业情况判断其合理性。

3. 期间费用真实性调查。

（1）取得营业费用明细表，结合行业销售特点、公司销售方式、销售操作流程、销售网络、回款要求、售后承诺（如无条件退货）等事项，分析公司营业费用的完整性、合理性。

（2）对照各年营业收入的环比分析，核对与营业收入直接相关的营业费用变动趋势是否与前者一致。两者变动趋势存在重大不一致的，应进行重点核查。

（3）取得公司管理费用明细表，分析是否存在异常的管理费用项目，如存在，应通过核查相关凭证、对比历史数据等方式予以重点核查。

（4）关注控股股东、实际控制人或关联方占用资金的相关费用情况。

（5）取得财务费用明细表，对公司存在较大银行借款或付息债务的，应对其利息支出情况进行测算，结合对固定资产的调查，确认大额利息资本化的合理性。

4. 应收账款真实性调查。

（1）取得应收账款明细表和账龄分析表、主要债务人及主要逾期债务人名单等资料，并进行分析核查。了解大额应收款形成原因、债务人状况、催款情况和还款计划。

（2）抽查相应的单证和合同，对账龄较长的大额应收账款，分析应收款发生的业务背景，核查其核算依据的充分性，判断其收回风险。

（3）取得相关采购合同，核查大额预付账款产生的原因、时间和相关采购业务的执行情况。调查应收票据取得、背书、抵押和贴现等情况，关注由此产生的风险。

（4）结合公司收款政策、应收账款周转情况、现金流量情况，对公司销售收入的回款情况进行分析，关注报告期应收账款增幅明显高于主营业务收入增幅的情况，判断由此引致的经营风险和对持续经营能力的影响。

（5）判断坏账准备计提是否充分、是否存在操纵经营业绩的情形。

（6）分析报告期内与关联方之间往来款项的性质，为正常业务经营往来或是无交易背景下的资金占用。

5. 其他应收款真实性调查。

（1）一般企业会将投资、开办费、前期亏损或待摊费用支出暂列其他应收款。有些企业也会把长期无法收回的应收账款或坏账放在其他应收款科目，以使其应收账款科目更为好看。因此，进行尽职调查时，应具体查询有关内容，评析会计处理是否合适，并作出合适的建议会计调整。

（2）取得明细表，并查阅其他应收款的组成。

（3）查询内容，回收情况，评析其他应收款提取的坏账准备是否足够。

（4）对应列入费用的其他应收款作出转入损益的建议会计调整。

6. 存货真实性尽职调查。

（1）查阅存货清单。

（2）分析存货周转期，存货周转期反映了市场销售情况、资金周转情况。

（3）找出积压、毁损、滞销、过时以及有变现问题的存货，确定提取的准备金是否足够，并提示。

（4）查询存货的计算方法，确定计算方法是否合适。

（5）对存货量庞大、在企业资产中占比较高的应考虑进行盘点。

7. 银行存款真实性调查。

（1）取得或编制货币资金明细表。

（2）通过取得公司银行账户资料、向银行函证等方式，核查定期存款账户、保证金账户、非银行金融机构账户等非日常结算账户形成原因及目前状况。对于在证券营业部开立的证券投资账户，还应核查公司是否及时完整地核算了证券投资及其损益。

（3）抽查货币资金明细账，重点核查大额货币资金的流出和流入，分析是否存在合理的业务背景，判断其存在的风险。

（4）核查大额银行存款账户，判断其真实性。

（5）分析金额重大的未达账项形成的原因及其影响。

（6）关注报告期货币资金的期初余额、本期发生额和期末余额。

8. 资产真实性调查。

（1）查阅企业房产、土地使用权以及主要生产经营设备等固定资产的权属凭证、相关合同等资料，确认企业是否具备完整、合法的财产权属凭证。

（2）分析固定资产折旧政策的稳健性以及在建工程和固定资产减值准备计提是否充分，折旧是否按照设定的折旧提取方法和折旧率计算，并已入账。

（3）调查是否有应报废或需要提取减值准备的机器设备。

（4）查阅企业商标、专利、版权、特许经营权等无形资产的权属凭证和相关合同等资料，查看到期情况、年审情况，确认其真实性。

（5）在固定资产占总资产较大、机器设备较多的企业，应考虑进行实地盘点。

9. 应付账款真实性调查。

（1）取得应付款项明细表，了解应付票据是否真实支付、大额应付账款的账龄和逾期未付款原因及长期应付款的具体内容和业务背景、大额应交税金欠缴情况等。

（2）尤其应注意的是，很多企业将民间借款放入其他应付款，因此必须对其他应付款的业务背景、交易对手进行详细分析，发现其中的逻辑性是否合理，是否存在潜在的民间借款。

（3）分析应付账款是否有大幅度的变化，或者是否与企业采购成本的变化严重不符。询问财务负责人，并查阅付款凭证，查阅有否未入账的负债和应付账款。

10. 银行借款真实性调查。

（1）取得企业在央行征信中心的企业信用报告，查阅并与其他文件进行对比分析。

（2）取得和查阅明细表，明细表应注明利率、还款期、抵押、承诺等情况。

（3）查阅公司主要银行借款资料，了解银行借款状况，公司在主要借款银行的信用评级情况，是否存在逾期借款，有逾期未偿还债项的，应了解其未按期偿还的原因、预计还款期等。

（4）查阅贷款合同，了解是否有资产抵押和担保。

（5）测算贷款利息是否已足额提取，并已入账。

（6）对比企业财务报表中的财务费用，与其他文件数据对比是否吻合。

（7）查阅是否有违反贷款合同条款的情况（违反贷款合同可导致银行要求提早还款或停止信贷，使被调查企业出现资金周转问题）。

11. 企业相关人员的财务能力调查。在对中小企业借款时，由于企业账目和企业实际控制人账目存在紧密的关联性，或者企业实际控制人或企业负责人签订了还款的无限连带责任书，这时，也需要对企业实际控制人的财务能力进行调查，调查包括：

（1）取得企业实际控制人和其他相关人员的央行征信中心个人信用报告，查阅并与其他文件进行对比分析。

（2）与企业财务存在关联度或签订无限连带责任书的企业实际控制人、法人、总经理的家庭日常收入状况、家庭日常支出状况。

（3）企业实际控制人、主要负责人的尚未结清的个人借款情况。

（4）相关人员的资产情况，例如房产情况、投资情况等。

（5）综合判断实际控制人的个人还款能力。

12. 银行流水真实性调查。企业的银行流水包括对私和对公流水，两者的基本要素没有太大差异，主要内容包括账号、户名、交易日期、借方金额（支出）、贷方金额（收入）、交易摘要、交易对象等内容。

对于企业流水的尽职调查是现场还款能力调查的重要环节，现金流是借款企业的第一还款来源，更是对借款企业信息发掘的有效途径，同时还是最后风险保障的措施。所以，尽职调查人员务必要对流水有清晰的认识，重视对流水数据收集和真伪判断。同时，在调查中小企业流水时，必须同时获得企业流水和实际控制人的个人流水。因为如果企业出现违约，而实际控制人事后转移资金，银行的贷后保全等措施基本就无从下手了。

（1）物理判断流水真伪。

①要求企业提供原件。

②查看是否有银行业务章。

③纸张：很多银行的流水都用专门的纸张进行打印。

④银行名称、账号、户名、起止日、打印页码等重要信息是否完整和准确，可以通过电话银行验证真伪性；银行公章是否清晰和正常，可以通过向银行拨打电话询问企业是否在那里打过流水。经验丰富的尽职调查人员会收集各个银行的流水格式以及银行业务章的格式。同一家银行业务章格式基本一致，如工商银行自动打印系统的章，每页下面的章是自动生成的，每页的 12 位编码都是不一样的。

⑤如果流水是网银拉出来的 Excel 版本，一定要有网银截屏进行比对或者去网点加盖业务章。尽职调查人员一定要现场截屏。

（2）结息日判断流水真伪。查看流水有没有结息日。流水单上均反映企业在 3 月、6 月、9 月、12 月每个月 21 日的结息状况。银行活期结息都是按照利息积数计算。利息 = 累计计息积数 × 日利率。其中累计计息积数 = 计息期间内每笔计息积数余额合计数，再计算每笔计息积数 = 每笔余额账户留存天数 × 该笔余额数。通过上述计算公式，尽职调查人员可以计算出季度利息，判断计算出的结果与实际发生的结息差异大不大，在确认方法正确的情况下来判断流水的真伪。

（3）交易频率判断真伪。查看流水中一定周期内企业的交易次数是否与生意资金往来的基本规律相符。例如一个超市的流水每日的现金存取只有几次，这个与其生意的资金往来规律不太符合，需要询问其原因，分析其解释的合理性。

（4）交易金额判断真伪。查看流水中的交易金额是否有异常。

①是否有与日常结算明显不符的资金往来，或者与企业日常交易规模不符的大额资金往来，例如流水中日常交易金额都在 5 万元以内，有一笔 50 万元的交易，就需要关注。

②是否有时间规律相同、金额相同的较大资金入账。如有上述情况，需要和企业询问具体的交易对象和原因。

③交易对象判断真伪。查看流水中每笔交易对象，是否有与日常经营无关的交易对象。与经营相关的交易对象有上下游企业，这些都属于正常，与日常经营无关的交易对象例如小贷公司、投资公司、信托公司、金融公司或其他公司和个人等，就必须向企业询问具体的交易原因。

④总交易量判断真伪。

A. 企业在一定周期内所有的进账或出账交易量，比较粗略地反映企业的流量规模；

B. 通过对流水进行筛选，统计一定周期内与企业生意经营相关的进账或出账交易量，比较客观地反映企业的真实交易流量；

C. 通过对筛选后的月度进出账交易量对比分析，能够直观反映其资金回笼周期及淡旺季。

（5）流水特征与企业经营业务、经营模式匹配性判断真伪。有些行业企业流水的特征非常明显，如果企业的流水特征与行业其他企业有明显差异，就应该引起高度注意。例如货运代理公司，行业特征是分散的企业，每笔进项不会太大，每天资金进出频繁，笔数较多。出项一般支付上游运费、代理费，通常单笔金额会大一些，这些特征是这个行业应该反映的客观状况。如果这个行业的企业流水都是大额进出，就要质疑其中的原因。

通过对银行流水进行一系列分析，从中可以挖掘一些信息，提炼出重点关注的事项，主要有以下方面：

（1）分析是否有隐性负债可能。通过对流水中交易金额和交易对象的核查，尽职调查人员可能会发现企业存在一些未反映在银行信用报告中的负债，例如消费金融、小贷公司、P2P 机构或民间机构等借款，这样可以更进一步了解企业的外部风险、诚信度、真实负债水平和还款压力。

（2）分析交易量与销售额是否匹配。通过对企业流水交易量的筛选分析，将月度和年度流水数据与企业月度和年度销售额进行对比，一般而言两者匹配度在50%～100%为正常，如果低于50%，可能原因有流水不是企业实际流水，企业的结算方式有部分现金或承兑、销售款回笼周期过长等；如果过高，例如达到200%，可能原因有低估销售额、存在其他生意或虚增交易流水。无论过高或过低，都需要和企业进一步沟通，弄清真实原因，揭示其隐藏的风险因素。

（3）分析日均余额与月还款额是否匹配。通过对流水的日均余额分析，与月还款额进行对比，一般而言，该比例大于1较好，在低于1的情况下，越小说明企业还款压力越大。例如，某企业日均余额1万元，每月还款5万元，无其他还款来源补充情况下，一般而言还款压力较大。

（4）分析交易对手情况。有些银行的流水注明交易对手及账号，可查看企业下游质量、规模，哪些客户每月固定回款等，这些数据对分析客户的情况很有帮助。

（5）分析企业经营和员工稳定性。如果流水里有固定每月对员工的工资、奖金发放，可查看每月的工资奖金有没有增减，有多少员工，每月员工有没有大幅的波动等，推断企业经营的稳定性、人员的稳定性。

（6）分析企业业务稳定性。如果流水里有水、电固定扣款，可查看近半年来水电费的支付是否都正常，与去年同期变化情况，有没有大的波动或下降，来推断企业经营的稳定性。

第二节　企业经营能力尽职调查

企业经营能力尽职调查是指通过对企业运营风险状况、企业经营管理能力和发展水平、企业发展战略等反映企业还款能力的非财务状况的调查。

企业经营能力尽职调查是调查企业还款能力的重要辅助手段，这是因为：一方面，弥补企业财务信息失真。鉴于目前的现实国情，中小企业财务信息失真度较高，无财务报表或报表粉饰情况非常普遍，有的根本没有报表甚至凭证，很多企业无法通过财务数据还原真实财务报表和辨别还款能力，这些问题是导致中小企业融资困境的根源之一。由于中小企业存在上述特点，金融机构需要通过多种渠道收集大量有关企业的非财务经营信息，弥补财务信息失真或欠缺带来的影响。另一方面，辅助评估还款能力。企业经营能力尽职调查能够与财务真实性调查相互印证、相互补充，为信用评估和决策提供充分和必要的依据。

一、企业运营风险尽职调查

如本书第二章所述，对企业运营风险尽职调查是按照企业的供给、生产、销售、分析和管理层能力等方面对企业进行全面的尽职调查。尽职调查分析方法在第二章已经全面论述，在此不再赘述。尽职调查的具体手段主要包括：

1. 对企业供给情况的调查。

（1）对企业供给情况调查时，应与企业主要供给方联系，例如联系前5大供给方，核实供给原材料的数量、金额、交易条件的真实性。

（2）查看企业物流单和存货情况，核实企业进货的金额、数量等是否匹配。

2. 对企业生产情况的调查。

（1）对企业生产情况调查时，应盘点并推算企业的生产设备与企业生产产品、销售收入的匹配度。

（2）通过对生产人员、工人的数量、工时、工作效率进行调查，推算企业生产产品数量和销售收入的匹配度。

（3）通过对生产人员和工人的随机询问，判断企业生产人员的真实性。

（4）通过对水电气使用量、费用单据的调查，推算企业生产情况的真实性。

3. 对企业销售情况的调查。

（1）对企业销售情况调查时，应与企业主要客户取得联系，例如联系前5大客户，核实客户购买的数量、金额、交易条件的真实性。

（2）查看企业物流单和存货情况，核实企业存货、出货的金额、数量等是否匹配。

（3）了解行业的总体销售情况，对比企业销售占比、客户情况分布、客户采购量、客户集中度等合理性。

（4）了解企业的主要竞争对手和其销售情况，对比企业销售占比、客户情况分布、客户采购量、客户集中度等合理性。

4. 对企业分销情况的调查。

（1）调查企业的运输单据和运输工具，查看其运输方式的稳定性和运输价格变化。

（2）调查企业的分销方式，与本行业的其他企业对比，判断其分销的优劣。

二、企业经营管理能力和水平

1. 企业的股东架构、管理架构合理性和能力调查。

（1）调查企业实际控制人和重要经营管理人员在本行业的从业时间，判断企业在本行业的从业经验。

（2）调查企业的股东架构的合理性和稳定性，最大股东和各小股东的各种优劣势，这些优劣势已经对企业的经营管理带来的影响以及未来有较大可能带来的影响。

（3）调查企业的股权是否过于分散，股东是否可能失去控制权，企业被内部人（即管理者）所控制。

（4）着重调查股东之间是否和谐和配合，是否对公司投入了和将投入多少资源，是否存在较大的矛盾，是否可能或即将调整股东结构，调整股东结构（尤其是某个或某些股东退出企业）的深层次原因是什么，最终判断企业的股东架构对企业发展是否带来根本性影响和影响程度。

（5）调查企业的管理组织架构的合理性和稳定性，调查企业在各重要岗位的人员背景、知识结构、经营管理经验和水平，判断企业的经营管理优势和短板，以及与同行业或同规模企业对比的优劣。调查企业的主要管理人员的稳定性和忠诚度，其薪金待遇和同行业之间的对比情况，是否有股权激励等措施。

（6）调查企业内各利益集团的关系是否协调，包括对经理层与其他员工的激励，以及对高层管理者的制约机制是否健全。

2. 企业经营管理健全度和发展能力。

（1）调查企业内部管理制度是否形式规范、内容规范、程序规范，企业的全体员工是否受到管理制度的约束，企业管理制度是否相对稳定，是否朝令夕改，失信于员工。

（2）调查企业在运营各环节的各项规章管理制度的健全度和严谨度，各项规章制度是否全面、细致，覆盖企业各方面工作，判断企业的管理水平、效率，是否存在明显的疏忽、不合理、不公平现象，以及是否对公司运营发展带来不利影响。

（3）调查企业在近年和近期的生产技术革新和高新技术引进、运营模式创新、专利和知识产权的研究和获得、高端人才引进、技术资金的投入等情况，判断企业在经营创新方面的态度和愿景。

三、企业发展战略

（1）调查企业的中长期发展规划，是否有未来 1～5 年的总体战略发展规划，该规划是否是合理的、可执行的，并附有明确的可执行详细方案。

（2）分析企业的发展战略是否随市场的变化而合理变化，定位是否准确，是否紧紧围绕企业的核心业务。

（3）分析企业是否有能够支撑企业战略发展的可拓展的资源。

第五章

企业还款能力财务分析

企业还款能力的分析以对企业定量分析为主、定性分析为辅，主要是依据企业的财务数据和财务指标进行的量化分析。在调查、还原企业真实财务数据的基础上，应通过各种财务分析方法和模型，准确判断、评估企业的还款能力。

对企业还款能力的财务分析方法又可划分为传统财务分析和现代财务分析两类。

第一节　传统还款能力财务分析

一、传统财务分析方法

传统财务分析是指针对资产负债表和利润表进行的，以传统财务指标为分析对象的财务分析方法。从基础方法看，传统财务分析的基本方法有以下三类方法：趋势分析法、比率分析法、因素分析法。其中，比率分析法最为常用，是采用财务比率指标对企业的经营管理各方面进行的评价。在比率分析的基础上，再结合趋势分析和因素分析，达到对企业还款能力全面分析的目的。

（一）趋势分析法

趋势分析法又称水平分析法，是将两期或连续数期财务报告中相同指标进行对比，确定其增减变动的方向、数额和幅度，以说明企业财务状况和经营成果的变动趋势的一种方法。

趋势分析法的具体运用主要有以下三种方式：

1. 重要财务指标的比较。它是将不同时期财务报告中的相同指标或比率进行比较，直接观察其增减变动情况及变动幅度，考察其发展趋势，预测其发展前景。

对不同时期财务指标的比较，可以有两种方法：

（1）定基动态比率。它是以某一时期的数额为固定的基期数额而计算出来的动态比率。

公式：定基动态比率 = 分析期数额 ÷ 固定基期数额

（2）环比动态比率。它是以每一分析期的前期数额为基期数额而计算出来的动态比率。

公式：环比动态比率 = 分析期数额 ÷ 前期数额

2. 会计报表的比较。会计报表的比较是将连续数期的会计报表的金额并列起来，比较其相同指标的增减变动金额和幅度，据以判断企业财务状况和经营成果发展变化的一种方法。

3. 会计报表项目构成的比较。这是在会计报表比较的基础上发展而来的。它是以会计报表中的某个总体指标作为100%，再计算出其各组成项目占该总体指标的百分比，从而来比较各个项目百分比的增减变动，以此来判断有关财务活动的变化趋势。

在采用趋势分析法时，必须注意以下问题：

（1）用于进行对比的各个时期的指标，在计算口径上必须一致；

（2）剔除偶发性项目的影响，使作为分析的数据能反映正常的经营状况；

（3）应用例外原则，应对某项有显著变动的指标作重点分析，研究其产生的原因，以便采取对策，趋利避害。

（二）比率分析法

比率分析法是指利用财务报表中两项相关数值的比率揭示企业财务状况和经营成果的一种分析方法。根据分析的目的和要求的不同，比率分析主要有以下三种：

1. 构成比率。构成比率又称结构比率，是某个经济指标的各个组成部分与总体的比率，反映部分与总体的关系。

公式：构成比率＝某个组成部分数额/总体数额

利用构成比率，可以考察总体中某个部分的形成和安排是否合理，以便协调各项财务活动。

2. 效率比率。它是某项经济活动中所费与所得的比率，反映投入与产出的关系。利用效率比率指标，可以进行得失比较，考察经营成果，评价经济效益。

3. 相关比率。它是根据经济活动客观存在的相互依存、相互联系的关系，以某个项目和与其有关但又不同的项目加以对比所得的比率，反映有关经济活动的相互关系，如流动比率。

比率分析法的优点是计算简便，计算结果容易判断，而且可以使某些指标在不同规模的企业之间进行比较，甚至也能在一定程度上超越行业间的差别进行比较。但采用这一方法时对比率指标的使用应该注意以下几点：

（1）对比项目的相关性。计算比率的子项和母项必须具有相关性，把不相关的项目进行对比是没有意义的。

（2）对比口径的一致性。计算比率的子项和母项必须在计算时间、范围等方面保持口径一致。

（3）衡量标准的科学性。运用比率分析，需要选用一定的标准与之对比，以便对企业的财务状况作出评价。通常而言，科学合理的对比标准有：①预定目标；②历史标准；③行业标准；④公认标准。

（三）因素分析法

因素分析法也称因素替换法、连环替代法，它是用来确定几个相互联系的因素对分析对象——综合财务指标或经济指标的影响程度的一种分析方法。采用这种方法的出发点在于，当有若干因素对分析对象发生影响作用时，假定其他各个因素都无变化，顺序确定每一个因素单独变化所产生的影响。

二、传统财务分析中的主要分析指标

从信贷风险分析的角度通过传统财务分析方法分析一家企业的还款能力时，主要是从短期偿债能力、长期偿债能力、资产周转效率、盈利能力、现金流量、财务弹性等方面的能力进行分析，每个方面的能力都有一组较为重要的分析指标。这些指标本书设定了标准值（即指标的安全值），但在实践中很少有企业能够完全达到指标安全值，而且各个不同的行业同一指标标准值可能差别巨大，用一个标准值并不科学，因此本书指标标准值的设置仅仅更有利于教学而非实践。为了更清晰地了解我国各行业企业传统财务指标的标准值状况，本书附录二统计了近十年 25 个行业所有上市公司各主要传统财务指标的中间平均值，以供分析参考。

（一）短期偿债能力分析

如果对一家企业的信贷周期比较短（一年以内），尽职调查人员应当着重考察企业短期偿债能力指标，重点放在流动比率、速动比率两项。

1. 流动比率。

公式：流动比率 = 流动资产合计／流动负债合计

本指标设置的标准值：2。

意义：体现企业偿还短期债务的能力。流动资产越多，短期债务越少，则流动比率越大，企业的短期偿债能力越强。

分析提示：低于正常值，企业的短期偿债风险较大。一般情况下，营业周期、流动资产中的应收账款数额和存货的周转速度是影响流动比率的主要因素。

2. 速动比率。

公式：速动比率 =（流动资产合计 - 存货）／流动负债合计

保守速动比率 = 0.8（货币资金 + 短期投资 + 应收票据 + 应收账款净额）／流动负债

本指标设置的标准值：1。

意义：比流动比率更能体现企业偿还短期债务的能力。因为流动资产中，尚包括变现速度较慢且可能已贬值的存货，因此将流动资产扣除存货再与流动负债对比，以衡量企业的短期偿债能力。

分析提示：低于 1 的速动比率通常被认为是短期偿债能力偏低。影响速动比率的可信性的重要因素是应收账款的变现能力，账面上的应收账款不一定都能变现，也不一定非常可靠。

变现能力分析总提示：

（1）增加变现能力的因素：可以动用的银行贷款指标；准备很快变现的长期资产；偿债能力的声誉。

（2）减弱变现能力的因素：未作记录的或有负债；担保责任引起的或有负债。

（二）长期偿债能力分析

1. 资产负债率。

公式：资产负债率 =（负债总额／资产总额）×100%

本指标设置的标准值：0.7。

意义：反映债权人提供的资本占全部资本的比例。该指标也被称为举债经营比率。

分析提示：资产负债率越大，企业面临的财务风险越大，获取利润的能力也越强。如果企业资金不足，依靠欠债维持，导致资产负债率特别高，偿债风险就应该特别注意了。资产负债率在60% ~ 70%，比较合理、稳健；达到85%及以上时，应视为发出预警信号，企业应提起足够的注意。

2. 产权比率。

公式：产权比率 =（负债总额／股东权益）×100%

本指标设置的标准值：1.2。

意义：反映债权人与股东提供的资本的相对比例，反映企业的资本结构是否合理、稳定。同时也表明债权人投入资本受到股东权益的保障程度。

分析提示：一般来说，产权比率高是高风险、高报酬的财务结构，产权比率低，是低风险、低报酬的财务结构。从股东来说，在通货膨胀时期，企业举债，可以将损失和风险转移给债权人；在经济繁荣时期，举债经营可以获得额外的利润；在经济萎缩时期，少借债可以减少利息负担和财务风险。

3. 有形净值债务率。

公式：有形净值债务率 =［负债总额／（股东权益 – 无形资产净值）］×100%

本指标设置的标准值：1.5。

意义：产权比率指标的延伸，更为谨慎、保守地反映了在企业清算时债权人投入的资本受到股东权益的保障程度。不考虑无形资产包括商誉、商标、专利权以及非专利技术等的价值,它们不一定能用来还债,为谨慎起见,一律视为不能偿债。

分析提示:从长期偿债能力看,较低的比率说明企业有良好的偿债能力,举债规模正常。

4. 已获利息倍数。

公式:已获利息倍数 = 息税前利润 / 利息费用

$$= (利润总额 + 财务费用) / (财务费用中的利息支出 + 资本化利息)$$

通常也可用近似公式:

已获利息倍数 = (利润总额 + 财务费用) / 财务费用

本指标设置的标准值:2.5。

意义:企业经营业务收益与利息费用的比率,用以衡量企业偿付借款利息的能力,也叫利息保障倍数。只要已获利息倍数足够大,企业就有充足的能力偿付利息。

分析提示:企业要有足够大的息税前利润,才能保证负担得起资本化利息。该指标越高,说明企业的债务利息压力越小。

(三)资产周转效率分析

1. 存货周转率。

公式:存货周转率 = 产品销售成本 / [(期初存货 + 期末存货)/2]

本指标设置的标准值:3。

意义:存货的周转率是存货周转速度的主要指标。提高存货周转率,缩短营业周期,可以提高企业的变现能力。

分析提示:存货周转速度反映企业的存货管理水平,存货周转率越高,存货的占用水平越低、流动性越强,存货转换为现金或应收账款的速度越快。它不仅影响企业的短期偿债能力,也是整个企业管理的重要内容。

2. 存货周转天数。

公式:存货周转天数 = 360/存货周转率

$$= [360 × (期初存货 + 期末存货)/2] / 产品销售成本$$

本指标设置的标准值：120。

意义：企业购入存货、投入生产到销售出去所需要的天数。提高存货周转率，缩短营业周期，可以提高企业的变现能力。

分析提示：存货周转速度反映存货管理水平，存货周转速度越快，存货的占用水平越低、流动性越强，存货转换为现金或应收账款的速度越快。它不仅影响企业的短期偿债能力，也是整个企业管理的重要内容。

3. 应收账款周转率。

定义：指定的分析期间内应收账款转为现金的平均次数。

公式：应收账款周转率 = 销售收入/〔（期初应收账款 + 期末应收账款）/2〕

本指标设置的标准值：3。

意义：应收账款周转率越高，说明应收账款收回越快。反之，说明营运资金过多呆滞在应收账款上，影响正常资金周转及偿债能力。

分析提示：应收账款周转率，要与企业的经营方式结合考虑。以下几种情况使用该指标不能反映实际情况：第一，季节性经营的企业；第二，大量使用分期收款结算方式的企业；第三，大量使用现金结算的销售的企业；第四，年末大量销售或年末销售大幅度下降的企业。

4. 应收账款周转天数。

定义：表示企业从取得应收账款的权利到收回款项、转换为现金所需要的时间。

公式：应收账款周转天数 = 360/应收账款周转率

= 〔（期初应收账款 + 期末应收账款）/2〕/产品销售收入 × 360

本指标设置的标准值：100。

意义：应收账款周转率越高，说明其收回越快。反之，说明营运资金过多呆滞在应收账款上，影响正常资金周转及偿债能力。

分析提示：应收账款周转率要与企业的经营方式结合考虑。以下几种情况使用该指标不能反映实际情况：第一，季节性经营的企业；第二，大量使用分期收款结算方式的企业；第三，大量使用现金结算的销售的企业；第四，年末大量销售或年末销售大幅度下降的企业。

5. 营业周期。

公式：营业周期 = 存货周转天数 + 应收账款周转天数

$$= \{[（期初存货 + 期末存货） / 2] ×360\} / 产品销售成本$$

$$+ \{[（期初应收账款 + 期末应收账款） / 2] ×360\} / 产$$

品销售收入

本指标设置的标准值：200。

意义：营业周期是从取得存货开始到销售存货并收回现金为止的时间。一般情况下，营业周期短，说明资金周转速度快；营业周期长，说明资金周转速度慢。

分析提示：营业周期，一般应结合存货周转情况和应收账款周转情况一并分析。营业周期的长短，不仅体现企业的资产管理水平，还会影响企业的偿债能力和盈利能力。

6. 流动资产周转率。

公式：流动资产周转率 = 销售收入 / [（期初流动资产 + 期末流动资产） / 2]

本指标设置的标准值：1。

意义：流动资产周转率反映流动资产的周转速度，周转速度越快，会相对节约流动资产，相当于扩大资产的投入，增强企业的盈利能力；而延缓周转速度，需要补充流动资产参加周转，形成资产的浪费，降低企业的盈利能力。

分析提示：流动资产周转率要结合存货、应收账款一并进行分析，和反映盈利能力的指标结合在一起使用，可全面评价企业的盈利能力。

7. 总资产周转率。

公式：总资产周转率 = 销售收入 / [（期初资产总额 + 期末资产总额） / 2]

本指标设置的标准值：0.8。

意义：该项指标反映总资产的周转速度，周转越快，说明销售能力越强。企业可以采用薄利多销的方法，加速资产周转，带来利润绝对额的增加。

分析提示：总资产周转指标用于衡量企业运用资产赚取利润的能力，经常和反映盈利能力的指标一起使用，全面评价企业的盈利能力。

（四）盈利能力比率

盈利能力就是企业赚取利润的能力。不论是投资人还是债务人，都非常关心这个项目。在分析盈利能力时，应当排除证券买卖等非正常项目、已经或将要停止的营业项目、重大事故或法律更改等特别项目、会计政策和财务制度变更带来的累积影响数等因素。

1. 销售净利率。

公式：销售净利率＝净利润／销售收入×100%

本指标设置的标准值：0.1。

意义：该指标反映每一元销售收入带来的净利润是多少，表示销售收入的收益水平。

分析提示：企业在增加销售收入的同时，必须要相应获取更多的净利润才能使销售净利率保持不变或有所提高。销售净利率可以分解成为销售毛利率、销售税金率、销售成本率、销售期间费用率等指标进行分析。

2. 销售毛利率。

公式：销售毛利率＝［（销售收入－销售成本）／销售收入］×100%

本指标设置的标准值：0.15。

意义：表示每一元销售收入扣除销售成本后，有多少钱可以用于各项期间费用和形成盈利。

分析提示：销售毛利率是企业销售净利率的最初基础，没有足够大的销售毛利率便不能形成盈利。企业可以按期分析销售毛利率，据以对企业销售收入、销售成本的发生及配比情况作出判断。

3. 资产净利率（总资产报酬率）。

公式：资产净利率＝净利润／［（期初资产总额＋期末资产总额）／2］×100%

本指标设置的标准值：根据实际情况而定。

意义：把企业一定期间的净利润与企业的资产相比较，表明企业资产的综合利用效果。指标越高，表明资产的利用效率越高，说明企业在增加收入和节约资金等方面取得了良好的效果，否则相反。

分析提示：资产净利率是一个综合指标。净利的多少与企业资产的多少、资产的结构、经营管理水平有着密切的关系。影响资产净利率高低的原因有产品的价格、单位产品成本的高低、产品的产量和销售的数量、资金占用量的大小。可以结合杜邦财务分析体系来分析经营中存在的问题。

4. 净资产收益率（权益报酬率）。

公式：净资产收益率 = 净利润/［（期初所有者权益合计 + 期末所有者权益合计）/2］ ×100%

本指标设置的标准值：0.08。

意义：净资产收益率反映公司所有者权益的投资报酬率，也叫净值报酬率或权益报酬率，具有很强的综合性，是最重要的财务比率。

分析提示：杜邦分析体系可以将这一指标分解成相联系的多种因素，进一步剖析影响所有者权益报酬的各个方面。如资产周转率、销售利润率、权益乘数。另外，在使用该指标时，还应结合对"应收账款""其他应收款""待摊费用"进行分析。

（五）现金流量分析

现金流量表的主要作用：第一，提供本企业现金流量的实际情况；第二，有助于评价本期收益质量；第三，有助于评价企业的财务弹性；第四，有助于评价企业的流动性；第五，用于预测企业未来的现金流量。

1. 现金到期债务比。

公式：现金到期债务比 = 经营活动现金净流量 / 本期到期的债务

本期到期债务 = 一年内到期的长期负债 + 应付票据

本指标设置的标准值：1.5。

意义：以经营活动的现金净流量与本期到期的债务比较，可以体现企业的偿还到期债务的能力。

分析提示：企业能够用来偿还债务的除借新债还旧债外，一般应当是经营活动的现金流入才能还债。

2. 现金流动负债比。

公式：现金流动负债比 = 年经营活动现金净流量 / 期末流动负债

本指标设置的标准值：0.5。

意义：反映经营活动产生的现金对流动负债的保障程度。

分析提示：企业能够用来偿还债务的除借新债还旧债外，一般应当是经营活动的现金流入才能还债。

3. 现金流动负债比。

公式：现金流动负债比 ＝ 经营活动现金净流量／流动负债

本指标设置的标准值：0.25。

意义：企业能够用来偿还债务的除借新债还旧债外，一般应当是经营活动的现金流入才能还债。

分析提示：计算结果要与过去比较，与同业比较才能确定高与低。这个比率越高，企业承担债务的能力越强。这个比率同时也体现企业的最大付息能力。

（六）获取现金的能力

1. 销售现金比率。

公式：销售现金比率 ＝ 经营活动现金净流量／销售额

本指标设置的标准值：0.2。

意义：反映每元销售得到的净现金流入量，其值越大越好。

分析提示：计算结果要与过去比，与同业比才能确定高与低。这个比率越高，企业的收入质量越好，资金利用效果越好。

2. 每股营业现金流量。

公式：每股营业现金流量 ＝ 经营活动现金净流量／普通股股数

普通股股数由企业根据实际股数填列。

本指标设置的标准值：根据实际情况而定。

意义：反映每股经营所得到的净现金，其值越大越好。

分析提示：该指标反映企业最大分派现金股利的能力。超过此限，就要借款分红。

3. 全部资产现金回收率。

公式：全部资产现金回收率 ＝ 经营活动现金净流量／期末资产总额

本指标设置的标准值：0.06。

意义：说明企业资产产生现金的能力，其值越大越好。

分析提示：把上述指标求倒数，则可以分析，全部资产用经营活动现金回收，需要的期间长短。因此，这个指标体现了企业资产回收的含义。回收期越短，说明资产获现能力越强。

（七）财务弹性分析

1. 现金满足投资比率。

公式：现金满足投资比率 = 近五年累计经营活动现金净流量／同期内的资本支出、存货增加、现金股利之和

本指标设置的标准值：0.8。

取数方法：近五年累计经营活动现金净流量应指前五年的经营活动现金净流量之和；同期内的资本支出、存货增加、现金股利之和也从现金流量表相关栏目取数，均取近五年的平均数。

资本支出，从购建固定资产、无形资产和其他长期资产所支付的现金项目中取数。

存货增加，从现金流量表附表中取数。取存货的减少栏的相反数即存货的增加；现金股利，从现金流量表的主表中，分配利润或股利所支付的现金项目取数。如果实行新的企业会计准则，该项目为分配股利、利润或偿付利息所支付的现金，则取数方式：主表分配股利、利润或偿付利息所支付的现金项目减去附表中财务费用。

意义：说明企业经营产生的现金满足资本支出、存货增加和发放现金股利的能力，其值越大越好。比率越大，资金自给率越高。

分析提示：达到1，说明企业可以用经营获取的现金满足企业扩充所需资金；若小于1，则说明企业部分资金要靠外部融资来补充。

2. 现金股利保障倍数。

公式：现金股利保障倍数 = 每股营业现金流量／每股现金股利

= 经营活动现金净流量／现金股利

本指标设置的标准值：2。

意义：该比率越大，说明支付现金股利的能力越强，其值越大越好。

分析提示：分析结果可以与同业比较，与企业过去比较。

3. 营运指数。

公式：营运指数 = 经营活动现金净流量／经营应得现金

其中：经营所得现金 = 经营活动净收益 + 非付现费用

$\qquad\qquad\qquad$ = 净利润 − 投资收益 − 营业外收入 + 营业外支出 +

$\qquad\qquad\qquad$ 本期提取的折旧 + 无形资产摊销 + 待摊费用摊销 +

$\qquad\qquad\qquad$ 递延资产摊销

本指标设置的标准值：0.9。

意义：分析会计收益和现金净流量的比例关系，评价收益质量。

分析提示：接近1，说明企业可以用经营获取的现金与其应获现金相当，收益质量高；若小于1，则说明企业的收益质量不够好。

第二节　Themis 还款能力分析

与传统财务分析方法相比，现代财务分析方法具有与传统财务分析明显不同的特征。一是近半个世纪以来，由于传统财务分析方法在信贷风险分析、还款能力分析中存在诸多缺陷甚至错误，很多发达国家在信贷风险分析、财务指标分析理论和方法上都进行了许多革命性创新，这些创新的理论与传统财务分析方法差异较大；二是从传统财务分析的单方面风险特征分析向现代财务分析的整体风险分析转变；三是出现了一系列财务分析与数学方法（概率论和数理统计学、随机控制过程、数学逻辑学和函数分析等）相结合的现代财务分析方法；四是通过现代财务分析方法形成了完整的信用评级模型，信用评级模型的评估结果直接与预测借款企业的违约概率挂钩，更为直接地反映了企业信贷的风险程度。

这里介绍的Themis纯定量异常值信用评级技术就是采用现代财务分析理论设计的、以全新财务分析理念和指标体系、运用数理统计方法预测企业违约概率和风险的信用评级模型。

一、Themis 技术介绍

Themis纯定量异常值信用评级技术是中国25家高端智库之一——商务部国

际贸易经济合作研究院下属的信用评级与认证中心从日本引进世界最先进的定量化信用评级技术。20世纪80年代末，伴随着日本金融危机的全面爆发，日本对美国信用评级提出严重置疑和严厉批判，日本本土信用评级技术被广泛重视起来。日本在20世纪50年代开始研究、80年代后期推出的"Alarm企业倒产评级技术"在日本200多家银行和资本市场应用后得到证实，其信用评级和预测风险的综合准确率远远高于美国信用评级模型的分析结果（提前一年企业违约和破产的综合准确率高达94%），因此迅速风靡了日本和东南亚金融机构。

21世纪初，对国际先进信用评级技术发展高度关注的商务部研究院信用评级与认证中心引进该项技术，成立合作研发机构共同研发适合中国本土应用的技术。在原模型的基础上，经过4年不断测试、论证、改进、创新，并经过数万中国本土数据（2012年已超过10万家企业样本）样本测试后，该项技术落地中国，被称为"Themis纯定量异常值信用评级技术"，成为我国拥有独立自主知识产权的最先进的信贷评级技术之一。

Themis纯定量异常值信用评级技术与传统财务分析、信用评级、信用风险计量模型等分析技术在理论体系和分析方法上均有较大差别，是一项理论完整先进、分析视角独特、提前预测企业财务风险和破产的信用评级模型，其理论严谨性和模型独特性、科学性得到了世界各国评估界的高度认同，在国际上被誉为企业财务风险预警和信用评级的新革命，在国际上被广泛应用于金融领域中的银行信贷、信用担保、小额贷款、信用保险、金融租赁、资产管理、互联网金融、供应链金融、汽车金融等领域的内部信用评级；投资领域的证券投资、股权投资、股市预测等领域的价值评估、安全评估，以及企业风险管理领域的企业赊销信用风险控制等领域。

二、Themis技术原理

1. Themis异常值定义。Themis纯定量异常值信用评级技术就是通过以破产企业财务指标异常状况为理论分析依据，从企业运营过程中的资金筹集方式、资金筹集的内部使用方向和资金使用效率等环节入手，分析企业运营环节的资金使用效率和资金流向合理性，同时判断企业财务数据和指标之间的变化关系和合理化程度，从而预测企业财务风险的分析技术。这里的"纯定量"是指模型的所有信用指标要素均来自企业的财务数据。

在分析一家企业时，Themis评级模型通过三个层面的分析，发现企业的财务风险。

第一层面，合理性分析——企业运营状况合理性分析：通过分析资金在企业各运营环节的使用效率，判断各环节资金使用缺陷，披露任何环节的不合理资金使用。在连续期间，当企业各项资金使用没有对销售产生贡献，或资金使用与企业收益不匹配时，企业存在财务风险和粉饰风险。

第二层面，合理性分析——财务指标间合理性分析：在企业运营的过程中，企业各项财务指标的变化都呈现相互之间规律性变动。当企业不同时期的各种财务指标之间变化异常，则预示着企业经营已经出现不合理，这种情况达到一定程度时，企业就会出现财务危机，甚至倒闭破产。

第三层面，合理性分析——同一指标变化合理性分析：一个稳定经营企业，其财务指标保持相对平衡。无论是分析指标在同一时期与行业的指标严重背离，还是同一指标在不同时期出现正向和反向的大幅变化，都在一定程度上造成企业在某方面的财务危机。

2. Themis异常值分析方法。从破产企业大数据的统计情况看，破产企业越接近于破产期，其企业财务中的"异常值"就越随处可见。"异常值"越大，超过企业可承受范围时，企业就走向衰亡。这种以企业经营异常作为企业财务分析、评估的方法，我们称为"异常值分析法"。

当企业处在即将破产期时，其资金周转开始出现困难并从其侧面反映出某些征兆，这些征兆可以看到企业为了筹措资金和现金流时是多么竭尽全力。例如，开始增资或增加借款，提早回收债权，延期支付债务、存货不计成本地抛售实现现金流，直至进入企业现金流断裂和破产的状态。在此期间，即将破产的企业"坠落"的速度会越来越快，其变化幅度也越来越大。业绩恶化导致的破产，其破产时的各指标恶化状态将骤然上升至企业早期各项指标的数倍以上。因此，在此期间观察其反映企业资金状况的各项财务指标时就可以发现，此刻企业各项财务指标的变化量已经不是百分之几或百分之几十了，而是呈现两倍甚至多倍的变化幅度，异常值分析即着眼于此。例如借款，当某一企业的借款过多，就应分析企业需要如此庞大借款的背景。常见的情形是，企业为了弥补亏损、缓解资金周转的困难，或者由于应收账款不能及时收回而产生部分坏账，这样的借款就可能带来严重的后果；而如果是为扩大市场份额而通过借款集资来添置设备，扩大了设备的投资，而实际的销售额并不能提高，就会出现部分设备闲置占压资金等情况，也会使企业陷入危机。无论什么原因导致的追加借款，借款过多而又无法带来销售增加，企业就会陷入困境。实际上，当企业在各方面筹措资金，而筹措资金又不能产生销售贡献，那么这个指标就会出现"异常值"，即意味着企业的"这部分资产已出现坏账"。当"异常值"出现时，就必须根据其异常值程度推定资产的坏账状况，并同时对资本账户进行修正。

如果企业处于"盈利"或者"保持着一定的自有资本比率"等状态而最终破产，这时分析人员仅从财务报表的某一项或者某几项会计科目进行风险判断，往往令人无法理解。在这里，有必要将财务报表从"资金周转""支付能力"的观点上重新加以观察。当我们将财务报表与企业活动结合起来进行综合分析，一个企业的全貌就能够清晰地展现在我们眼前。

首先，我们将作为企业会计的"资本负债表"及"利润表"的概念以一张报表的形式图表化，其表现形式如图 5-1 所示。

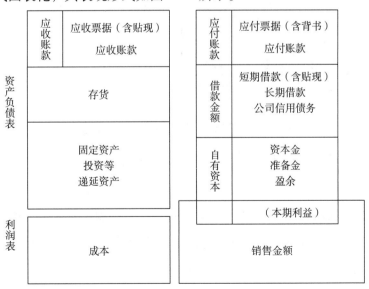

图 5-1 财务报表概念

对企业财务报表全面分析可以发现，当一个公司需要筹集资金时，其筹集资金可归纳为以下几种方法：

- 加快应收账款的回收，缩短应收账款回收期；

- 对存货商品、固定资产及其他资产的变卖处理使固定资产变现；

- 推迟偿还债务，包括金融机构债务和上游商品和服务的债务支付；

- 增加借款或发行新债券；

- 出售无形资产变现；

- 加快回收投资；

- 通过利润增加获得现金流；

- 股东追加投资。

将这些筹资方式通过图表表示，企业筹资方式如图 5-2 所示。

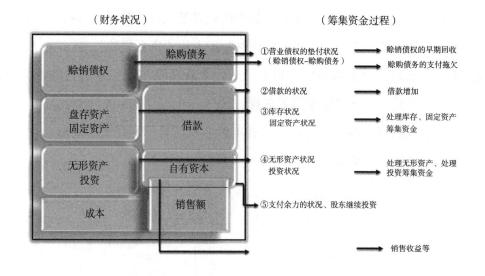

图 5-2　从资金方面观其财务报表的概念

当一个企业因财务原因破产，其破产原因肯定在这六项指标群中的任何一项或者几项体现出来。如果一个企业的上述六项资金发生巨大的变化，而企业的销售收入却没有明显对应的变化，企业在这个方面就出现了异常值。

3. Themis 异常值的识别。通过对正常企业和破产企业的大数据分析，可以发现这样的定律：将企业 3 年期的资产负债表和利润表的主要科目进行排列和推移，如果企业报表无粉饰行为和经营正常，那么这些主要指标都会朝着同方向推移。

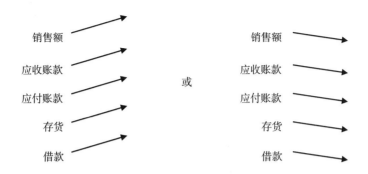

然而，现实情况下，很多企业的某些会计科目会出现"异常推移"，例如：A 企业的销售额出现了"异常推移"。

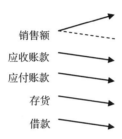

很难想象有这样一种情况：A 企业销售额以外的其他主要指标均表示下降，但销售额却是上升状态。此时企业很可能虚构了销售额。这时，在对相关科目之间加以交叉检验和审查，就可将该"可疑性"作为粉饰嫌疑的因素。然后，进行其他科目的定量化和可疑科目的定量化，求出双方的差距（可疑额），并以此内定"异常值"。该"异常值"大于企业自身的履行债务能力额，则判定为破产状态，小于时，则判定虽然有风险，但尚未影响其生存。

这样的示例很多，例如，B 企业的会计科目出现以下"异常推移"。

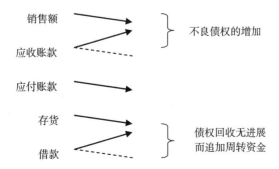

C 企业出现以下"异常推移"。

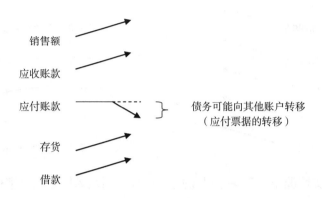

在实践中，有多达几十种企业财务指标间不合理的异常情况发生，而且往往是一家企业的多重异常状况复合出现。将这些现象组合后再作定量性审查，在指出其可疑性的同时，综合分析异常值汇总以后对企业带来的风险大小。

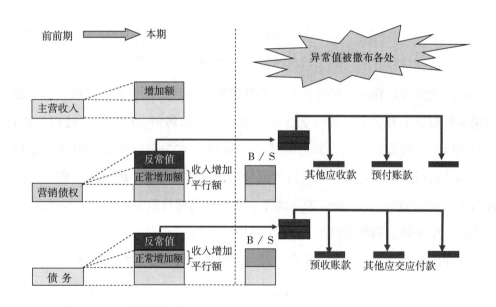

图 5-3 相关科目变化异常示例

由图 5-3 可知，当一个企业会计科目出现不符合规律的异常变化时，其反常值会出现在对应的会计科目中。例如，当本期（n 期）的销售收入比前前期（n-2 期）增加了 2 倍，而应收账款和应付账款却增加了 4 倍，那么我们认为应收账款和应付账款存在异常。这个异常值或者是企业的报表粉饰，或者是企业的经营异常。这些异常值从债权的角度会体现在企业的应收账款上，也可能被人为地放到其他应收款或预付账款上。从债务的角度会体现在企业的应付账款，或预收账款、其他应付账款等。无论企业怎样记账，这些异常值都表明了企业经营的异常状态。

4. 企业指标的"变化量"和"水平值"含义。

（1）变化量。一个正常经营的非风险企业，其资金需求水平已经较为固定，即多年来该企业在商务交易上形成的、在应收应付结算周期、对应现行销售规模的借款规模、商品存货规模等的资金需求量具有的较为固定的水平，我们称为"企业经营常态"。当一个企业出现违反企业经营常态时，就要分析违反企业经营常态对企业资金周转造成的影响。由于某种原因（扩张或萎缩）使资金周转变得困难和紧张的时候，该公司各项筹集资金的手段都将被利用起来，争取获得企业需要的资金。例如，缩短应收账款正常回收周期，或者延期应付账款的支付，都反映了该企业试图通过压缩周转资金来缓解资金周转压力的过程。这种违反企业经营常态的现象必须予以重视，该企业改变历来采取的经营路线方针（企业经营常态）产生的资金需求量，就是由于异常因素导致该企业对资金需求的变化量，分析时必须对在原水平上增加的资金需求"变化量"加以识别和研究。

在出现异常的企业中，其变化量会出现"正变化量"和"负变化量"。所谓正变化量，就是企业获得流动资金的过程和对应的量化指标变化；所谓负变化量，就是企业失去流动资金和对应的量化指标变化。例如，就应收账款回收期而言，当企业的应收账款回收期延长时，该企业在应收环节的流动资金方面呈现负变化量，企业资金流出；当企业应收账款回收期缩短，该企业在应收环节的流动资金需求即呈正变化量，企业资金流入。当企业出现财务风险时，企业的多项指标都会出现向正变化量和负变化量快速转化的特性。这就是所谓的企业财务指标的复合求解特征。

当然，很多指标的变化量幅度（级差）与企业的风险有密切的关系。当变化量的幅度较小，在与企业综合财务安全体制相比影响不大时，企业倒闭破产的可能性就很小。而当这样的波动过大时，企业的倒闭破产可能性就越来越高，我们也就会根据危害程度相应扣分。每个行业企业的变化量幅度都是不相同的，在一个行业可能允许较大的变化量，风险也较小，但是在另一个行业就可能意味着巨大的风险。各个行业的变化量幅度与风险等级的关系，需要对每个行业大量的统计分析和数据支撑。

（2）水平值。企业各项指标的水平值来自行业的指标，带有极为明显的行业特征，不同行业的企业水平值差距巨大。例如，一个在零售业极为正常的指标，在制造业中就标志着该企业早已破产了。一个正常经营的企业，其流动性指标、安全性指标和收益性指标的状态应符合该企业所在行业的总体水平特征，即其财务指标应在该行业非风险企业群中居于平均值和标准值中（相关内容在第一节中论述）。指标水平值的高低与企业风险呈正相关关系。过高和过低的指标水平值意味着财务风险快速上升。水平值指标的分析在所有评估、评级模型中都被作为基本和最重要的数据进行分析，原则上讲，评估行业越细分，模型对该行业的水平值越准确，评估精度越高。但是，在实际应用中过细的行业和水平值划分是很困难的，在前期调研和后期数据更新维护上非常困难。

由于Themis分析指标与传统财务分析指标不同，其行业均值、标准值设定也与传统指标不同。

5. Themis理论的"复合求解"。在传统财务分析理论中，一个较为明显的错误就是认为一个财务指标向一个方向发展就是经营状况良好或改善的、向另一个方向发展就是经营状况不好的或恶化的，我们称为"单项求解误区"。例如，传统财务分析认为，如果一个企业的应收账款周转期延长，企业的现金流量减少、偿债能力下降、资产质量下降、坏账可能性增加、成本加大等，因此企业财务出现了一定的恶化。而反过来，如果一个企业的应收账款周转期快速缩小，就认为这个企业现金流增加、偿债能力上升、风控能力更强、成本降低等，因此企业的财务和经营更为优良。

在对破产企业大数据分析后发现，这种认为一个指标向一个方向发展就是改善、向另一个方向发展就是恶化的"单项求解"与实际情况严重不符，存在很大的误导性。毋庸置疑，一个企业应收账款周转期的延长一定是企业经营和财务恶化，但是，一个企业的应收账款周转期的缩短，也是企业出现风险的特征。这是因为：企业，尤其是中小企业都是采用运营来调节资金，当企业资金紧张时，企业会通过加快回收债权和延长支持债务调节。但企业在加快回收债权时，绝大多数情况下只能通过折扣实现，例如 2%/30、1%/60，等等，一些快倒闭的企业甚至不惜 7 折、8 折销售原来的产品以求立刻获得现金。这种通过折扣的方式加快回收债权对企业来讲会带来巨大的利润损失。所以，企业改变"经营常态"而发生的指标变化，一定不能采用"单项求解"，而必须采用"复合求解"。所谓复合求解，就是针对稳定的企业，其相关指标无论向正向过快变动还是向负向过快变动，都是企业财务和经营异常的反映，会造成企业的经营和财务风险，从财务安全的角度看，无论是水平值还是变化量，变化幅度小的企业财务安全能力强，还款能力强。复合求解就是要从双向探究企业财务指标变化对企业财务安全带来的负面影响。

具有复合求解特征的指标还有应付账款周转、存货周转、固定资产周转、借款变化等反映各种资产周转效率指标。

6. 指标的"销售系数化"处理。在分析同一个行业的不同规模企业时，如果只是将财务报表数据作为绝对金额是无法识别风险的。例如以借款为例，A 公司借款 100 万元，B 公司借款 1000 万元，如果不清楚双方各自的经营规模，就根本无法判断该借款规模是否妥当，也无法判断企业是否存在财务风险。

如何进行各项指标合理对比？一个科目的数据引入，就能够使所有行业内企业的评判标准统一，这个科目就是销售额。为什么要引入销售额？引入销售额是由于企业的所有融资行为（获得资金行为）都为了最后通过销售完成利润，无论是企业变化量指标对比，还是指标水平值对比，将企业各项融资行为与企业销售结果进行对比，其融资效率就能够体现出来，对企业风险的辨别，就是对企业融资效率的判别。

所谓"销售系数化"，就是将各项相关科目数据与销售额进行对比，形成以包含销售额数据指标体系的指标系数群，这个系数群我们称为"销售系数化"。例如借款这个例子：A 公司借款 100 万元，B 公司借款 1000 万元，假设 A 公司的二月份销售额 10 万元，B 公司的二月份销售额 100 万元，当 A、B 公司的借款金额的对月份销售额比率都在 10 个月时，这两个公司从借款水平上来看就没有什么差别，在借款对销售额贡献度的水平比较上，A、B 公司是相同。但是，这个指标本身是否合理，还要看这个指标的行业"水平"特征和其自身变化量的状况。

通过下面对 Themis 各项指标的详细阐述，读者可以清晰地了解 Themis 指标体系中的"销售系数化"指标体系构成。

7. 指标的跨期对比原则。由于中国企业财务报表粉饰情况较为严重，在粉饰财务报表时，一些企业为了使财务报表粉饰不被轻易识破或检查出来，往往是比照前一年度的财务报表科目和指标，粉饰本年度的财务数据。因此，在进行财务指标的纵向比较时，如果采用临期对比的方法，发现企业的粉饰行为也绝非易事。为了使对比分析更为准确，现在国际上很多评估机构在对企业的财务指标进行纵向分析时，都采用跨期对比的方法。所谓跨期对比的方法，就是采用 N 期和 N－2 期财务报表数据和指标进行对比。例如，在用纵向对比分析方法分析一个企业 2016 年的财务状况时，其对比数据不是 2015 年的数据，而是 2014 年的数据。跨期对比的好处在于，企业粉饰财务报表时，只能顾及临期的财务指标，却很难顾及到跨期的财务指标，所以较容易发现企业粉饰报表的行为。Themis 纯定量异常值分析法，就是采用跨期对比的原则。

既然异常值分析法是采取跨期对比的原则，采用的数据一定是三期或三期以上的数据（n 期、n－1 期、n－2 期等）。考虑到一般企业只有年报统计数据（年度资产负债表和利润表），因此，异常值分析法的跨期对比一般是三年或三年以上的年度报表数据（n 年、n－1 年、n－2 年等）。随着我国金融机构管理要求的不断提升，现在一些金融机构要求已贷款企业提供更频繁的统计报表，如半年报、季报甚至月报，所以异常值分析法采用跨期对比分析时，也可以分析跨期的半年报、季报和月报。

第三节 Themis 模型指标体系与风险揭示

在 Themis 模型中，其核心的分析指标为 10 个，其中有一个指标包含两个子指标（实物性资产周转变化度包括存货周转变化度和固定资产周转变化度），故也可看成 11 个指标。在模型 11 个指标中，有 9 个指标完全不同于传统财务分析指标，而这些独特分析指标却能够使财务科目和指标的全部内在关系脉络清晰，一针见血地发现企业存在的财务风险。尽职调查人员应认真学习这些重要的指标，并在工作中有针对性地采集企业的这些财务数据，通过 Themis 指标分析揭示企业的风险。

这些指标通过建立 25 个一类行业的模型分别设立了指标参数，多数指标在分析时采用了矩阵分析，即指标无论是水平变化还是纵向自身变化都会影响企业的参数和得分。为方便教学，本书也为 Themis 信用评级模型设定了标准值（指标的安全值），标准值是指该指标最安全值，但各个不同的行业同一指标标准值可能差别巨大，用一个标准值并不科学，因此本书指标标准值的设置仅仅更有利于教学而非实践。为了更清晰地了解我国各行业企业传统财务指标的标准值状况，本书附录二统计了近十年 25 个行业所有上市公司各主要 Themis 指标的中间平均值，以供分析参考。

一、赊销赊购周转期——揭示企业债权债务的合理性和风险大小

1. 赊销赊购周转期的同行业水平值比较。当一个企业需要资金时，其最容易获得资金的来源就是通过应收和应付这两个手段调节公司的资金流量，获得资金。企业持续经营活动，同时具有"卖方"与"买方"的两面性，就会产生债权和债务，即给予下游销售客户的"信贷"支持——"赊销债权"和接受上游供货商给予的"信贷"支持——"赊购债务"。在一个行业的赊销赊购环节中，到底作为"卖方"更为强势还是作为"买方"更为强势，即所谓是"店大欺客"还是"客大欺店"，这与行业竞争程度、企业在行业中的规模和地位、行业既有交易惯例、企业自身自有资本比率的充实度等因素都有非常密切的关系。

一般情况下，在分析一个企业的"赊销债权"与"赊购债务"的平衡关系时，其规律是企业的"赊销债权"大于"赊购债务"时，企业相对更为安全。这是因为企业"赊销债权"是"贷款"，"赊购债务"是"借款"，从支付能力方面来看"赊销债权"大于"赊购债务"时企业的财务安全性更高。但是，在少数行业中惯例已经形成，在这些行业中"赊销债权"小于"赊购债务"的企业也很多见。因此，虽然普遍规律如此，但也不能一概论之。

在企业购销环节中，无论是债权周转还是债务周转，这两个因素都是企业资金流动的最重要区域之一。采用传统的财务分析方法分析企业的债权周转（应收账款周转）和债务周转（应付账款周转）时，往往都是单独分析，而不将债权债务周转结合在一起分析。

传统财务分析方法计算应收账款周转期和应付账款周转期的公式：

应收账款周转期 =（期末应收账款余额/本期信用销售额）× 本期销售天数

应付账款周转期 =（期末应付账款余额/本期采购额）× 本期采购天数

由于这两个计算公式的分母不同，一个是销售收入，另一个是销售成本，因此，这两个公式不能合并在一起进行比较，这对分析企业购销环节的总支付能力状况是不利的。因此，为了便于合并计算，Themis 异常值模型采用了新的合并计算公式：

ⓐ公式 = 债权债务周转期 =［应收账款（n 期）－应付账款（n 期）］/月平均赊销额 = ⓐ个月

这个公式的推出，将应收账款回收和应付账款回收期间一起考虑，使分析方法变得清晰简便。当企业的应收账款大于应付账款，该值为正；当企业的应收账款小于应付账款，该值为负。无论是债权超过债务，还是债务超过债权，上述公式得出的ⓐ值通常在 ±2 个月以内是正常的。两者之间的平衡长期处于稳定状态。当ⓐ值超过 ±2 个月以内的正常范围时，都会对企业财务安全带来不良影响。一种情形：当销售上现金回收出现阻滞或坏账时，企业逐渐出现加重运营资金负担。另一种情形：企业进货债务过大，逐渐丧失上游供货商的信用，造成稍有微小的纠纷上游企业就会拒绝供货或被催促提前支付货款。当该行业因总体经济环境下滑时，这种情况就变得更加显著。

前面已经讲到的，是观察了赊销债权与赊购债务的平衡，简略归纳为：

（1）两者的差异按月赊销规模来看，处于 ±2 个月前后的，企业在债权债务方面运营正常，因此评价给予最高分数；

（2）无论赊销债权或赊购债务，任何一方出现异常增加时，都将直接压迫资金负担，对企业的财务安全造成越来越大的冲击。

这个指标是分析一个企业在同一个期间的应收应付状况，这个指标必须与行业内其他企业的平均水平进行比较，因此，这个指标是分析企业赊销赊购周转状况的"水平值指标"。

2. 赊销赊购周转期的变化量比较

赊销赊购周转期变化量是一个企业在不同期间中的应收应付周转期的变化量。Themis 将当年度ⓐ值与上上年度ⓐ值的变化称为"企业赊销赊购周转变化量"。

计算赊销赊购周转期的变化量指标公式ⓑ如下：

ⓑ公式 = ⓐn 期 – ⓐ（n – 2）期

这个变化数量如果超过了一定标准，企业的财务安全将受到影响甚至威胁。一个稳健经营的企业，如果企业所处的经济环境、交易对象等没有特别的变化，一般来讲，其不同期间的债权债务周转期变化量是微小的。但是，在实际中企业变化量异常存在两种可能：

其一：如果在销售中出现异常的收款条件，或者客户中突然出现破产而产生坏账，其坏账虽然没有被扣除，但与后继销售活动的赊销债权记账相重叠，则应收账款净额将以高于销售金额推移速度继续扩大。这个变化可能造成应收账款激增的现象，也可能由于原有客户倒闭，应收账款无法记账而使应收账款出现骤减的现象。其二：如果一个企业在采购中出现异常的支付条件、当受金融紧缩等政策影响无法继续从金融机构筹集资金，企业在赊购债务支付发生困难不得不与进货客户交涉延长支付条件，其结果导致赊购债务净额将以高于销售金额推移速度继续扩大。这些变化都使企业原本较为稳定的ⓐ值，在不同的年份相比较时会出现急剧的变化，这些ⓐ值急剧变化的企业倒闭的可能性非常高。

二、金融债务合理性指标——揭示企业借款合理性和风险大小

1. 金融债务销售比。金融债务销售比是分析企业金融债务水平值情况的指标，用于与行业企业平均水平进行对比。在考察企业金融债务水平值情况时，Themis 模型把短期借款、长期借款、公司债券、已贴现票据、预收款等都作为借款统计起来计算，再与企业的平均月营销情况对比进行观察。在这些借款中，

预收款是交易对象提供的商品或服务之前收取的流动资金，预收款收取的是现金，这种形态与银行借款相似。其区别仅仅是银行借款是从金融机构借入的，而预收款是从企业借入的。两者的实际状态都是借入，没有本质上的差别。因此，从这样的观点出发，Themis认为"预收款"与"借款"同属一个属性。同理，"预付款"可看作企业减少"借款"。

企业的金融债务水平评价的计算公式如下：

ⓒ公式＝金融债务状况的水平评价＝借款余额合计（n期）/月平均销售收入

一个具有一定规模的企业，其发展离不开资金的支持。在企业创始之初，企业可以通过股东投资获得有限资金。但是，随着公司的不断发展，单靠股东投入的自有资金根本无法满足企业快速增长的需要。这时，企业需要外部的融资来帮助企业发展。在中国，从金融机构借款的行为在中小企业中还远未普及，中小企业大多数均处在零借款状态。按欧美国家的常识来看，对企业没有借款的评价往往是两面的：一方面，这样的企业利息负担较轻，其自有资本收益率也较高，这样的企业在一定的运营规模下是相对更安全的。另一方面，企业对赊销赊购的依存度容易偏高，资金周转方面容易被上下游交易对象的经营状况左右，这在企业经营中是非常大的风险。而且完全由自有资金进行运营，其安全性虽然很高，但是安全性的保障也只是短暂的。在经济扩张速度较快的社会中，将公司的资金筹集局限于自有资金范围内，肯定无法与通过金融机构融资帮助扩大规模的其他公司相比。对比10万家破产企业来看，零借款企业的破产概率远高于借款企业。所以，任何事情都有两面性。没有合理运用借款手段扩大企业规模的管理者不是一个好的企业管理者，但是盲目借款、使借款的使用效率低下的管理者也不是一个好的企业管理者。因此，对于企业借款的分析，判断企业借款的使用效率，也是分析企业财务安全性的重要内容。

分析企业借款状况的方法有多种，例如，传统财务分析中，在分析企业借款状况时，采用的是分析企业的资产负债率、流动比率、速动比率、利息保障倍数等指标。其目的在于发现企业借款规模是否过大，企业资金是否能够按时偿还借款，以及企业的利息负担是否过重等。但是，这些方法往往只顾及了借款的某一个侧面。实际上，我们对借款的分析，最重要的是要关注借款的使用方向和效率，即借款在企业中到底有没有发挥作用。借款可以被用于企业基础设施建设、购买机器设备和厂房、增加员工、扩大客户规模和销售规模等，但是，这些使用方向归根到底是要体现在公司的销售规模上的。我们必须要问，这些借款最终是否对销售产生贡献，贡献到底有多大。因此，评价借款的最好方式，不是在分析借款规模，而是借款的使用效率和对销售的贡献度，我们必须将借款与企业销售状况对比分析。

2. 金融债务变化度。金融债务变化度是对比一个企业在不同期间的借款变化情况，分析企业借款变化的合理性和风险大小。

金融债务变化度的计算公式如下：

⑩公式 = 金融负债变化度 = ［借款余额合计（n 期）－借款余额合计（n－2 期）］/月平均销售额（n 期）

在观察借款变化与销售额变化时，观察借款是否对销售额（收益）产生了贡献。例如，借款有增加但销售额却没有增加，应判断借款运用存在用途不当和资金浪费的情况，应追究其资金浪费原因。这些不当用途可能是应收账款增加、存货增加和固定资产增加等。

当借款被用于应收账款的增加，就是相对危险的征兆。这说明企业可能已经出现坏账，并且为了扩大市场规模，正在为客户提供更宽松的信用政策和条件。应收账款趋于长期化给企业带来资金压力，迫使企业通过借款而不是固有的交易链形成固有信用模式的周转资金。如果这种情形非常严重，将给企业带来很大风险。

当借款被用于增加存货也是一个较为危险的征兆。一般而言，企业都避免因为存货占压过多的资金。超过企业原本固有的存货周期，突然大规模地增加存货说明企业产品可能出现滞销。当然，也有一些企业由于防范原材料成本上涨而囤积货物，理论上是一个避险的活动，但是，这样做本身就会对企业经营造成一定影响。关键是，靠借款囤积货物的行为是否是严重的，是否危及到了企业的生存？

如果借款被用于投资固定资产，从企业资金角度看，固定资产投资应在一个适当的范围。超过企业承受能力盲目对固定资产投资，也会给企业运营带来困难。

三、实物性资产周转变化度——揭示企业存货、固定资产的合理性和风险大小

企业的实物性资产包括存货和固定资产。传统财务分析方法对存货和固定资产常见分析指标包括存货周转率、固定资产周转率、现金周转期等。多数情况下，对存货、固定资产的传统财务指标分析判断企业运营优劣都是有效的，但是有时却会出现判断错误，我们以一个企业的现金周转期来看为什么会出现判断错误。

现金周转期＝应收账款周转期－应付账款周转期＋存货周转期

如果这个公式是正值，说明企业运营环节的资金被别人占压。正值越大，企业资金被占压的周期越长；反之，如果这个公式是负值，说明企业在运营环节占压着别人的资金。同时，如果这个指标变化不大，说明企业的运营是较为正常的。但是，实际情况可能不一样。

例如，一个零售业行业的 A 企业，它的应收账款周转期增加，但存货周转期缩短，而企业的应付账款周转期不变，这时，如果观察 A 企业的现金周转期可能没有什么变化。企业应收账款的资金增加，而企业存货周转率上升使企业存货资金减少，两项抵消使资金没有发生变化。但是，在实际情况下，企业可能已经存在重大危机，甚至已经到了倒闭的边缘。这是因为，一个正常企业的各重要指标的变化方向应是相同的，而像 A 企业这样，应收账款周转和存货周转向相反的方向发生变化就存在重大异常，很可能是企业一方面由于坏账增多无法收回货款，另一方面迫于资金的压力廉价销售存货，造成存货周转加快的假象。如果我们认真观察破产企业，这种情况例子很多，尤其是像零售业这样行业里的企业。

在上述案例中，存货周转和固定资产周转的传统财务分析指标和方法会把评估人员引入错误的轨道，那么，如何准确判断企业实物性资产周转的优劣呢？最有效的方法就是分析企业在不同时期的实物性资产变化对销售收入带来了怎样的变化。

从各行业正常企业的大数据分析可以发现，即使是同一个行业的不同企业，由于企业规模或经营者的经营理念等的不同，其存货和固定资产的持有规模、周转情况都是千差万别的，但只要企业多年总是保持一种常态，企业都往往比较稳定，更很少出现财务危机或倒闭破产。因此，同行业间不同企业对比实物性资产周转情况来区分企业优劣并不可取。

对于一个企业来讲，如果该企业的实物性资产持有规模、周转情况一直稳定，却突然出现了非常大的变化，这样的企业就很危险。通过对破产企业的大数据分析我们发现，如果企业不同时期的实物性资产对销售收入变化幅度过大，企业破产的概率将大幅上升。

例如，A企业虽然多年来存货和固定资产的周转效率都不高，但各年存货周转率和固定资产都非常稳定，这个企业财务风险很小。而B企业以前各年的存货周转效率不高，但在本年度却呈现出极高效率的存货周转；或者C企业在本年度的存货周转效率突然低于以往各年，那么，B企业和C企业的风险都较大，为什么？因为B企业很可能是由于资金周转恶化不得不贱卖存货以求现金化，其存货处理的结果会出现存货周转加快的现象，从表面看似乎存货效率提高。C企业则很可能大量滞销造成过量存货积压，使存货效率更为低下。

固定资产效率的变化量对比也存在相同的特征。如果一个企业本期的固定资产周转期较之以往各期发生了较大变化，一个原因是由于企业资金周转恶化不得不贱卖固定资产以求现金化，固定资产周转加快；另一个原因是由于产品滞销造成固定资产周转放缓。

无论是存货周转还是固定资产周转，如果以其周转期的"变化度"来看，前者的系数值会大幅度地向正方向移动，而后者则大幅度地向负方向移动。有关这种变化的异常值与企业经营危机相关度相当高。

从这种状况出发，我们放弃对存货和固定资产的水平评价，而对这两个指标效率的变化量评价进行判断。各个计算公式为ⓔ公式、ⓕ公式。

ⓔ公式＝存货资产周转期变化度（变化量）＝［存货（当期）/月销售额（当期）］/［存货（前前期）/月销售额（前前期）］

ⓕ公式＝固定资产周转期变化度（变化量）＝［固定资产（当期）/月销

售额（当期）］／［固定资产（前前期）／月销售额（前前期）］

四、投资资产效率——揭示企业投资的合理性和风险大小

在企业规模不断扩大的过程中，企业往往会萌生对外投资的念头。企业对外投资的驱使力大致有四个方面。（1）由于企业资金较为充足，除了企业运转的自我需求外，还有一部分闲置资金。这部分资金留存在企业中，无法产生超值的回报。此时，企业萌生对外投资的念头。这种实业投资既有对本行业的投资，也有对其他行业的投资。稳健投资多投资于本行业的上下游产业，以稳固和控制公司的整体事业；而流行于 20 世纪 90 年代的跨行业投资方式相对风险更大。（2）通过投资收购，解决企业流通渠道的不足。企业在快速发展过程中，其流通渠道往往不能适应公司的快速发展。而收购已拥有这些固定渠道的企业、将其以资本性手段置于自己的旗下是一个较好的选择，这种收购式的扩张比自我构架节省了大量的劳力和时间。（3）解决企业技术缺陷。在企业发展中，要不断克服技术上的缺陷，补充高新技术。此时，收购一些拥有本行业尖端技术的企业与自我研发相比无论是在资金上还是在速度上都是一个好的选择。（4）纯粹的风险投资，即以收购的企业为"商品"，通过投资一些有巨大发展潜力的"企业商品"，在其价值增值到某个阶段时卖出，从而获取超额收益。但投资要耗费大量的现金，增加了企业的负担。而投资是否有效率，就要考察其投资的实际回报和企业筹资成本负担之间的关系。

一般情况下，企业实业投资可能发生以下三种情况：

（1）母公司将自己的产品提供给被投资的公司，赋予附加价值并出售，此时被投资的公司实现了高利润，母公司实现了高额分配的回报。作为母公司，光有自我产品供应给被投资公司这一点，不仅提高了母公司的生产率，减轻了固定费用负担并提高了利润率，还实现了母公司高额投资回报，这是最成功的收购。

（2）母公司自我产品供应给被投资的公司，对扩大母公司产品销路作出一定的贡献，但是并没有实现被投资公司的高收益，进而无法期待被投资公司的利润分配回报和投资回报。

（3）投资后，被投资公司由于环境变化等因素，不但没有产生贡献，母公司还不得不对被投资公司的经营提供资金支援，在资金及收益方面都增加了母公司的负担。

从投资成本考虑，企业的投资账户所投入的资金是从资本账户和借款账户上贷出的，其投入资金必然产生借款付息成本，对比借款成本和借款资金，就能够分析出企业的借款成本率。从投资效益考虑，对比企业对外投资回报与企业投资资产，分析出企业的投资回报率。在推算投入资金与投资筹款所需资本成本，并推算含息资产总体及由此产生的回报来判断其总体的经济效果，进而判断该企业的投资活动的效率。

投资收益状况的计算公式如下：

ⓖ公式 = 投资收益状况 = ［投资收益合计（n）/投资资产合计（n）］/［借款费用合计（n）/借款合计（n）］

五、无形资产效率——揭示企业无形资产的合理性和风险大小

企业的无形资产分为企业自创无形资产和外购无形资产。前者是由企业自己研制创造获得以及由于客观原因形成的，如自创专利、非专利技术、商标权、商誉等；后者则是企业以一定代价从其他单位购入的，如外购专利权、商标权等。将拥有技术诀窍或特别有力的销售渠道的企业以高价收购，或出高价仅购买技术的案例较为多见。要评价获取无形资产的效益，分析无形资产不同时期的余额变化是否对应其销售收入变化的分析方法是判断企业无形资产效率的有效方法，简便又十分准确。

ⓗ公式 = 无形资产效率变化度 = ｛［商誉 + 无形资产（n 期）］／月平均销售额（n 期）｝／｛［商誉 + 无形资产（n - 2 期）］／月平均销售额（n - 2 期）｝

六、经常收支比率——揭示企业经常收支状况的风险大小

这里的经常收支比率与国际会计准则认可的现金流量中的经常收支看似相似，其实有很大的区别。经常收支比率具有揭示粉饰的能力，但是现金流量分析却没有这个能力。例如，A 公司经常收支比率从上一年度的 130 % 降到

120%，降低了 10 个百分点，B 公司从 100% 降到 90%，也降低了 10 个百分点，两公司经常收支比例同样降低的变化量都是 10 个百分点，但是 A 公司的下降不会成为问题，而 B 公司的下降可能就是致命的。也就是说，通过变化量判断风险的评估是不恰当的。

根据统计分析，经常收支有以下特点：

（1）当贷款企业从财务报表的销售额利润率偏离经常收支比率 3% 以上时就必须加以注意，因为这样的企业已经存在粉饰和一定风险。而当一个企业的销售额利润率超过经常收支比率 5%～10%，这种情况在破产企业倒闭前的现象十分多见，其实这是企业大量粉饰的结果。

（2）当企业当年的经常收支比率低于 80%，这种情况下大多数企业在未来 1～3 年以内破产，而当企业经常收支比率低于 70%，绝大多数企业在 1 年内破产。因此，经常收支比率具有识破企业报表粉饰和预测企业破产时间的双重作用。就行业情况看，零售业对经常收支的敏感度非常高，一般零售业的经常收支比率小于 95% 就相当危险，因为经常收支比率小于 95% 意味着对应销售额的正常损失将近 5%，这是相当大的损失。其他行业，如制造业、建筑业等敏感度低一些。同时，一个企业连续 3 年的经常收支比率平均小于 100%，企业的风险也很大，而且 3 年的平均比率越低，企业的倒闭风险越大。

经常收支比率的计算公式在此之前已经概述，公式详细列出如下：

①公式＝经常收支比率 ＝ 经常收入/经常支出 ×100%

①公式＝三期平均经常收支比率 ＝［经常收入（n 期）＋经常收入（n－1 期）＋经常收入（n－2 期）］／［经常支出（n 期）＋经常支出（n－1 期）＋经常支出（n－2 期）］

七、异常系数——揭示企业经营中的异常值风险大小

企业尤其是中小企业财务报表粉饰的"重灾区"：应收账款（其他应收账款）、应付账款（其他应付账款）、存货、资产、收入、利润等。在收入、利润通过"经常收支比率"指标分析识别风险后，对企业财务报表粉饰和经营的"异常值"关注点聚焦到企业的应收、应付、存货、资产等方面。经过对上万家

破产和拖欠企业分析，证明这样的分析方法对判断企业财务粉饰和经营异常准确性极高。

对应收、应付、存货的粉饰判断，我们采取纵向对比分析（计算变化量）差异的方法。在计算出变化量后，再与总资产规模对比，确定其异常值的严重程度。

1. 赊销债权异常值。我们计算应收账款周转的异常值状况，计算公式：

赊销异常值＝│本期赊销债权 −（本期）月平均销售额 ×（前前期）赊销债权额等／（前前期）月平均销售额│

举例说明：

例如，A 企业 N − 2 期的月平均销售额为 100 万元，应收账款余额为 300 万元，那么，这个企业 N − 2 期的应收账款周转期为 3 个月。N 期时，这个企业的月平均销售额为 200 万元，应收账款余额为 800 万元，这个企业 N 期应收账款周转期为 4 个月。根据我们的前述理论，当一个企业财务安全处于最稳健状态时，企业的销售增长与企业的其他相应财务指标应该是匹配的。如果出现不匹配状况，无论是快速增长还是快速衰退，都说明这个企业经营出现异常，财务指标也产生异常，企业存在风险。

对于一个正常企业，其销售额和应收账款周转应该呈现相互匹配关系，即当 A 企业 N − 2 期应收账款周转期为 3 个月，在 N 期，这个企业的标准应收账款周转期也应在 3 个月左右。对应其 N 期销售额，这个企业的标准应收账款余额应是 600 万元左右。然而，A 企业的 N 期应收账款余额却是 800 万元，我们认为其应收账款存在异常，异常值为 200 万元。这里异常值 200 万元一种可能是粉饰销售，另一种可能是企业销售出现异常：一部分销售出现长期无法收回甚至坏账，或者企业为了扩大销售盲目提高赊销账期，可能造成企业运营资金的紧张而危害到企业安全。

注意，在计算应收账款周转的异常值时，采用了绝对值的计算，即无论应收账款周转异常值是正值还是负值，异常值都会对企业的安全造成影响，因此采用绝对值计算。

年份	平均月销售额	应收账款	应收账款平均月销售额
N-2 期	100 万元	300 万元	3 倍
N 期	200 万元	800 万元	4 倍
推算企业在应收账款方面存在异常值数额			
N 期 - （N-2 期）	月销售额差额	应收账款差额	异常值
	100 万元	500 万元	800-200×3＝200 万元

2. 赊购债务与存货异常值。在计算赊销债权异常后，我们计算赊购债务和实物性资产周转异常值状况，计算公式：

赊购异常值＝│本期赊购债务 -（本期）存货×（前前期）赊购债务额等/（前前期）存货│

与应收账款异常值计算相同，计算 A 企业应付账款异常值时，当 A 企业 N-2 期月存货为 400 万元，应付账款为 200 万元，应付账款是存货的 0.5 倍，在 N 期，当存货增加至 500 万元时，对应的存货本应为 250 万元（0.5 倍），而 A 企业实际应付账款余额为 400 万元，我们认为其存货与应付状况存在异常，异常值为 150 万元。

年份	存货	应付账款	应付账款实物性资产
N-2 期	400 万元	200 万元	0.5 倍
N 期	500 万元	400 万元	0.8 倍
推算企业在应收账款方面存在异常值数额			
N 期 - （N-2 期）	存货差额	应付账款差额	异常值
	100 万元	200 万元	400-500×0.5＝150 万元

与应收账款周转异常值一样，计算应付和实物性资产周转异常值也采取绝对值计算。

3. 异常值系数计算。对比销售额、存货活动的推移与债权、债务之间的推移，计算两者间的不平衡额，此处计算的异常值在以下情况时非常明显。

（1）由于某一原因而改变销售额或购货计入标准时；

（2）出现大量不良债权或不良存货时；

（3）经营期间企业大规模压缩存货时；

（4）对销售额、债权、债务进行粉饰时。

仅分析一个企业的异常值大小并没有实际意义。如果一个企业规模非常大，而异常值相对很小，那么异常值并不能对企业安全构成威胁。而一个企业即使异常值较小，但是却超出了其承受能力，这时的异常值就会对企业安全构成严重威胁。那么，什么是判别企业异常值大小的关键因素呢？这个因素就是异常值和企业净资产的比例关系。例如，一个企业的总资产为1000万元，净资产为500万元，销售额为3000万元/年，企业的应收账款为1000万元。当这个企业出现10%计100万元的不良应收账款时，那么该企业仍然可以承受（1000×50% – 100 = 400万元）。但是，如果该企业净资产只有总资产的10%，那么该企业就无力承受100万元的不良应收账款（1000×10% – 100 = 0）了。因此，企业净资产是企业对外支付的最后保障，这个数值与异常值进行对比，是判断企业异常值对企业影响程度的最佳方式。

因此，这个异常值系数指标的最终公式：

ⓚ公式 = 异常值系数 =（｜赊销债权异常值｜ + ｜赊购债务与实物性资产异常值｜）/本期净资产

八、Themis支付余力系数——揭示企业危机情况下最后抵御风险能力

Themis支付余力系数是判断企业出现突然意外损失而能够承受的最大支付能力。什么情况下会出现企业突然损失？企业突然损失往往发生在企业出现销售突然无法回收时。因此，我们需要准确分析企业在应对销售坏账发生时的真正支付能力。

当企业由于坏账大量无法回收账款时，资金雄厚的企业虽然收益受到影响，但至少不会危及企业的生存。但如果发生在资金链很脆弱的企业，就会造成资金链的断裂。如何判断企业资金链是否薄弱？发生坏账通过什么进行弥补呢？实际上，企业弥补销售坏账的资金最终来源于自有资产。通过自有资产与销售规模的比较，就能够准确判断企业发生突然损失的最大支付能力。

在传统财务分析中，当进行企业的安全性分析时，通常以资产负债率作为安全性指标；在进行收益性分析时，则把销售额、利润与自有资本或资产总额进行对比作为收益性指标。这时分析人员就会发现，在进行安全性分析时，就希望企业的自有资本比例越大越好，但进行收益性分析则希望自有资本越小越好，这就存在着相互矛盾。因此，从进行财务安全性分析时，不能单单只看自有资本在总资产中的占比，而需要对企业销售、自有资本、总资产之间的合理关系有一个清晰、正确的认识。

一方面，当企业的自有资本与销售额比例过小，企业财务肯定是有风险的，在上面我们已经列举了这个案例：

A 企业的总资产为 1000 万元，销售额为 3000 万元/年，企业的应收账款为 1000 万元。当这个企业出现 10% 计 100 万元的不良应收账款时，如果该企业的净资产为总资产的 50%，那么该企业仍然可以承受（1000 × 50% - 100 = 400 万元）。但是，如果该企业净资产只有总资产的 10%，那么该企业就无力承受了（1000 × 10% - 100 = 0）。

另一方面，即使企业的自有资本与销售额的比例适当，但销售额却过小也表明企业的经营存在缺陷。这说明企业虽然有支付能力，但由于企业资产使用效率过低，从长期看，这样的企业也存在倒闭的风险。例如：B 企业的总资产为 1000 万元，净资产为 100 万元，销售额为 400 万元/年，企业的应收账款为 50 万元。当这个企业出现不良应收账款时，该企业的净资产完全可以承受。但是，该企业在总资产 1000 万元的情况下，销售额只有 400 万元，企业的资产效率太低，很快会被市场淘汰。

经过大量统计分析，企业的支付余力关系为：

（1）从我国破产企业的统计分析来看，发现大多数企业坏账超过月销售额 2 倍以上。因此，从企业支付余力安全性来看，如果企业发生不良债权，那么对于企业最终作为防护对策的自有资本是企业月销售额的 2 倍为普遍标准，这种情况下企业的自有资本能够支付企业两个月的销售额。这个比例越高，企业的支付余力安全性越高，分析显示，自有资本超过销售额 6 倍是最安全的状态。这个比例越低，企业的支付能力风险越大。

（2）企业销售额与企业总资产的比率关系对该指标起到修正作用。不论企业的自有资本比例多高，如果企业销售额/企业总资产过低，企业风险越大，本指标得分也会越低。这个修正系数我们称为 α 调整系数。

Themis 支付余力度的公式：

① 公式 = Themis 支付余力度 = 自有资本/月销售额 × α

九、成本体系——通过企业的销售与成本分析，揭示企业收益状况

这是一项通过观察销售和成本之间的关系判断企业收益性的分析指标。传

统财务指标分析收益性时，主要以销售与利润、资产或资本与利润等指标作为分析对象。其出发点是判断该企业的销售利润变化和与同行业对比的状况。然而，这样的分析指标忽略了销售与成本这个最基础和重要的对比指标。实际上，决定企业财务状况是否出现异常的收益性指标，是通过从销售收入与成本的变化分析出来的。

从企业的利润表可以看出，销售收入是企业最主要的资金流入方式，销售成本、销售费用和管理费用是企业最大的资金流出方式。如果我们将销售收入设为 Y，销售成本＋销售费用＋管理费用设为 C，那么 Y 和 C 的关系决定了企业的收益状况。当对一家企业的 N 期和 N－2 期利润表进行分析时，将 N 期和 N－2 期的销售收入增减额以 δY 表示，将 N 期和 N－2 期的成本＋费用的增减额以 δC 表示，通过分析 δY 和 δC 的关系，我们就能够清晰地发现企业在经营失败前兆的特征。通常情况下，作为一个经营正常的企业，当 Y 增加时，对应 C 也会增加。假设平均成本率为 80%，那么当销售额增加 100，成本则增加 80，营业利润增加 20。其基本型如图 5－4 所示。

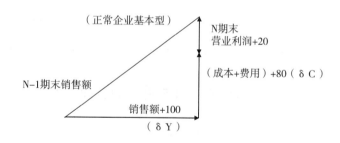

图 5－4　正常企业基本型

然而，这仅仅是正常企业的理想状态。当一个企业销售和成本出现异常时，企业的 δY 和 δC 的关系就会发生各种异常变化。这些异常变化总结归纳为以下 4 种异常状态。

异常状态 1：当企业资金周转发生困难时，会呈现"有什么就卖什么"的异常症状。处于这个阶段的制造业，会出现无视制造成本进行廉价倾销并急于现金化的现象。在这种场合下，销售成本的增幅将大于销售收入的增幅。当增幅超过了一定程度，就会严重威胁企业的财务安全。在这种情况下，即使企业仍然可能处于赢利状态，但是企业的财务风险随着销售与成本的逐渐失调而严重恶化。据统计，在异常状态1情况下当企业 δC 超过 δY 的 1.4 倍则 3 年以内必定破产，当超过 2.0 倍时意味着销售单价只有成本的一半，企业在 1 年内破产。

异常状态 2：当企业的销售出现困难，销售额出现负增长，同时，企业开始收缩经营和降低成本，很多企业开始粉饰财务报表，以保证利润为正值。

异常状态 3：在企业的销售环境恶化销售额持续减少的状况下，企业开始收缩经营，但因为将支付裁员退职金或处理不良资产等一揽子记账，其表现在销售成本＋费用上的逆行增加。异常状态 3 是将当期应承担的成本拖延到下期承担的行为，销售环境随着时间的推移将更加艰难。δC 超越 δY 的 1.4 倍时，企业倒闭虽不会像异常状态 1 的企业那样来得快，但是倒闭破产也是避免不了的。

异常状态 4：企业出现销售额增加但销售成本＋费用反而减少的现象。按正常情况，这样的状态是不可想象的状态，但是在现实中这样的企业是存在的，这是由于企业裁减人员，处理不良存货等损失记账后出现在账面价值上的成本极小同时采用灵活变通销售的做法。此时，如果成本过小，企业的经营状态也是异常的。

异常状态 2 和异常状态 3 的现象，根据企业的自有资本的状况不同而有不同的结局。同时，金融机构的支持力度也会对企业的最终命运产生很大的影响。

十、资产系数——揭示企业销售与资产的合理性和风险大小

企业年销售规模与总资产规模的平衡关系称为资产系数。资产系数的计算公式基本上与总资产周转期是一样的。那么，为何叫资产系数而不叫总资产周转期呢？因为在这里"资产系数"将依据比例关系起到警告企业存亡的作用，而不单单是表示总资产效率好坏的指标。

总资产与年销售规模的关系呈现相互平衡的关系。当一个企业销售规模远远大于总资产时，企业销售规模过大，现金流非常紧张，经不起一点意外的发生，企业的风险非常大，我们称为"小马拉大车"。当企业的总资产远远大于企业的年销售额时，企业的销售效率低下，企业也将面临较大的风险，我们称为"大马拉小车"。

例如，一个企业有 100 万元的销售额，并实现了 5 万元的当期利益，即销售

利润率为 5% 是一个正常范围。但是，假如该企业总资产 1000 万元，自有资本 800 万元将如何评价？该企业净资产利润率不足 1%。如果这样，股东就不会对该企业投资，存放银行是更加明智的做法。从相反的例子来看，总资产为 100 万元销售额在 1000 万元的场合下，假设该企业经营失败造成 10% 赤字的话，10% 的赤字相当于 100 万元，企业自有资金全部被消耗，也许即告破产了。

除此以外，企业的净资产比例也会对该指标产生一定影响。当国家采取低息政策刺激经济时，企业总资产超越销售额数倍的企业就会相继出现。当发生泡沫经济崩溃时，这些企业中有很多企业快速破产。但是，也有一些企业没有破产，破产与非破产企业最后的分歧点在于该企业的自有资本比率的高低上。另外，即便自有资本比率高但未将资本投入到主业上，而是在风险投资行业（如股票）更多地投入资金，这样的企业其破产速度更快。

资产系数公式如下：

ⓜ公式 ＝资产系数　＝ 总资产合计/主营业务收入净额

自有资本比率作为调整系数。

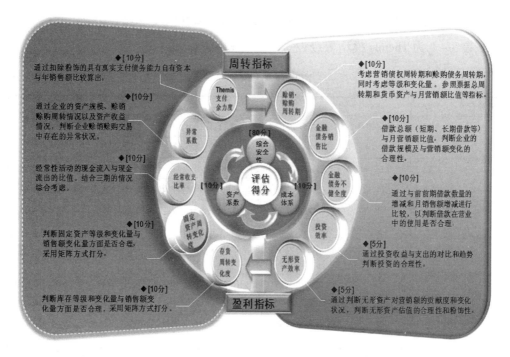

图 5 – 5　Themis 纯定量异常值信用评级模型指标体系

十一、Themis 模型等级设置和对应结论

Themis 模型等级分为 4 等 10 级。其中，最高等级为安全级。安全级分为 AAA、AA、A、BBB 级四个级别，对应分数为 60～100 分。在这个级别中，企业的财务状况良好，财务安全性高，还款能力强，出现财务危机和破产的可能性非常小。在融资时，可以授予较高额度并一次性通过审批。

第二等级为问题级。问题级分为 BB、B 两个级别，对应分数 40～60 分。在这个级别中，企业的财务状况存在一定问题，个别财务指标异常或恶化，企业存在不安定因素。在融资时，必须对存在问题的指标进行详细和有针对性的调查，通过专项调查或者进行相应的保障后，才能够授予信用额度。

第三个等级为高风险级。高风险级分为 CCC、CC 两个级别，对应分数 20～40 分。在这个级别中，企业的财务状况非常不稳定，破产的可能性很大。除非有确切的风险保障措施（如抵押、担保等），否则不能融资。

第四个级别为倒闭级。倒闭级分为 C、D 两个级别，对应分数 20 分以下。在这个级别，企业可能随时倒闭。因此应拒绝与这样的企业进行交易。

表 5 - 1 为 Themis 模型等级设置、评分和对应结论。

表 5 - 1　　　　　　　　　　　Themis 模型等级设置情况

风险程度	评级	评分	结论
安全级	AAA	91～100	抵御风险的能力很强，没有财务风险
	AA	81～90	抵御风险的能力很强，没有财务风险
	A	71～80	抵御风险的能力较强，没有财务风险，但就个别情况需要进行分析
	BBB	61～70	抵御风险的能力较强，基本没有财务风险，但就个别情况需要进行关注
问题级	BB	51～60	有一定的风险防范能力，但防范能力比较脆弱，就个别问题需要关注，应定期查看其趋势
	B	41～50	有一定的风险防范能力，但防范能力脆弱，就某些问题需要重点关注，应随时查看其趋势
高风险级	CCC	31～40	财务脆弱，受经济环境和经济条件的影响较大，存在财务风险，需要重点关注
	CC	21～30	财务非常脆弱，受经济环境和经济条件的影响很大，存在很多财务风险，需要定期重点关注
倒闭级	C	11～20	短期内存在很大的财务风险，出现风险的可能性高，近期可能破产
	D	10 以下	短期内存在巨大的财务风险，出现风险的可能性非常高，随时可能破产

第四节　企业财务报表的粉饰及其调研识别

财务报表粉饰就是为了某种动机而粉饰会计报表，故意对财务报表的各种数据作假。近20年来，国内外财务报表粉饰现象层出不穷，且花样手段不断翻新。一个粉饰的财务报表很可能误导尽职调查人员，对企业经营业绩作出错误的判断。因此，尽职调查人员在审阅财务报表时必须注意到企业有没有粉饰财务报表并进行调研识别。

一、财务报表粉饰的动机

1. 获取信贷资金支持。银行对企业信贷的资格要求越来越规范和严格。一般来讲，银行会对借款企业进行财务分析和信用分析、信用评级，在贷款之后还要求借款企业定期提交财务数据和报表。对于资金和实力较大的企业，获取贷款较为容易，粉饰报表动机较小，而对于财务状况较差又迫切需要资金支持的中小企业，粉饰财务报表的动机就非常强烈，不惜为了获取银行贷款而任意修改会计科目数据。尽管绝大多申请贷款企业粉饰报表的出发点只是为了获取贷款，而不是为了恶意拖欠或不还，但是财务报表粉饰具有普遍性，客观上增加了银行的信贷风险。

2. 便于进行商业合作。在赊购赊销占绝大多数的上下游企业的商业活动中，一张业绩良好或者资产雄厚的财务报表很明显会为企业赢得更多的合作伙伴。因此，很多企业在应付商业合作伙伴的尽职调查中，会准备出一份"看上去很美"的财务报表，粉饰自己的经营业绩和财务状况。

3. 应付经营业绩考核。经营业绩的考核，不仅涉及企业总体经营情况的评价，还涉及企业高层、经营高管业绩的评定，并影响其提升、奖金福利等。为了在经营业绩上多得分，企业管理层就有可能对其会计报表进行包装、粉饰。应该说，基于业绩考核而粉饰财务报表是比较常见的动机。

4. 为了上市发行股票。企业上市之前，证监部门对财务指标的要求十分严格。股票发行分为首次发行（IPO）和后续发行（配股）。在IPO情况下，根据

《公司法》等法律法规的规定,企业必须连续三年盈利,且经营业绩要比较突出,才能通过证监会的审批。此外,股票发行价格的确定也与盈利能力有关。为了顺利上市并抬高股价,企业往往对财务报表进行粉饰。在后续发行情况下,要符合配股条件,企业最近三年的净资产收益率每年必须在10%以上。因此,10%的配股已成为上市公司的"生命线"。统计表明,1997年755家上市公司净资产收益率在10% ~ 11%的高达211家,约占28%,可见,为配股而粉饰会计报表的动机并不亚于IPO。

5. 逃避税收征管。企业财务报表粉饰并不总是故意做得漂亮,有时出于逃税的动机,还会故意做得难看,尤其是通过降低利润指标,达到逃税的目的。在税务部门和证券监管等其他部门信息不能共享的情况下,基于偷税、漏税、减少或推迟纳税等目的,企业往往对财务报表进行粉饰,在向社会报送一张业绩良好的财务报表的同时,又向税务部门上报一张难看的财务报表。当然,也不排除少数上市公司基于资金筹措和操纵股价的目的,不惜虚构利润,多交税费,以制造其盈利能力充足的假象。

6. 推卸责任或伪造政绩。在一些国有企业中,由于企业负责人更替任免,前任领导为了逃避责任,或者相关政府部门可能根据国企绩效进行奖惩,或者国有企业负责人的升迁需要一个比较辉煌的经营业绩时,也会诱发企业粉饰财务报表。很多新的国企负责人在上任之初,往往会发现企业的应收账款非常庞大,而且逾期多年,依然挂在应收账款而不作逾期处理。

二、财务报表粉饰的形式

与国外相比,我国企业财务报表的粉饰形式更为多样,尤其是存在大量的中小型企业和微型企业不按照规范或者不认真填写财务报表等情况。我国企业粉饰财务报表最常用的方法是粉饰收入、资产、费用、负债四个财务指标,其中尤其以收入和资产方面的粉饰最为常见,大约占到粉饰报表总数的90%,具体的表现形式包括:收入确认不合理(例如记录不存在的收入、提前确认收入、没有描述收入),高估资产(例如高估现有资产、记录不存在的资产或不属于自己的资产、应计入费用的资产予以资本化),低估费用或负债,挪用或贪污资产等。

　　一般来讲，国外企业粉饰财务报表的手法包括虚增收入、虚增赊销债权、通过其他应收款或流动资产转移债权、虚减成本、虚减赊购债务、通过其他应付款或流动负债转移债务、虚计存货、虚计利润等8种形式。而我国企业的财务报表粉饰手法，除了上述这8种形式之外，还出现了虚计货币资金、虚计固定资产、虚计在建工程、虚计无形资产、虚计长期和短期投资、虚计递延资产、虚计资本公积、借款不入账等多种形式。下面分别予以介绍。

　　1. 虚增收入。虚增收入是上市公司财务报表的主要粉饰手法。在已经发现财务报表粉饰的上市公司当中，虚增收入的行为占全部粉饰的50%以上。粉饰收入的手法包括提前或推迟确认收入、确认虚假收入等。例如2006年上市公司典型的造假案就是草原兴发虚构销售收入、虚增资产、虚构银行存款等。该公司采取虚构销售收入达7.5亿元，虚增比例高达41%，虚构银行存款金额7.7亿元，同时对部分关联往来企业虚构收支款项和营业外支出，例如向所谓禽流感疫情损失养殖户赔付金额3.4亿元，实际却并未赔付任何款项。

　　2. 虚增资产。虚增资产即财务报表上显示的资产在实际中根本不存在，或者已经实际发生并应列入的费用的损失，却被企业以各种名义列入财产的粉饰行为。虚增资产的手法包括虚增存货、应收账款、固定资产和无形资产、投资等；或者将已经发生的费用和损失列入待摊费用、长期待摊费用、待处理资产损溢等。据统计，约50%的造假上市公司采用虚增资产的方式粉饰财务报表。例如，华源股份从2003年到2005年通过虚增资产、收入粉饰报表，虚增的资产包括虚挂多家企业的其他应收账款、下属的山东华源蓝天纸业有限公司将2003年发生的238万元营业费用计入2004年；下属的上海华源格林威实业有限责任公司受让山东安丘蓝天纸业集团有限公司100%股权，实际受让价格1872万元，但却无依据以9000万元入账。

　　3. 虚增存货。虚增存货包括对存货成本或评价故意计算错误以增加存货价值；降低销售成本，增加营业利润；虚列存货，隐瞒存货减少的事实等。

　　4. 虚增固定资产。虚增固定资产包括伪造合同虚构固定资产，人为提高固定资产价格，伪造合同虚增在建工程；少提折旧或减值准备；利息资本化不当等。

5. 借款不入账，即采取银行借款不入账的方法，少计短期借款，减少当期财务费用，虚增利润。

6. 费用转嫁。例如上市公司与集团公司共同分享管理服务，集团公司承担上市公司管理费用的一定比例。

7. 费用分担。例如上市公司按照销售收入的一定比率向集团公司支付管理费，随意调整费率。

8. 虚增其他收益。例如虚构被投资公司的委托资产管理业务，编制虚假的被投资公司财务报告，通过虚构投资收益来虚增利润。

9. 虚构其他业务利润。例如上市公司通过虚构与下属公司的承包业务来虚构利润。

10. 虚构资金占用费。例如虚构与其他公司的借款业务，收取资金占用费来冲减财务费用。

11. 虚增资本公积。例如在没取得土地使用权，未经国家审批的情况下对投资项目开展评估。

12. 土地转让。例如股份公司将土地高价转让给集团公司，将收入转入"其他业务利润"和"营业外收入"。

13. 股权置换、转移不良资产。例如上市公司与母公司进行股权置换，将不良资产转换为优质资产。

14. 利息费用资本化，也就是把应当列入财务费用的利息费用进行资本化处理。

三、财务报表粉饰的识别方法

通过识别财务报表粉饰来准确判断企业的真实财务状况，是商业和尽职调查人员必须学会的方法。一般来说，造成虚假财务报表的原因主要有两大类：一是对财务报表数据进行人为的编造；二是运用会计方法选择导致虚假财务报表的编制。对于由于这两大类原因而编制的虚假财务报表，分别有不同的鉴别方法。

对于人为编造财务报表数据的识别方法，可以采取收集信息、查找证据、对企业报表进行对比分析、查账核实等方法。例如，通过不同的渠道收集同一时点的财务报表，对比异同点，对差异的数据提出质疑。核对各财务报表内部的平衡关系和报表之间的关联关系，找出疑点。与企业平时的经营状况进行对比，找出关键或重要财务项目的漏洞、疑点。例如，当企业经营状况出现问题时，有些报表科目的数字和平时的数字相比可能会大出很多，也可能小很多，对于这样的情况应该进行深入的查证，以发现其中的问题。也可以进行现场调查，进行账表、账账、账证和账实核对，账表、账账、账证和账实之间都应该是相符的。如果不相符，也肯定是存在问题的。

对于会计方法选择形成的虚假报表的识别，可以采取更深入的一些方法。例如对重点会计科目进行分析。企业对报表进行粉饰时，常常运用的账户包括应收账款、其他应收款、其他应付款、存货、投资收益、无形资产、补贴收入、减值准备等会计科目。如果这些会计科目出现异常变动，尽职调查人员就有理由怀疑被调查企业是否存在利用这些科目进行利润操纵的可能性。例如，对于"应收账款"科目来讲，如果这一科目下的金额过大，但是公司的收入又很小的话就可能存在问题。很多抽逃出资的情况都是将账务记入了"其他应收款""应收账款"等科目。

此外，还可以对或有事项进行分析。或有事项是指过去的交易或事项形成的一种状况，其结果需通过未来不确定事项的发生或不发生予以证实。常见的或有事项有未决诉讼、未决索赔、税务纠纷、产品质量保证、商业票据背书转让或贴现、为其他单位提供债务担保等。根据谨慎性原则，尤其应对或有损失进行确认或披露，因为或有损失会对企业利润造成一定影响。但是一些上市公司往往对巨额担保事项隐瞒不报，以减少负债、虚增利润。因此，对或有事项应加以注意。

除了上述识别的通用方法，针对我国企业粉饰报表的各种形式，尽职调查人员可以采用常用的四种方法来发现和识别财务报表粉饰现象。

（1）关注企业的不良资产。被调查企业的不良资产，可能会包括待摊费用、待处理流动资产净损失、待处理固定资产净损失、开办费、长期待摊费用等虚拟资产项目，也包括可能产生潜在亏损的资产项目，如高龄应收账款、存货跌价和积压损失、投资损失、固定资产损失等。尽职调查人员在识别报表粉饰时应当重点关注企业不良资产，一是将不良资产总额与净资产比较，如果不良资产总额接近或超过净资产，既说明企业的持续经营能力可能有问题，也可能表明企业在过去几年因人为夸大利润而形成"资产泡沫"；二是将当期不良资产的增加额和增减幅度与当期的利润总额和利润增减幅度比较，如果不良资产的增加额及增加幅度超过利润总额的增加额及增加幅度，说明被调查企业当期的利润表很可能被粉饰了。

（2）警惕企业的关联交易。警惕关联交易，应当把来自关联企业的营业收入和利润总额剔除之后，进而分析被调查企业的盈利能力在多大程度上依赖于关联企业，以判断被调查企业的盈利基础是否扎实、利润来源是否稳定。如果被调查企业的营业收入和利润主要来源于关联企业，尽职调查人员就应当特别关注关联交易的定价政策，分析被调查企业是否以不等价交换的方式与关联交易发生交易来进行财务报表粉饰。这种关注关联交易的方法也可以延伸运用。如果被调查企业是集团企业的子公司，要将其财务报表与其母公司编制的合并会计报表进行对比分析。如果母公司合并会计报表的利润总额（剔除子公司的利润总额）大大低于子公司的利润总额，就可能意味母公司通过关联交易将利润粉饰到了被调查企业。

（3）识别企业的异常利润。识别企业异常利润，是指将其他业务利润、投资收益、补贴收入、营业外收入从企业的利润总额中剔除，以分析和评价企业利润来源的稳定性。当企业利用资产重组调节利润时，所产生的利润主要通过这些科目体现，此时通过识别异常利润来识别财务报表粉饰非常有效。

（4）分析企业的现金流量。分析企业的现金流量，是指将被调查企业经营活动产生的现金净流量、投资活动产生的现金净流量、现金净流量分别与主营业务利润、投资收益和净利润进行比较分析，以判断企业的主营业务利润、投资收益和净利润的质量。一般而言，没有相应现金净流量的利润，其质量是不可靠的。如果被调查企业的现金净流量长期低于净利润，则意味着与已经确认为利润相对应的资产可能属于不能转化为现金流量的虚拟资产，表明被调查企业可能存在着粉饰财务报表的现象。

第六章

企业还款意愿尽职调查

企业还款意愿是指企业在产生债务后是否愿意按照事先约定偿还债务的主观愿望。理论上讲，企业的还款意愿（主观愿望）与还款能力（客观情况）没有直接关系，即无论债务人是否拥有客观的还款能力，其还款意愿的主观愿望都不会改变。我们经常看到，一些"老赖"们一边拖欠着债权人的大量钱款，一边心安理得地过着奢侈的生活。就企业而言，一些还款意愿薄弱、道德观念极差的企业和企业主，不断拖欠着其他企业和债权人的货款或贷款，以损害他人的方式为自己谋利。因此，对企业还款意愿的调查非常重要，是尽职调查的主要工作内容之一。

企业还款意愿尽职调查是通过对围绕企业已经发生的历史事件，尤其是负面历史事件信息的调查，来推断企业是否良好的还款意愿的调查工作。

第一节　企业还款意愿特征

对大企业来讲，企业还款意愿主要体现在企业过往的历史还款意愿情况，包括对债权人（例如银行、金融机构、上下游、其他债权人）、合作伙伴、政府、社会、消费者、内部员工等各方面的履约情况、债务偿还情况、合同执行情况、合规守法情况等的历史情况。对中小企业而言，企业还款意愿更多地反映着企业实际控制人、企业高管的个人品格、以往违法违约记录、负面信息等。

企业的还款意愿可以分为两类，即主动的还款意愿和被动的还款意愿。主动的还款意愿取决于债务人的人品和道德，被动的还款意愿则取决于债务人的违约成本。因此，对于还款意愿的尽职调查，一方面要考量债务人的道德品格及以往信用记录，另一方面也要考察债务人违约成本的高低对其还款意愿的影响。

一、主动的还款意愿

对于企业来说，尽职调查主动的还款意愿从三方面入手：考察企业负责人的品格，考察企业及其负责人的经营作风，检查企业是否有违法违约记录、负面信息。

据中国企业经营者调查系统发布的《2002 中国经营者成长与发展专题调查报告》显示，企业实际控制人的品格对企业信用的影响程度最大。该系统对近5000 名企业经营者调查后发现，96% 以上的受访者认为，企业实际控制人品格对企业信用影响很大。关于企业实际控制人品格的影响因素，调查结果显示，85.3% 的企业经营者认为对其品格影响最大的因素是"个人磨炼与修养"，比选择其他影响因素的多 45 个百分点以上。其他影响因素包括"家庭教育"（39.6%）、"社会大环境"（37.7%）、"业内企业的成败经历"（31.8%）、"学校教育"（31.2%）、"书本"（23.5%）、"组织教育"（22.5%）和"同事、朋友"（6.3%）等。

品格是影响中小企业实际控制人还款意愿的关键要素。企业实际控制人的品格，就是企业实际控制人依据一定的社会道德准则和规范行动时，对社会、对他人、对周围事物所表现出来的稳定的心理特征或倾向。企业实际控制人的人品如何，对其还款意愿的影响非常大，如果是一个品质及道德好的人，即使在还款能力不足的情况下，虽有可能会拖欠，但依然会积极筹措资金偿还债务。例如，有一个企业实际控制人多次为担保企业代偿资金，两年来共为担保人代偿了数万元，而这些钱都是这个企业主多年省吃俭用替别人还了账。可以说，这个企业实际控制人的风险意识不足，但是其品格是毋庸置疑的。但是，如遇到品质及道德很差的人，即便具有还款能力，也会想方设法地拒还贷款，甚至会采取低价转让资产、无偿转让资产、虚构借款、虚构担保等各种方式逃废债务。

企业经营作风，是指一个企业在长期的生产经营等实践活动中形成的一种风气。经营作风是企业本质的外在表现，是企业在各种活动中所表现出来的一贯态度和行为处事的风格，也是企业全体员工在企业发展过程中长期积累并形成的精神风貌。对一个企业而言，管理者团队的经营作风至关重要，往往与一定的教育背景、商业经验、修养品德、经营作风、学习进取精神密切相关。一个笃信"诚信经营、敬业勤勉"，并能够把这种作风落实到每一个员工和每一个环节的企业，很难产生恶意拖欠贷款行为。相反地，一个只顾眼前利润，经常打一枪换一个地方的企业，其还款意愿必然是很微弱的。

企业以往是否存在违约记录、负面信息也是还款意愿调查的重要考量。一般来讲，多次违约的企业负责人不仅道德诚信度存在问题，而且存在一定的心理惯性，账多了不愁。多次违约本身就说明还款意愿不高，或者还款能力有问题。

二、被动的还款意愿

企业被动的还款意愿受违约成本的影响。如果企业的违约成本过高，还款意愿必然会强烈。所谓违约成本，是指企业和实际控制人需要为其违约行为付出的代价和损失。债权债务关系一旦形成，企业自然会从理性与得失的角度衡量偿付与否的后果。当债务人发现违约成本较低，特别是违约成本的总成本远小于其偿付金额时，其就会选择违约。反之，当违约总成本大于偿付金额时，企业就会始终保持还款意愿，尽量选择偿付的行动。一般来说，违约成本既包括显性的经济成本，也包括隐性的经济成本。例如，形成滚雪球似的利滚利的罚息；债权人强有力地不断讨债对企业经营带来的影响；长期合作的企业，尤其是强势合作伙伴拒绝继续进行合作对企业的损失；相关诉讼使企业的社会声誉及评价受到的重大影响；金融机构产生的不良征信记录；影响企业负责人的衣食住行（例如老赖禁止乘坐飞机和高铁等）。

开展还款意愿的尽职调查时，判断被调查企业的违约成本也是重要的调查内容。一般来说，被调查企业的违约成本越高，则未来还款的意愿会越强，违约率会更低。因此，加大债务人的违约成本是降低违约率的有效途径。因此，除了对债务人的主动还款意愿进行调查外，也应对企业的违约成本进行调查评估，内容如下。

1. 被调查企业及其负责人现有的违约成本。被调查企业申请信贷或赊销，尽职调查人员首先关注企业及负责人现有违约成本。就企业本身而言，经营年限越长的企业违约成本往往越高，经营场所越固定的企业违约成本往往越高，企业越大、越重要的企业违约成本越高，变更经营场所越难、影响越大的企业违约成本越高，盈利状况越好的企业违约成本越高。对企业负责人而言，一般来说，已婚的比未婚和离异、丧偶的违约成本高，有子女比没子女违约成本高，有住房及资产的比没住房、没资产的违约成本高，本地人比外地人的违约成本高，社会声誉及评价越高的借款企业违约成本越高，家庭成员的社会地位越高、越体面的人违约成本越高等。当然，每个企业及其负责人的性格情况都不同，尽职调查人员还应当基于个人的差异情况，对被调查企业的违约成本进行评估。

2. 增加违约成本可能性。除了被调查企业现有的违约成本，尽职调查人员出于保护债权人权益的考虑，结合被调查企业的实际情况，通过与企业负责人访谈交流等形式尝试是否可能在信贷和商业合作的设计上，为被调查企业设计增加一些违约成本，这部分违约成本可以结合被调查企业的具体情况量身定制，增加企业违约成本。通过被调查企业和负责人对增加违约成本的接受程度，也可以推断出该企业的还款意愿如何。如果企业现有违约成本很低，而尝试增加违约成本又遭到企业断然拒绝，那么该企业的还款意愿就很有疑问。

尽职调查人员增加企业的违约成本可以包括以下几项：

（1）增加抵押、担保。如要求借款企业增加抵押、质押的财产，设置债权人有优先受偿权，信贷和赊销的风险就会大大降低。如果借款企业提供抵押物，就会增加借款企业的违约成本，从而提高其还款意愿。

（2）增加保证人。对于保证人的选择，除了看保证人有无代偿的能力外，还要关注保证人对被调查企业和控制人的督促、压迫能力强不强。在尽职调查实践中，企业负责人的家属、企业高管、财务负责人、朋友、生意合伙人、上下游企业之间的担保或承担无限连带责任都能够有效提高借款企业的还款意愿。

（3）在借贷或赊销合同中约定违约责任。信贷和赊销合同一般会约定，如果债务人违约，除需要偿还对方损失外，还需要承担一定的违约责任，包括债权人为实现债权所花费的律师费、差旅费、诉讼费等费用。违约责任条款可以有效提高借款企业的违约成本，起到一定的威慑作用。

（4）获得实际控制人的朋友圈联系人联系方式。企业实际控制人的朋友圈联系人通常是借款企业的亲朋好友、单位同事、领导，将他们的联络信息记录在案，一旦企业违约时，可以联络其朋友圈联系人，一方面可以找到其人，另一方面可以对其声誉造成负面影响，对借款企业造成一定的社会舆论压力和个人心理压力。

（5）用信息公开增大违约成本。信贷和赊销合同可以增加约定，如果债务企业未按照合同履行相应偿付义务，债权人有权在不通知债务人的情况下，将债务人的违约情况在公开的媒体、网络平台、政府有关部门进行曝光，或提供给政府或其他机构的信用信息平台进行曝光，起到一定的威慑作用。

（6）在协议中通过条款对个人产生威慑。有时，债权人可以针对借款企业的具体情况在产品设计和交易结构上增加条款威慑。例如，一些金融机构在借款合同中说明，借款企业承诺和保证其向出借人提供的资料和所作陈述没有弄虚作假，如果借款企业进行虚假陈述或提供虚假资料，将构成诈骗罪，出借人有权以诈骗罪追究其违约责任。就该条款而言，在法律上是有一定问题的，因为借款企业的行为构不构成诈骗罪，需要公安机关、法院等部门认定，出借人说了不算，但就其效果而言，如果在合同中增加这样一个条款，对一些借款企业还是有一定威慑作用的，能有效提高借款企业的还款意愿。

第二节　大企业与中小企业还款意愿调查差异

企业规模的不同，不仅尽职调查的还款能力调查存在差异，还款意愿也存在不同。这里简要说明。尽职调查人员在调查大企业与中小企业的时候，同样应当注意它们之间在还款意愿方面的差异。

首先，大企业看制度，中小企业看实际控制人。

就大企业而言，无论股东之间的合作，还是股东与董事会、管理层的合作，都依赖于一纸契约，即公司章程。公司所有运作，都必须依照章程运作。章程就是公司的宪法，大企业的经营管理依靠组织的力量来运作，其规模体量越大越没有任性的空间，要严格依照各类法律法规。而且，大企业更多地以企业性的整体面貌，企业一把手即便有决断能力，也需要董事会，或者股东大会，或者国企的领导班子，集体讨论表决。尽职调查人员在调查大企业还款意愿时，应当首先查看大企业的公司章程和规章制度的相关内容，查看其企业文化如何，以及通常在何种情况下出现违约行为，并分析其违约的具体原因。

中小企业则不然。中小企业的经营管理，大多靠董事长或者总经理个人指挥。中小企业的特色是相对缺少计划性和规范管理，财务会计制度不太健全。其管理层最常见的缺陷，就是缺乏管理层的宽度，通常没有足够的人力资源来填充全部的关键管理岗位，缺乏有经验的、能力强的专业人员来专门从事预期技能相符的管理工作。财务会计等职能，往往由负责其他事务的资源来负责。很多企业虽然是公司组织，但具有浓厚的独资或合伙性质，多为一人或数人的家族企业，企业本身具有独善、排他、独裁的性格；表面上虽有经理、副经理等管理阶层的设置，但未充分授权。因此，中小企业的还款意愿，往往不是看企业本身或者管理层的具体情况，而只需要看企业负责人本身的意愿。

其次，大企业看合同条款，注重契约精神；中小企业看关系好坏，注重礼法传统。

由于大企业依照现代企业制度建立，管理比较规范，而且比较重视契约精神，因此大企业与金融机构开展信贷合作，与其他公司开展商业合作，一般以合同条款为执行依据，合同条款的对违约责任规定的严格程度，例如违约是否需要付出多大代价的赔偿，往往是制约大企业还款意愿的重要因素。相对来讲，中小企业对这方面的敏感程度往往不如其他方面。中小企业很多受中国传统文化的影响，很多更注重人际关系和家族关系。很多中小企业本身就是家族企业，或者主要管理者都是企业实际控制人的亲戚朋友。企业本身缺少严格的法律框架，而是更多建立在血缘、家族、老乡等亲缘关系的信任基础上。这就导致了很多中小企业在开展任何经营活动或者决策行为的时候，都对外人缺乏信任，而把信任关系建立在血缘亲属之上，这种信任的信任度随着家族关系的疏远而逐渐递减，讲究"父子有亲、君臣有义、夫妇有别、长幼有序、朋友有信"。而这种信任虽然很不稳定，但是有时候这种信任的约束力可以超过法律和合同。因此，调查中小企业的还款意愿，更应该考量中小企业负责人的礼法传统和家族关系。同时应该考察如果中小企业面临第一代创业，第二、三代接班问题，后代由于年龄、世界观和行为方式的不同，是否会给企业的还款意愿带来变数。

最后，大企业的还款意愿调查重点考察企业本身的诚信记录，中小企业的还款意愿调查侧重企业实际控制人、主要负责人的个人品行和个人诚信状况。

对于大企业的还款意愿调查，重点要查看该企业以前是否存在违约行为，企业整体信用记录如何（例如央行征信中心的企业信用报告），企业本身在行业和合作伙伴当中的口碑如何，有无违法或被处罚记录等。例如，可以查看该企业对上下游的付款情况，企业对应的上下游是什么企业。如果上游企业先给他供货，然后再付款，那么该企业的供货速度与付款时间是否存在较长时间的间隔，就可以反映出该企业有没有经常欠款。如果企业内部手续运转比较慢，审批效率比较低，则反映出该企业的还款意愿较低。

而对于中小企业还款意愿的尽职调查，除了调查企业的信用记录，更关键的是调查企业负责人或实际控制人个人的信用状况和记录。其个人的信用记录就属于企业还款意愿的核心数据。例如在信贷调查中，对企业还款意愿的核心是对企业负责人的商誉和诚信度的评估，对于企业"人品"的评估，其核心是对企业实际控制人和主要领导人人品的评估。一般来说，尽职调查人员在考察中小借款企业还款意愿时可以参考以下因素：

（1）企业实际控制人的个人履历、背景；

（2）企业实际控制人的言谈举止、行为做派；

（3）企业实际控制人对待家人、员工、合作伙伴、企业的态度；

（4）企业实际控制人有无不良嗜好、不良和犯罪记录；

（5）企业实际控制人陈述事实和提供资料是否弄虚作假；

（6）企业实际控制人以往的信用记录，例如央行征信中心的个人信用报告；

（7）企业实际控制人在同行之中的口碑和外部评价；

（8）法院、税务、工商及其他部门有关企业负责人的正面评价和负面评价等。

第三节 企业实际控制人还款意愿调查

在对中小企业还款意愿进行尽职调查时，对企业实际控制人特征调查能够从侧面反映出企业的主动还款意愿。

一、从实际控制人客观情况推断个人的品格

在对中小企业还款意愿的评估中，一些金融机构根据历史违约情况进行统计分析后，筛选出了一些共性、大概率的信用要素用来评估和衡量企业的品德，这些信用要素与企业实际控制人还款意愿密切相关，可以作为判断企业还款意愿的评分依据。这些还款意愿信用要素包括实际控制人的年龄、受教育程度、家庭状况、嗜好、不良和犯罪记录、社会声誉及评价等。当然，既然是大概率就会有例外，因此实践工作中，还需要与其他客观情况结合交叉检验。

1. 年龄。实际控制人的年龄与企业的社会经验、经营经验、事业发展以及心态稳定程度等是密切相关的，通常情况下，一个人的年龄和其社会经验成正比，年龄偏大或者偏小都会增大贷款的风险。年龄偏小的企业经营者阅历浅、社会经验不足，在经营过程中缺乏管理经验，企业可能处于起步阶段，经营存在很大的不确定性。但年龄过大的企业经营者有时思想守旧且固执、难以沟通，另外，受身体健康原因的影响，一旦发生生病或身故等意外情况，将会给还款带来风险。

尽职调查人员有理由相信，只有到了一定年龄，企业实际控制人才能积累较为丰富的经验和社会关系，他的事业才能进入一个相对稳定和成熟的阶段，同时心态也较为成熟和稳定，不会急躁冒进，也不会因循守旧。针对年龄因素，一般把 30～45 岁这一区间，作为评分最高的区间，大于和小于这个区间的评分得分相对会低一些。

2. 受教育程度。通常情况下，受教育程度越高的人素质会越高，还款意愿也更高。另外，教育程度越高往往管理企业的能力也会更高，未来赚钱和盈利

的能力也会更强，受教育程度这个因素既对还款意愿有影响也对还款能力有影响，一般来说受教育程度与企业的信誉是正相关的。

因此，往往给予受教育程度越高的人更高的评分，一般来说，企业实际控制人本科及以上学历属于低风险企业，中等学历企业是适度风险企业，小学学历或文盲半文盲属于高风险企业。

3. 家庭、婚姻及子女状况。家庭和工作是每个人日常生活的两大核心。结婚生子是大部分人人生的必经阶段，一个人有了家庭、子女之后，往往心智会更加成熟，责任心也会更强一些，一个人对家庭的责任也是对社会的责任。在做尽职调查过程中，要了解企业实际控制人的家庭、婚姻、配偶、父母、子女情况，要注意了解借款企业家庭和睦不和睦、企业实际控制人孝顺不孝顺、对待配偶及子女好不好、是否离过婚、家庭是否整洁干净等情况。一个整天为家庭纠纷而烦恼的人，很难全身心地投入到企业的经营管理中去，在这种情况下，基本上无法经营好自己的事业。所以，家庭、婚姻及子女状况是衡量企业实际控制人的成熟度、信誉度和责任感的重要指标。

就婚姻状况而言，未婚和单身的借款企业因为没有家庭，因此其责任感很难判断，而且这类企业流动性较强，一旦经营出现问题，完全可以一人全身而退，无形当中会加大贷款的风险。一般来说，已婚的人一般比未婚的人违约成本高，被动的还款意愿会更强。同时，已婚的人往往更有责任心，相对未婚的人整体上赚钱欲望也会更强。

如果企业实际控制人是重新组成家庭的再婚人，要了解夫妻双方之前离婚的原因，判断目前家庭的稳定性。如果是多次离婚就要当心，其对婚姻过于儿戏，对银行贷款可能也不会太慎重。

尽职调查人员在实地调查和走访的过程中，要注意观察企业实际控制人是否孝顺、是否关爱子女、对配偶的态度如何、如何处理家庭矛盾，从这些都可以看出这个企业实际控制人对待家庭的态度，从而判断其是否关爱家庭及是否有责任心。除此之外，在调查过程中，还要注意观察配偶一方对申请贷款的态度，如果企业实际控制人的配偶坚决反对或不配合调查工作，无形当中也会加大贷款的风险。

4. 户籍状况和房产信息。户籍在本地，且在本地有房产的，在本地的稳定性最高。所以借款企业如果是本地人或在本地长期居住的外地人，且其主要经营活动在本地，则贷款风险相对较小。本地人相对外地人来说，其违约成本是更高的，并且，本地人往往比外地人拥有更多的经营资源，赚钱的能力也会更强一些。

但需要注意的是，随着经济的发展，人口流动性变得越来越强，尽职调查人员也需要辩证地看户籍对还款意愿的影响。如果外地人的事业重心和生活重心都在本地，并且在当地有住房和资产，这样的企业经营者和企业也是值得信任的。调查人员可以通过户口簿来判断借款企业是本地人还是外地人，通过调查借款企业或其亲属在本地是否有房产来判断是否"长期居住"。

5. 社会声誉和评价。社会声誉及评价越高的企业从历史经验的角度看往往人品越好，另外，良好的社会声誉及评价是企业的无形资产，社会声誉及评价越高的人违约成本越高。

尽职调查人员要关注企业实际控制人是否担任一些重要职务，是否获得一些社会荣誉，有没有热心参与社会慈善事业，家庭成员对其评价，上下游企业、金融机构、同行、员工对其的评价。

6. 家庭的资产、收入与支出。企业实际控制人要赡养多少人、这些亲属都住在什么地方、有多少家庭支出负担、家庭是否有其他收入来源、配偶是否有收入及收入高低、家庭额外大额支出有哪些、家庭有价值的财产有哪些，这些都是反映企业实际控制人的经济负担，可能影响还款意愿的因素。一般来讲，家庭负担越重，家庭收入单一，贷款的风险相对较高，家庭负担较轻，家庭收入来源较多，贷款的风险相对较低。

二、从对待金钱的态度看企业实际控制人的品格

君子爱财，取之有道。对待金钱的态度反映了一个人的价值观和性格品质。

有些企业实际控制人视金钱为粪土。在生活方面，这些人为人洒脱，好交朋友，金钱对他们来说只是满足生活的需求。在企业经营方面，这些人更加看重与企业的感情，愿意为朋友两肋插刀。这类人热爱生活，总会有一两项爱好

是生活当中必不可少的东西。相应地，他们不崇拜权力，不喜欢约束，自己从事的企业管理工作一定是因为喜欢才这么做。但是这类人从事企业经营时往往缺少计划性，意志力相对薄弱，遇到困难容易退缩不前。这些人的还款意愿一般不会有太大问题，但是还款能力可能会出现麻烦。

有些企业实际控制人是葛朗台式的吝啬鬼。在生活当中，这类人通常比较自私，只会为自己考虑，对金钱和财富一毛不拔，很会算计，总是想尽可能地少付出，多获得。在企业经营中，他们往往选择独善其身，既不愿意被别人赊账，也不愿意赊别人的账，处处小气不够大方，我行我素而不顾及他人的看法。他们的人际关系一般都不和谐，甚至有些孤僻。这些人的性格比较循规蹈矩，因循守旧，生活刻板，情感也比较贫乏。一般没有什么社会责任感和同情心。这类人的还款能力一般不会出现问题，但是一旦觉得自己的利益受损，还款意愿就会大打折扣。

有些企业实际控制人是知足常乐型的。这类人心胸豁达，企业无论是否盈利都很乐呵。在企业管理中，这些人往往比较民主，愿意尊重别人的想法，即便不同意也不轻易反驳，更不会强迫别人接受自己的看法。对待金钱，他们没有太多的欲望，也不注重生活品质，只是注重生活的舒适与否。这些企业实际控制人也比较谨慎，有风险的事情一般不会做。这些人的家庭责任感和社会责任感都很强，喜欢主持正义，严格遵守道德。这类人的还款能力和还款意愿一般都不会成为太大问题。

有些企业实际控制人则将挣钱作为毕生追求的目标。这些人往往精力充沛，不满足于现有的生活，希望通过赚钱和超越别人的方式让自己的人生更有意义。这些人善于理财投资，一旦成功，消费金钱也会非常迅猛，对待金钱并不吝啬。这些企业实际控制人往往具有一定的社会责任感，并且会付诸行动来回报社会，如捐钱和做慈善等。他们的毕生追求就是不断赚钱，赢得更多的投资回报。这些人的还款能力和还款意愿一般也不会有太大问题。

三、从对待风险的态度看企业实际控制人的品格

企业实际控制人对待风险的态度，往往决定着企业整体的经营运作风险，

对尽职调查具有重要的意义。实践中，有些企业实际控制人只看收益，不看风险。有些企业实际控制人的赌性太强，决策时从来不想想万一出现闪失怎么办，丝毫没有风险意识的存在。

很多企业实际控制人经营着几千万的资产，却没有一点风险控制手段，往往是出现了一点点紧急事件，经营了十几年的产业就毁于一旦。有一个专门做食品批发的企业实际控制人，有一大笔应收账款回不来，尽职调查人员问他什么情况，他说有一个企业非常大方，买东西从来不还价，对数量也不在乎，只是货款结算有些慢，经常赊欠，因为这个企业的利润非常高，他也愿意有一定的赊欠。没想到这个企业最终凭空消失，几十万元收不回来。

俗话说，吃一堑，长一智。按说企业实际控制人如果尝过冒风险的苦头，应该会"一朝被蛇咬，十年怕井绳"，在今后的商业交往中处处小心才对。但是尽职调查实践中发现的事实却往往不是这样，反倒更证明了"江山易改，本性难移"的正确性。一个天生爱冒险的企业实际控制人，他在遭遇了风险教训之后，依然还有可能继续冒风险。前面提到过的那个专门做食品批发的企业实际控制人，他在遭遇了企业跑路之后，不但没有及时反思，亡羊补牢，后来又先后三次冒着风险给陌生企业赊销大量产品，而且竟然为了高额利润为其中一个企业提供了第三方担保，该陌生企业跑路，由于是他提供的抵押担保，债权人讨债上门，最终血本无归。

对于风险意识，尽职调查人员可以通过询问企业实际控制人以往的创业经历，或者通过一些常见的风险测试题目来了解企业实际控制人对风险的态度。

第四节　企业和个人信用报告调查

在调查企业还款意愿时，尤其要注重对企业在中国人民银行企业征信系统企业信用报告的调查和对企业实际控制人个人信用报告的调查，这些报告能够真实反映出企业的主动还款意愿。企业信用报告包括六项主要内容：企业基本信息、股东信息、关联企业信息、未结清贷款汇总信息、贷款历史汇总信息和单位缴存信息；个人信用报告包括八项主要内容：基本身份信息、居住信息、职业信息、贷款汇总信息、信用卡汇总信息、贷款明细信息、信用卡明细信息和查询记录信息。

在信贷尽职调查实践中，出现一些企业对企业信用报告和个人信用报告的伪造现象，因此，尽职调查人员应通过以下方式对信用报告进行真伪识别：第一，版式和清晰度，中国人民银行打印的信用报告有自己特定的版式，打印比较清晰，例如页脚有打印代码；第二，与客户口述的征信信息进行对比，例如负债总额、贷款机构、逾期情况，看是否有差异；第三，打印日期和时间，一般打印时间久远，包装可能性大。如果存在疑问，可以陪同客户去中国人民银行进行打印。

一、企业信用报告调查内容

1. 企业信用报告内容。以下样本是一家企业的企业信用报告内容。

基本信息

☞ 身份信息

名称	报告样本公司		
注册地址	北京市北京路 188 号		
登记注册类型	工商注册号	登记注册号	18379731 – *
登记注册日期	1998 – 01 – 01	有效截止日期	2018 – 01 – 01
组织机构代码	12345678 – 8	中征码	51080271447434 *
国税登记号	G1000000000000 *	地税登记号	5564555522566 *

☞ 主要出资人信息

注册资金折人民币合计 250000 万元

出资方名称	证件类型	证件号码	出资占比
报告样本上海公司	中征码	410309000006345 *	40%
陈光	身份证号码	11000019450614002 *	60%

☞ 高管人员信息

职务	姓名	证件类型	证件号码
法定代表人	李伟	身份证	11000019450614002 *
总经理	王伟	身份证	11000019460614002 *
财务负责人	张伟	身份证	11000019470614002 *

有直接关联关系的其他企业

名称	中征码	关系
报告样本北京公司1	410309000006345 *	企业担保关联－被担保
报告样本北京公司2	410309000006345 *	企业担保关联－相互担保
报告样本北京公司3	410309000006348 *	集团企业关联－母子关系

信息概要

信息主体于2001年首次有信贷交易记录，报告期内，共在8家机构办理过信贷业务，目前在6家机构的业务仍未结清，当前负债余额为458.3万元，不良和违约负债余额为53.2万元；共有1条欠税记录、1条强制执行记录。

目前，报告中共有4条报数机构说明、3条征信中心标注、2条信息主体声明。

当前负债信息概要

由资产管理公司处置的债务			欠息汇总	
笔数	余额（元）	最近一次处置完成日期	笔数	余额（元）
1	20000	2011－01－23	1	1000

垫款		担保及第三方代偿的债务		
笔数	余额（元）	笔数	余额（元）	最近一次还款日期
1	10	1	20000	2011－01－23

	正常类汇总		关注类汇总		不良/违约类汇总		合计	
	笔数	余额（元）	笔数	余额（元）	笔数	余额（元）	笔数	余额（元）
贷款	2	1456908	1	2300	1	23030	4	1482238
类贷款	5	12234890	1	22390	1	890300	7	13147580
贸易融资	2	1456908	1	2300	1	23030	4	1482238
保理	3	234450	1	4300	2	45050	6	283800
票据贴现	3	34780	1	5800	2	3000	6	43580
银行承兑汇票	2	34000	1	3908	1	55000	4	92908
信用证	1	45020	1	43708	1	2340	3	91068
保函	1	42900	1	3908	1	78290	3	125098
合计	17	14082948	7	86314	9	1097010	33	15266272

说明：正常类指债权银行内部五级分类为"正常"的债务。

关注类指债权银行内部五级分类为"关注"的债务。

不良类指债权银行内部五级分类为"次级""可疑""损失"的债务。下同。

☞ **已还清债务信息概要**

由资产管理公司处置的债务			被剥离负债汇总			欠息汇总	
笔数	原始金额（元）	处置完成日期	笔数	金额（元）	最近一次被剥离日期	笔数	最近一次结清日期
1	20000	2009－01－12	2	30000	2010－05－01	3	2010－05－01

垫款汇总			担保及第三方代偿的债务		
笔数	金额（元）	结清日期	笔数	金额（元）	追偿完毕日期/代偿还清日期
1	20000	2011－01－23	1	20000	2011－01－23

	贷款	类贷款	贸易融资	保理	票据贴现	银行承兑汇票	信用证	保函
不良/违约类笔数	1	6	1	2	0	0	0	0
关注类笔数	1	6	1	2	0	0	0	0
正常类笔数	2	10	2	4	5	100	100	50

☞ **债务担保信息概要**

	笔数	担保金额（元）	所担保主业务余额（元）			
			正常	关注	不良	合计
保证汇总	2	20000	10000	1000	0	
抵押汇总	3	200000	22000	0	1000	11000
质押汇总	3	23000	12000	0	0	

信贷记录明细

☞ **当前负债**

由资产管理公司处置的债务

处置机构	币种	原始金额（元）	余额（元）	最近一次处置日期
华融资产管理公司	人民币	5000	2000	2011－01－23

担保及第三方代偿信息

代偿机构	最近代偿日期	累计代偿金额（元）	代偿余额（元）	最近还款日期	原业务
担保公司A	2010－01－02	1000	500	—	查看
担保公司B	2010－01－02	2000	1000	—	查看

欠息记录

授信机构	币种	欠息余额（元）	余额改变日期	欠息类型
中国光大银行北京分行营业部①	美元	1000	2010－10－09	表内

①信息主体于2011年11月5日提出异议：我公司从未发生过欠息；业务发生机构于2011年11月8日提交说明：该笔欠息确实存在；信息主体于2011年11月15日提出声明：该笔欠息为我公司2008年收购＊＊公司所欠息。

垫款记录

授信机构	币种	垫款金额	垫款余额（元）	垫款日期	五级分类	原业务
中国银行股份有限公司北京市分行	人民币	10	10	2011－01－02	正常	信用证

不良和违约类债务

贷款

授信机构	五级分类	币种	借据金额	放款日期	业务种类	担保
			借据余额（元）	到期日期	贷款形式	展期
中国光大银行北京分行营业部	损失	人民币	100	2011－01－02	出口卖方信贷	有
			50	2012－01－02	新增贷款	无
中国银行股份有限公司北京市分行	关注	人民币	30	2011－10－02	出口卖方信贷	无
			30	2012－10－02	新增贷款	无

类贷款

授信机构	五级分类/交易状态	业务种类	币种	融资金额	融资日期	担保
				余额（元）	到期日	延期
融资租赁公司	损失	融资租赁业务	人民币	20.00	2010－01－02	有
				10.00	2011－02－05	无
证券公司	违约	约定购回式证券交易	人民币	20.00	2010－01－02	有
				10.00	2011－02－05	有

贸易融资

授信机构	五级分类	币种	业务种类	融资金额	放款日期	担保
				融资余额（元）	到期日期	展期
华夏银行股份有限公司北京分行	可疑	人民币	出口押汇	50	2011－09－02	有
				30	2011－12－02	无

保理

授信机构	五级分类	币种	业务种类	叙做金额（元）	叙做余额（元）	叙做日期	担保	垫款
华夏银行股份有限公司北京分行	可疑	人民币	出口保理	27	12	2011－10－16	无	无
华夏银行股份有限公司北京分行	关注	人民币	进口保理	15	9	2011－06－02	有	无
中信银行北京分行营业部	损失	人民币	进口保理	16	10	2011－09－02	有	无

票据贴现

授信机构	五级分类	币种	贴现金额（元）	贴现日期	到期日期
中国光大银行北京分行营业部	次级	人民币	150	2011－10－10	2012－04－10
中国银行股份有限公司北京市分行	可疑	人民币	100	2011－09－10	2011－12－10

银行承兑汇票

授信机构	五级分类	币种	出票金额（元）	承兑日期	到期日期	保证金比例（％）	担保	垫款
华夏银行股份有限公司北京分行	损失	人民币	26	2011－06－10	2011－12－10	50	无	无

信用证

授信机构	五级分类	币种	保证金比例（％）	开证金额可用余额（元）	开证日期到期日期	担保垫款
中国银行股份有限公司北京市分行	损失	人民币	50	50	2011－08－10	无
				18	2012－02－10	无

保函

授信机构	五级分类	币种	保函种类	保证金比例（％）	金额余额（元）	开立日期到期日期	担保展期
中国银行股份有限公司北京市分行	损失	人民币	融资类	50	100	2010－10－10	无
					10	2011－01－01	无

关注类

贷款

授信机构	种类	币种	借据金额（元）	借据余额（元）	放款日期	到期日期	五级分类	贷款形式	担保	展期
B1594	流动资金贷款	人民币	100.00	10.00	2013－01－01	2015－01－01	关注	新增贷款	有	无
B1594	买方信贷	人民币	10.00	5.00	2014－09－10	2014－10－10	关注	借新还旧	有	有

贸易融资

授信机构	种类	币种	融资金额（元）	融资余额（元）	放款日期	到期日期	五级分类	担保	展期
B1594	进口类	人民币	100.00	10.00	2013－01－01	2015－01－01	关注	有	无
B1594	进口押汇	人民币	100.00	80.00	2013－01－01	2014－01－01	关注	有	有

保理

授信机构	种类	币种	叙做金额（元）	叙做余额（元）	叙做日期	五级分类	担保	垫款
B1594	出口保理融资	人民币	90.00	90.00	2013－01－01	关注	有	有

票据贴现

授信机构	币种	贴现金额（元）	贴现日期	到期日期	五级分类
B1594	人民币	80.00	2013－01－01	2014－01－01	关注

银行承兑汇票

授信机构	币种	出票金额（元）	承兑日期	到期日期	保证金比例	五级分类	担保	垫款
B1594	人民币	100.00	2013－01－01	2014－01－01	22%	关注	有	无

信用证

授信机构	币种	开证金额（元）	可用余额（元）	开证日期	到期日期	保证金比例	五级分类	担保	垫款
B1594	人民币	100.00	100.00	2013－01－01	2014－01－01	88%	关注	有	无

保函

授信机构	种类	币种	金额（元）	余额（元）	开立日期	到期日期	保证金比例	五级分类	担保	垫款
B1594	非融资类	人民币	100.00	100.00	2013－01－01	2014－01－01	22%	关注	有	无

正常类的债务

贷款

授信机构	币种	借据金额（元）/借据余额（元）	放款日期/到期日期	业务种类/贷款形式	担保/展期
华夏银行股份有限公司北京分行	人民币	100	2011－09－02	出口卖方信贷	有
		75	2012－09－02	新增贷款	无
中国银行股份有限公司北京市分行	人民币	50	2011－05－02	流动资金贷款	无
		35	2012－05－02	新增贷款	无
中信银行北京分行营业部	人民币	30	2011－01－02	固定资产贷款	有
		20	2012－01－02	新增贷款	无

贸易融资

授信机构	币种	业务种类	融资金额（元）	放款日期	担保
			融资余额（元）	到期日期	展期
中国银行股份有限公司北京市分行	人民币	进口押汇	60	2011 – 02 – 02	无
			60	2012 – 02 – 02	无
中国光大银行北京分行营业部	人民币	出口押汇	80	2011 – 10 – 02	无
			50	2012 – 10 – 02	无

保理

授信机构	币种	业务种类	叙做金额（元）	叙做余额（元）	叙做日期	担保	垫款
华夏银行股份有限公司北京分行	人民币	出口保理	25	25	2011 – 01 – 02	有	有
华夏银行股份有限公司北京分行	人民币	进口保理	30	19	2011 – 06 – 02	无	无

票据贴现

授信机构	笔数	余额（元）
中信银行	5	95
中国银行	1	15

银行承兑汇票

授信机构	笔数	余额				
		到期日 < 30 天	到期日 < 60 天	到期日 ≤ 90 天	到期日 > 90 天	合计
光大银行	9	30	27	20	30	107

说明：到期日 < 60 天的承兑汇票不包括到期日 < 30 天的，

到期日 ≤ 90 天的承兑汇票不包括到期日 < 60 天的。

信用证

授信机构	笔数	开证金额（元）	可用余额（元）
中国银行	2	100	59

保函

授信机构	笔数	金额（元）	余额（元）
中国银行	1	50	50

已还清债务

由资产管理公司处置的债务

处置机构	币种	原始金额（元）	接收日期	处置完成日期
东方资产管理公司	人民币	200	2008 – 01 – 01	2009 – 01 – 12

担保及第三方代偿信息

代偿机构	最近代偿日期	累计代偿金额（元）	结清日期	原业务
担保公司	2010 – 01 – 02	1000	—	查看
担保公司	2010 – 01 – 02	2000	—	查看
担保公司	2010 – 01 – 02	1200	—	—
担保公司	2010 – 01 – 02	3200	—	—
I2021	2014 – 01 – 01	100. 00	2013 – 09 – 02	

欠息

授信机构	币种	历史最高欠息金额（元）	欠息日期	结清日期	欠息类型
B1594	记账美元	310000. 00	2015 – 09 – 01	2015 – 09 – 03	表内
B1594	欧元	200000. 00	2013 – 05 – 01	2013 – 05 – 03	表内
B1594	记账美元	150000. 00	2014 – 05 – 22	2014 – 05 – 23	表外
B1594	欧元	550000. 00	2014 – 05 – 01	2014 – 05 – 03	表外

垫款

授信机构	币种	垫款金额（元）	垫款日期	结清日期	五级分类	原业务
中国建设银行股份有限公司重庆杨家坪支行	人民币	50	2008 – 01 – 02	2010 – 05 – 01	次级	信用证
中国建设银行股份有限公司北京分行	人民币	35	2008 – 06 – 02	2009 – 01 – 01	可疑	保函
中国光大银行北京分行营业部	人民币	60	2008 – 09 – 02	2009 – 01 – 01	损失	保理

贷款

授信机构	币种	金额（元）	放款日期	到期日期	结清日期	还款方式	五级分类
中国银行股份有限公司北京市分行	人民币	200	2010 – 04 – 02	2011 – 04 – 02	2011 – 09 – 02	借新还旧	可疑
中国农业银行股份有限公司北京分行	人民币	180	2010 – 07 – 02	2011 – 10 – 02	2011 – 10 – 12	资产剥离	损失

类贷款

授信机构	业务种类	币种	融资金额（元）	融资日期	到期日	结清日期	结清方式	五级分类/交易状态
中国建设银行北京分行	融资租赁业务	人民币	30. 00	2013 – 01 – 01	2015 – 01 – 01	2014 – 01 – 09	正常收回	违约

贸易融资

授信机构	币种	融资金额（元）	发放日期	到期日期	结清日期	还款方式	五级分类
中国农业银行股份有限公司北京分行	人民币	200	2010 - 06 - 02	2011 - 06 - 02	2011 - 09 - 02	资产剥离	损失
中国银行股份有限公司北京市分行	人民币	100	2011 - 01 - 02	2011 - 07 - 02	2011 - 07 - 02	借新还旧	可疑

保理

授信机构	币种	叙做金额（元）	叙做日期	结清日期	五级分类	垫款
中国银行股份有限公司北京市分行	人民币	50	2010 - 08 - 02	2011 - 04 - 02	可疑	无

票据贴现

授信机构	币种	贴现金额（元）	贴现日期	承兑到期日期	结清日期	五级分类
中国光大银行北京分行营业部	人民币	70	2010 - 01 - 02	2010 - 04 - 02	2010 - 06 - 02	次级

银行承兑汇票

授信机构	币种	金额（元）	承兑日期	到期日期	结清日期	五级分类	垫款
中国建设银行股份有限公司北京分行	人民币	100	2010 - 01 - 02	2010 - 04 - 02	2010 - 06 - 02	次级	无

信用证

授信机构	币种	开证金额（元）	开证日期	到期日期	注销日期	五级分类	垫款
中国光大银行北京分行营业部	人民币	300	2010 - 08 - 10	2010 - 10 - 10	2010 - 12 - 10	可疑	无

保函

授信机构	币种	金额（元）	开立日期	到期日期	结清日期	保函种类	五级分类	垫款
中国银行股份有限公司北京市分行	人民币	300	2010 - 08 - 10	2010 - 10 - 10	2010 - 12 - 10	融资类	损失	无

债务担保记录

类型	被担保人	证件类型	证件号码	担保币种	担保金额（元）	担保形式
保证	北京市建筑公司	贷款卡	4103090000069511	人民币	200	多人联保
保证	中国兵器装备集团公司	贷款卡	1303090000063457	人民币	100	单人担保
抵押	北京市建筑公司	贷款卡	4103090000069511	人民币	80	抵押物担保
质押	北京市建筑公司	贷款卡	4103090000069511	人民币	100	质押物担保

公共信息明细

☞ 欠税记录

主管税务机关	欠税总额（元）	欠税统计日期
北京市国税局	100000	2010 - 10 - 01

☞ 民事判决记录

立案法院：四川省泸州市中级人民法院	立案日期：2007 - 12 - 13
案由：房地产合同纠纷	诉讼地位：被告
案号：（2007）泸民终字第 295 号	审判程序：第一审
诉讼标的：房屋	诉讼标的金额（元）：15000000
结案方式：判决	判决/调解生效日期：2008 - 05 - 05

判决/调解结果：驳回上诉，维持原判。限期被告中国××投资有限责任公司支付原告四川××房地产开发有限公司违约金45万元。如果未按期履行给付金钱义务，应当依照法律规定，加倍支付债务利息。驳回原告的其他诉讼请求。

☞ 强制执行记录

执行法院：北京市西城区人民法院	立案日期：2008 - 09 - 25
执行案由：贷款	案号：（2008）建执字第 1546 号
申请执行标的：房屋	申请执行标的金额（元）：420000
案件状态：2008 年 12 月已结案	结案方式：执行完毕
已执行标的：房屋	已执行标的金额（元）：420000

☞ 行政处罚记录

处罚机构：北京市质量技术监督局	处罚决定书文号：（京）质技监罚字〔2008〕01 号
违法行为：生产伪造产地的建筑材料	处罚日期：2008 - 04 - 29
处罚决定：该类产品停产	处罚金额（元）：500000
处罚执行情况：已缴纳罚款	行政复议结果：无

☞ 社会保险参保缴费记录

保险类别：养老保险	参保日期：1998 – 01 – 01
统计年月：2010 – 06	缴费基数（元）：20000
缴费状态：暂停缴费（中断）	累计欠费金额（元）：21000

☞ 住房公积金缴费记录

统计年月：2010 – 10	初缴年月：1990 – 01
职工人数：100	缴费基数（元）：20000
最近一次缴费日期：2010 – 01 – 26	缴至年月：2010 – 06
缴费状态：暂停缴费（中断）	累计欠费金额（元）：86000

☞ 获得许可记录

许可部门	许可类型	许可日期	截止日期	许可内容
北京市环保局	环保审批	2009 – 05 – 25	2018 – 12 – 12	建设项目环境影响评价审批

☞ 获得认证记录

认证部门	认证类型	认证日期	截止日期	认证内容
北京市质量技术监督局	强制产品质量认证	2009 – 10 – 10	2012 – 10 – 10	

☞ 获得资质记录

认定部门	资质类型	批准日期	截止日期	资质内容
北京市建设厅	建筑企业资质	2009 – 10 – 10	2012 – 10 – 10	—

☞ 获得奖励记录

奖励机构	奖励名称	授予日期	截止日期	奖励事实
北京市质量技术监督局	北京市名牌	2008 – 12 – 12	2018 – 12 – 12	—

☞ 拥有专利记录

专利名称	专利号	申请日期	授予日期	专利有效期（单位：年）
专利一	专20100012	2009 – 01 – 01	2010 – 01 – 01	10

☞ 出入境检验检疫绿色通道记录

批准部门	出口商品名称	生效日期
国家质量检验检疫总局	棉麻制品	2008 – 01 – 01

☞ 进出口商品免检记录

批准部门	免检商品名称	免检号	截止日期
国家质量检验检疫总局	棉麻制品	一级	

☞ 进出口商品检验分类监管记录

监管部门	管辖直属局	监管级别	生效日期	截止日期
国家质量检验检疫总局	北京分局	一级	2009 – 10 – 10	2012 – 10 – 10

☞ 上市公司或有事项记录

信息更新日期	或有事项
2008 – 02 – 01	2006 年 5 月，本公司分别收到四川省成都市中级人民法院民事判决书（（2005）成民初字第 999 号判决书、（2005）成民初字第 99 号判决书）

☞ 公用事业缴费记录

公用事业单位名称：中国移动	信息类型：电信
统计年月：2010 – 12	缴费状态：欠缴费用
最近一次缴费日期：2011 – 01 – 01	累计欠费金额（元）：10000

声明信息明细

☞ 报数机构说明

内容	报送机构	添加日期
该信息主体曾于 2009 年 5 月被起诉，法院判决赔偿金额为 50000 元。	中国建设银行股份有限公司北京分行	2010 – 10 – 10

注

内容	添加日期
该信息主体于 2009 – 02 – 18 被起诉，法院判决赔偿金额为 50000 元。	2009 – 03 – 18

☞ 信息主体声明

内容	添加日期
本企业于 2009 年 5 月被环保部门处罚 20000 元，于 6 月底将罚款交清。但环保部门未对该数据进行更新。	2009 – 12 – 12

2. 企业信用报告调查与分析。

（1）调查分析企业是否有高风险关联企业。很多企业信用报告中包含很多关联企业信息，但并不全面，可以通过工商查询每个企业，看是否存在股东或高管关联，如果有可确认为关联企业。从信用报告中，如果发现客户存在众多关联企业或高风险关联企业，都需要特别关注。

（2）重点调查分析企业是否有未结清贷款信息。企业信用报告对于贷款信息披露包括现有总负债、贷款产品、发放日、到期日、五级分类情况，至于其贷款机构、还款方式、担保方式、利率等信息只能与客户询问获取，结合常识进行确认。从信用报告中，如果发现客户有贷款连续逾期或者累计超过 3 个月的逾期，单张信用卡超过 6 次或者累计超过 10 次逾期都需要特别关注；如果发现客户近期有大额贷款到期，此时需要和确认其还款来源、续贷准备情况和发放机构的信贷政策变化情况；如果发现客户的贷款从国有银行不断向全国性股份制商业银行、区域性城商行、农商行、村镇银行、小贷公司逐步转移，需要关注宏观形势及行业趋势对客户的影响。

（3）调查分析企业近年来贷款金额的变化。从信用报告中，查看客户近三年贷款总额是否出现大幅增加或大幅减少。如果出现大幅增加情况，需要关注其增加的原因、资金去向以及从资产中是否能够看到对应的实物，如果出现大幅减少情况，需要关注其减少的原因、还款资金来源以及对经营的影响。

（4）调查分析企业近期发生贷款金额的变化。从信用报告中，如果发现客户近期频繁申请贷款和信用卡，需要关注其向哪些机构申请贷款、申请结果、拒绝原因，侧面挖掘客户的不利信息；如果发现客户信用卡透支比例超标和信用卡分期等情况，需要特别关注其透支的真实原因，一定程度上反映客户的资金运转已经相当紧张。

（5）调查分析企业联保贷款信息。从信用报告中，如果发现客户有联保贷款且比例超过 50%，需要特别关注其发放机构、发放历史、联保对象、每户贷款金额、贷款到期日等信息，挖掘是否存在联保体瓦解风险及机构收缩贷款风险。

二、个人信用报告调查内容

在进行个人信用报告调查前，必须极为清晰地了解谁是企业的实际控制人。多数情况下，企业的实际控制人为企业的最大股东，或者是公司的董事长、总经理。在很多中小微企业中，这三个身份往往是一个人担任。但是，在少数公司，其实际控制人可能不是最大股东代表。由于在我国法律对公司股份代持持肯定态度，一些企业的实际控制人由于某些原因而隐瞒其实际控制公司的地位，而采用其亲属或亲密的他人代为持有公司股权。这些代持人的特点具有相同性，绝大多数是实际控制人直系亲属，他们的年龄或者偏大或者偏小，而且都从来没有从事过这个行业。这种情况下，尽职调查人员必须掌握实际控制人的真实情况，才能对其开展各项尽职调查工作。

另外，在较为重大的信贷项目或者在企业借贷时需要其他公司股东、高管、财务负责人共同担保、承担无限连带责任时，也需要详细调查每一个当事人的个人信用报告。

1. 个人信用报告样本。

以下样本是一家企业实际控制人的个人信用报告内容。

个人信用报告（银行专业版）样本

报告编号：20111115000007747188332　查询请求时间：2011.11.15 10：05：10

报告时间：2011.11.15 10：05：20

被查询者 姓名	被查询者 证件类型	被查询者 证件号码	查询操作员	查询原因
张十五	身份证	110108 ****** 181x	中国工商银行信用卡中心／user	特约商户实名审查

一、个人基本信息

身份信息

性别	出生日期	婚姻状况	手机号码	单位电话	住宅电话	学历	学位
男	1981.08.15	已婚	1381 *** 1234	010 – 66 ** 1234	010 – 61 ** 1234	研究生	硕士

通讯地址	户籍地址
北京市西城区金融大街 35 号国际企业大厦 A 座 3 ** 室	北京市朝阳区春晓园北区 7 号楼 C5 ** 室

配偶信息

姓名	证件类型	证件号码	工作单位	联系电话
山田惠子	外国人居留证	123456 ****** 8888	中国进出口总公司北京分公司财务部	1391 *** 1234

居住信息

编号	居住地址	居住状况	信息更新日期
1	北京市朝阳区春晓园北区 7 号楼 C5 ** 室	按揭	2011.02.01
2	北京市海淀区学院路 20 号院甲 2 号楼 4 ** 室	集体宿舍	2009.01.22
3	北京市西城区复兴门北大街 4 号楼 6 ** 室	租房	2008.02.01
4	北京市西城区西交民巷 64 号院 1 号楼 2 ** 室	租房	2008.01.22
5	北京市海淀区花园路 10 号院 3 号楼 7 ** 室	租房	2007.11.12

职业信息

编号	工作单位	单位地址
1	中国人民银行征信中心·***部	北京市西城区金融大街35号国际企业大厦A座3**室
2	北京大学信息科学技术学院软件工程研究所	北京市海淀区颐和园路5号理科3号楼6**室
3	清华大学信息科学技术学院	北京市海淀区清华园1号
4	中科院微电子研究所	北京市朝阳区北土城西路3号
5	IBM软件中心	北京市朝阳区北辰东路8号

编号	职业	行业	职务	职称	进入本单位年份	信息更新日期
1	办事人员和有关人员	金融业	中级领导	中级	2008	2011.02.01
2	专业技术人员	信息传输、计算机服务和软件业	中级领导	中级	2007	2009.01.22
3	专业技术人员	信息传输、计算机服务和软件业	一般员工	初级	2004	2008.02.01
4	专业技术人员	信息传输、计算机服务和软件业	一般员工	初级	2003	2008.01.22
5	专业技术人员	信息传输、计算机服务和软件业	一般员工	初级	2001	2007.11.12

二、信息概要

（一）信用提示

住房贷款笔数	其他贷款笔数	首笔贷款发放月份	贷记卡账户数	首张贷记卡发卡月份	准贷记卡账户数	首张准贷记卡发卡月份	本人声明数目	异议标注数目
3	2	2005.09	5	2005.03	5	2005.03	4	3

（二）逾期及违约信息概要

呆账信息汇总		资产处置信息汇总		保证人代偿信息汇总	
笔数	余额	笔数	余额	笔数	余额
3	170000	1	20000	1	10000

逾期（透支）信息汇总

贷款逾期				贷记卡逾期				准贷记卡60天以上透支			
笔数	月份数	单月最高逾期总额（元）	最长逾期月数	账户数	月份数	单月最高逾期总额（元）	最长逾期月数	账户数	月份数	单月最高透支余额（元）	最长透支月数
3	6	5500	2	2	6	5500	2	2	4	5500	4

（三）授信及负债信息概要

未结清贷款信息汇总

贷款法人机构数	贷款机构数	笔数	合同总额	余额	最近6个月平均应还款
2	2	3	1010000	551000	6000

未销户贷记卡信息汇总

发卡法人机构数	发卡机构数	账户数	授信总额	单家行最高授信额	单家行最低授信额	已用额度	最近6个月平均使用额度
2	2	4	110000	30000	20000	15000	4000

未销户准贷记卡信息汇总

发卡法人机构数	发卡机构数	账户数	授信总额	单家行最高授信额	单家行最低授信额	透支余额	最近6个月平均透支余额
3	3	4	95000	30000	5000	12000	2000

债务担保信息汇总

担保笔数	担保金额	担保本金余额
1	200000	100000

三、信贷交易信息明细

（一）资产处置信息

编号	资产管理公司	债务接收日期	接收的债权金额	最近一次还款日期	余额
1	D	2007.11.08	400000	2011.01.08	20000

（二）保证人代偿信息

编号	代偿机构	最近一次代偿日期	累计代偿金额	最近一次还款日期	余额
1	F	2008.10.05	100000	2010.01.08	10000

（三）贷款

1. 2005 年 10 月 20 日工商银行北京分行发放的 500000 元（美元折人民币）住房贷款，业务号 001，抵押担保，180 期，按月归还，2020 年 10 月 20 日到期。已变成呆账，最近一次还款日期为 2010 年 11 月 5 日，余额为 150000 元。

2. 2005 年 9 月 22 日工商银行北京分行发放的 500000 元（美元折人民币）住房贷款，业务号 001，抵押担保，180 期，按月归还，2020 年 9 月 22 日到期。截至 2011 年 11 月 5 日。

五级分类	本金余额	剩余还款期数	本月应还款	应还款日	本月实还款	最近一次还款日期
次级	400000	108	4055	2011. 11. 05	0	2011. 09. 05
当前逾期期数	当前逾期金额	逾期 31—60 天未还本金	逾期 61—90 天未还本金		逾期 91—180 天未还本金	逾期 180 天以上未还本金
2	5500	1000	0		0	0
2009 年 12 月–2011 年 11 月的还款记录						
N N N N N N N N N N N N N N N N N N N N N N 1 2						
2009 年 10 月至 2009 年 11 月的逾期记录						
逾期月份	逾期持续月数	逾期金额		逾期月份	逾期持续月数	逾期金额
2009.11	1	2500		2009.10	1	2500
特殊交易类型	发生日期	变更月数	发生金额	明细记录		
展期（延期）	2008.09.22	10	318020	该贷款展期 10 个月。		
贷款机构说明				添加日期		
该客户委托 ×× 房地产开发公司偿还贷款，因开发公司不按时还款导致出现多次逾期				2008.12.22		
本人声明				添加日期		
本人因出国未能按时还款，非恶意拖欠				2009.12.12		
异议标注				添加日期		
该贷款记录正处于异议处理中				2010.12.25		

3. 2007 年 9 月 29 日 A 发放的 10000 元（人民币）助学贷款，业务号 001，免担保，不定期归还，2011 年 12 月 28 日到期。截至 2011 年 6 月 30 日。

五级分类	本金余额	剩余还款期数	本月应还款	应还款日	本月实还款	最近一次还款日期
正常	2000	—	1000	2011.06.30	1000	2011.06.09
2009 年 7 月至 2011 年 6 月的还款记录						
＊ ＊ ＊ ＊ ＊ N ＊ ＊ ＊ ＊ ＊ ＊ ＊ ＊ ＊ ＊ ＊ ＊ ＊ ＊ ＊ ＊ ＊ N						

特殊交易类型	发生日期	变更月数	发生金额	明细记录
展期（延期）	2008.11.14	12	5000	该贷款展期 12 个月。

4. 2007 年 12 月 2 日工商银行天津分行发放的 200000 元（人民币）住房公积金贷款，业务号 001，抵押担保，60 期，按月归还，2012 年 12 月 1 日到期。已于 2011 年 8 月"转出"。

2009 年 10 月至 2011 年 8 月的逾期记录					
逾期月份	逾期持续月数	逾期金额	逾期月份	逾期持续月数	逾期金额
2011.08	2	2000	2011.07	1	1000
特殊交易类型	发生日期	变更月数	发生金额	明细记录	
展期（延期）	2009.11.4	12	30000	该贷款展期 12 个月。	

5. 2010 年 1 月 12 日 B 发放的 50000 元（人民币）助学贷款，业务号 001，免担保，不定期归还，2011 年 8 月 11 日到期。已于 2011 年 8 月"结清"。

2010 年 1 月至 2011 年 8 月的逾期记录					
逾期月份	逾期持续月数	逾期金额	逾期月份	逾期持续月数	逾期金额
2011.07	1	2000	—	—	—

（四）贷记卡

1. 2005 年 5 月 9 日 A 发放的贷记卡（人民币账户），业务号 001，授信额度 30000 元，免担保。已变成呆账，最近一次还款日期为 2009 年 8 月 5 日，余额为 10000 元。

2. 2005 年 3 月 1 日工商银行信用卡中心发放的贷记卡（人民币账户），业务号 001，授信额度 30000 元，免担保。截至 2011 年 11 月 12 日。

共享额度	已用额度	最近6个月平均使用额度	最大使用额度	本月应还款
30000	5000	4000	7000	2000
账单日	本月实还款	最近一次还款日期	当前逾期期数	当前逾期金额
2011.11.12	0	2011.09.12	2	5500
2009年12月至2011年11月的还款记录				
N N N N N N N N N N N N N N N N N N N N N N 1 2				
2009年10月至2009年11月的逾期记录				
逾期月份	逾期持续月数	逾期金额	逾期月份	逾期持续月数	逾期金额

逾期月份	逾期持续月数	逾期金额	逾期月份	逾期持续月数	逾期金额
2009.11	2	5500	2009.10	1	2500

特殊交易类型	发生日期	变更月数	发生金额	明细记录
其他	2009.07	0	1000	—
发卡机构说明			添加日期	
该卡逾期情况极为严重			2010.12.15	
本人声明			添加日期	
本人因出国无法及时还款，导致当前逾期，非恶意违约			2011.01.02	
异议标注			添加日期	
该贷记卡记录正处于异议处理中			2010.11.22	

3. 2005年3月1日工商银行信用卡中心发放的贷记卡（美元账户），业务号001，授信额度折合人民币30000元，免担保。截至2011年11月12日。

共享额度	已用额度	最近6个月平均使用额度	最大使用额度	本月应还款
0	0	0	0	0
账单日	本月实还款	最近一次还款日期	当前逾期期数	当前逾期金额
2011.11.12	0	2009.06.12	0	0
2009年12月至2011年11月的还款记录				
* *				

4. 2007年8月12日A发放的贷记卡（人民币账户），业务号001，授信额度50000元，免担保，已于2011年9月"销户"。

2009年10月至2011年9月的逾期记录					
逾期月份	逾期持续月数	逾期金额	逾期月份	逾期持续月数	逾期金额
2011.08	2	5500	2011.07	1	2500

5. 2010年3月17日D发放的贷记卡（人民币账户），业务号001，授信额度20000元，免担保，截至2011年1月12日尚未激活。

（五）准贷记卡

1. 2005 年 7 月 9 日 A 发放的准贷记卡（人民币账户），业务号 001，授信额度 30000 元，免担保。已变成呆账，最近一次还款日期为 2009 年 2 月 15 日，余额为 10000 元。

2. 2005 年 3 月 11 日工商银行发放的准贷记卡（人民币账户），业务号 001，授信额度 30000 元，免担保。截至 2011 年 11 月 12 日。

共享额度	透支余额	最近 6 个月平均透支余额	最大透支余额	账单日	本月实还款	最近一次还款日期	透支 180 天以上未付余额
30000	1000	1000	2000	2011.11.12	0	2011.08.19	0

2009 年 12 月至 2011 年 11 月的还款记录																								
N	N	N	N	N	N	N	N	N	N	N	N	N	N	N	N	N	N	N	N	N	1	2	3

2009 年 10 月至 2009 年 11 月 60 天以上的透支记录					
透支月份	透支持续月数	透支金额	透支月份	透支持续月数	透支金额
2009.11	4	5500	2009.10	3	3500

特殊交易类型	发生日期	变更月数	发生金额	明细记录
其他	2009.07	0	1000	—

发卡机构说明	添加日期
该卡透支情况极为严重。	2010.12.15
本人声明	添加日期
本人因出国无法及时还款，导致当前透支，非恶意违约。	2011.01.02
异议标注	添加日期
该准贷记卡记录正处于异议处理中。	2010.11.22

3. 2005 年 3 月 15 日 A 发放的准贷记卡（人民币账户），业务号 001，授信额度 30000 元，免担保。截至 2011 年 6 月 12 日。

共享额度	透支余额	最近 6 个月平均透支余额	最大透支余额	账单日	本月实还款	最近一次还款日期	透支 180 天以上未付余额
30000	1000	1000	2000	2011.06.12	1000	2011.06.12	0

2009 年 7 月至 2011 年 6 月的还款记录																								
N	N	N	1	2	3	N	N	N	N	N	N	N	N	N	N	N	N	N	N	N	N	N	N

4. 2007 年 8 月 12 日 A 发放的准贷记卡（人民币账户），业务号 001，授信额度 50000 元，免担保，已于 2011 年 6 月"销户"。

5. 2007 年 9 月 11 日 C 发放的准贷记卡（人民币账户），业务号 001，授信额度 5000 元，免担保，截至 2011 年 11 月 12 日尚未激活。

（六）担保信息

债务担保信息

编号	担保贷款发放机构	担保贷款合同金额	担保贷款发放日期	担保贷款到期日期	担保金额	担保贷款本金余额	担保贷款五级分类	结算日期
1	工商银行	200000	2008.05.15	2025.05.14	200000	100000	正常	2011.01.10

四、公共信息明细

欠税记录

编号	主管税务机关	欠税总额	欠税统计日期
1	北京市东城区地税局	500	2009.05.11
2	甘肃省靖远县国家税务局	700	2008.03.17

民事判决记录

编号	立案法院	案由	立案日期	结案方式
1	北京市宣武区人民法院	—	2008.09.11	判决
2	北京市东城区人民法院	—	2007.05.09	判决

编号	判决/调解结果	判决/调解生效日期	诉讼标的	诉讼标的金额
1	被告张十五赔偿原告李四人民币 500000 元	2007.07.09	房屋买卖纠纷	500000
2	被告张十五赔偿原告王五人民币 200000 元	2008.10.11	房屋买卖纠纷	200000

强制执行记录

编号	执行法院	执行案由	立案日期	结案方式
1	北京市西城区人民法院	—	2008.09.11	执行结案
2	北京市宣武区人民法院	—	2007.05.09	执行结案

编号	案件状态	结案日期	申请执行标的	申请执行标的价值	已执行标的	已执行标的金额
1	执行完毕	2007.09.15	房屋	420000	房屋买卖纠纷	420000
2	执行完毕	2008.10.11	房屋	220000	房屋买卖纠纷	220000

行政处罚记录

编号	处罚机构	处罚内容	处罚金额	生效日期	截止日期	行政复议结果
1	青海省西宁市地方税务局	责令限期改正、没收违法所得	400	2007.07.01	2008.07.01	无
2	湖南省建设管理服务中心	暂扣或者吊销许可证、暂扣或者吊销执照	900	2006.09.11	2008.09.11	无

住房公积金参缴记录

参缴地	参缴日期	初缴月份	缴至月份	缴费状态	月缴存额	个人缴存比例	单位缴存比例
内蒙古自治区通辽市	2006.07.01	2006.07	2006.12	缴交	1000	12%	12%
缴费单位				信息更新日期			
科左中旗努日木苏木经管站				2010.07.01			

养老保险金缴存记录

参保地	参保日期	累计缴费月数	参加工作月份	缴费状态	个人缴费基数	本月缴费金额	信息更新日期
北京市东城区	2001.03.08	36	1995.06	正常	5623	1022	2010.11.08
缴费单位				中断或终止缴费原因			
中国工商银行				—			

养老保险金发放记录

发放地	离退休类别	离退休月份	参加工作月份	本月实发养老金	停发原因
北京市东城区	正常退休	2010.03	1995.06	1560	—
原单位名称				信息更新日期	
中国工商银行				2011.01.08	

备注：有养老保险金发放信息时，仅展示养老保险金发放信息，不展示养老保险缴费信息。本备注内容非表样内容，不进行展示。

低保救助记录

编号	人员类别	所在地	工作单位	家庭月收入	申请日期	批准日期	信息更新日期
1	在职职工	北京市	—	200	1995.01.08	1995.03.08	2000.03.15

执业资格记录

编号	执业资格名称	等级	获得日期	到期日期	吊销日期	颁发机构	机构所在地
1	会计从业资格证书	省市级机构颁发的执业资格证书	2007.05.23	2007.05.23	—	江西省财政厅	江西省南昌市市辖区
2	会计从业资格证书	省市级机构颁发的执业资格证书	2009.03.12	2010.03.12	—	北京市财政厅	北京市市辖区朝阳区

行政奖励记录

编号	奖励机构	奖励内容	生效日期	截止日期
1	甘肃省白银市地方税务局	优秀纳税人	2008.06.13	2008.06.13
2	湖南省建筑管理服务中心	暂缺	2009.05.14	2010.05.14

车辆交易和抵押记录

编号	车牌号码	发动机号	品牌	车辆类型	使用性质	车辆状态	抵押标记	信息更新日期
1	京 NJ8745	JTLGK12E79563	丰田	客车	非营运	正常	未抵押	2010.09.14
2	京 NK5624	GKJTL12E79536	大众	客车	非营运	正常	已抵押	2010.12.14

电信缴费记录

编号	电信运营商	业务类型	业务开通日期	当前缴费状态	当前欠费金额	当前欠费月数	记账年月
1	中国铁通甘肃分公司	固定电话后付费	2006.08.17	欠费	500	2	2010.10
2	中国网通（集团）山西省通信公司	移动电话	2007.03.24	正常	0	0	2010.11

编号	最近 24 个月缴费记录
1	N N N 1 N N N N N N N N N N N N N N N N N N 1 2
2	N N N N N N N 1 N N N N N N N N N N N N N N N N

五、本人声明

编号	声明内容	添加日期
1	本人身份证丢失，2011 年 1 月后的新业务均非本人办理	2010.10.14

六、异议标注

编号	标注内容	添加日期
1	中国铁通甘肃分公司报送的固定电话并未欠费，异议正在处理中	2010.12.16

七、查询记录

查询记录汇总

最近 1 个月内的查询机构数		最近 1 个月内的查询次数		最近 2 年内的查询次数		
贷款审批	信用卡审批	贷款审批	信用卡审批	贷后管理	担保资格审查	特约商户实名审查
0	0	0	0	7	0	0

信贷审批查询记录明细

编号	查询日期	查询操作员	查询原因
1	2010.02.10	D/xykcrmz	信用卡审批
2	2009.12.14	B/kmzui	贷款审批

2. 个人信用报告调查分析。

（1）在个人信息中，能够查看到个人基本信息、学历、居住信息，从中可以发现客户在哪些地方居住过或有几套房产；个人职业信息，从中可以发现客户曾经从事过哪些职业，在哪些公司上过班，经营过哪些公司，或者现在经营多家公司。

（2）在个人贷款汇总信息中，可以查看客户贷款总额、总余额、月均还款、有几次逾期、最长逾期多久，有6次以上逾期和最长逾期超过3个月，需要特别关注。

（3）在个人信用卡汇总信息中，可以了解客户有几张信用卡、授信总额、透支总额、最高授信额度、平均透支总额、有几次逾期、最长逾期多久，透支比例超过80％，有6次以上逾期和最长逾期超过3个月，需要特别关注。

（4）在个人贷款明细信息中，可以了解客户每笔贷款的发放机构、发放日期、贷款期限、到期日、还款方式、担保方式、五级分类、每月还款额及逾期情况、是否提前还款等信息。贷款到期日是否临近，等额还款的每月压力大，抵押担保比联保或信用的续贷可能性大，单笔出现3次以上逾期需要关注。

（5）在个人信用卡明细信息中，可以了解客户每张信用卡的开户日期、授信机构、授信额度、透支额度、还款额、逾期情况。对于大额信用卡是否存在分期、近期办理多张信用卡、贷款以信用卡形式发放、单张信用卡超过6次需要关注。

（6）在查询记录信息中，可以了解客户近期在哪些机构有过贷款审批、信用卡申请及担保审查等信息，对于最近个人信用报告查询记录次数较多者，需要特别关注。可能反映企业资金极为紧张，而且可能有民间借贷发生。

（7）一般情况下，对于信用历史复杂的客户，需要根据信用报告画出客户贷款历史图，从中可以发现客户贷款机构的变迁及贷款五大要素的变化，对于重要变化需要和客户进行询问。

第五节　企业还款意愿的外部信息调查

在获取企业还款意愿的外部数据来源时，除了央行企业信用报告、个人信用报告外，还可以通过以下途径获取企业的负面信息，企业负面信息过多或者一些负面信息说明企业存在道德风险，就应引起高度关注。

1. 政府公布的企业信息，即企业被监管部门的信息，包括：

（1）工商数据，即企业历史的动产抵押登记信息、股权出质登记信息、行政处罚信息、经营异常信息、严重违法信息、抽查检查信息等。

（2）税务数据，即企业相关历史的税务处罚、税款滞纳金等记录。

（3）海关数据，即企业相关历史的海关处罚、关税滞纳金等。

（4）法院数据，即企业相关已决诉讼等已完结的法院相关信息，尤其是企业作为被告，与上游企业的业务纠纷、合作纠纷等。这些信息对分析企业还款意愿非常重要。

（5）社保数据，即企业相关历史的社保处罚、社保滞纳金等。

2. 第三方数据，即第三方平台中的企业相关信用信息的不良记录，包括：

（1）金融机构信息。在保险公司、商业银行、小贷公司等金融机构的公开信息中，企业是否存在历史失信信息。

（2）行业协会信息。在行业协会的公开信息中，企业是否存在历史失信信息。

（3）公共媒体信息。电视、报刊、网站等公共媒体披露的信息中，企业是否被披露失信信息。

（4）征信机构、征信数据提供商、私人侦探机构等信息中，企业是否存在历史失信信息。

（5）其他第三方信息。供应商、客户、商账追收机构、竞争对手等信息中，企业是否存在历史失信信息。在实践中，对企业供应商的调查，能够很好地反映出这个企业的诚信情况和履约情况。

3. 企业经营数据，即企业的经营数据的记录中是否存在企业逾期支付本息，逾期支付赊购款项发生赔偿、诉讼费用等。

4. 个人数据，包括：

（1）员工、上下游企业对企业实际控制人的不良评价等，表明企业的还款意愿存在瑕疵。

（2）通过网络平台查询实际控制人的相关信息，重点关注是否存在未决诉讼、尚未执行的诉讼赔偿、未缴纳的大额行政罚款、大额债务担保等或有事项。

第七章

企业风险点尽职调查

企业风险点是指企业实际客观存在的、可能对企业偿债造成违约的所有风险的统称。常见的企业风险点包括企业高利贷等隐性负债、债务担保等或有负债、金融机构抽贷等造成企业资金断裂、企业投资失败、企业控制权内乱以及企业实际控制人风险、关联交易风险、企业所在的行业风险等。

一些书籍和人员对企业风险点和企业还款意愿的含义相互混淆，混为一谈。实际上，企业风险点和企业还款意愿完全不同。差别在于，（1）企业还款意愿是企业主观意愿的反映，而企业风险点是企业客观存在的风险状况；（2）企业还款意愿评估是对企业历史发生的情况进行的判断和评估，而企业风险点评估则是对企业当前客观风险状况进行的评估。

风险点的尽职调查包括两个方面：第一，企业的风险点调查；第二，企业实际控制人的风险点调查。

第一节　企业主要风险点概述

1. 隐性负债风险。隐性负债一般指没有记录在资产负债表内，但是随着时间的推移或者某种因素的改变而显性化的债务。对中小企业而言，企业隐性负债主要以"民间借贷""高利贷"形式出现。这种债务的显性化可能会造成长时间内企业盈利能力逐步下降，也可能在短期内带来企业资产的突然损失和倒闭。之所以称其为"隐性"，是因为这类债务不仅通过报表等各种表面信息渠道难以寻迹，还常常通过实际控制人的个人账户进出公司运营体系，以致根本无法查验真实数据。

中小企业隐性负债是中小企业倒闭和违约的最主要原因之一，在现实经济活动中，被其拖至绝境的中小企业不胜枚举。在非理性的高杠杆作用下，加之原本的经营状况不佳，"隐性负债"越来越多地扮演着"压倒骆驼的最后一根稻草"。一旦企业出现重大经营性问题难以偿债，其还会在清算执行过程中占用原本就已十分有限的可分割资产。

2. 或有负债风险。或有负债是指其最终结果目前尚难确定，须视某种事项是否发生而定的企业债务。它是由于过去的某种约定、承诺或某些情况而引起的，其结果尚难确定，可能是要企业负责偿还的真正债务，也可能不构成企业的债务。因此，或有负债是一种潜在的债务，并不是企业目前真正的负债。

企业或有负债有多种，包括对外债务担保、票据贴现、未决诉讼仲裁、企业对外特殊承诺等。从实践情况看，债务担保是影响企业偿债的最大风险之一。债务担保是指企业以自有财产作为抵押，为其他单位向银行或其他金融机构借款提供担保的业务事项。如果到期日其他单位偿还了借款，企业即解脱了担保责任，但若被担保单位到期不能清偿借款，担保企业则负有偿还担保债务的责任。在企业担保之日，就形成了担保企业的一项或有负债。债务担保存在联保、互保、对第三方承担担保责任等形式。

3. 行业风险。行业风险在本书第二章有专门论述。

各银行、金融机构、市场研究机构、信用服务机构等都会对各行业的风险进行深入研究、分析和判断，银行和金融机构也会对高风险行业画出"红线"，规避行业风险。

4. 银行抽贷造成资金链断裂风险。资金链是指维系企业正常生产经营运转所需要的基本循环资金链条。"现金—资产—现金（增值）"的循环，是企业经营的过程，企业要维持运转，就必须保持这个循环良性的不断运转。

中小企业资金链断裂有多种原因，例如企业经营不善等客观原因。这些原因可以通过对企业还款能力的调查发现。但在现实经济活动中，银行对中小企业的抽贷行为也成为中小企业倒闭和违约的主要原因之一。这里的资金链断裂的风险点主要是指银行抽贷带来的风险。

"抽贷"或"银行抽贷"是指银行贷款给企业，在还未到协议规定的还款期限期间，或虽然已经到了还款期限，银行认为企业经营存在问题，收回贷款后不再向企业继续发放贷款的行为。实际上，大多数抽贷都是在企业满以为可以续贷的情况下发生的，因此，其对企业的毁灭性更为突然。

无论是经营状况较好还是较差的中小企业，抽贷都给企业带来巨大的困难甚至灭顶之灾。在有些地方，由于银行银根收紧，或者银行内部政策发生变化，就会出现对企业的抽贷致使大量企业倒闭破产的现象。银行抽贷不但会危及企业的生存，也会对其他债权人和后续债权人带来风险，因此必须认真判断企业是否可能存在被抽贷风险。对于银行抽贷风险的调查，要重点调查企业在本机构贷款的期间是否有到期偿还的银行债务，并判断如果这笔借款偿还银行后无法续贷，会对企业现金流和风险带来多大的影响，是否会危及本机构贷款的到期回收。

5. 投资失败风险。多元化投资是中小企业很容易陷入的败局陷阱，跨行业多元化投资失败的概率要远高于本行业多元化投资失败的概率。中小企业成长到一定阶段面临成长的瓶颈，那些持续谋求专业化、不断创新的企业，最后都会有很好的专业化成长空间。对于那些没有能力谋求专业化发展的企业，一般在经营规模遭遇瓶颈时，多数会选择另外开辟战场，其结果是很少有企业家能够把控多个业务单元并且取得成功。这是一个悖论式的逻辑，因为如果企业家有把控多个业务单元的能力，他一定有能力在专业化的方向上取得突破。因此，多数情况下逐渐走向衰败就是等待那些多元化投资，尤其是跨行业多元化投资企业家的宿命。

所以一旦发现多元化投资的企业，就必须深入调查其投资的效果如何。尤其是跨行业多元化投资。根据投资金额而言，如果投资金额和风险预估可控，尚且可以考虑授信，如果投资损失甚至可能将主营业务拖入泥潭，那么从风控角度考虑应该回避此类企业。

6. 实际控制人不良嗜好风险。企业实际控制人的个人不良嗜好、不良习惯也会给企业带来风险。例如吸毒、赌博、酗酒、打架斗殴、包养二奶等违法、违规或违法公德情况，将会给企业和其个人带来很大的风险。同时，实际控制人的风险偏好，例如偏好炒股票、炒期货、炒某些大宗物品或稀有物品等价格波动性大、具有明显投机、赌博性特征的爱好，一旦投机失败，就可能占用企业资金，对企业带来巨大风险。而且，一旦实际控制人每天忙于炒股票等投机行为，其经营管理的精力就被分散，影响企业的正常运营。

在调查企业投机行为时，要重点关注企业是否有利用企业的资金做期货、炒股票行为。尽职调查人员应通过访谈、第三方调查、外部调查、现场勘查等手段，仔细调查企业的投机行为。例如，检查企业的流水中有无证券公司、基金公司，就要打开企业的股票账户、期货账户查看，了解近一两年来企业在这方面投入的资金大小、收益情况，判断企业实际控制人的风险偏好和可能对偿债的影响。

7. 关联交易风险。财政部于 2006 年 2 月发布的《企业会计准则第 36 号——关联方披露》规定：一方控制、共同控制另一方或对另一方施加重大影响，以及两方或两方以上同受一方控制、共同控制或重大影响的，构成关联方。关联交易风险在大企业发生的概率远远高于中小企业。

虽然企业上述风险点均可能造成企业的违约，但从实践中企业违约的大数据分析情况看，中小企业风险点造成的违约主要来自企业的民间借贷风险、企业债务担保风险、行业风险，大企业风险点来自关联交易风险。以下章节将对企业风险点主要产生违约的民间借贷风险、债务担保风险、行业风险和关联交易风险进行详细阐述。

第二节　民间借贷风险尽职调查

民间借贷，是指金融监管以外的金融组织和个人，针对中小民营企业、个体经营者和个人提供的金融借贷行为。民间借贷的历史非常悠久，又被称为"民间金融""地下金融""民间融资"等。民间借贷作为一种资源丰富、操作简捷灵便的融资手段，在一定程度上缓解了企业资金不足的矛盾。据有关机构推测，目前我国中小企业约有三分之一的融资来自民间借贷。到 2008 年 6 月，全国民间借贷规模可能已经突破 10 万亿元。但是，近年来民间借贷引发的企业风险一直层出不穷，温州引发民企实际控制人跑路潮，鄂尔多斯房地产商自杀，江苏泗洪"宝马乡"高利贷崩盘，河南安阳陷入非法融资旋涡，这都说明企业的借贷情况是企业外部风险的一个重要来源。民间借贷最突出的问题就是利息过高，通常被称为"高利贷"，极易压垮企业的正常发展。同时，民间缺乏有效监管，民间借贷游离于正规金融之外，存在信息不够透明、银行间共享程度低、资金流向查实难，交易隐蔽、缺乏必要的登记和管理制度，法律地位不确定、风险不易监控，容易滋生非法融资、洗钱犯罪等诸多问题。如何防民间借贷风险之患于未然，已成为亟待解决的问题。

对中小企业的民间借贷情况的调查方法是交叉检验与逻辑检验，即通过不同渠道的数据与信息的交叉检验，找出疑点，通过逻辑检验加以证实或证伪。

1. 银行流水检查法。银行流水筛查是经典的调查隐性负债的方法之一，重点检查企业主要账号以及实控人个人账号的银行流水。检查流水主要观察以下几个方面。

（1）看大额资金往来。如果有整数的资金进入和流出，就有民间借贷的嫌疑。当然，有些狡猾的企业会分批或拆整为零地打入借款，但往往在较短的时间内完成，而且总额往往是整数。

（2）看汇款企业名称，如果名称是投资、租赁、小贷、金融信息服务公司类金融机构，或是与企业不相干的其他行业企业或陌生的个人，均有民间借贷的嫌疑。审计人员在审阅企业财务报表时，一般只是看企业的借贷金额、资产负债率或者现金流之类的。但是作为尽职调查人员，还要分析、判断一个企业所处的行业是什么，跟它来往比较密切的行业企业都有哪些。例如，一个制造业企业与投资公司或担保公司有资金往来，这种情况就极有可能发生了民间借贷。

（3）看是否有固定日期和固定频率转取款情况。以上疑点出现时，尽职调查人员应通过访谈了解详情。

2. 权益合理性分析法。权益合理性分析法是用于检验中小企业是否存在隐性负债和资本抽离的方法。例如，设定 2~3 年的封闭期间，核实期间经营利润和资产形成时间，做期限内的封闭权益检验。企业资本公积主要来源于资本溢价、接受捐赠等，一般应与企业财富积累经历保持一致。如果企业实收资本较小，而资本公积金迅速增加，或者无故提高资本公积金，或者大额、连续增资，与企业发展不符，则其中可能有民间借贷资金进入。例如，某企业注册资本2000 万元，2015 年以前"资本公积"科目余额呈现缓慢增长趋势，但 2016 年年底的报表反映企业资本公积金由原来的 1065 万元增加到了 3065 万元，经调查核实，该企业通过职工以及其他社会集资方式借入了民间借贷资金。

3. 财务报表勘查法。如果中小企业能够提供较为完整的内部财务报表与账套，而且藏匿民间借贷，其在财务报表中藏匿民间借贷的会计科目主要是其他应付、预收等科目，如果这些科目数额较大，应重点调查其产生的原因。重点要对明细中无业务关联的应付款项进行核实。企业的应付账款和预收账款产生于经营活动，一般与生产规模相当，与生产周期的变动一致，并在短期内就要支付。因此，当查看企业财务报表，发现以下情况应作为疑点引起高度注意：

（1）企业的应付账款或预收账款长期固定不变。

（2）应收、应付款科目余额较大或者有大额进出，与企业规模和生产经营实际不相匹配。

（3）如果应付款突然增加，账面反映债权人是公司股东或关联公司，而往往是股东或关联公司通过向他人借款再"转借"公司的行为。可以通过年度财务审计报告附注中应付款债权人明细情况，进一步分析判断企业是否存在民间借贷行为。其他应付款也是一样的道理，若所列的其他应付款对象是与企业生产经营毫无关联的企业或个人，则此类应付款很有可能成为民间借贷款项。

（4）如果财务费用为正值且金额较大，则极有可能是为民间借贷所支付的利息。如果企业在银行无信贷业务，财务费用应为负值（表示企业所取得的银行存款利息），如企业在银行有信贷业务，应根据企业在银行的融资规模，结合融资成本（包括支付的借款利息、费用等）匡算出企业的财务费用，与列支的财务费用进行比较，若后者明显高于前者，则企业很有可能为了支付民间借贷利息而使财务费用极高。

（5）如果企业经营没有显著变化，销售稳定，但管理费用、销售费用、财务费用增长明显，超出其经营规模的合理范围；或者呈规律性的变动，如季度性地增加一个相对固定的金额，则可能是企业将民间融资利息支出摊入其中。

（6）如果企业年度财务审计报告附注中所列的其他应付款项对象不是企业股东等正常应付款项，而是与被调查企业毫无关联的其他企业或个人，则此类应付款很有可能为民间借贷。例如，某企业2015年经审计的财务审计报告附注中其他应付款项债权人列举了张某某等9个自然人，应付金额880多万元，经过进一步核实了解，此类应付款项为企业的民间借贷。

4. 抵（质）押情况调查法。虽然一些民间借贷依靠的是熟人关系，但实际上，大多数民间借贷还是需要借款企业提供抵（质）押品。因此，可通过查看企业和实际控制人个人名下是否有财产被抵押或是质押给其他人，判断企业是否有民间借贷。调查的重点是关注企业的动产和不动产，以及个人的房产和汽车。可以要求借款企业提供名下的财产证明：房产证、车辆登记证等，并且务必要借款企业提供原件以防造假，必要时可以到相关部门进行核实，如果借款企业极度不配合，拿不出证明，那么很有可能将上述资产抵押给其他债权人了。

5. 信用报告分析法。虽然隐性负债不会在中国人民银行征信系统的企业信用报告或个人信用报告直接反映，但是，民间借贷的债权人也会在给这个企业借款时，查看这个企业的信用记录和实际控制人的信用记录，因此会在报告中留下痕迹。在实践中，当企业产生民间借贷时，其企业信用报告和个人信用报告的查询次数记录往往异常增加，这是由于企业在向多个民间借贷的债权人借款时，这些债权人频繁查询的结果。查看企业信用报告和个人信用报告末尾的查询记录，可以知道借款企业在近3个月内被查询的次数。如果查询、贷款审批和信用卡申请综合次数过多，就可以证明该客户在近期内资金紧缺，或者企业产生了借贷或民间借贷。

6. 财务部门现场观察法。在尽职调查人员调查时，发现企业的财务人员尤其是财务经理的人员变动频繁、财务人员尤其出纳超员配置、内账会计出纳工作台历与计划表等可疑现象，对敏感的财务资料与账套保密或不配合调查、某些财务办公室的计算机拒绝访问但明显刚刚使用等诸多现场疑点，尽职调查人员应敏感对待，深入分析。

7. 社交圈层、内部员工访谈法。对企业实际控制人经营参加活动的商会、行业协会、总裁学习班，或者企业的上下游合作伙伴、竞争对手等以及内部员工尤其是高管，如果能够进行有目的的访谈，也可能获取有用的信息。尤其是对离职高管的针对性访谈更有价值。如果实际控制人在近期与类金融机构的金融人士有密切往来的，也是可能参与民间借贷的疑点。

上述方法不一定全部有效，但多种方法并用，交叉检验，那么全部失效的可能性非常小。尽职调查人员应在实践中，结合具体情况多种方法并用，才能得出可靠结论。

需要指出的是，很多企业的民间借贷风险损失并非产生于企业借款前，而是发生在企业借款后。如果对民间借贷造成的危害后果不重视，后期跟踪调查不及时，风险很多情况下出现在贷款发出后和到期收回前。因此，必须坚持对中小企业民间借款的后期严密跟踪，才能够降低因民间借贷风险带来的企业倒闭和企业违约行为。

第三节　债务担保风险尽职调查

债务担保形式包括为第三方提供单人担保、互保、联保等形式。互保就是指两个企业（或自然人与企业之间）互相担保，联保是指多个企业（或自然人与企业之间）联合担保。我国《担保法》第十二条规定："没有约定保证份额的，保证人承担连带责任，债权人可以要求任何一个保证人承担全部保证责任。"也就是说，联保互保要求企业以自己全部财产承担无限连带责任，一旦发生问题，债权人首先会找到最有实力的担保企业承担无限责任，这导致优质企业反而更容易在担保链中率先倒下。

企业之间的联保、互保就像一副多米诺骨牌，一个企业倒下了，很可能带动一片企业受到重创。在江浙一带常见类似的现象：A 企业实际控制人张三与 B 企业实际控制人李四是同学或朋友，为了企业的发展相互进行了互保。几年后，A 企业破产倒闭，张三本人也不见了踪影。大量民间借贷的债权人找李四要钱，迫于合同条款的要求，李四为张三偿还了 500 万元的贷款，最终自己的企业也没有钱还银行的贷款而倒闭。后来经过调查发现，张三也是因为对外提供了担保，别人跑路连累了他，他的跑路也是迫不得已。联保圈往往越圈越大，对外延伸可以无限扩大，联保和互保蕴含着巨大的风险。一旦企业进入多家企业互保联保连接到一起而形成的联保链或者联保圈，风险更会成倍地增加。联保的特点：第一，具有高传染性。担保圈内的担保链条往往是多条的，每增加1条担保链，包含的企业数量便呈倍数增长。巨大的担保圈甚至会"绑架"地区经济，并使风险在企业间相互传染，并通过银行业金融机构传染至整个实体经济。以江浙地区某企业为例，2012年末其为核心的担保圈共有五级担保链，涉及企业近百家，贷款总额高达数十亿元，其中任何一个链条断裂都将可能引发多米诺骨牌效应，甚至引发当地经济和社会波动，可谓牵一发而动全身。第二，具有强隐蔽性。担保圈内涉及企业户数众多，保证关系错综复杂，互保、连环担保、交叉担保等形式交互使用。其担保链条往往不局限于某一家商业银行，而是涉及多家商业银行，担保圈内企业涉及的债权债务关系及或有债权债务关系变得相当复杂和隐蔽。如果圈内非核心企业出现贷款风险，会通过圈内其他企业调剂资金余缺，暂时掩盖贷款风险，或通过转贷操作后延贷款风险且不易被商业银行监控。直至担保圈内大部分企业甚至核心企业资金链断裂，资金圈内循环难以为继，担保圈累积的贷款风险才会完全暴露，并迅速扩散至整个担保圈。

企业债务担保的调查方法是在尽职调查人员的各类调查中最难调查的内容之一，这是因为企业债务担保很难从外部获取验证信息，而当企业刻意隐瞒其债务担保情况时，通过对企业内部调查也较难发现痕迹。

1. 涉及银行贷款方面的担保，在中国人民银行征信系统的企业信用报告中，可以查阅到企业融资担保方面的情况。企业信用报告关于企业债务担保记录的内容如下：

☞ 债务担保记录

类型	被担保人	证件类型	证件号码	担保币种	担保金额（万元）	担保形式
保证	北京市建筑公司	贷款卡	4103090000069511	人民币	200	多人联保
保证	中国兵器装备集团公司	贷款卡	1303090000063457	人民币	100	单人担保
抵押	北京市建筑公司	贷款卡	4103090000069511	人民币	80	抵押物担保
质押	北京市建筑公司	贷款卡	4103090000069511	人民币	100	质押物担保

2. 如果是民间借贷方面的债务担保，如果企业不主动提供，就无法通过有

效的公开外部渠道查询到。此时，尽职调查人员必须具有较高的素质，通过现场的访谈、企业行为心理分析、外部审查、推理判断等方法调查企业是否存在债务担保。

具体的方法有：

（1）区域推断法。如果企业所在地区盛行以联保、互保方式获得银行贷款，尽职调查人员在调查时就应该对辖区内借款企业进行加倍仔细地调查。

（2）外部调研法。在一个区域内的商圈中，往往信息是互通的，尤其是互保联保信息，一些与企业、企业实际控制人相熟、同行、老乡，都会了解一些相关信息。对辖区内商会、行业协会、上下游合作伙伴、竞争对手等的外部调查，有时会获取重要的联保、互保等债务担保信息。

（3）直接访谈法。直接访谈法包括与企业实际控制人的访谈以及和其他高管的访谈。在与企业实际控制人的访谈时，通过语言的技巧和观察，判断企业是否可能存在债务担保。例如，尽职调查人员可以试探询问："我们通过信用报告、其他企业反馈，你们为其他企业提供了担保，请问担保了几笔?"如果企业真的对外提供了担保，由于被访者不了解尽职调查人员掌握的真实情况，在短时间内往往无法掩饰，即使掩饰也会有明显的语言、肢体的漏洞。即使企业每月对外提供担保，尽职调查人员也可自圆其说。例如："我们了解的情况可能有误，但是这个行业的联保、互保挺严重，也想向你了解更多信息"等转移话题。

另外，其他尽职调查人员在同一时间访谈其他负责人时，也可以同时提出相关问题。由于其他负责人并不了解实际控制人的说法，也可能会透露一些重要的信息。

第四节　行业风险尽职调查

尽职调查人员应当根据被调查企业的主营业务，确定被调查企业所属的行业类别，按照科学的方法对被调查企业的行业进行归类，有利于研究分析被调查企业所处行业的发展阶段及其在市场中的地位，分析影响行业发展的各种因素及判断对行业的影响力度，预测行业的未来发展趋势和主要风险。对企业所属行业进行风险分析，一般包括行业内部环境调查、外部环境调查、被调查企业的行业特征调查三个方面。

1. 行业内部环境调查。尽职调查人员应当通过收集行业杂志、查阅行业分析报告、分析主要竞争对手、咨询行业协会和相关专家等方法，全面了解被调查企业所属行业的内部环境。

（1）成本调查。尽职调人员应当通过分析行业投入成本关键要素的价格变化来判断成本对被调查企业的影响，因为关键要素的变化可能会严重影响该行业产品的成本和利润。尽管有时候全行业可以通过提高产品价格来抵消成本增加的影响，但是在激烈竞争的市场环境下，很多企业可能迫于竞争压力而保持原来的价格，造成整个行业的利润下降。

对于规模较大的生产型企业，要对其进行固定成本、变动成本以及经营杠杆的分析，重点考察客户是否存在需要在高产量下才能分摊较高的固定成本问题。一般在固定成本及固定成本比率保持稳定或有下降趋势的情况下，企业更容易有效利用经营杠杆获得杠杆利益，在行业竞争中处于优势地位的可能性更大，整体的经营水平或发展趋势也会更好，这样的企业应当是金融机构积极扶持的客户。

例如，由于2008年全球石油价格大幅上扬，达到140美元/桶，直接影响了下游的航空产业、交通运输业、化纤行业、纺织服装业、建材行业等利润大幅下降，因为这些行业的成本价格几乎全是由原料价格推动的，行业利润被大大压缩，尤其是纺织服装业等只有5%～6%的利润，很多中小企业因为成本上升过快无力支撑而倒闭。与之形成鲜明对比的是，煤炭行业、煤化工、电石化工、电力等能源产业收益明显，因为石油价格的上扬很快传导到了相关的能源产业。

（2）供需调查。尽职调查人员通过对供给与需求的分析，可以预测和判断行业的未来利润。一般而言，如果行业的产品供给和需求同时增长，行业的收入和利润就处于增长趋势，如果供给和需求同时下降，则行业的收入就处于下降的趋势。

（3）市场竞争格局调查。市场竞争格局主要是对市场竞争和垄断程度的分析，可以从行业竞争结构和行业竞争激烈程度两方面来考察。行业结构分为四种：完全竞争、垄断竞争、寡头垄断和完全垄断。尽职调查人员应当关注供方、买方、行业内竞争者、潜在进入者、产品的可替代性这五个关键因素。因为这五个因素决定着行业内的竞争程度和被调查企业的竞争能力。被调查企业的获利能力与增长潜力都与行业的竞争激烈程度密切相关。

以我国白酒行业进行竞争结构分析为例：白酒行业进入行业的门槛比较低，所以潜在的进入者较多，白酒价格一旦出现上扬，短期内会新生出大量企业。在行业内竞争方面，白酒行业呈现规模化发展趋势，市场竞争日益激烈。行业内竞争的手段主要是市场推广、广告、赊销、销售打折、特种包装等。在成本供应方面，白酒的主要原料是大米、小麦、高粱，由于短期内没有粮食危机的迹象，供应比较充足。在购买方面，高档白酒产量占 20%，利润占 50%；中档白酒产量占 35%，利润占 35%；低档白酒产量占 45%，利润占 11%。在产品可替代性方面，啤酒、红酒、果酒、饮料等份额越来越大，白酒市场份额呈现下降趋势，竞争压力也越来越大。

（4）利润水平调查。尽职调查人员应当关注被调查企业的主要产品在市场的划分方式、产品差异化程度、行业集中度和行业进入的难易程度等因素对行业利润水平的影响。产品的市场划分主要按照品牌知名度、产品声誉、产品的服务来划分，尤其是产品差异化程度不大的行业更是如此。名牌产品、历史悠久的老字号、声誉和售后服务较好的产品，由于销量较大，利润也往往比其他产品高出很多。产品差异化程度越大，越说明该产品具有不可替代性，利润也往往较高。

行业集中度是衡量行业垄断性的常用指标。如果一个行业的全部企业当中，比例很小、数量很少的企业支配着很大比例的生产要素，则说明该行业的集中度较高，具有垄断性。我国石油、电信、电力等行业是典型的垄断行业，行业集中度高的行业，其市场准入门槛较高，不容易产生恶性竞争，行业利润也比较高。而行业集中度低的企业容易陷入价格战、资源战、人海战等恶性竞争。与行业集中度低相对应的就是进入门槛很低，竞争比较充分，利润水平也比较低。我国家电生产行业就属于典型的行业集中度较低的行业。

（5）商业模式调查。尽职调查人员应当了解被调查企业所属行业的商业模式，分析各种商业模式的区别与特点、适用情形、盈利能力与技术要求、主要风险等，尤其应该调查行业的主要业务流程及采用的主要经营模式、采购模式、生产模式、销售模式、盈利模式。例如，如何组织国内市场、国际市场的营销与市场开拓；行业所属企业在国内外市场开拓中遇到的主要风险和问题，未来几年市场开拓的目标和策略等。在此基础上，尽职调查人员可以分析出各种商业模式的竞争优势和劣势，以及是否容易被复制，是否能够适应未来经济的发展变化，是否能够带来可持续性的盈利能力，从而形成对行业未来发展前景的预期。

（6）行业技术调查。尽职调查人员应当通过收集行业内主要企业的技术资料，了解被调查企业所在行业的国内外发展情况和技术标准，研究同行业内先进企业的新技术及新应用。了解被调查企业所处行业的技术水平和技术特点。尽职调查人员在调查时要注重分析技术因素和新技术发明给行业所带来的正面和负面影响，关注行业内的最新研发成果和技术发展动向，研究行业未来的技术发展趋势等。

2. 行业外部环境调查。

（1）经济周期调查。通常认为经济周期有四个阶段：繁荣、衰退、萧条、复苏。其中主要的是繁荣和萧条两个阶段，衰退与复苏则是两个过渡性的阶段。在对整体经济周期有明确判断的前提下，根据具体行业对经济周期的敏感程度，分析经济周期对行业发展的影响。从敏感度角度来看，风险最小的行业是不受经济周期影响的行业，如食品行业基本不受经济周期性衰退下行的影响，产品需求稳定，价格波动较小。风险最高的行业是对经济周期十分敏感的行业，如钢铁行业、建材行业等，当经济繁荣高速增长时，市场对这些行业的产品需求大，行业产品的生产与销售量也会随之快速增大，当经济衰退下行时，市场对其产品的需求减少，产品价格出现大幅波动，行业整体运行状况、产品产销等也随之急剧回落。所以应科学判断、分析行业对经济周期的敏感度，合理选择信贷企业。

很多行业都属于周期性行业，即销售收入和利润定期上涨或下跌的行业。最典型的就是养殖业，肉禽蛋奶的价格呈周期性波动，企业利润也随之波动。

波动的周期一般分为需求不旺、利润低迷的萧条期，需求旺盛、供需平衡的复苏期，需求膨胀、供不应求的繁荣期，需求萎缩、供大于求的衰退期。尽职调查人员应当通过查阅行业研究资料、咨询行业专家等方法，调查分析行业的周期性、区域性或季节性特征，因为不同阶段蕴含着不同风险，信贷和商业活动究竟处于周期的哪一个阶段，对于尽职调查也至关重要。当一个行业尚处于萧条期时，其产品能够被市场接受并不明确，这一时期行业的风险较大，失败的可能性也较大。当行业处于复苏期时，行业的产品已经被市场逐渐接受，这一时期的销售收入和利润可以实现平稳的增长，风险较小。当行业处于繁荣期时，产品已经被绝大多数消费者接受，企业的利润能够快速增长，行业风险较小。当行业处于衰退期时，行业产品由于供大于求，销量会逐渐减少，有些行业产品甚至会被逐渐替代，这时企业利润又会减少，行业风险再次增大。尽职调查人员还应当注意到有些行业的延迟性。例如当养殖业已经开始进入需求旺盛的繁荣期时，被调查企业才开始准备开办养殖场，这时就要考虑当养殖场进入盈利周期时，行业周期是不是已经进入了衰退期。

（2）行业生命周期调查。如前所述，行业生命周期包括初创期、成长期、成熟期和衰退期四个发展阶段。为进行细化分析，也可将成熟期分为两个阶段：从成长走向成熟的过渡期和从成熟走向衰退的过渡期。根据行业销售增长率、进入或退出该行业的企业所占比例等方面综合分析客户所在行业生命周期及发展前景。

处于成熟期以及从成长走向成熟期的企业是金融机构重点扶持的群体；由于初创行业或初创期企业一般缺乏行业相关信息，其未来要面对很多难以预测的变化，能否成长、成熟的不确定性程度较高，金融机构的介入要十分谨慎；对于处在衰退期行业以及从成熟走向衰退期的行业，衰退并不意味行业最终一定失败，金融机构要具体分析衰退出现的原因，分析其能否通过技术革新等手段使自身复苏，或通过各种手段分析判断其是否能在一定时期内处于维持状态而不致消亡。

（3）行业依赖性调查。行业依赖性主要是指某一行业对于其上下游行业的依赖程度。一般上下游行业集中于某一个或很少的几个行业，其行业依赖性程度较高，担保项目的风险程度也就较高。相反，上下游行业比较分散，对于其上下游行业的依赖程度较低，则担保项目的风险程度相对较低。行业依赖性的分析要求金融机构要充分了解分析企业的上下游情况。

（4）行业替代产品可能性调查。尽职调查人员还需要对企业所处行业的行业产品被相似产品替代的可能性，以及使用替代产品所耗费转换成本的可行性进行调查。企业所在行业的行业产品越容易被替代，行业自主定价能力越差，信贷风险程度就越高。反之，如果没有替代品或被替代的可能性很低，行业对产品的自主定价等方面的能力就会增强，则企业风险程度就相对较低。

（5）国家产业政策的影响。为规避政策风险，尽职调查人员要分析申请客户所在行业是否受法律和政策支持，以及生产过程中是否有国家禁止、限制或支持使用的原材料，是否有污染环境而引起环保部门进行监督检查等情况。对国家产业政策方面的影响进行分析的目的是根据政府对具体行业监管状况，分析行业健康发展的前景、监管政策的变化是否会影响行业整体的运行状况，从而为信贷决策提供参考依据。

3. 被调查企业的行业特征调查。尽职调查人员应当了解被调查企业在行业内的地位和竞争对手情况，尤其是其产品的市场占有率如何。在调查时要特别注意被调查企业与竞争对手在地域、产品、市场份额方面的差异，并对比被调查企业与竞争对手过去三年的增长情况，同时注意这些数据来源的真实可靠性。

例如，尽职调查人员在调查某软件公司时，该公司向尽职调查人员表示其占有同行业软件市场25%的份额。调查人员要求其出具相关证明。该公司表示这一数据来源于某资讯公司编写的对该行业市场研究的风险报告。尽职调查人员深入调查发现，该资讯报告主要由在校学生编写，数据来源缺乏依据，且具有付费购买数据的可能。因此在尽职调查报告中认为被调查企业的行业市场份额存在粉饰嫌疑。

尽职调查人员应当关注被调查企业在行业中成功的关键因素，包括企业的产品属性、企业的资源、竞争能力等，分析被调查企业的竞争优势在于哪些方面。在分析竞争优势时可以考虑以下几个方面：

（1）技术竞争力，包括技术研究能力，产品工艺，产品革新能力，运用信

169

息技术发布信息、承接订单、送货和进行售后服务的能力。

（2）制造竞争力，包括低成本生产效率、高固定资产利用率、劳动生产率的领先程度、能够定制化的生产系列规格的产品等。

（3）分销竞争力，包括是否拥有强大的批发分销商网络，是否能运用先进的网络信息技术实行网上分销，能够在零售商那里获得比较好的分销位置，是否拥有自己的分销渠道和网点，分销成本和送货速度如何等。

（4）市场营销竞争力，包括快速准确的技术支持、礼貌的企业服务、良好的推销技巧、比较有品位的包装、精准的广告投放等。

（5）劳动力竞争力，包括企业员工的熟练程度、文化水平和业务技能水平、创新的思路、组织能力、能够面对快速变化的市场环境作出反应、是否拥有多年行业经验等。

第五节　关联交易风险尽职调查

一、关联交易类型

财政部的规定对"控制""共同控制""重大影响"也分别进行了定义，并列举了 10 种关联方的类型：

（1）该企业的母公司。

（2）该企业的子公司。

（3）与该企业受同一母公司控制的其他企业。

（4）对该企业实施共同控制的投资方。

（5）对该企业施加重大影响的投资方。

（6）该企业的合营企业。

（7）该企业的联营企业。

（8）该企业的主要投资者个人及与其关系密切的家庭成员。主要投资者个人，是指能够控制、共同控制一个企业或者对一个企业施加重大影响的个人投资者。

（9）该企业或其母公司的关键管理人员及与其关系密切的家庭成员。关键管理人员，是指有权力并负责计划、指挥和控制企业活动的人员。与主要投资者个人或关键管理人员关系密切的家庭成员，是指在处理与企业的交易时可能影响该个人或受该个人影响的家庭成员。

（10）该企业主要投资者个人、关键管理人员或与其关系密切的家庭成员控制、共同控制或施加重大影响的其他企业。

在经济活动中，存在着各种各样的关联方交易。在会计准则中列举了十一种常见的关联交易类型：

（1）购买或销售商品。购买或销售商品是关联方交易最常见的交易事项。例如，企业集团成员之间相互购买或销售商品，从而形成关联方交易。这种交易由于将市场交易转变为公司集团的内部交易，可以节约交易成本，减少交易过程中的不确定性，确保供给和需求，并能在一定程度上保证产品的质量和标准化。此外，通过公司集团内部适当的交易安排，有利于实现公司集团利润的最大化，提高其整体的市场竞争能力。这种交易产生的问题是，可能为公司调节利润提供一种良好的途径。调查这种关联方交易，有利于债权人了解这种交易的性质、类型、金额等信息，判断这种交易的价值取向，为报表使用者的经济决策提供了非常有用的信息。

（2）购买其他资产。购买或销售商品以外的其他资产，也是关联交易的主要形式。例如，母公司销售给其子公司的设备或建筑物等。

（3）提供或接受劳务。关联方之间相互提供或接受劳务，也是关联交易的主要形式。例如：甲企业是乙企业的联营企业，甲企业专门从事设备维修服务，乙企业的所有设备均由甲企业负责维修，乙企业每年支付设备维修费用20万元。作为企业外部的报表使用者来说，需要了解这种提供或接受劳务的定价标准，以及关联方之间是否在正常的交易情况下进行。

（4）关联方担保。关联企业之间相互提供担保，能有效解决企业的资金问题，有利于经营活动的有效开展，但也形成了或有负债，增加了担保企业的财务风险，有可能因此而引发经济纠纷。

（5）提供资金。提供资金包括以现金或实物形式提供的贷款或股权投资。

例如：母公司利用集团内部的金融机构向子公司提供贷款，母公司向子公司投入资金、购入股份等。

（6）租赁。租赁通常包括经营租赁和融资租赁等。关联方之间的租赁合同也是主要的交易事项。

（7）代理。代理主要是依据合同条款，一方可为另一方代理某些事务，如代理销售货物或代理签订合同等。

（8）研究与开发转移。在存在关联方关系时，有时某一企业所研究与开发的项目会由于另一方的要求而放弃或转移给其他企业。例如：B公司是A公司的子公司，A公司要求B公司停止对某一新产品的研究与试制，并将B公司研究的现有成果转给A公司最近购买的、研究和开发能力超过B公司的C公司继续研制，从而形成关联方交易。

（9）许可协议。当存在关联方关系时，关联方之间可能达成某种协议，允许一方使用另一方的商标等，从而形成关联方交易。

（10）代表企业或由企业代表另一方进行债务结算。这也是关联方企业之间比较普遍存在的一种关联交易形式，例如，母公司为子公司支付广告费用，或者为子公司偿还已逾期的长期借款等。

（11）关键管理人薪酬。支付给关键管理人员的薪酬也是一种主要的关联交易形式。因为企业关键管理人员之间构成了关联方关系。例如：企业支付给董事长、总经理等人员的薪酬，这属于关联交易，也应该适当地予以披露。

二、关联交易对信贷风险的影响

银行贷款作为目前企业最主要的融资来源，企业之间不公平的关联交易往往对银行贷款安全构成了很大的威胁。不正当关联交易对银行贷款安全的影响主要包括：

（1）信用膨胀、授信过度。有时从单个企业的贷款量看，可能并不大，但关联企业成员往往串通其他成员，隐名获取贷款，规避法律，而且被控制企业缺乏持续经营能力，因此，从关联企业的整体上看，就会存在授信过度的问题。

（2）担保虚化。担保制度可使债权的效力扩及债务人之外的第三人，提供第二还款来源,转移债权人的债务风险,为贷款债权提供安全屏障。表面上看,关联企业担保是两个独立法人主体之间的独立行为,对贷款是有保证作用的。但由于关联和控制关系,被控制的一方对担保的作出和履行与否完全取决于控制方,因此,它对控制企业的担保效力和担保能力都存在很大的问题。

(3)信息失真,风险信号钝化。其一,借款人财务信息不真实、不可靠,银行在放款时无法准确判断贷款风险。其二,关联交易的隐秘性,使得银行无法监控借款用途。其三,贷款检查失效,风险预警钝化。

(4)逃废债务。在企业无法偿还债务时,关联交易也是逃废债的重要途径。控制方企业往往通过前述的抽逃资金、剥离资产、悬空债务、转移财产等失信行为,使得金融机构面临这样一种困境:碍于法人人格独立原则,无法向转移资产的幕后关联企业直索还款责任。于是,大量的贷款无法得到有效回收,金融机构蒙受极大损失。

(5)投资方利用关联交易抽逃资金,将风险转移给银行。在借款企业建成投产并取得银行贷款后,投资方有时为了尽快收回投资并赚取高额利润,就会利用关联交易和不合理的转移定价,向投资方转移资产、资金,违背了资本确定、资本维持和资本不变的资本真实性原则,降低了借款企业的偿债能力,把风险留给了贷款银行。投资方提前收回投资的主要方式:向被投资企业高价出售设备、技术及其他资产;向被投资企业高价出售商品,低价购买原材料;收取不合理的房地产使用租金、商标权使用费、社区管理费、技术使用费、管理费等;低价购买甚至无偿占用被投资企业的资产等。例如,某外资企业在资本金到位并取得借款后,又以高价向韩国投资方购买机器设备。在以后的生产经营中,该企业为了达到避税的目的,又通过与投资方"高进低出"的来料加工贸易,向母国转移资金、利润。投资方很快就收回了投资,而该外资企业看上去经营很红火,但实际偿债能力十分有限。

(6)企业破产、清算程序中侵害债权人利益的关联交易。有很多企业在破产清算前,通过关联交易向关联方转移资产、利益,使包括银行在内的债权人利益受到侵害。例如,破产企业在破产清算前向关联方分配、无偿转让资产;以较低价格向关联方出售商品或资产;对原本没有财产担保的关联方债务提供担保；提前清偿关联方债务；放弃对关联方的债权或怠于行使债权等。无论是哪一种形式，都会减少银行等债权人的可分配资产，增加了银行的贷款损失。

三、关联交易尽职调查

1. 尽职调查人员必须理清借款企业的关联方关系。《企业会计准则》规定，在存在控制关系的情况下，关联方如为企业，无论它们之间有无交易，都应当在会计报表附注披露以下事项：企业的经济性质或类型、名称、法定代表人、注册地址、注册资本及其变化；企业的主营业务；所持股份或权益及其变化。但有些企业并不按规定披露关联方关系的有关内容。为此，尽职调查人员必须通过多种途径了解关联方关系，如注册会计师出具的审计报告，企业会计报表附注，企业的合同、章程，企业业务往来的合同、协议、交易信息，要求借款企业提供关联关系的资料等。同时要对借款企业所在的企业集团的经营、财务状况进行总体的调查了解，以分析整个企业集团的经营风险、关联企业的担保能力等。另外，要注意收集、保存关联企业的资产、账号、股权分布、法定地址等情况，以便将来因借款人违约引起诉讼时，采取快速的资产保全行动。

2. 尽职调查人员必须调查关联交易的实质及影响，认清借款企业财务及经营状况的真实面目。首先要了解关联交易的性质及目的，分清其是正常的关联交易还是非正常的关联交易，交易的目的是什么，是否存在套取贷款、转移资产、逃废债务等侵害债权人利益的行为。

3. 尽职调查人员必须对关联交易的具体情况及影响进行调查，例如交易的金额或比例、定价政策等。

4. 尽职调查人员必须运用关于关联交易会计处理的有关规定和做法，对借款企业的销售额、利润、资产、资本等进行重估，挤干水分。例如按规定，企业出售资产或转移债权给关联方，如果实际交易价格显失公允，则对显失公允的交易价格部分，一律不得确认为当期利润，而作为关联方对企业的捐赠计入资本公积，并且不得用于转增资本或弥补亏损。

第八章

企业借款原因与用途尽职调查

第一节　借款原因尽职调查

一、借款原因的含义

借款原因是指造成企业资金短缺并因此引发企业借款需求的原因，受长期销售增长、资产效率变化、固定资产扩张、季节性影响等多种因素影响。其主要借款原因包括：第一，短期流动资金需求借款；第二，长期投资资金需求借款；第三，弥补非正常资金需求借款。其中，短期流动资金需求借款包括季节性销售增长、突发性销售增长、长期性销售增长、季节性或策略性囤货、商业信用改变、短期经营性场所建设等；长期投资资金需求借款包括固定资产投资及扩张、对外投资及并购等；弥补非正常短期资金需求借款包括一次性或非期望性支出、借新还旧、弥补亏损等。

二、借款原因分析的重要性

分析企业借款原因的行为发生在贷前。很多时候银行、金融机构在对企业进行贷前调查时，发现借款企业根本不了解自己借款需求的本质原因，因此也就无法提供详细的贷款使用计划。在这种情况下，无法了解企业的真实借款需求原因以及借款需求是短期的还是长期的，也就无法确定合理的贷款结构以及贷款利率。营运资金贷款就是一个典型的例子，借款企业通常把所有的短期资金不足都看作是营运资金需求。然而，导致企业资金不足的原因除了表面上的流动性不足外，还可能会有更本质的原因。在这种情况下，只有通过借款原因分析，才能把握企业借款需求的本质，从而作出合理的贷款决策；否则，可能由于期限不匹配等原因导致企业无法按时还款，从而加大贷款风险。

银行和金融机构经常会接到企业短期季节性融资的申请，这个借款需求原因非常明确。在这种情况下，借款原因的分析可能会被忽略，因为借款原因比较明确，而且企业确实经常会出现季节性资金不足，它们通过借款来解决暂时性的周转不灵，并在下一个季度就能顺利归还贷款。但是通过借款原因分析可能会发现，企业比以往季节性融资时所持有的现金更少，原因可能是企业最近刚刚购买了新的先进设备。因此，该企业除了短期季节性融资需求外，还需要长期的设备融资，但公司管理者通常只能认识到他们需要的是季节性融资。在这种情况下，如果银行仅仅用短期贷款来满足公司的资金需求，公司很可能继续存在着资金短缺问题，并且短期内不能够全额偿还贷款，结果不得不进行贷款重构。原因在于新设备不可能在一个经营周期或一年内转化为现金，因此，企业也就没有足够的现金来偿还短期贷款。企业资金真正短缺的部分主要是用于购买新设备的那部分，这一部分应当重构为长期贷款。由此可见，应当使用短期贷款和长期贷款相结合的方式来满足该公司不同的贷款需求。

即使借款企业有明确的借款需求原因，例如存货融资、设备融资，借款原因分析仍然是非常必要的。原因就在于，虽然许多企业都通过先进的风险管理技术来控制企业面临的业务和行业风险，以使企业具有较高的盈利能力和市场竞争力，但是它们可能缺少必要的财务分析技术来确定资本运作的最佳财务结构，而贷款机构可以通过借款需求分析为借款企业提供融资方面的合理建议，这不但有利于公司的稳健经营，也有利于银行降低贷款风险。

综上可知，借款原因与还款能力和风险评估紧密相连，是决定贷款期限、利率等要素的重要因素。贷前尽调中，通过了解借款企业在资本运作过程中导致资金短缺的关键因素和事件，能够更有效地评估风险，更合理地确定贷款期限，并帮助企业提供融资结构方面的建议。

三、借款的产生原因

1. 季节性销售增长。很多企业销售会在特定时期出现季节性增长，从而企业的经营具有季节性特点。具有季节性销售特点的公司将经历存货和应收账款等资产的季节性增长，随着销售增长，会引起应付账款与应计费用两类负债的季节性波动。

在销售高峰期，应收账款和存货增长的速度往往要大于应付账款和应计费用增长的速度，超出的部分需要通过企业内部融资或者银行贷款来补充，这部分融资称作营运资本投资。企业一般会尽可能用内部资金来满足营运资本投资，如果内部融资无法满足全部融资需求，公司就会向银行等申请短期贷款。

2. 长期性销售增长。要实现销售收入持续、稳定增长，资产的增加是必要的。如果资产没有增加，那么只有资产效率持续上升，销售收入才有可能持续、稳定增长。但是通常来讲，资产效率很难实现长期持续的增长，因此资产的增加对于销售收入的增长就显得非常重要。

通常情况下，即使企业已经实现了较高的利润，并把留存收益用于企业资产的增加，企业自身的快速增长也很难用只靠内部资金的增长来支持。因此，通过借款来为资产的增长进行融资可能是十分必要的。

3. 资产使用效率下降。企业在经营过程中，应收账款回款期的延长、存货持有期的延长、应付账款付款期的缩短等资产使用效率的下降（暂时的或永久性的），必然会要求企业增加额外的现金来保持企业的正常运营。如果由此导致的现金需求超过了现金供给，可能成为企业贷款的原因。

4. 固定资产的更换或扩张。企业固定资产本身的损耗、过时或技术更新，而导致其丧失了经济效率。企业管理层如有对固定资产进行更换的需求和计划，而企业的资金又不能满足固定资产更换的资金要求，企业就会为此产生融资需求。

企业固定资产的增长模式通常是呈阶梯形发展，每隔几年才需要一次较大的资本支出来进行固定资产的扩张。而一次性且集中的固定资产扩张一般对资金的需求量较大，一般很难通过自身融资来解决所有资金需求，企业很可能为此寻求贷款。

5. 长期投资。企业在经营发展过程中，可能会出于降低成本、业务扩展、战略发展等目的，兼并上下游企业、收购子公司的股份或者对其他公司进行投资。这些长期投资一般需要较大体量的资金，企业可能会从多渠道进行内外部融资。

6. 商业信用的减少和改变。应付账款一般被视为一项无成本的融资资源，因为企业在应付账款到期之前可以充分利用这部分资金进行周转，如购买商品、服务等。因此，当企业出现资金短缺时，通常会延期支付应付账款。但如果公司经常无法按时支付货款，供应商就可能会彻底中断赊销，迫使企业按现金方式交易。企业的管理者将不得不利用后到期的应付账款偿还已经到期的应付账款，从而减少在其他方面的支出，这就可能造成公司的现金短缺，从而形成借款需求。

7. 债务重组。当企业的销售增长较强，而赊购账期又远远高于市场一般期限时，若供应商要求企业付款，企业又没有充足的现金支付给供应商，则会发生银行债务换取供应商提供的贸易信用（赊购）的情形。这是基于期限考虑的，一种债务替代另一种债务的典型例子。

8. 股利支出。股利和利息均为公司的融资成本。很多企业必须支付股利来保证其在证券市场的位置，因为股利的发放会影响投资者的态度。例如，投资者不喜欢削减红利，他们将削减红利与公司的财务困难联系在一起。另外，公司在制定红利发放政策时，必须确定并达到所有者的期望目标。否则，投资者可能出售其股份，使股价下跌。

股利的发放可能会占用企业本可以用于其他目的的现金，如资本支出、扩大生产等，若在某些年份企业现金短缺，则可能会借入现金来支付股利。

9. 盈利能力不足。企业如果连续几年利润较低或几乎没有利润，不但会损失大量的现金，还会导致无法积累足够的资金用于季节性支出和非预期性支出；因而，企业就需要借款来支付各种应付费用和购入存货等维持企业运营。

10. 一次性或未预见的支出。企业在经营过程中，不可避免地会出现一次性或未预见的突发性支出，如保险之外的损失、诉讼赔偿等。一旦这些费用超出了企业现有的支付能力，就会导致企业的借款需求。

四、识别借款的原因

1. 季节性销售增长。

首先，判断企业是否存在季节性销售模式。

通过访谈企业的经营模式、主营产品、市场情况，并结合行业特征，判断企业是否存在季节性销售模式。

其次，判断企业销售的季节性是否足够显著，以至于需要获得季节性贷款支持。

最后，通过企业的经营数据，对企业月度销售情况进行评估，初步判断季节性是否构成可能的借款原因。季节性销售较强的企业，往往更有可能存在季节性的融资需求。

如企业连续两个月的销售累计金额至少占了全年销售额的25%，或者连续三个月的累计销售额至少占了全年销售额的35%；则可以确认企业存在显著的季节性销售，并可以估计企业的季节性借款需求。

2. 长期性销售增长。

首先，判断企业是否存在持续的销售增长。

通过访谈，可以了解企业的年销售增长率、市场预期，结合目前企业所属行业在市场中的整体状况，判断企业是否存在销售持续增长的可能性。

其次，判断企业的持续销售增长是否需要贷款支持。

一般来说，年销售增长率连续超过10%，企业很难用内部资金来支持自身的快速增长。通过企业的经营数据，可以更加准确地判断企业的年销售增长率，以及销售增长是否在持续走强。如企业的经营现金流持续性地无法覆盖运营资金的增长和资本性支出，则通过借款来为资产增长融资可能是十分必要的。

在确定年销售增长率时，应剔除非正常性的销售，如处理积压存货、无法收回款项的销售、现金折扣较大的销售等。

3. 资产使用效率下降。

首先，判断企业是否存在资产效率的下降。

通过访谈可以了解企业是否存在用应收账款回收期延长、存货持有期延长、应付账款付款期缩短等资产效率下降的情况，以及资产效率下降的原因。

其次，判断企业资产效率的下降是否需要贷款支持。

通过企业经营数据，分析企业应收账款回收期、存货持有期、应付账款付款期等资产效率的变化，判断企业赊购期的变化是否足以抵消赊销账期和存货持有期的变化；如不可以，则可能需要贷款支持。

4. 固定资产的更换或扩张。

首先，判断企业是否存在固定资产的更换或扩张。

通过访谈，与企业的管理层进行讨论，了解企业更换或扩张厂房和设备的需求和计划，影响生产性资产的技术变化速度；管理层可以推迟更换或扩张，直至自身的固定资产产能达到极限，或者他们认为机会更好、融资成本更有利的时候进行投资。因此，必须与管理层彻底讨论其资本性投资计划，以评估固定资产的更换或扩张能否会成为一项借款原因。

其次，判断企业固定资产的更换或扩张是否需要贷款支持。

通过分析企业的经营数据，判断企业设备的实际年龄和状况，如果企业在业务经营中需要大量的固定资产，同时其资产负债表却显示固定资产总体上已经更接近于完全折旧，或固定资产使用率大于60%或70%，此时可能存在更换某些固定资产的需求。

注：固定资产使用率 = 累计折旧/总折旧固定资产×100%

5. 长期投资。

首先，判断企业是否存在长期投资。

通过访谈，与管理层进行彻底的讨论，了解企业是否存在长期投资，以及进行这些长期投资的原因，用于投资的资金来源是什么；判断企业是否存在为诸如股权收购等长期投资进行融资的意图，或判断企业是否存在以其他名义借款，却把其中一部分投资于其他企业的意图。

其次，判断企业长期投资是否需要贷款支持。

通过分析企业经营数据，确认企业历史及现在是否存在长期投资，其收益如何，企业用于长期投资的资金是否需要贷款支持。

6. 商业信用的减少和改变。

首先，判断企业是否存在贸易信用（赊购）的减少或变化。

通过访谈，了解企业是否面临赊购期的减少或变化，赊购期减少或变化的原因是什么。

其次，判断企业贸易信用（赊购）的减少或变化是否需要贷款支持。

同过分析企业经营数据，判断企业赊购期是否减少或变化，赊购期的减少或变化对企业经营现金流的影响如何，如果赊购期的减少或变化导致企业经营现金流大幅减少，甚至造成企业资金短缺，则企业可能需要贷款的支持。

7. 债务重组。

首先，判断企业是否存在债务重组。

通过访谈，与企业管理层讨论企业是否存在债务重组的意图，进行债务重组的原因是什么。

在某些情况下，公司可能仅仅想用一个债权人取代另一个债权人，原因可能是：

（1）对现有银行不满；

（2）想要降低目前的融资利率；

（3）想与更多的银行建立合作关系，增加公司的融资渠道；

（4）希望还清现有债权人债权，以把企业从原有贷款文件的限制中解脱出来；

在这种情况下，银行要通过与公司管理层的详细交谈了解债务重构的原因是否真实，并进一步判断是否适合发放贷款。

其次，判断企业债务重组是否需要贷款支持。

通过分析企业的经营数据，判断企业是否需要债务重组，若企业的销售增长较强，并且核心流动资产的增长是由短期负债而非长期负债融资的，那么企业可能需要贷款的支持。

这种情况发生的标志是还款时间的延长期限超出了市场的正常水平。为了了解还款期限延长的真正原因，银行通常需要与公司管理层进行相关讨论。公司资金短缺可能是由于其他客户尚未付款，或者存货尚未售出。

银行应与企业管理层讨论赊购账期过长的原因，也许现金的短缺是由于企业不能从客户那里收款或者由于无法处理存货而造成的。

8. 股利支出。

首先，判断企业是否存在股利支出。

通过访谈，了解企业是否必须持续支付股利，支付股利的条件是什么，支付金额是多少。

其次，判断企业股利支出是否需要贷款支持。

通过企业的经营数据，审查从经营现金流分析中所获得的结论，判断经营现金是否为正，且数量能够满足还款计划、必需的资本性支出以及预期股利的支付；如不能满足，则可能需要贷款支持。

可以通过以下方面来衡量公司发放红利是否为合理的借款需求：

（1）公司为了维持在资本市场的地位或者满足股东的最低期望，通常会定期发放股利。在公司申请借款时，银行要判断红利发放的必要性，如果公司的股息发放压力并不是很大，那么红利就不能成为合理的借款需求原因。

（2）通过营运现金流量分析来判断公司的营运现金流是否仍为正的，并且能够满足偿还债务、资本支出和预期红利发放的需要。如果能够满足，则不能作为合理的借款需求原因。

（3）对于定期支付红利的公司来说，银行要判断其红利支付率和发展趋势。如果公司未来的发展速度已经无法满足现在的红利支付水平，那么红利发放就不能成为合理的借款需求原因。

仅仅根据公司的单一借款原因来判断其借款需求是不合适的，还要结合现金流分析来判断公司是否还有其他的借款原因，并确定借款公司现金短缺的具体原因。

9. 盈利能力不足。

首先，判断企业是否存在盈利性不足。

通过访谈，了解企业是否存在盈利性不足的情况，以及造成企业盈利性不足的原因是什么。

其次，判断企业盈利性不足是否需要贷款支持。

通过分析企业经营数据，确认企业是否存在多年来无利经营或微利经营，造成资金短缺；通过分析，找出盈利性不足的深层次原因，如销货成本和营业费用在销售收入中的占比过大，前期需要大量资本性投入等，造成企业无利或微利，需要贷款支持。

10. 一次性或未预见的支出。

首先，判断企业是否存在一次性或未预见的支出。

通过访谈，了解企业是否发生了偶然的、一次性费用，发生的原因是什么，需要的资金是多少。

其次，判断企业一次性或未预见的支出是否需要贷款支持。

通过分析企业的经营数据，判断这些费用是否超出了企业的现金储备，若是，则可能需要贷款支持。

五、基于借款原因确定贷款结构

短期资金需求要通过短期融资来实现，长期现金需求要通过长期融资来实现。但实际中，短期融资需求并不意味着就与流动资产和营运资金有关，一些与流动资产和营运资金有关的融资需求也可能与长期融资需求相关。以下对常见借款原因中的短期和长期现金需求加以区分。

1. 季节性销售增长。季节性融资一般是短期的。企业在季节性销售增长期间，往往需要外部融资来弥补公司资金的短缺，特别是在公司利用了内部融资之后。对公司的季节性融资通常在一年以内，而还款期安排在季节性销售低谷之前或之中，此时，公司的营运投资下降，能够收回大量资金。但如果企业在为季节性销售增长取得多笔融资，并且是可以展期的，那么，就一定要确保季节性融资不被用于长期投资，例如资本性支出。这样做的目的就是为了保证短期贷款只用于公司的短期投资，从而确保能够按时收回所发放的贷款。

2. 长期性销售增长。稳定、长期的销售增长，没有流动资产和固定资产的支持是不可能实现的。而这部分流动资产和固定资产的投入则是长期的，如果企业无法从自身融资中获得，必然需要额外的融资。这种大量投资，经营现金流在短期内是不足以完全偿还外部融资的。因此，对于这部分融资需求，表面上是一种短期融资需求，实际上是一种长期融资。

3. 资产使用效率下降。应收账款和存货周转率的下降可能成为长期融资和短期融资需求的借款原因，首先判断其是短期的还是长期的。如企业的管理层在新产品推广期间，为了吸引更多的客户而允许客户延期付款，导致应收账款周转率下降，这种短期行为引起的借款需求可以用短期融资来满足。若是由于同业竞争的需要，对客户放宽信用额度及期限，企业在短期内无法积累足够的现金，来支持这一策略的变化，则需要长期性的融资。因为长期性的应收账款和存货周转率下降，反映了企业核心流动资产的永久性增加，这需要通过营运资本投资来实现。

可见，企业资产使用效率的下降，即应收账款和存货周转率的下降可能导致长期融资需求，也可能导致短期融资需求，分析时必须有效识别借款需求的本质，从而保证贷款期限与公司借款需求相互匹配。

4. 固定资产的更换或扩张。对于厂房和设备等固定资产重置的支出，其融资需求是长期的，在作出贷款决策时应当根据企业的借款需求和未来的还款能力来决定贷款的金额和期限。

5. 长期投资。用于长期投资的融资应当是长期的。除了维持公司正常运转的固定资产外，其他方面的长期融资需求，可能具有投机性，应当谨慎贷款，以免增大信用风险暴露。

6. 商业信用的减少和改变。类似于应付账款周转率和应收账款周转率等商业信用的减少或变化，应当判断这种变化是长期的还是短期的。对于无法按时支付应付账款的公司，供货商会削减供货或停止供货，企业的经营风险加大，这时企业的贷款申请风险也是很大的，应审慎贷款。

对于发展迅速的公司来说，为了满足资产增长的现金需求，企业可能会延迟支付对供货商的应付账款。如果供货商仍然要求按原来的付款周期付款的话，公司就需要通过借款来达到供货商的还款周期要求。这意味着公司的运营周期将发生长期性变化，因此，采用长期融资方式更合适。

7. 债务重组。在进行债务重组前，应评估企业的资信状况，以及债务重组的必要性。根据企业当前的融资结构和还款能力，判断重组的债务是短期的还是长期的。分析企业重组后的财务结构和还款能力,以期实现一种适当和审慎的财务结构,最大限度规避贷后风险。

8. 股利支出。贷款人应当永远不为支付股利而提供融资。

9. 盈利能力不足。如果企业是由于长期微利经营甚至亏损,无法维持正常的经营运转导致借款,这种情况反映了企业管理层经营能力不足,无法应对不断变化的市场形势,不能够充分利用现有资源创造价值。因此,在这种情况下,不应予以贷款。

如果企业的目前盈利能够满足日常的经营支出,但没有足够的现金用于营运资本和固定资产的投资,这种情况下应谨慎贷款。其原因是,在缺少内部融资渠道(例如股东出资)的情况下,盈利能力不足会引起其他借款需求;盈利能力不足也可能会增加公司的财务杠杆,从而加大债权人的风险暴露。

10. 一次性或未预见的支出。非经常性支出导致的借款需求可能是长期的,也可能是短期的,要分析企业为什么会没有足够的现金储备来满足这部分支出。在分析该类贷款时,应当根据企业未来的盈利能力和偿债能力决定贷款的期限。

第二节　借款用途调查

一、借款用途的含义

企业借款用途,是指企业把借来的钱用在什么地方,用的地方是否与贷前的借款原因相符。企业借款用途的调查和分析应用于贷后管理中,在贷后管理监控报告中揭示。借款原因与借款用途要匹配,例如:流动资金周转的借款用途就要与购买原材料的用途相匹配,就不可以与固定资产的扩建这一用途相匹配。

有时候借款原因和借款用途是有一定错位的,例如因为固定资产扩张导致营运资金被挤占,此时借款原因仍然是固定资产扩张。

二、借款用途调查与分析

从历史数据的角度看，贷款资金流向无法监控是产生不良贷款的一个主要因素。因而，对于贷中监控而言，准确监管流动资金贷款的资金流向，才能够优化贷款质量，适应当前经济的发展形势，有效地预防不良贷款的发生。通过贷款企业实际资金流向的核实以及资产负债表和现金流量表中相关指标的变化，检测贷款资金使用情况，及时纠正违规行为，才能减小贷款资金无法收回的风险，逐步提高贷款质量，降低不良贷款率。

通过以下方面可以调查和分析企业贷款资金的真实流向：

1. 采购合同。

对采购合同的调查，主要是对其真实性的调查。

（1）采购合同的合规性。

- 合同是否为原件；

- 合同的样式与企业前期的样式是否一致；

- 合同的必备条款是否齐全，是否与前期的合同有较大的差别；

- 双方签章是否齐全，与前期同一供应商相关合同的签章是否一致。

（2）合作企业的真实性。

- 与企业签订采购合同的供应商，是否是贷款企业生产经营往来账务上的常用供应商；

- 通过工商系统等查询供应商的信息，其是否为贷款企业关联公司；

- 供应商与贷款企业主营业务关联较小或无关联。

（3）采购商品的合规性。

- 采购商品，是否在企业的经营许可范围内；

- 采购商品，是否与企业现有项目相关；

- 采购的商品不在供应商的经营许可范围内。

（4）合同金额的公允性。

- 采购商品的单价是否与市场价格相一致；

- 合同总额是否与企业的产销能力相匹配。

如采购合同的以上关键信息多数不相符或不一致，贷款企业又无法给出合理解释，则采购合同的真实性存疑，贷款企业存在伪造采购合同嫌疑。

2. 发票。

对发票的调查，是验证贷款企业相关业务真实性的重要一环。

（1）发票真伪。

● 通过税务局网站，验证企业采购发票的真伪。

（2）发票的匹配性。

● 发票的销售方名称与合同中的供应商名称是否一致；

● 发票金额与合同金额是否一致；

● 开票项目与合同的采购商品是否一致；

● 采购商品的单价与合同单价是否一致。

如贷中监控中，贷款企业提供的发票真伪及其匹配性存在多项不符，说明贷款企业并未将资金真正支付给供应商。

3. 支付凭证。

（1）审批单。

● 支付审批单，与前期相比是否齐全；

● 支付凭单上各部门负责人签字是否齐全。

一般支付采购等款项，均由采购相关人员申请，写明采购商品、型号、供应商名称、合同编号等信息，交由相关负责人层层审批，才能支付款项。贷中尽调时，如发现贷款企业提供的款项支付审批单缺少关键性的审批材料或签字，如是由财务人员直接申请，并缺少采购商品的相关信息，也没有采购负责人的签字，就直接支付了款项，则贷款企业存在通过伪造支付事项，转移贷款资金的嫌疑。

（2）银行回单/流水。

● 支付款项的银行回单/流水是否是原件，是否有银行签章；

● 银行回单/流水中的收款方名称与发票的销售方名称是否一致；

● 银行回单/流水中的收款方名称与采购合同中的供应商名称是否一致；

● 银行回单/流水中的收款方名称与审批单的供应商名称是否一致；

- 银行回单/流水的支付金额与发票金额是否一致；

- 银行回单/流水的支付金额与采购合同金额是否一致；

- 银行回单/流水的金额与审批单的金额是否一致。

银行回单/流水是调查企业资金使用流向的关键因素，银行回单/流水的造假成本和难度较高，而且银行回单/流水较为详细地记录了贷款企业的资金流向，贷款企业的各项资金的进出都在银行回单/流水中留有蛛丝马迹。贷款企业只有按照贷款合同约定的用途，将贷款资金支付给了相关方，并在银行回单/流水中留有痕迹，才能确定贷款企业没有挪用贷款资金。

4. 实物盘点。

（1）入库单。

- 入库的商品、金额与采购合同中的商品、金额是否一致。

- 入库的商品、金额与采购发票中的商品、金额是否一致；

（2）在用设备。

- 在用设备是否为崭新的或近期购买的；

- 在用设备与采购合同中的设备型号是否一致；

- 在用设备是否在正常运行。

实物盘点，是对贷款企业是否挪用贷款资金的佐证。依据原材料的市场价格和用于购买原材料的资金，计算得出贷款企业应当购买的原材料数量，与实地检查得出的结果进行比较，差距越大则表明挪用贷款的规模就越大。假设，贷款企业使用贷款资金 100 万元购买原材料，依据市场上原材料的价格 50 元/斤，能够估测出购买原材料的数额为 2 万斤，通过实地考察库存原材料的购置只有 1 万斤，则表明贷款资金有被违规挤占的可能性。

无论是企业的贷款原因是销售增长、资产使用效率下降、固定资产的更换或扩张、商业信用的减少和改变还是债务重组，归根结底贷款资金都是应用于贷款企业的日常生产经营。企业日常生产经营资金的支付都离不开合同的签订、发票的收取、资金的支付以及商品出入库的各个环节，这一系列的环节是相辅相成、相互验证的。在贷中监控企业贷款资金使用用途的过程中，除了要单独调查每个环节，还要把这一系列环节串联起来，形成证据链，来判断资金流向的合理性、真实性和必要性，控制贷款资金不被挪用、占压。

贷款合同约定将贷款资金用于长期投资、股利支出、弥补亏损、一次性或未预见的支出的，可以通过企业提供的相关资料，验证其真伪，通过银行回单/流水跟踪其资金支付，同样可以验证其贷款资金是否被挪用、占压。

5. 记账凭证调查。

企业在贷款后，出现的异于前期习惯性的经营活动和记账，通常是可疑的，存在掩盖真实资金流向的嫌疑，可以重点调查以下几点：

（1）新增供应商。

- 向新的供应商采购大量存货，且往来金额整数居多；
- 向新的供应商定期支付固定金额货款；
- 向新的供应商支付大额预付款。

（2）异常支出。

- 大规模归还股东、实际控制人等的个人借款；
- 大规模归还关联公司的借款；
- 大规模借款给股东、实际控制人、关联公司。

（3）改变记账手法

- 某个或某几个供应商的记账与其他供应商的记账相比，记账信息明显减少或存在一定规律性；
- 支付给供应商的货款记录在"其他应付款"科目；
- 支付给供应商的预付款记录在"其他应收款"科目。

贷款企业掩盖真实资金流向的手法是多种多样的，在调查过程中一旦发现可疑点，调查人员可以根据可疑点，调查与可疑点相关的一系列业务，确认业务的真实性和必要性，以此判断贷款资金是否被挪用。

6. 财务报表调查。通过企业月度现金流量表和资产负债表监管企业使用贷款的情况。企业流动资金贷款的主要用途就是用于经营过程中流动资金的垫付，保证流动资金的高效运转，提高资金的使用效率。在企业运营的过程中，贷款资金流动企业在不同的阶段会分别转换成原材料、生产成本、产成品和收入。

在购买阶段，部分贷款资金用于购买原材料，资产负债表中库存商品项目的数额在增加，银行存款相应地减少，现金流量表中购买商品、支付劳务产生的现金流出项目存在相应的数额。在生产加工阶段，资产负债表中应付职工薪酬项目数额上在增加，现金流量表中支付给职工以及为职工支付的现金项目中也会存在相应的数值。在商品销售阶段，企业的经营活动卖出商品收回资金，资产负债表中银行存款项目增加、库存商品项目在减少，现金流量表中销售商品、提供劳务的现金存在数额且约等于银行存款的增加额。

同时，这三个阶段分别以原材料购入发票、入库单、出库单、商品销售发票、职工工资单为依据，数值上与资产负债表和现金流量表中的数值的变化相对应。若是出现缺少单据或者单据造假的现象以及资产负债表和现金流量表中出现异常变动的情况，必须要及时查明原因，观察是否存在企业违规使用贷款的情况。

三、基于借款用途调查出现的预警信号

基于以上对借款用途的调查，将贷款企业挪用或占用贷款资金分为以下四类。

1. 归还其他贷款。

- 通过将资金输送给企业股东、实际控制人等，用于归还企业隐匿的其他贷款；

- 通过将资金输送给关联公司，用于归还企业隐匿的其他贷款。

2. 更换或重置固定资产。

- 将短期流动贷款资金直接用于购买固定资产。

3. 快速发展非主营业务。

- 将流动资金贷款用于新设项目；

- 将流动资金贷款用于产品研发；

- 将流动资金贷款用于风险投资。

4. 企业股东、实际控制人等占用。

- 通过借款形式，将贷款资金输送给股东、实际控制人；

- 通过往来款形式，将贷款资金输送给股东、实际控制人等的私人企业。

通过借款用途调查，可以认定贷款企业出现以上预警信号的，应按照合同

中关于挪用、占用贷款资金的相关规定，对贷款资金进行提前收回、停止后期信用额度等措施，防范资金风险。

第三节　案例分析

案例一

一、基本情况

贷款用途：

客户宣某经营一家汽车运输公司，从事货运运输，已经营 7 年。公司名下有约 60 辆车，有约 20 辆是于 2000 年左右购买的，已达到更新的时间，客户表示在当年会逐批更新，每次更新 7~8 辆，平均每辆车在 8 万~10 万元。另需要一部分的流动资金用于公司的营运。故向我行申请贷款金额 200 万元。

家庭基本信息：

客户家庭有套位于××市高新区之江花园 3 幢 1 单元 801 室用于我行的抵押贷款，评估价值 290 万元，另有一商铺，价值 40 万元，一辆森林人越野车，价值 24 万元，无家庭负债，客户配偶怀孕在家休息。

基本经营信息：该客户于 2003 年开始经营××东市运输有限公司，经营范围为货物运输。客户主要从事于周边货物运输。经过 7 年多的经营与发展，积累了丰富的从业经验，因此经营状况良好。公司由 3 个股东组成，其中洪某占注册资本的 35%，是企业的法人。另一股东章某占注册资本的 32.5%，客户占 32.5%，也是实际经营者。客户表示平均净利润在 20%~30%，结算方式主要为现金结算，部分单位月结，基本无淡旺季。

财务信息：

客户公司主要的资产为交通工具（货车），现值 123 万元，总资产为 148.13 万元，无企业负债，有效净资产为 126.68 万元。

客户表示每月的业务收入在 50 万~60 万元，通过其提供的私人账本与其描述相符，另外通过工资和客户表述的货车（60 辆）每天的收入（300~400 元）

进行验证，基本相符。主要费用：雇员工资平均每月 17.7 万元，租金每月 8.93 万元，油费及停车费每辆车 2000 元，共需 12 万元。客户每月经营净利润 7.39 万元，年净收入 88.74 万元。

客户提供的银行账户显示有较频繁的、大额的银证转账交易，剔除该部分，平均现金流入为 16.86 万元，现金流出为 16.75 万元。调查报告上描述：客户的单位为货物运输有限公司，基本上为现金收支。故在银行流水上难以体现公司的实际经营情况。

后续支用情况：

根据净资产、净收入、抵押物价值、有效现金流情况给予客户授信额度 200 万元，支用情况如下：2010 年 6 月 25 日，50 万元，期限 6 个月；2010 年 6 月 28 日，50 万元，期限 6 个月；2010 年 6 月 30 日，50 万元，期限 6 个月。

贷后基本情况：

信贷员于贷款发放后一个月内进行了贷后检查，贷后检查报告简单，提交的贷款支用报告书显示 3 笔 50 万元的贷款都用于购买车辆，但无车辆购买发票等凭证。

二、银监检查问题

为规避贷款资金受托支付监管，贷后资金跟踪不到位，导致贷款资金被挪用流入股市。借款人 150 万元贷款资金，分别于 2010 年 6 月 25 日、28 日和 30 日三次提款，每次提款金额均为 50 万元，以达到自主支付的金额要求，规避贷款资金受托支付的监管。同时，借款人在上述三次提款日当天，将其中 147.4 万元贷款资金转入借款人工行牡丹灵通卡账户，交易明细表明，有 97 万元贷款资金被借款人挪用流入股市，用于股票交易。

三、存在的主要问题

（一）贷前调查不够深入

1. 经营模式描述不够详细。如客户收费标准、车辆油费支付方式（是驾驶员先垫付还是公司统一支付）、销售收入结算方式等未进行详细描述。

2. 对于销售收入的确认没有经过更有力的交叉验证。在本案例中，客户经营货运运输，却没有对每辆车的收费标准（例如按公里数、货物重量计价等）、百公里数耗油量进行详细调查，使得每辆车每天 300~400 元收入和每月 2000 元油费和停车费可信度不高。

3. 对于现金流调查不够充分。即使某些单位客户为现金结算，那收了现金后也会将此部分收入存入公司账户，而不是简单地在银行流水上难以体现公司的实际经营情况。银行流水作为销售收入的最有力验证方式未给予充分重视。

（二）贷款审查审批环节

贷款在经办行审查，审贷会环节虽对客户大额银证转账的记录提出疑问，但信贷员未给予充分解释也未说明在贷后检查时会重点关注。对于调查报告中的疑问未提出质疑。

（三）贷款支用

1. 规避受托支付。该案例中，客户表示贷款用于购买车辆，符合受托支付条件，但分 3 笔，每笔 50 万元支用，规避受托支付比较明显。

2. 贷款支用报告书不合理。贷款支用报告书填写的理由都为购买车辆，但未认真分析其合理性，与首次调查报告中的用途也不符（部分资金用于流动资金周转）。

（四）贷后检查

1. 贷后检查不到位，在首次贷后检查中，未就贷款用途进行详细核实，未收集购买凭证，未就贷款支用报告书的合理性在贷后检查环节进行验证。

2. 对于贷前调查的一些重要信息未在贷后检查中给予充分关注。本案例中，客户有大额、频繁的银证交易，按理应该格外关注贷款资金流向，但在贷后中未重视资金流向的凭证收集，事实上，客户当天将资金挪用至股市。

第九章

信贷后期尽职调查

第一节　信贷后期尽职调查的意义和要求

一、信贷后期尽职调查的目的和意义

后期尽职调查（也称贷后检查），就是在信贷和商业信用活动发生之后到欠款回收前，尽职调查人员持续跟踪调查和采集与债务企业有关的信用信息、信用变化情况，并在当债务企业出现信用风险征兆时及早发出风险预警信号，为债务产生后的风险预警、防范和及时采取相应的预防或补救措施的工作。由于债务企业的经营财务状况总是不断发生着变化，在借款时也许企业经营财务状况良好，但因受到运营能力下降、决策失误、企业外部风险等各方面因素的影响，使债务企业借款后的经营财务状况发生较大不利变化，企业可能在借款后出现危机而造成违约发生。因此，就信贷风险管理而言，后期尽职调查是整体信贷管理和贷后管理的重要组成部分。

从实践来看，我国银行和其他金融机构普遍在借贷发生后对客户管理监控比较薄弱，很多银行和其他金融机构的贷后管理和现场调查几乎是形同虚设。即使有些机构定期检查，也往往流于形式，毫无用处。据某国有银行调查统计，近5年形成的不良贷款中，有30%的原因是贷款之前的决策失误造成的，而70%的原因归咎于后期尽职调查不到位。所以，重视贷款后期的管理和监控，尤其是重视后期的尽职调查是极为重要且十分必要的。具体来说，其重要性和

必要性体现在以下几个方面。

第一，后期尽职调查是对前期尽职调查的校验和补充，有利于进一步确认调查的准确性，及时调整信贷决策。由于社会信用信息缺失，金融机构和商业伙伴对被调查企业的背景核实、企业识别等方面信息获取存在困难，有可能造成前期尽职调查的不准确，进而存在比较大的风险，这时，这些风险就必须通过后期尽职调查来弥补。

第二，后期尽职调查是市场经济环境不断变化和企业经营日趋多元的必然要求。借款企业和商业伙伴是后期尽职调查的对象。由于企业经营环境日益复杂多变，影响因素广泛，不仅会受到国内宏观调控政策的影响，同样还受国际经济影响。未来经济的不确定性进一步加大，全球流动性变化迅速，市场波动明显加大，这些都会给企业经营带来很大影响，对金融机构贷款回收和商业合作的灵活性、专业性、风险预警与应对能力以及决策水平和效率提出更高的要求。同时，企业经营多元化趋势加强，经营领域、经营规模以及经营区域都在日益扩大，跨业经营、跨区域经营和跨国经营越来越频繁。与此同时，企业使用的银行产品特别是金融创新产品日益增多，这些都使得尽职调查的宽度与深度大幅增加，尽职调查的覆盖范围必须跟随企业的发展不断扩大，对企业从事的创新业务风险也必须予以关注。

第三，后期尽职调查有利于金融机构和商业机构转变经营管理理念、提高经济效益。例如，长期以来，我国的金融机构在发放贷款时重数量、轻质量，重结果、轻过程，重短期、轻长期，对贷款之后的监管缺乏有效手段，以致造成呆账坏账不断出现。商业银行需要转变经营理念与机制，摒弃"重贷轻管"的发展方式，强化贷款之后的监控管理，可以提高资金使用效率，稳定资产质量，增强商业银行的核心竞争力。

第四，后期尽职调查有利于及早发现信贷和商业合作中早期的风险问题，并及时采取相应补救措施化解风险。例如在后期尽职调查中发现担保人经营状况发生问题，那么在放贷时就要求借款企业追加担保人。后期尽职调查，还有利于保证信贷的顺利收回，也可以借机加强与企业的关系，增强企业还款的主动性。因为很多情况下，企业由于信息的不对称故意拖延，如果及时沟通情况，了解信息，将会有效消除这种现象。

第五，后期尽职调查有利于发现新的价值。后期尽职调查不仅能把风险控制在可接受的范围内，还能进行价值创造。例如，在贷后回访中，尽职调查人员可以及时发现新的贷款需求，同时借助企业的资源，挖掘出更多的被调查企业。还有一些服务银行的后期尽职调查，更是促进金融创新、提升服务企业能力的重要工具与途径。

第六，后期尽职调查有利于金融机构和商业活动实现可持续发展。例如，由于我国近年来贷款竞争日趋激烈，金融机构之间的无序竞争时有发生，借款企业往往存在多种选择，从而导致一些存在道德风险、过度融资的问题不断出现。同时，有些大企业利用其在市场上的优势地位，降低授信条件，迫使银行放弃部分贷款之前严格的尽职调查。这时候对于银行等金融机构来说，只有通过强化后期尽职调查，从而提高商业银行的资本使用效率和综合收益，才能为可持续发展提供有效保障。

第七，近两年来，由于国家经济持续下行，中小企业尤其是中小民营企业的投资增速下降较快。国家高度重视中小企业、民营企业的发展，迫切需要解决中小企业面临的融资难、融资贵问题，三令五申要求银行和其他金融机构加大对中小企业的贷款比例和规模。为此，国务院专门出台政策措施，例如对中小企业贷款"三个不低于"，要求银行加大对中小企业、民营企业的金融扶持力度。而中小企业的资本构成特征，其采用抵押贷款的比例很小，对中小企业的信用贷款势在必行。在这种背景下，如果银行、金融机构不重视贷后监控和尽职调查，将难以控制风险，抑制坏账。因此，银行和金融机构必须狠抓贷后管理监控和贷后尽职调查工作。

二、信贷后期尽职调查制度要求

1. 建立尽职调查专人负责制。当借款发生后，该项目的客户经理是贷后管理的第一责任人。此时，其本人就是贷后尽职调查的负责人。在重大项目上，有时会指派其他尽职调查人员与客户经理配合，协助参与进行后期尽职调查工作。

2. 建立规范的后期尽职调查与动态跟踪机制。

（1）建立首次检查、月度走访、现场检查和重点检查相结合的贷后管理制度并常抓不懈。

（2）通过定期走访、外部资料收集、预警跟踪、重大风险事项报告、贷款风险分类等方法，加强对债务企业的跟踪监控，分析判断风险程度，及时作出监管安排。

3. 建立贷款五级分类调查原则。贷款风险分类是科学评估和准确反映信贷资产质量、揭示贷款实际价值和风险程度的有效工具，其实质是判断债务人及时足额偿还贷款本息的可能性。

4. 确定重点调查内容。首先，应将调查重点放在借款企业的贷款使用上。如果借款企业擅自更改借款用途、挪用借款资金，例如将短借资金用于长期投资中，就可能会造成借款资金错配而使债务企业借款到期时由于现金不足而违约。

其次，应将调查重点放在债务企业的财务和经营变动情况上。正所谓冰冻三尺非一日之寒，后期尽职调查应针对借款企业的各项经营和财务指标严密监控，深入调查，防微杜渐，发现异常及时预警，才能防范企业由于经营和财务状况发生不利变化时，及早采取各种防范措施。

最后，应持续跟踪调查、监控借款企业的各个重要风险点，这些重要风险点包括已经在贷前调查中识别出来和存在的，也包括借款企业贷后产生的。应定期对可能严重影响贷款安全的风险点进行调查，发现问题及时预警。

5. 建立风险预警调查机制。预警跟踪调查指尽职调查人员发现客户出现预警信号后，按照贷后尽职调查规定的职责和工作流程，对信贷客户进行持续的跟踪管理。对早期发现的预警信号，尽职调查人员通过调查及早识别风险的类别、程度、原因及其发展变化趋势，并采取针对性处理措施，及时防范、控制和化解贷款风险。

第二节　贷款五级分类标准

贷款五级分类制度是根据内在风险程度将商业贷款划分为正常、关注、次级、可疑、损失五类。这种分类方法是银行主要依据借款人的还款能力，即最终偿还贷款本金和利息的实际能力，确定贷款遭受损失的风险程度，其中后三类称为不良贷款。

五级分类是国际金融业对银行贷款质量公认的分类标准，这种方法是建立在动态监测的基础上，通过对借款人现金流量、财务实力、抵押品价值等因素的连续监测和分析，判断贷款的实际损失程度。也就是说，五级分类不再依据贷款期限来判断贷款质量，能更准确地反映不良贷款的真实情况，从而提高银行抵御风险的能力。

以前对银行不良贷款的分类方法是"一逾两呆"（逾期贷款是指借款合同到期未能归还的贷款，呆滞贷款是指逾期超过一年期限仍未归还的贷款，呆账贷款则指不能收回的贷款），这是一种根据贷款期限而进行的事后监督管理方法。"一逾两呆"的不足就是掩盖了银行贷款质量的许多问题，比如根据贷款到期时间来考核贷款质量，就会引发借新还旧的现象，这样就很容易将一笔不良贷款变为正常贷款，而实际上并没有降低风险。这种分类法很难甚至根本无法达到提高信贷资产质量的目的，而五级分类法正是克服了这种分类法的弱点，可以及时反映商业银行的盈亏状况，因此成为改良贷款质量管理方法的选择。

贷款风险五级分类作为加强信贷管理、降低信贷风险的手段，紧密结合贷款风险五级分类建立的信贷管理机制，对实现信贷资金的最大保障具有积极的作用，例如能够及时发现问题、贷款风险识别预警、风险抵补等。

一、贷款五级分类标准

1. 正常类。

（1）借款人有能力履行承诺，还款意愿良好，经营、财务等各方面状况正常，能正常还本付息，农村合作金融机构对借款人最终偿还贷款有充分把握；

（2）借款人可能存在某些消极因素，但现金流量充足，不会对贷款本息按约足额偿还产生实质性影响。

正常类参考特征：

①借款人生产经营正常，主要经营指标合理，现金流量充足，一直能够正常足额偿还贷款本息；

②贷款未到期；

③本笔贷款能按期支付利息。

2. 关注类。

（1）借款人的销售收入、经营利润下降或出现流动性不足的征兆，一些关键财务指标出现异常性的不利变化或低于同行业平均水平；

（2）借款人或有负债（如对外担保、签发商业汇票等）过大或与上期相比有较大幅度上升；

（3）借款人的固定资产贷款项目出现重大的不利于贷款偿还的因素（如基建项目工期延长、预算调增过大）；

（4）借款人经营管理存在重大问题或未按约定用途使用贷款；

（5）借款人或担保人改制（如分立、兼并、租赁、承包、合资、股份制改造等）对贷款可能产生不利影响；

（6）借款人的主要股东、关联企业或母子公司等发生了重大的不利于贷款偿还的变化；

（7）借款人的管理层出现重大意见分歧或者法定代表人和主要经营者的品行出现了不利于贷款偿还的变化；

（8）违反行业信贷管理规定或监管部门监管规章发放的贷款；

（9）借款人在其他金融机构贷款被划为次级类；

（10）宏观经济、市场、行业、管理政策等外部因素的变化对借款人的经营产生不利影响，并可能影响借款人的偿债能力；

（11）借款人处于停产或半停产，但抵（质）押率充足，抵（质）押物远远大于实现贷款本息的价值和实现债权的费用，对最终收回贷款有充足的把握；

（12）借新还旧贷款，企业运转正常且能按约还付息的；

（13）借款人偿还贷款能力较差，但担保人代为偿还能力较强；

（14）贷款的抵（质）押物价值下降，或农村合作金融机构对抵（质）押物失去控制；保证的有效性出现问题，可能影响贷款归还；

（15）本金或利息逾期（含展期，下同）90 天（含）以内的贷款或表外业务垫款 30 天（含）以内。

关注类参考特征：

①宏观经济、行业、市场、技术、产品、企业内部经营管理或财务状况发生变化，对借款人正常经营产生不利影响，但其偿还贷款的能力尚未出现明显问题；

②借款人改制（如合并、分立、承包、租赁等）对银行债务可能产生的不利影响；

③借款人还款意愿差，不与银行积极合作；

④借款人完全依靠其正常营业收入无法足额偿还贷款本息，但贷款担保合法、有效、足值，银行完全有能力通过追偿担保足额收回贷款本息；

⑤担保有效性出现问题，可能影响贷款归还；

⑥贷款逾期（含展期后）不超过 90 天（含）；

⑦本笔贷款欠息不超过 90 天（含）。

3. 次级类。

（1）借款人经营亏损，支付困难并且难以获得补充资金来源，经营活动的现金流量为负数；

（2）借款人不能偿还其他债权人债务；

（3）借款人已不得不通过出售、变卖主要的生产、经营性固定资产来维持生产经营，或者通过拍卖抵押品、履行保证责任等途径筹集还款资金；

（4）借款人采用隐瞒事实等不正当手段取得贷款的；

（5）借款人内部管理出现问题，对正常经营构成实质损害，妨碍债务的及时足额清偿；

（6）借款人处于半停产状态且担保为一般或者较差的；

（7）为清收贷款本息、保全资产等目的发放的"借新还旧"贷款；

（8）可还本付息的重组贷款；

（9）信贷档案不齐全，重要法律性文件遗失，并且对还款构成实质性影响；

（10）借款人在其他金融机构贷款被划为可疑类；

（11）违反国家法律、行政法规发放的贷款；

（12）本金或利息逾期91天至180天（含）的贷款或表外业务垫款31天至90天（含）。

次级类参考特征：

①借款人支付出现困难，且难以获得新的资金；

②借款人正常营业收入和所提供的担保都无法保证银行足额收回贷款本息；

③因借款人财务状况恶化，或无力还款而需要对该笔贷款借款合同的还款条款作出较大调整；

④贷款逾期（含展期后）90天以上至180天（含）；

⑤本笔贷款欠息90天以上至180天（含）。

4. 可疑类。

（1）借款人处于停产、半停产状态，固定资产贷款项目处于停、缓建状态；

（2）借款人实际已资不抵债；

（3）借款人进入清算程序；

（4）借款人或其法定代表人涉及重大案件，对借款人的正常经营活动造成重大影响；

（5）借款人改制后，难以落实农村合作金融机构债务或虽落实债务，但不能正常还本付息；

（6）经过多次谈判借款人明显没有还款意愿；

（7）已诉诸法律追收贷款；

（8）贷款重组后仍然不能正常归还本息；

（9）借款人在其他金融机构贷款被划为损失类；

（10）本金或利息逾期181天以上的贷款或表外业务垫款91天以上。

可疑类参考特征：

①因借款人财务状况恶化或无力还款，经银行对借款合同还款条款作出调整后，贷款仍然逾期或借款人仍然无力归还贷款；

②借款人连续半年以上处于停产、半停产状态，收入来源不稳定，即使执行担保，贷款也肯定会造成较大损失；

③因资金短缺、经营恶化、诉讼等原因，项目处于停建、缓建状态的贷款；

④借款人的资产负债率超过100%，且当年继续亏损；

⑤银行已诉讼，执行程序尚未终结，贷款不能足额清偿且损失较大；

⑥贷款逾期（含展期后）180天以上；

⑦本笔贷款欠息180天以上。

5. 损失类。

（1）借款人因依法解散、关闭、撤销、宣告破产终止法人资格，农村信用社依法对借款人及其担保人进行追偿后，未能收回的贷款。

（2）借款人已完全停止经营活动且复工无望，或者产品无市场，严重资不抵债濒临倒闭，农村信用社依法对其财产进行清偿，并对其担保人进行追偿后未能收回的贷款；

（3）借款人死亡，或者依照《中华人民共和国民法通则》的规定宣告失踪，农村信用社依法对其财产或者遗产进行清偿，并对担保人进行追偿后未能收回的贷款；

（4）借款人遭受重大自然灾害或意外事故，损失巨大且不能获得保险补偿，确实无力偿还的贷款；或者保险赔偿清偿后，确实无力偿还的部分贷款，农村信用社依法对其财产进行清偿或对担保人进行追偿后，未能收回的贷款；

（5）借款人触犯刑律，依法判处刑罚，其财产不足归还所借债务，又无其他债务承担者，农村信用社依法追偿后无法收回的贷款；

（6）借款人及其担保人不能偿还到期债务，农村信用社诉诸法律，经法院对借款人和担保人强制执行，借款人和担保人均无财产可执行，法院裁定终结执行后，农村信用社仍无法收回的贷款；

（7）由于上述（1）至（6）项原因，借款人不能偿还到期债务，农村信用社对依法取得的抵债资产，按评估确认的市场公允价值入账后，扣除抵债资产接收费用，小于贷款本息的差额，经追偿后仍无法收回的贷款；

（8）开立信用证、办理承兑汇票、开具保函等发生垫款时，凡开证申请人和保证人由于上述（1）至（6）项原因，无法偿还垫款，农村信用社经追偿后仍无法收回的垫款；

（9）银行卡被伪造、冒用、骗领而发生的应由农村信用社承担的净损失；

（10）助学贷款逾期后，农村信用社在确定的有效追索期内，并依法处置助学贷款抵押物（质押物）向担保人追索连带责任后，仍无法收回的贷款；

（11）农村信用社发生的除贷款本金和应收利息以外的其他逾期 3 年无法收回的其他应收款；

（12）已经超过诉讼时效的贷款；

（13）符合《财政部关于印发〈金融企业呆账核销管理办法（2010 年修订版）〉的通知》（财金〔2010〕21 号）规定的被认定为呆账条件之一的信贷资产；

（14）借款人无力偿还贷款，即使处置抵（质）押物或向担保人追偿也只能收回很少的部分，预计贷款损失率超过 85%。

损失类参考特征：

①借款人和担保人依法宣告破产、关闭、解散，并终止法人资格，银行经对借款人和担保人进行追偿后，未能收回的贷款；

②借款人遭受重大自然灾害或者意外事故，损失巨大且不能获得保险补偿，或者已保险补偿后，确实无能力偿还部分或全部贷款，银行经对其财产进行清偿和对担保人进行追偿后未能收回的贷款；

③借款人虽未依法宣告破产、关闭、解散，但已完全停止经营活动，被县级及县级以上工商行政管理部门依法注销、吊销营业执照，终止法人资格，银行经对借款人和担保人进行清偿后，未能收回的贷款；

④借款人触犯刑律，依法受到制裁，其财产不足归还所借贷款，又无其他贷款承担者，银行经追偿后确实无法收回的贷款；

⑤由于借款人和担保人不能偿还到期贷款，银行诉诸法律经法院对借款人和担保人强制执行，借款人和担保人均无财产可执行，法院裁定终结执行后，银行仍然无法收回的贷款；

⑥由于上述①至⑤项原因，借款人不能偿还到期贷款，银行对依法取得的抵贷资产，按评估确认的市场公允价值入账后，扣除抵贷资产接收费用，小于贷款本息的差额，经追偿后仍无法收回的贷款；

⑦开立信用证、办理承兑汇票、开具保函等发生垫款时，开证申请人和保证人授予上述①至⑥项原因，无法偿还垫款，银行经追偿仍无法收回的垫款；

⑧经国务院专案批准核销的贷款。

二、贷款五级分类管理措施

1. 尽职调查人员对贷款五级分类管理的总体指导方针。

（1）认真执行贷款风险分类标准，客观、真实、全面、动态地反映贷款质量，贷后尽职调查应及时发现信贷管理过程中存在的问题，为准确判断贷款质量提供可靠依据。

（2）充分利用贷款质量五级分类结果，有的放矢细化尽职调查。

（3）定期全面分析借款人的财务报表，考察借款人与各银行之间的全部账户关系，跟踪分析借款人的各项财务活动。

（4）经常与借款人保持密切的沟通，关注借款人的业务经营情况。

（5）建立贷款风险信号预警机制，密切关注借款人有关还款能力的各类风险预警信号，包括：借款人财务预警信号，借款人非财务预警信号，通过第三方获得的有关借款人的预警信号。及时发现可能导致出现不良贷款的问题，防患于未然。

（6）通过风险分类，密切关注贷款质量的迁徙状况，前瞻性地做好贷款质量监控，力求事前发现风险因素，主动预防不良贷款形成。

2. 贷款五级分类后，尽职调查人员根据贷款的风险状况及特点采取有针对性的具体管理措施。

（1）对正常贷款，要注意加强风险预警，不能放过任何一个可疑因素。

（2）对关注贷款，要密切跟踪潜在风险因素的变化情况，分析评价其对贷款安全的影响。对于未办理贷款担保措施的，要补办贷款担保或进一步强化原有的担保措施。在风险因素未好转之前，一般不增加贷款。

（3）不良发生后，尽职调查人员及时开展风险分类及认定工作，定期进行分类重检，确保风险分类准确、真实、及时，发挥风险分类对贷款质量"晴雨表"功能。

（4）对次级贷款，尽职调查人员协助催收人员要加强贷款本息的催收，保证贷款诉讼时效，密切注意贷款保证及抵（质）押物情况的变化，必要时对债务实施重组，并尽可能地压缩贷款。

（5）对可疑类贷款，尽职调查人员协助法律人员利用法律措施催收，依法追究担保人责任和行使抵押权，并加强对借款人资产的监控，密切注意与借款人有关的合并、重组、托管等不确定因素，采取相应的资产保全措施，防止借款人资产的流失。

（6）对损失类贷款，尽职调查人员要协助其他部门及时足额申报债权，依法参与破产清算，采取一切必要的手段清收，尽可能地减少贷款损失。

第三节　首次信贷后期尽职调查

一、尽职调查时间

首次信贷后期尽职调查在信贷业务发生后的7～10个工作日进行；对于贷款采用分次支用的，逐笔跟踪直至累计支用额达到贷款总额。尽职调查人员要在借款企业用款后10个工作日内完成贷后尽职调查报告。

二、尽职调查人员配置

首次信贷后期尽职调查在条件许可情况下，应安排双岗执行首次贷后尽职调查。

三、尽职调查方法

首次贷后尽职调查应采用现场尽职调查方法。

四、尽职调查基本流程

1. 现场尽职调查，收集资料，记录和取证；

2. 根据收集的资料，分析借款企业存在的问题；

3. 根据借款企业存在的问题，提出整改意见；

4. 根据整改意见，对借款企业实施整改措施。

五、尽职调查的重点

1. 贷款合规性。检查信贷合同、凭证等法律文书是否合法合规及限制性条款是否得到有效的落实。

2. 贷款提取状态。通过访谈借款企业实际控制人或财务主管，了解贷款企业已经提取贷款的实际情况。

3. 贷款后续提取计划。通过访谈借款企业实际控制人或财务主管，了解剩余贷款额度何时提取，便于制订下次尽调计划及时间。

4. 贷款使用。检查借款企业贷款资金的实际用途，是否专款专用，实际用途是否与贷款合同上约定的贷款用途一致，是否改变了贷款用途。（具体尽调方法请阅读本书第八章第二节）

如果发现借款企业没有专款专用或与贷款合同约定的贷款用途不一致，而是将贷款资金挪用到其他地方，应立即采取措施追回贷款资金。

5. 企业运营。通过实地走访借款企业，检查借款企业的经营情况，看其是否正常运行。如果发现借款企业的员工明显减少、库存商品大幅减少、机器设备已停运、在建项目已停建等异常情况，要立即查明原因，判明情况，采取措施化解风险。

6. 抵（质）押物品核实。进一步核实保证人及抵（质）押物登记情况，检查抵（质）押物的保管、占有、经济充足性和可控制程度。

六、尽职调查资料存档要求

尽职调查人员应按照尽职调查的重点，结合借款企业的实际情况，对借款企业进行尽职调查，并做好尽职调查的取证工作。若借款企业能提供全部交易资料和凭证的，将使用凭证复印或拍照打印存档；若借款人不能提供全部交易资料和凭证的，应由借款人出具借款支用明细并签字签章。

现场尽职调查应包含但不限于以下资料：

（1）尽调过程的录音或影像；

（2）企业经营和生产现场的影像或照片；

（3）贷款提取、使用的资料和凭证。

现场尽职调查完成后，尽职调查人员应根据现场尽职调查资料，形成首次信贷后期尽职调查报告。金融机构根据尽职调查报告，针对借款企业存在的问题，形成整改意见书；并根据整改意见书对借款企业实施整改措施并记录整改结果。金融机构应将现场尽职调查资料、尽职调查报告、整改意见书、整改结果记录保存归档，形成借款企业信用档案。

第四节　常规信贷后期尽职调查

一、尽职调查频率

常规信贷后期尽职调查是在首次信贷后期尽职调查到借款到期日前的调查。尽职调查频率的设定根据有两个方面考量：

1. 根据对借款企业的风险分级管理制度制定调查频率。如果是大型企业、国有企业或机构的重要客户，常年借款未发生违约客户，调查频率可较低，例如每3个月调查一次。对于中小企业、第一次借款企业、评级等级低的企业，或者采用信用贷款的企业，调查频率应较高，例如每月进行调查。

2. 根据借款企业信用变化情况调整调查频率。如果经过前一期的贷后尽职调查发现企业信用出现负面变化，可能对借款偿还带来风险和隐患，就应该提高调查频率，例如从每3个月一次提高到每月一次，或从每月一次提高到每半个月一次等。

二、尽职调查人员配置

常规信贷后期尽职调查均采用双岗调查的方式。

三、尽职调查方法

常规信贷后期尽职调查应采取现场尽职调查和外部尽职调查相结合的方式

进行。

四、尽职调查基本流程

1. 非现场外部尽职调查，记录异常变动；

2. 现场尽职调查，收集资料，记录和取证；

3. 根据收集的资料，分析借款企业存在的问题；

4. 根据借款企业存在的问题，提出整改意见；

5. 根据整改意见，对借款企业实施整改措施。

五、尽职调查的重点

常规信贷后期尽职调查的重点放在企业经营变化和还款能力变化情况、企业风险点情况和企业还款意愿变化等三个方面。这三个方面可以通过贷前尽职调查方法，以及对企业风险预警信号的调查反映出来。

调查、比对、分析企业的经营和财务数据是判断企业经营和还款能力的主要手段，在本书的前面章节已经详细论述。同时，尽职调查人员也必须对企业的民间借贷情况、对外担保情况、对外投资情况、行业变化情况、银行抽贷情况等密切跟踪监控。

对企业风险预警信号的调查，能够迅速发现企业可能出现的问题，并有的放矢、顺藤摸瓜，进一步调查、分析和判断企业是否可能出现危及借款偿还的风险。因此，尽职调查人员进行后期尽职调查时，必须重视收集企业风险预警信号。

企业风险预警信号包括重大风险预警信号和一般风险预警信号。当企业出现重大风险预警信号时，尽职调查人员必须立刻展开深入调查，并立刻向机构负责人汇报；但企业出现一般风险预警信号时，尽职调查人员也应该展开调查，得到调查结果后判断是否对借款偿还造成风险，并根据具体调查结果向机构负责人汇报。

（一）外部尽职调查

外部尽职调查在现场尽职调查前进行。通过外部尽职调查的方式，了解借款企业各项信息的变化情况（具体方法请阅读本书第三章第四节相关内容）。

具体做法是，如果企业出现一般风险预警信号或重大风险预警信息，说明企业存在异常或严重异常的变动信息，尽职调查人员应将相关信息详细记录，并向上级立刻汇报。

外部尽职调查的一般风险预警信号和重大风险预警信号包括：

（1）一般风险预警信号。

- 公众媒体上出现不利于客户的消息；
- 接到其他金融机构的资信咨询调查。

（2）重大风险预警信号。

- 企业未通过工商年检；
- 大股东撤资；
- 企业陷入诉讼、仲裁案件；
- 企业存在大额行政处罚；
- 有大量的信用卡透支。

（二）现场尽职调查

尽职调查人员定期对借款企业进行实地走访，通过与法人代表或财务主管面谈，查访经营和生产场所，盘点库存，核查财务凭证，及时了解和掌握借款企业基本情况、贷款使用情况、财务状况、经营管理变化情况以及其他方面的信息。实地走访过程中，调查借款企业在借款用途、还款能力、还款意愿、各项风险点是否出现异常状况，分析和判断借款企业是否出现风险预警信号以及是否危及借款偿还的风险，如构成风险，则需金融机构迅速作出反应，防止违约风险的发生。

现场尽职调查的一般风险预警信号和重大风险预警信号包括：

1. 贷款用途风险预警信号。

- 借款人挪用或变相挪用信贷资金；
- 对贷款缺乏有效的监督，不了解贷款的实际使用情况和还款来源。

2. 还款能力风险预警信号。

（1）一般风险预警信号。

- 企业销售额下降，经营亏损；

- 存货激增，存货周转速度减慢；

- 产品质量或服务水平出现下降；

- 应收账款金额或比例快速增加，应收账款周转期不合理延长；

- 应收账款逾期超过 90 天比例不断增大；

- 用应收票据代替应收账款；

- 相对于销售而言，财务费用、管理费用增长过快；

- 相对于销售额及销售利润而言，总资产增长过快；

- 经营活动产生的净现金流量大幅下降或净现金流量为负；

- 丧失一个或多个实力雄厚的客户；

- 出售、变卖主要的生产、经营性固定资产。

（2）重大风险预警信号。

- 账户资金枯竭；

- 到期票据无力支付；

- 借款企业出现严重亏损。

- 企业财务状况恶化，资产负债比率超过 90%；

- 产品大量积压，存货周转率下降；

- 资产负债表结构发生重大变化，资产负债比率过高；

- 流动资产占总资产比例快速下降；

- 固定资产变动异常；

- 无形资产激增；

- 短期债务异常增加，长期债务大量增加；

- 利润、销售、利润率、现金流量的持续快速下降；

- 经营活动发生显著变化，开工不足，处于停产、半停产或经营停止状态；

- 丧失主要产品系列、特许经营权、分销权或供应来源；

- 出售、变卖主要的生产经营性固定资产；

- 对金融机构及其他债权人出现拖欠或违约行为，金融机构被动展期或出现借新还旧情况；

- 净现金流量为负或净现金流量大幅下降，企业现金状况恶化；

- 能抵押的土地、房屋、资产全部抵押；

- Themis 信用评级分数低于 40 分。

3. 还款意愿风险预警信号。

（1）一般风险预警信号。

- 工资发放异常；

- 企业拖欠税费、电费、水费等费用；

- 故意隐瞒和其他金融机构往来关系和金额情况；

- 企业陷入诉讼、仲裁案件；

- 企业陷入索赔事件；

- 借款企业实际控制人、高级管理人经常无法联系；

- 企业不主动向金融机构提供有关财务及经营情况资料。

（2）重大风险预警信号。

- 大量拖欠税款、工程款、利息；

- 企业拖欠员工工资非常严重；

- 连续的水电费、通信费欠缴；

- 逃废金融机构债务；

- 借款人采取欺诈手段骗取贷款，或套取贷款用于牟取非法收入；

- 股东通过借款，抽逃资本金；

- 企业经常签发空头支票；

- 企业被公、检、法机关立案侦查；

- 企业欠税过多被立案；

- 企业被起诉，且欠款金额巨大；

- 企业发生重大违法违规经营事件；

- 在多家银行开户，或申请过多的信用卡，且有大量的信用卡透支记录。

- 提供虚假的财务报表或其他信息、资料。

4. 抵（质）押、担保风险预警信号。

（1）一般风险预警信号。

- 抵（质）押物品变现能力差；

- 抵（质）押物品变现价值与市场价值差距拉大；

- 抵（质）押物品面临环保困境；

- 抵（质）押物品保险过期；

- 抵（质）押物是否被转移到不利于监控的地方；

- 保证人保证能力下降。

（2）重大风险预警信号。

- 抵（质）押物品所有权发生争议；

- 客户擅自处理抵（质）押物；

- 抵押物品的实际占有人管理不善，抵（质）押物价值下降或金融机构对抵押物失去有效控制；

- 抵押人将抵押物出售或部分出售；

- 保证人破产、倒闭；

- 借款企业与担保人之间相互担保或联保。

5. 企业风险点风险预警信号。

（1）借款企业经营者风险预警信号。

①一般风险预警信号。

- 借款企业实际控制人、股东、高级管理人员发生变化；

- 借款企业实际控制人、高级管理人的行为与贷款前差异极大；

- 借款企业实际控制人、高级管理人员的家庭、婚姻发生重大变故；

- 借款企业实际控制人、高级管理人员身体健康状况出现恶化；

- 借款企业实际控制人、高级管理层之间出现严重分歧或分裂；

- 借款企业管理层品行低下、缺乏修养，员工士气低落；

- 借款企业管理层经营思想变化，表现为极端冒进、冒险、投机或保守；

- 借款企业实际控制人、高级管理人存在不良嗜好；

- 借款企业管理层缺乏足够的行业经验和管理能力；

- 借款企业高级管理人或其亲属有移民倾向。

②重大风险预警信号。

- 借款企业高级管理人员或重要人员发生变动，或变动频繁；
- 借款企业实际控制人不接电话包括不接别人电话；
- 借款企业实际控制人异常消费、资金异常转走；
- 借款企业高级管理人涉及重大法律纠纷、其他突发事件等；
- 借款企业高级管理人员卷入经济或刑事案件；
- 借款企业管理层核心人物患病死亡，或陷于诉讼，或长期离职，无法正常履行职责。

（2）借款企业经营环境变化风险预警信号。

①一般风险预警信号。

- 国家产业、货币、税收等宏观经济政策发生不利于企业的变化；
- 多边或双边贸易政策有所变化，如对进、出口的限制和保护；
- 行业为新兴行业，虽已取得有关产品的专利权或技术认定，但尚未进入批量生产阶段，产品尚未完全进入市场；
- 企业所在行业的主要经营数据呈现不利的行业变动趋势。

②重大风险预警信号。

- 政府调整了行业政策或修改了相关法律，严重影响企业的生产经营；
- 行业急剧衰退，或地区经济状况严重恶化；
- 经济环境变化，如经济萧条或出现金融危机，对行业发展产生影响；
- 遇到台风、洪涝、火灾、地震等严重灾难，损失惨重；
- 国外已有重大的技术革新，国内整个行业的产品和生产技术已经落后，需要革新。

（3）借款企业经营管理风险预警信号。

①一般风险预警信号。

- 部门管理架构和分工不合理、不完备，各部门职责割裂，互不协作；
- 公司章程、业务性质、经营范围发生重大变化；
- 缺乏健全的财务管理制度，财务管理和账务记录混乱不堪；
- 突然变更其注册会计师；
- 对一些客户或供应商过分依赖；

- 赊销政策发生变化；

- 投资活动产生的净现金流量变化过大；

- 筹资活动产生的净现金流量变化过大；

- 借款企业改变了经营场所；

- 劳资双方情绪对立，工作懈怠；

- 突然变更结算金融机构账户。

②重大风险预警信号。

- 借款企业发生变化，如进行租赁、分立、承包、联营、并购、重组等；

- 借款企业的主要股东、关联企业、母子公司或担保单位等发生了重大的经营管理变化，如改制、频繁复杂地进行关联交易、重大关联交易等；

- 盲目向非主营业务领域迅速扩张；

- 与其他企业有大额互保、联保关系；

- 提供大量对外债务担保；

- 建设项目的可行性存在偏差，或计划执行出现较大的调整，如基建项目的工期延长，或处于停缓状态，或该预算调整；

- 企业千方百计到各家金融机构申请贷款，只要能够得到贷款，可以承受许多苛刻条件，如高利率等；

- 向民间机构拆借大量资金，且利息高昂；

- 正在被其他债权人追讨债务；

- 企业对外投资失败，损失惨重；

- 企业和实际控制人大量购买风险资产。

六、尽职调查资料存档要求

常规信贷后期现场尽职调查资料的存档要求与首次信贷后期尽职调查存档要求相同。

现场尽职调查完成后，尽职调查人员应根据现场尽职调查资料，形成常规信贷后期尽职调查报告。金融机构根据尽职调查报告，针对借款企业出现的异常变化，形成整改意见书；并根据整改意见书对借款企业实施整改措施并记录整改结果。金融机构应将现场尽职调查资料、尽职调查报告、整改意见书、整改结果记录，同首次信贷后期尽职调查一同保存归档，形成借款企业信用档案。

第十章

商业信用尽职调查

商业信用是指工商企业之间相互提供的、与商品交易相联系的信用形式，基于工商企业之间的互相信任。它包括企业之间的赊销、分期付款等形式提供的信用，以及在商品交易的基础上以预付现金或者延期付款等形式提供的信用。商业信用和金融信用都是现代信用制度的基础和常见形式，但商业信用的历史远比金融信用久远。

商业信用的交易形式有两种：前向信用交易和后向信用交易。

1. 前向信用交易。其包括两层含义：一是商业主体向其上位企业预付货款订购商品而进行的信用交易，如批发商向生产企业、零售商向批发商预付货款订购商品就属于这种形式。二是商业主体向其上位企业赊购商品、采取延期付款方式而进行的信用交易。

2. 后向信用交易。它也包括两层含义：一是商业主体向其下位商业主体或消费者赊销商品，采取延期付款方式而进行的信用交易，如批发商向零售商、零售商向消费者赊销商品，采取延期付款方式而达成的交易就是这一形式。二是商业主体向其下位的商业主体或消费者预售商品，采取预收货款的方式而进行的信用交易。

由此可见，无论是前向信用交易，还是后向信用交易，都存在着商业信用交易的双向性，而不只是单向的，即单方向提供商业信用。

从总体上来讲，商业信用交易对于加强企业之间的经济联系、加速资金的循环与周转、促进社会再生产的顺利进行等方面都起着非常重要的作用。但具体而论，对于商业信用的卖方提供者来说，其作用表现在能够扩大商品经营规模、开拓商品市场、提高竞争力；对于商业信用的买方提供者来说，其作用主要表现在能够稳定货源、稳定供需关系；对于商业信用的卖方与买方接受者来说，其主要作用均表现为缓解资金短缺的困难。

商业信用尽职调查（或称商业资信调查或商业征信）是指企业在开展商业信用活动前和过程中，债权方（通常是货物或服务的销售方）在对债务方（通常是货物或服务的购买方）授信前和授信后，对债务方支付货款或服务款的能力和意愿的调查。

商业信用尽职调查与信贷尽职调查相似但并不完全相同。因为信贷合作一般都有少量担保或者风险抵押，而商业合作往往是单纯授信，没有抵押，完全凭借对方的信用。正是由于没有抵押物等风险的存在，企业之间在进行商业合作的时候，通常需要对它的上下游合作企业进行尽职调查，挖掘合作伙伴的信用信息，发现其信用问题和影响商业合作的重要因素，以便为作出是否与之进行合作的决策提供依据。商业信用尽职调查与信贷尽职调查的另一个明显区别在于：在信贷尽职调查中，作为贷方的债权人一方处于强势地位，被调查企业一般会积极配合调查。但是在企业之间的赊销等商业行为中，绝大多数产品都是买方市场，一般来讲作为买方的下游企业比较强势，作为上游企业的债权人一方相对处于弱势地位，所以进行商业信用尽职调查时，被调查企业的配合度比较弱。因此，商业信用尽职调查的难度大于或远远大于信贷尽职调查。

商业信用尽职调查由企业信用管理部门的专员负责。信用管理部门的人员统称为信用管理人员，负责调查的人员被称为尽职调查专员。尽职调查专员负责所有客户信用申请的调查和审核、客户的信用信息采集、客户的后期尽职调查调查等工作。

第一节　商业信用交易的历史沿革和发展

1. 企业信用风险的特征。企业赊销信用风险是企业最常见的经营风险。来自下游企业的风险主要是分销风险，表现为结算账期比较长，回款速度慢，甚至企业可能会出现欠款、卷款出逃的现象。现在绝大多数的企业，都是依靠赊销售卖商品。由于买方市场在绝大多数行业中普遍形成，企业为了扩大市场份额，提高市场竞争力，大多数企业都不得不给下游企业以相应的资金支持，资金支持的方式就是不断扩大赊销比例，延长赊销期限，提高赊销额度，先把货物交给下游企业，让下游企业先售卖一段时间之后，再把货款结清。这种赊销方式大约占到现在中国市场 50%～70% 的销售额。这其中蕴藏的一个风险是，一旦下游企业道德出现问题，直接卷货逃跑，或者货物售卖之后卷款跑掉，将会给上游企业造成巨大损失。

以医药为例，医药行业的生产厂家一般不给批发商赊销，但是批发商为了能够顺利把药品销售出去，就不得不采用赊销的方式，一般把药品赊给中小型的二级批发商，二级批发商再把药品赊销给终端的药店和医院，销售之后过一段时间再层层回款。每一个行业从最原始的一个原材料购置，到加工制造，再到产成品销售，批发零售，直到最后的销售终端，都呈现出一条完整的交易链条。每一个企业都处于这个交易链条的一个环节，都有自己的上游企业或下游企业，并且在自身经营中面临着来自上下游环节的各种风险。

来自下游企业的另一个最突出的风险就是，很多下游企业的结算账期非常长，结款速度非常慢。在欧美发达国家，企业的赊销账期大多是 30 天，而我国企业的赊销账期大多是 60 天，而且有不断延长的趋势。据统计，我国采用 30 天账期的企业占比已经从 2005 年的 33% 下降到 2007 年的 31%，采用 60 天账期的企业占比则从 2005 年的 49% 提高到 2007 年的 50%，采用 90 天账期的企业也有所增加。中国的超市企业平均要四个月才向上游的厂家或批发商结款，有的甚至长达半年以上。上游企业为了售卖产品，依然不得不接受漫长的赊销账期。实际上，我国大多数行业中的交易链当中的各个环节，都是赊销的做法。

下游企业还有一个问题是破产的风险较高，因为大多数行业的下游企业多是中小企业。这类企业的抗风险能力较低，在市场环境和经营环境比较好时，下游企业的风险相对较低，一旦市场大环境发生变化，中小企业的资金链就十分脆弱，很容易发生拖欠或者倒闭。

2. 发达国家企业赊销信用管理与商业信用尽职调查。企业对信用管理从无知、漠视、萌醒到自发朴素的信用管理，再到制度化信用管理，各国企业都经历了一个漫长的过程。可以说，信用管理的发展历程完全体现着市场的经济运行规律。

从西方工业革命到 20 世纪初期之前，世界经济一直经历着飞速的、日新月异的发展历程。市场不断扩大和延伸，产品种类日渐多元化，同时供给和需求也呈几何式上升。但是，由于工业化稚嫩的生产制造能力和低效的管理水平以及市场不断扩大的需求，从总体看，商品交易市场一直处于严重供不应求的状态。随着企业生产能力的大幅度提高，以及更大资本被投入到商品市场，在 20 世纪 30 年代，商品逐渐出现供求平衡状态，甚至一些商品开始供大于求。但是这种状况没有持续太久，很快第二次世界大战打响了。市场经济秩序被彻底打破，世界经济倒退。大量企业破产、各种供给严重短缺，甚至无法满足人们的基本需求。这种状况一直持续到战争结束。企业的生命力是旺盛的。第二次世界大战后，企业像雨后春笋般地大量出现，由于生产率的大幅提高，在短短的十年中，欧美市场的商品又趋于供求平衡。这种状况在欧美短暂经济危机以后，终于在 20 世纪 60 年代初期被打破。

欧美国家出现商品过剩显著特征。在 20 世纪 60 年代初期，欧美市场尤其是美国市场，工业自动化高效生产、科学制度化的分类管理使商品市场极大繁荣。市场首次出现不可逆转的变化，商品市场主体从卖方市场转变为买方市场，商品从供不应求转变为供大于求。市场的转轨同时带来的是企业经营管理理念的巨大变化，企业实际控制人似乎一夜间突然发现，原本生产出商品就被抢购一空，而现在却有很多商品销售不出去，成为库存。原本企业间的竞争并不激烈，彼此并不太关心同行的经营状况，而现在同业企业尤其是大企业的经济行为已经直接影响到其他企业。于是，企业竞争成为企业近几十年来的主题。

20 世纪 60 年代出现的商品过剩、供大于求使企业间的竞争逐渐变得激烈甚至残酷。在一个商品交易链中，下游企业的地位越来越高，于是对上游企业提出了越来越多的"苛刻"条件。除了对商品价格、质量提高标准以外，为了能够获得更多资金，下游企业开始对上游企业提出融资要求——赊购货物。上游企业必须先将货物交给下游企业，在一段时间后才能收到货款。虽然上游企业非常不情愿采取这种做法，但是眼看着企业的流失也只能被迫接受。在 20 世纪 60 年代，赊销在欧美企业销售中逐步取代了现金交易，成为企业结算的主要形式。

20世纪60年代，欧美企业经历了很长时间赊销带来的阵痛。企业内部渐渐出现了一些逾期应收账款，甚至有一些应收账款逾期很长时间无法回收。随着企业赊销比例的不断扩大，这种现象越来越严重。很多企业因此出现现金周转困难，坏账的增多使企业利润率普遍下降。在整个60年代，美国企业拖欠商业款项、恶意倒闭逃债、拖欠金融机构贷款现象非常严重。大量美国企业由于赊销后货款收款缓慢以及坏账而被迫倒闭。

欧美企业20世纪60年代出现的赊销信用危机成为了一种普遍现象，产生这种现象的主要原因可以总结为两点：一是当时欧美国家社会信用体系尚未建立起来，企业赊销外部环境存在制度缺陷。社会信用体系是一个国家的政府管理部门制定的，旨在适应和规范信用交易的市场规模，保证国家市场经济健康发展，扩大国家市场规模的管理体系。社会信用体系必须具备四个条件：（1）所有经济主体征信数据开放；（2）信用立法体系建立；（3）信用服务行业成熟；（4）信用正规教育普遍开展。在这四个方面，数据开放和信用立法最为关键。数据开放保障商业交易公开透明、信息对称，债权人对债务人信用状况预先了解；信用立法保障使用信用数据合法规范和失信惩罚机制的建立和完善，使"失信成本大于守信成本"。因此完全可以说，社会信用体系的建立是一个国家信用经济交易的基础和强有力保障。但是，在整个60年代，欧美各国均没有出台任何信用法律法规，政府管理部门也没有将企业信用信息开放。这是欧美企业大量出现赊销债务和倒闭的外部原因。二是由于企业一直采用现金交易，在赊销初期，大多数企业不知道如何有效管理应收账款，企业实际控制人也对账款回收不予重视。这从企业的内部管理和组织结构就能够看出来。一方面，很少有企业对信用管理制定专门的管理规章制度，即使是很多国际大公司在这方面也是空白；另一方面，成立了专门分管信用的部门，全面管理赊销风险的企业更是凤毛麟角。企业低下的信用管理能力是企业大量出现赊销债务和倒闭的内部原因。

大量债务和层出不穷的倒闭使欧美企业渐渐萌醒。在20世纪60年代中后期，越来越多的企业开始了信用管理制度的建立和改革。这段时间也是对企业信用管理学习最热烈的一段时间。企业内部信用管理职能部门开始纷纷建立起来，一些公司为此专门成立了信用管理部（Credit Management Department），并将该部门的等级等同于销售部门和财务部门。另一些公司则在商务部下设立了信用管理职能部门。

在没有设立信用管理部门之前，回收账款工作一直被看作是赊销工作的延续，因此相关职能归属于销售部门。成立信用管理部门后，信用管理的职能发生了根本的变化，企业将信用管理作为企管的主要组成部分而非销售的组成部分。

企业对信用管理的重视还体现在预算上。在没有信用部门前，企业没有信用管理方面的预算，但在信用部门成立后，企业在制定每年年度预算时也将信用管理列入预算支出。

欧美企业在信用管理方面的最大支出是商业资信调查（本书称为商业尽职调查）。受到商业银行每年大量收集贷款企业商业记录和公共信息的启发和影响，每年欧美企业不惜将大量资金投入到购买收集交易伙伴的信用资料上，用以验证新企业和老企业在支付能力的真实性和变化程度。这也成为20世纪60年代欧美国家信用服务机构大量出现的主要原因。这种看似大量投入又没有明确回报的做法，曾经也遭到一些企业的质疑，但几年后企业这方面的投资效果就显现出来，那些作调查的企业各项信用管理数据明显优于没有作或很少作调查的企业，企业投入产出效果非常明显。事实证明，前期调查是欧美企业避免商业信用风险的最主要手段之一。20世纪70年代后期以后，计算机技术逐渐在欧美国家民用市场出现和普及，大企业首先开始在企业数据收集方面引入计算机技术，协助处理收集上来的大量繁多的企业信用信息。

20世纪80年代以后，欧美国家的社会信用体系逐步建立起来，信用法律法规陆续出台，数据开放程度更高，对欠款企业的惩罚更严，社会经济环境更有利于信用销售。这时，大多数企业都已经建立了系统完善的信用管理制度体系，企业内部信用管理的概念已经完全由原先单纯的账款追收转变为企业战略管理、财务管理、营销管理、法务管理（包括合同管理）、企业管理、信息管理的重要组成部分，在企业组织结构中，信用部门是一个权力很大、举足轻重的部门。

这个部门既掌管着所有企业资源，对信用业务具有审批、决策、修改的权力，承担着企业账款回收的重任，而且负责平衡企业销售计划和风险控制。

随着 20 世纪 80 年代计算机的进一步普及，企业内部普遍开始大规模使用计算机开展信用管理工作。信用管理计算机化使企业的信用管理又上了一个台阶，计算机可以使企业内部信用管理建立完整、详细的企业档案数据库；企业资源和信息完全由公司掌握；可以监控每一个企业每一笔交易的进展情况，并随时进行统计分析；可以运用多种评估模型，评估企业信用额度准确快速，避免对企业评估出现人为偏差；同时，各部门人员分级别、分权限管理分工明确，极大地提高企业各部门信用管理工作效率和企业服务质量。在英国，目前有 2400 多种与信用管理有关的软件，可见企业采用计算机化信用管理的普及程度。

据美国收账者协会统计数据显示，当前美国企业平均账款回收期（DSO）为 38 天，企业坏账率平均为 0.25%～0.5%，欧盟国家企业的账款回收期为 45～60 天，企业坏账率小于 1%，这些优秀的数据背后是企业信用管理工作人员巨大的贡献。20 世纪 90 年代以后，随着第三世界新兴市场的快速崛起，欧美跨国企业又面对着新的考验，在一个经济环境、文化、信仰、习俗、法律制度截然不同的国家，信用管理问题又成为了一个必须密切关注，甚至起到投资、交易决策的问题。日本早稻田大学信用研究机构调查显示，已经前往中国投资的和准备前往中国投资的企业中，72% 的企业将赊销和信用风险控制作为首先考虑的问题。欧美国家在 20 世纪 60 年代出现的信用法律制度空白、信用信息闭塞、企业信用意识淡漠违约盛行在这些经济新兴国家再一次出现。可以说，如何在这种环境中将企业信用管理充分贯彻，如何引导和教育这些国家企业接受和采用国际上信用交易惯例做法，是欧美企业信用部门当前亟待解决的问题。随着国际市场交易进一步的信用化，可以肯定，企业信用管理将对各国企业发挥越来越大的作用。

第二节　客户信用信息采集原则和要领

一、信用信息采集的原则

在采集客户信用信息时，应遵循以下四个原则：

1. 真实客观性原则。在采集客户信用信息时，应保证客观、真实反映客户的信用状况，坚决杜绝由于尽职调查专员的主观臆断、个人好恶或者由于其他目的故意隐瞒事实真相，造成评估决策的错误。

2. 多渠道验证原则。在采集客户信用信息时，应通过多种渠道和方法采集客户信用信息，使这些信息能够相互验证。如果信用信息来源渠道单一，资料短缺造成无法相互验证，资料出现误差的可能性就会很大，造成信用评估和决策错误。因此，信用信息采集一般都要求通过至少三个以上的渠道和方法采集客户信用信息。

3. 低成本高效率原则。信用采集必须考虑获取信息的成本。对客户调查过于细致，固然能够保证采集信息更全面，调查内容更准确，但也会造成采集费用过大，信用管理成本过高，企业的整体效益受到影响，违背了信用管理降低企业成本的初衷。因此，信用管理部门在采集信用信息时，应尽量降低采集成本，用最低的成本采集到能够满足企业信用评估和决策要求的信息。

4. 时效性原则。不论是新客户还是老客户，在申请信用时都会要求尽快授予信用额度，保证交易顺利进行。因此，要求尽职调查专员必须在较短的时间内开展有效的调查工作，并及时将所有采集的信息迅速交给信用管理部门。

二、信用信息采集的要领

尽职调查专员采集信息时，应按照"信用信息采集四要素"原则开展工作。信用信息采集包括采集时间、采集地点、调查对象和采集内容四要素。只有熟练掌握这些要素，才能够采集到符合要求的信用信息。

1. 采集时间。在采集客户资料时，应根据不同的调查手段和客户群特点，选择合适和充裕的时间采集信息，保证信息采集的有效性和充分性。

例如，在电话调查时，如果被调查对象工作繁忙，就会对调查敷衍了事，草草应付，尽职调查专员也就无法详细了解客户的信用信息。在实地调查时，应安排充裕的时间与客户交流，使采集的信息更准确和完整。

2. 采集地点。在实地调查时，信息采集地点对判断客户的真实信用状况非常重要，在条件许可的情况下，客户的一些重要场所必须进行走访和调查。如客户的主要经营和办公场所、厂房、车间、库房，这样可以更全面地了解和核实客户的经营实力、企业规模、人员情况、生产情况、设备情况、存货情况，并经过分析和计算，验证其他渠道来源的信用信息。

3. 调查对象。选择恰当的调查对象可以使调查工作更有效率。在调查时，应该事先根据调查内容和目的有针对性地选择被调查对象。例如在了解客户财务状况时，应与客户财务经理联系和沟通；在调查客户购销存情况时，应向客户的采购部门、销售部门、合同部门和仓库管理部门的主管人员调查；向银行了解情况时，应向银行的客户管理部门、信贷部门的主管人员调查；向客户的供应商和购买商了解情况时，其调查对象是客户供应商的信用经理和购买商的采购部门经理等。

4. 调查内容。在调查开始前，尽职调查专员应事先设计和准备好本次调查所需的调查表和调查问题，做到在调查时准备充足，有的放矢，目标明确，问题清晰，避免由于准备不足造成调查内容浮浅、调查项目遗漏。经过精心设计的调查能够使被调查对象不易察觉正在被调查，这样就不会损害客户关系。例如在调查客户领导者的品格和能力时，不能直接向当事人或企业的其他人员询问其本人的品格和能力如何，而应该通过巧妙的问题进行观察和判断。这也正说明调查内容设计的重要性和专业性。

第三节　采集客户信用信息的内部分工

尽职调查专员获得客户信息的来源可以区分为"外部"和"内部"。所谓"内部"来源，是指尽职调查专员从企业与客户交易过程中企业内部各职能部门采集、统计和汇总的信息；所谓"外部"来源，指尽职调查专员从客户之外的第三方机构（或组织）处采集的各种信息，这里主要有来自政府部门的信息、信用相关方的信息、公共信息以及信用服务机构提供的信息等。

一、内部采集信用信息

尽职调查专员对客户信息的内部采集来源主要来自销售部门，也就是说，销售部门是客户信息采集的主要部门。为此，销售部门需要在与客户的接触过程中，及时获取客户的有效信用信息。销售人员处于业务第一线，与客户直接接触、洽谈和签约，因此，销售人员最了解客户的信用状况，掌握着大量的客户信息，销售人员的客户信用信息反馈是最重要的信用信息来源之一。在企业信用管理政策中应明确指出，企业的销售人员应充当尽职调查专员的角色，销售人员不能以任何理由拒绝采集客户信息，或拒绝向信用管理部门提供客户的信用信息。同时，信用管理部门应事先为销售人员准备好采集信息的各种文件，并提供相关的培训和讲座，使销售人员采集客户信息的标准统一，符合信用管理部门采集、整理、评估、归档、查询的要求。

1. 销售人员采集信用信息的来源。销售人员采集客户信息的原则是"现场采集信息"。销售人员的信息来源于"现场"，获得的信息是"亲眼看见的、亲耳听见的或直接得到的信息"，那些需要通过间接渠道采集的信息不需要销售人员采集，而应交给信用管理部门负责。

2. 销售人员采集客户资料的内容。销售人员在与一个新客户开始交往时，首先需要获得客户的基础资料。客户的基础资料包括企业营业执照、税务登记证、企业组织代码证，以及一些特殊行业的资质证明。采集客户基础资料是双方交易的基础条件，这些资料只能反映客户的经营资格，并不能反映客户的信用状况，因此不是信用信息。销售部门采集这些信息后，应妥善保管，或交给信用管理部门、客户管理部门存档。如果由于客户的经营资格、经营范围等没有得到验证，发生经营风险和损失，其责任由销售部门承担。

销售人员通过面访和现场采集客户信息后，应认真和如实填写"现场调查表"，如果在随后的调查和交易过程中发现销售人员填写的调查表内容与客户实际情况有明显不符，并造成企业信用风险和损失，其责任应完全由相关销售人员承担。

3. 销售人员采集客户资料的方法。在实践中，客户会为了达成交易、获取信用额度会隐瞒一些重要的信用信息，需要销售人员耐心细致地开展调查工作，并且以敏锐的洞察力和娴熟的调查技术做好客户资料的采集工作。

（1）初次与客户接触。销售人员初次与客户接触主要是通过信函、电话、电报、传真等方式进行，此时需要注意：

①客户所使用的信笺、信封是否规整；

②客户对销售人员的信件或咨询是否迅速给予答复；

③客户的信函是否具有专业性且信息完整；

④客户对本企业可提供的产品是否具有浓厚的兴趣。

如果通过客户的上述情况已经发现其态度不佳，素质低下，那么就要引起销售人员的警觉，在随后的交往中着重了解该客户的信用状况。

（2）现场采集客户信息。销售人员现场的调查结果相对于初次接触更加真实可信，因为不管企业已经掌握了客户多少资料，但是毕竟是间接信息，只有销售人员与客户实地接触，才能有机会了解更多的真实信息。

（3）积累以往交易信息。企业销售人员与固定客户的交往中，需要积累交易经验，对于双方长期认可的交易条件、付款情况和供货周期等信息加以保留和整理，并从中提取重要的信息作为以后交易决策和信用决策的参考。

4. 销售人员采集信息的注意事项。

销售人员采集客户信息的过程中，应注意避免以下情况发生：

（1）销售人员不能因为销售压力大而放松对客户考察要求。在市场供大于求、销售竞争激烈的情况下，销售人员寻找客户很不容易。在这种情况下，销售人员就可能放松对客户的调查，不能客观地评价客户的信用状况，甚至帮助客户逃避企业的信用调查和评审，蒙混过关，违规达成交易。为此，在企业的信用管理政策中必须明确规定，如果销售人员提供的客户资料严重失实，并造成企业的损失，销售人员本人要承担主要责任，从制度上起到威慑作用。尽职调查专员应该时时提醒销售人员，切勿放松对客户的考察和要求。

（2）销售人员不能被客户的表面现象所迷惑。有的客户为了达到获取信用额度的目的，故意隐瞒和粉饰自身真实的信用状况，骗取销售人员的信任。销售人员应保持清醒、客观的分析判断能力，切不能被客户表面现象迷惑，应该认真深入地了解客户深层次的真实情况。

（3）销售人员不要因为信用管理措施不当而损害客户关系。销售人员在采集客户信用信息时，一定要注意方式方法，掌握合理分寸，既要完成调查任务，又使客户理解和满意。如果在采集信息过程中语言和行为过于僵硬，势必影响客户关系的长远发展。

二、尽职调查专员采集信用信息

1. 尽职调查专员采集信息的作用。在企业信用管理政策中应明确规定，信用管理部门是客户信用信息采集的主管部门，必须担负起采集客户信用信息的责任，对于所有新客户和老客户，信用管理部门都应根据政策要求采集信用信息。尽职调查专员采集客户信息的作用：

（1）补充销售人员采集的信息，使客户的档案资料完整，满足对客户信用评估和决策的需要。

销售人员采集的第一手客户信息是非常重要的。但是，销售人员的信息只能反映客户"现场"信息和与客户交往的情况，而其他信息尤其是第三方信息，销售人员往往没有时间和精力采集。根据企业信用管理政策的分工，尽职调查专员负责采集"非现场"信息，能够很完整地补充销售人员采集信息以外的其他信息。

（2）能够对现场采集的信用信息和客户自己提交的信用信息起到交互验证作用。

对销售人员采集的信息和客户自己提交的资料，必须有尽职调查专员这样的第三方对这些信息和资料进行验证。销售人员采集的信息有时会受到很多因素影响。客观上，销售人员与客户接触交流的深浅、现场走访的机会以及销售人员的信息采集的专业性和责任心等因素都会影响销售人员采集信息的质量；同时，销售人员为了完成销售业绩，主观上也会放松对客户的调查甚至帮助客户隐瞒不良记录。客户自己提交的信用信息被刻意粉饰的现象更为普遍。客户可能会夸大其财务状况、经营情况、销售渠道和发展前景等重要指标，以期获得更多的信用额度。因此，尽职调查专员还必须从其他渠道采集信息，以验证销售人员和客户信用信息的真实性和准确性。

2. 信用管理部门采集客户信息的来源。

（1）外部采集客户信息。

信用管理部门采集客户信息的外部渠道包括：

①向客户直接索取相关信息，包括信用申请表、财务报表等；

②向客户信用相关方索求相关信息，包括对客户关联银行、客户上游供应商、下游购买商和其他关系企业的调查和索取信息；

③在必要时协助或主动进行面访和现场采集信息；

④委托信用服务机构制作客户资信调查报告；

⑤向客户主管政府部门查询相关信息；

⑥从客户所在行业协会获取信息；

⑦从政府和民间组织开办的企业信息查询平台上查询信息；

⑧其他渠道采集的客户信息，包括通过各种专业杂志、报纸和电视等媒体采集客户的新闻资料、网络上的相关信息等。

（2）内部采集客户信息。

信用管理部门采集客户信息的内部渠道包括：

①从财务或结算部门采集的客户信用信息。在一个企业中，财务部门掌握着老客户所有交易信息和还款记录，这些信息客观反映一个老客户真实的付款能力和付款意愿，对信用评估和决策十分重要。因此，财务部门的信用信息必须被充分地利用和监控，并被作为调整老客户信用政策的重要依据。

尽职调查专员必须定期从财务部门采集客户财务指标和信用指标，记录到客户信用档案中，并由信用管理部门根据信用管理政策的要求，对客户采取相应的管理措施。这些指标包括：客户每单交易发票金额、发货日期、账款到期日、实际偿还日、争议账款额、坏账额等。

②从其他部门采集客户信息。除了销售部门和财务部门掌握着客户大量信息外，还有一些部门也或多或少掌握着客户的信息，有些信息具有价值，能够为信用评估和决策提供帮助，尽职调查专员有必要采集这些信息。例如：有些企业设立法务部门，法务部门负责对一些长期拖欠账款进行追讨和诉讼，因此积累了大量的追讨和诉讼信息；负责企业仓储和物流的部门掌握对客户所有发货和运输信息，以及货物交接的手续和记录；另外，信息采集部门、清欠部门、客户服务部门等都会保存一些客户信用信息，信用管理部门都必须定期采集、

整理并记录到客户的信用档案中。

3. 应注意的问题。

（1）必须明确信用管理部门采集信用信息的主导权。在我国，由于信用管理工作没有得到应有的重视，许多企业还没有设立信用管理部门，因此一些企业目前将客户信用信息采集工作交给销售部门。但是，由销售部门掌握客户资源的企业存在管理的重大缺陷和隐患。这是因为销售部门的传统职能与信用管理部门的职能存在冲突。销售部门的传统职能是唯一的，即将企业产品或服务推向市场，在企业可承受的范围内尽量多地销售产品，通过销售使企业利润最大化。而信用管理职能是对销售的"控制"，控制势必就使一些高风险业务被拒绝，影响企业销售业绩。因此，销售和销售控制存在天然的矛盾，将两种截然相反的职能划归一个职能部门管理，必然造成管理的弱化。很多企业信用管理出现严重问题，管理体制的错误是关键因素。同时，销售部门掌握客户资源不利于企业对客户资源的控制。在很多企业，销售部门是客户资源唯一的掌控者，销售人员使用公司的资源和财力培养起客户关系，却将客户据为己有，一旦销售人员出现变动，客户资源也随之失去，给公司造成很大的损失。

因此，客户信用信息采集的职能和客户档案管理职能的合理化，对企业经营管理工作是至关重要的。企业必须建立信用管理部门，并由信用管理部门全面履行信用管理职能，采集、建立和整合客户信用档案，为信用管理政策打下坚实的基础。

（2）妥善解决销售部门和信用管理部门的矛盾。在一些企业中，销售部门和信用管理部门存在较大矛盾，销售部门往往并不配合信用管理部门采集客户信息的工作。销售部门认为信用管理部门削弱了他们的销售职能，侵占了他们的客户资源，甚至对一些他们认为优良的客户指手画脚，甚至拒绝交易，侵害了他们的利益，因此拒绝或消极对待信用管理部门的客户信息采集要求。这就要求信用管理部门充分做好解释说服工作，即使得到企业政策制度的授权也应采用积极而非僵硬的工作方式，争取得到销售部门的理解和支持。

处理与销售部门的关系应掌握几点原则：

①经常性的沟通。信用经理应定期与销售经理会晤，通报信用管理进展

情况。

②定期培训。信用管理部门不断开展针对销售部门的信用培训，统一思想，做好沟通。

③充分解释。当客户的信用申请被拒绝或在信用管理工作中与客户出现争执，应对销售部门和销售人员做好充分解释工作，取得销售部门的支持和理解，消除误解和积怨。

第四节　采集客户信用信息的内容和方法

一、采集客户信用信息的内容

客户的信用信息不等同于客户信息。客户信息非常广泛，原则上所有与客户有关的消息、记录都能够被称为客户信息。而客户信用信息的概念相对比较狭义，只有能够反映客户信用状况并被用于分析客户的债务偿还意愿和偿还能力的信息才是信用信息。

从信用信息采集的角度看，不是所有客户信息都是信用信息，所以不是所有客户信息都要采集。许多客户信息不是信用信息，不能反映客户的信用状况，这类信息就不需要采集；有些信息虽然能够反映客户的信用状况，但对企业的信用评估和决策作用很小，这些信用信息也不需要采集。因此，信用管理部门应事先明确需要采集的信息内容，有规划、有目的、有重点地采集客户信用信息。

客户的下述信息是反映客户的还款意愿和还款能力的重要信息，这些信息必须通过各种渠道采集整理，为企业评估和决策提供依据。

1. 客户财务状况。在客户所有信用信息中，财务数据无疑是最能够反映客户还款能力的信息。因此，企业信用管理政策要求，客户财务数据是企业授予客户信用额度的重要依据。如果客户没有提交财务报表或财务数据，尽职调查专员应坚决向客户催要。尽职调查专员必须让客户明确知道，一个申请信用的企业，有义务向授信方提供财务数据，这是国际惯例和起码的融资要求。如果一个客户坚持拒绝提供财务数据，原则上信用申请将被拒绝或更改为其他更为稳妥的结算方式。

此外，通过信用服务机构的调查报告也可以获得企业财务数据。根据委托方的要求，信用服务机构能够提供一个企业三年甚至更长期间的财务报表，包括资产负债表和利润表，这些报表通常来自工商管理部门。

信用服务机构获得的财务报表通常有两种，一种是尚未经过审计的财务报表，另一种是经过审计的财务报表。尚未经过审计的财务报表是由本企业财务人员编写的报表，尚未接受会计师事务所的审计。由于报表没有经过审计，所以这种财务报表可信度较差，只能作为参考使用。经过审计的财务报表是经过会计师事务所审计的报表，报表中的相关数字都经过审计，所以财务报表的真实性更高，一般认为这种报表具有相当的可信度。根据我国现行的法规，财务会计报表编完以后，必须由注册会计师依法进行审计。注册会计师进行独立审计的目的，是对受托单位公开的财务报告发表意见。他们亲临现场查证报表数据、检查内部控制制度是否健全，有助于阻止欺诈的发生。如果注册会计师在审计过程中没有遵循通用的审计准则和职业道德，会计师事务所和注册会计师不仅要承担经济赔偿责任，而且会受到刑事责任追究。因此，尽职调查专员应尽量要求客户提交经过审计的财务报表。

有时，由于客户信息来源渠道不同，尽职调查专员可能会同时收到客户不同数据内容的财务报表，而且数据可能存在明显差异。当存在差异时，在大多数情况下，从客户自己提供的财务数据会显示客户的经营状况和财务状况较好，而从信用服务机构调查报告上反映的客户财务状况较差，甚至处于亏损状态，这是由于信用服务机构的数据来源于工商管理等政府部门。在我国，这是一个较普遍的现象，企业在希望获得商业信用和贷款时，就会粉饰财务报表，将各项经营和财务指标向好的方向调整，企业在向政府部门上报数据接受监督和报税时，就会隐匿财务报表数据，将各项经营和财务指标向差的方向调整。尽职调查专员在收到差距很大的报表时，必须立刻向客户询问对客户品格的考察。

2. 客户还款意愿和能力。

（1）管理者品格。客户的还款意愿通过客户领导者的品格等定性因素来考察。从信用评估的角度看，客户领导者的品格好坏很大程度上决定了企业的信用状况和还款意愿。如果客户领导者品格差，企业的信用状况也往往非常差。因此，尽职调查专员必须了解客户领导者的品格。

一个优秀的企业管理者应具备的品格和处事原则如下。

品格方面：有魄力、有勇气、有远见、有抱负、有耐心、有责任心、有荣誉感；

处事原则：处事公正、虚心谦和、热忱恳切、勤奋工作、机敏镇静。

企业领导者有以下不良品格时应引起高度的重视：

①爱说大话。一个总是吹嘘自己能力、背景、社会关系，强调个人在企业中的重要作用，忽视经营团队和集体力量的领导者是不值得信任的。从债权人的角度看，沉稳务实的管理者比张扬、虚夸的管理者安全得多。

②假话连篇，歪曲事实，信口开河。对不利于自己的情况，少说或不说是可以理解的。但是如果刻意歪曲或夸大，而且信口开河、假话连篇而面不改色，其品格就存在问题。销售人员应事先了解和掌握一些客户的数据，例如购销存数据、财务数据或产品质量数据，如果与客户自己提供的数据不符，销售人员可以装作不知情地向客户领导人提出，考察他的说法和真实情况的差别。

③总是将错误和过失推卸到别人身上。企业管理者出现战略方针或经营管理的失误是正常的，但是，不能以正确、客观的态度承认错误，总是找各种理由推卸责任，这种领导者是不值得信任的。

（2）领导者的能力。领导者经营管理能力的体现，包括领导者的组织能力、领导能力、策划能力和对企业的控制能力。领导者的个人能力通过企业能力体现出来，如果一个领导者个人能力很强，就能够使一个小企业发展迅速，在竞争激烈的行业中脱颖而出；而一个能力差、平庸的领导者，也可能会使一个好企业逐步衰落消亡。领导者的能力强，企业的还款能力相对较强；领导者的能力差，企业的还款能力也相对较弱。因此，尽职调查专员有必要详细了解领导者的个人能力。

3. 企业战略经营方针。企业是否制订不同时期的战略计划、发展方向和目标，以及战略经营方针是否全面、合理和可持续发展，体现着企业的经营和管理能力的高低，是企业能力的重要表现形式。凡是成功的企业，都有一套完整、翔实的企业战略经营方针，这样的企业还款能力较强；而不成功的企业，其战略经营方针也往往是混乱的，这样的企业还款能力较差。因此，销售人员有必要向客户的领导者了解企业的战略经营方针。调查一个企业的战略经营方针相对较容易，可以直接提出类似的问题。如果客户领导者对企业战略和经营方针问题的回答是混乱的，没有形成一个完整的、有计划的构思，就可以认为企业在战略和经营方针方面缺乏策划，从而对企业未来的发展产生影响。

4. 企业资源优势。一个企业能够在如此竞争激烈的市场中生存和发展，其先决条件是应该拥有一些相对或绝对优势的企业资源。如果没有任何资源优势，这个企业不会有可持续发展的能力，甚至很可能在短期内就出现危机。企业资源优势包括资金资源优势、人才资源优势、技术资源优势、品牌资源优势、政府资源优势、生产资源优势、渠道资源优势、客户群体认同优势等。对不同行业和类型的企业，各项资源优势对企业的重要性也不同。例如在劳动密集型或高资本投入行业，资金资源优势最重要；在知识密集型或低资本投入的行业，人才资源优势、技术资源优势更加重要；在流通型行业，渠道资源和客户群体更重要；而对于依靠政府项目生存的企业，政府资源显然最重要等。因此，在考察客户资源配置时，应首先分析客户所在行业特点以及这个行业最需要的资源，再分析客户是否具备这样的资源以及优势的大小。

5. 董事会和管理层的关系。在现代企业中，董事会和管理层的关系对企业的长远发展影响很大。如果董事会和管理层出现裂痕，势必影响到企业的正常经营管理工作，给企业带来不利影响。同时，如果企业的董事长和总经理由一个人担任，往往会造成总经理的重大决策没有其他人员或机构监督，使企业的发展方向出现偏差，这也被认为是企业管理体制上的一种弊端。因此，有必要了解客户董事会和管理层的关系。

6. 客户资金运用。企业资金运用包括企业资金的投向、领导者的投资风格、企业资金压力等相关内容。考察客户资金运用就是考察客户在资金使用方面是否稳妥。对于企业来讲，客户资金稳妥非常重要。如果客户的资金运用不稳妥，客户在资金使用上比较随意，资金使用在近期出现较大变动，就可能会影响客户的还款能力，给企业带来潜在风险。因此，尽职调查专员必须了解企业的资金运用状况。

客户在近期如果发生如下经济活动，都会影响企业资金的稳妥性，如大量购置固定资产，进行厂房和土地等基础设施建设，机器设备更新，对外投资，兴建新企业，收购其他企业，购买其他企业股票等。

7. 企业的担保和抵押情况。企业的担保和抵押情况是企业的或有负债，是企业的潜在风险，因为企业在抵押和担保的过程中存在较大的不确定性，如果被担保企业出现问题需要客户代为偿还的时候，就会给企业造成较大的信用风险。客户的担保和抵押情况对企业的影响主要体现在以下两个方面：一是如果客户对第三方承担了担保义务，一旦第三方不能偿付欠款，其偿付义务就由客户承担，必然会对客户的资金带来压力，并影响到其他债务的偿还；二是如果存在担保、抵押，如果客户一旦出现财务危机，作为抵押担保的受益人就能够优先获得补偿，而商业交易中的债权人就处于不利的地位。但是，企业的担保和抵押情况无法在报表中体现出来。因此销售人员有必要向客户领导者了解企业的担保和抵押情况。

8. 客户经营状况。客户的经营状况反映企业的竞争能力和潜在动力，如果缺乏良好的经营状况，还款能力必然难以获得保障。对客户的经营状况进行考察时，需要关注的内容主要有：

客户的主营业务是什么，经营业绩是否突出；

客户的原材料采购地域及付款方式是什么，主要的供应商有哪些，彼此关系如何；

客户的销售区域集中在哪里，收款方式如何，主要的客户有哪些，彼此关系如何；

客户是否拥有进出口权，如果有，进出口额有多大；

客户的经营场所有多大，是否为自有，如租用则租金为多少，用做何种用途；

客户的人力资源比例如何，工作效率如何；

客户主要产品的生产能力、实际产量、产品品牌以及各产品在产品系列中所占的比例，等等。

9. 客户身份、信用申请目的。对一些中小客户、新注册的客户或无法通过公共途径获取信息的客户，非常有必要考察和核实客户身份、信用申请的目的和还款能力。如果客户的身份是虚假的，将从根本上威胁信用偿还。一些客户为了获得信用额度，编造迎合企业信用政策要求的条件，掩盖其真实的目的或能力，也会对授信后的偿还造成威胁。尽职调查专员除了应认真检查和核实客户提供的书面证明材料外，还应通过面访寻找此类客户的各种蛛丝马迹，验证并核实客户的真实身份、申请目的和信用还款能力。

二、采集新客户信用信息的方法

企业可以通过很多种方法采集客户信用信息。但是，从信息采集的效率、时间和成本上看，很多方法并不适宜在大规模采集客户信息时使用。企业在采集新客户的信用信息时，应以"5 表 +1 报告"的调查手段为主要采集方法，在特殊的情况下，再配以其他的调查手段。

"5 表 +1 报告"。

第 1 表：向客户提供信用申请表，由客户自己填写、签字并返还企业。

信用申请表的采集几乎没有成本，在时间和效率上是所有信息采集中的最佳采集方法，尽职调查专员在受理客户的信用申请时，对每个客户都必须要求其提交信用申请表。

第 2 表：销售人员或尽职调查专员在对客户现场调查后编写的现场调查表。

现场调查表包括面访采集的信息和现场采集的信息。其中，销售人员必须在客户信用申请时提供面访采集的信息。在必要时也应提供现场采集的信息。

第 3 表：尽职调查专员在向客户信用相关方调查后，编写客户相关方调查表。

在新客户提出信用申请后，尽职调查专员必须采集客户相关方的信息，验证客户的还款意愿和能力。

第 4 表和第 5 表：尽职调查专员采集或要求客户提供资产负债表和利润表。

客户自己提供的或通过资信调查报告获得的客户资产负债表和利润表。在信用评估和决策前，必须获得客户的财务报表，以验证客户的还款能力。针对非常重要的业务和客户，或者客户风险很大的情况下，也会要求客户提供现金流量表。

1个报告：信用服务机构提供的信用调查报告。

在无法通过客户相关方了解客户还款意愿和无法直接从客户那里获得资产负债表和利润表时，信用管理部必须通过信用服务机构获取客户的资信调查报告，以补充缺少的客户相关方信息和财务数据。

对于非常重要的客户，即使5个表格均采集齐全，仍然需要采集资信调查报告。

只有采用"5表＋1报告"的调查制度，才能比较全面地反映出一个客户的全面和真实的状况，起到信用信息相互补充和相互验证的作用。

三、采集老客户信用信息的方法

对于企业的老客户，也应定期或不定期地采集信用信息。虽然在与客户第一次接触时已经采集了该企业的信用资料，并且在与之交易的过程中掌握了客户的付款习惯，但是信用管理部门仍必须不断向老客户索要一些资料，补充和更新老客户的档案数据库，满足信用管理部门对老客户信用状况变化的不断监控和对老客户提出新信用申请的审批决策需要。

对老客户的信用信息采集方法可分为定期采集和不定期采集两种形式。

1. 定期采集。定期采集是针对不同等级的老客户进行的常规采集。尽职调查专员应根据客户的不同等级，按照调查的方法和频率采集客户的信用信息，跟踪监控客户的信用状况。

根据企业信用管理政策的要求，信用管理部门每间隔一段时间对特定的老客户群体进行信用调查审核，这种调查被称为"信用复审"。按照对老客户分级分类管理的信用复审要求，对级别越高、信用越好的老客户，信用复审的频率越低；反之，对级别越低、信用不佳的老客户信用复审的频率越高。根据老客户信用等级标准，对信用信息采集内容的要求如下。

信用信息采集频率和方法

客户信用级别	风险状况	支付记录表现	以往财务指标表现	信用信息采集频率和方法
第一级	风险极低	提前支付货款	流动性快 安全性强 收益性强 财务稳定	每年 1 次客户自己提供经过审计的财务报表
第二级	风险低于一般水平	及时支付货款	流动性和安全性较好并正在改善	(1) 每年 1 次客户自己提供经过审计的财务报表； (2) 每年 1 次信用服务机构提供的调查报告
第三级	一般风险	DSO 逾期 30 天才偿还	财务状况稳定	(1) 每年 1 次客户自己提供经过审计的财务报表； (2) 每年 1 次信用服务机构的调查报告； (3) 每半年 1 次信用相关方调查
第四级	高风险	DSO 逾期 30~60 天才偿还	流动性慢或正在恶化负债率高	(1) 时时采集和监控客户的最新财务报表； (2) 每季度 1 次客户相关方调查； (3) 每季度 1 次面访或实地调查
第五级	极高风险	DSO 逾期 60 天才偿还	流动性慢或正在恶化负债率高	停止调查，终止信用交易 改为现金交易

2. 不定期采集。不定期采集是在老客户出现信用状况变化或重新申请信用额度时对其进行的信用信息采集。不定期采集的目的是针对突发事件采集相关信用信息和数据。在以下情况时需要进行不定期信息采集：

（1）老客户提出新的信用额度申请时；

（2）有消息、迹象和证据表明客户的信用状况突然发生或即将发生恶化时；

（3）交易突然出现异常时；

（4）其他信用经理认为必须立刻采集客户信息时。

第五节　企业赊销客户信用申请

商业信用尽职调查的起始点是企业的赊销客户提出信用申请，此时，企业尽职调查专员应通过企业信用申请开始调查客户的信用状况。

一、赊销客户信用申请的方式

依据国际惯例，下游赊销客户、经销商、代理商在获得信用时，必须向上游企业提出信用申请。赊销客户信用申请，是指赊销客户为了获得信用支持，向上游企业提出的信用请求。严格来说，如果赊销客户没有提出信用申请，就没有从事信用交易的先决条件和必要性，赊销客户信用申请是企业信用交易活动的基础和开端。但在实践工作中，由于赊销客户强势等原因，赊销客户信用申请在中国实际应用还未形成惯例。

1. 赊销客户信用申请的方式。

（1）口头申请。在企业销售人员与赊销客户洽谈业务时，赊销客户向上游企业销售人员口头提出信用申请要求。如果上游企业接受赊销客户的信用申请，双方就在合同中签署信用结算方式的细节内容。但是，口头申请无法使上游企业全面了解赊销客户的信用需求，缺乏信用申请的书面法律依据，不利于上游企业内部审核和信息传递，因此，管理规范的企业都会要求赊销客户在口头提出信用申请后，补充书面信用申请。

（2）书面申请。当赊销客户提出信用请求时，上游企业要求赊销客户向企业提交书面正式信用申请，在申请获得上游企业信用审批部门批准后，再授权销售部门按照审批结果与赊销客户签署信用销售合同。书面申请是最正式和规范的信用申请形式。

2. 企业书面申请的特点。书面申请是最正式和规范的信用申请方式，具有以下特点：

（1）程序更加严谨。信用交易是一项风险较大的交易方式，如果没有严谨的申请流程和记录，就会缺少信用申请的依据，并且随意性较大，可能造成审批、信用评估和决策、合同签订、债权保障等一系列环节的失误，增加企业信用风险。书面申请作为企业申请的纸文件，能够准确认定企业申请目的和意愿，大大提高了申请的严谨性。

（2）能够采集赊销客户信用资料。在书面申请中，包含大量赊销客户信息，这些信息作为赊销客户自己提交的资料，能够为上游企业资信调查、信用评估和信用决策提供重要参考依据。

（3）能够提供一定法律保障。许多书面申请的内容中都包含企业偿付条件、担保、赊销客户应承担的法律责任等条款，一旦赊销客户在这样的书面申请书上签字，这些条款也随之生效。这些措施在保障上游企业权利、账款追索等方面都有巨大作用。

通过几十年的发展演进，书面申请形式已经成为国际贸易和各国国内信用交易时的一种商业惯例。这些国家的赊销客户在信用申请时，都自觉地向授信企业提交书面信用申请。目前我国企业也普遍没有要求赊销客户提交书面信用申请的习惯和做法，在这方面我国企业必须学习和应用。

二、新客户信用申请的步骤

当新客户提出信用请求时，信用申请程序开始启动，这时企业尽职调查专员都应积极配合客户完成信用申请工作。

受理新客户信用申请的具体操作步骤包括：

1. 转达客户信用请求。客户提出口头信用申请时，销售人员应第一时间通报信用管理部门，详细说明客户的信用申请内容和额度。信用经理在接到客户信用申请之后，应迅速了解客户的基本情况，并指定专门的尽职调查专员，负责受理该客户的信用申请并随后调查客户信用信息。

2. 发放企业信用手册。企业信用手册是根据企业信用制度编写的宣传企业信用管理政策的小册子，内容包括企业对客户信用政策、信用管理操作流程和对客户在不同偿付情况下的奖惩措施。销售人员负责向所有信用交易客户发放企业信用手册，以便每个客户清楚了解企业的信用政策。

企业信用手册具体内容包括：

（1）客户信用申请的具体条件，如客户的规模、从业时间、信用状况、财务状况等方面的要求；

（2）客户信用申请的程序和提交的文件，说明每个文件的具体内容和填写的必要性；

（3）客户信用审批的程序和时间；

（4）企业账款管理的程序和方法，说明企业账款管理的方法，双方对账款的对账和沟通的方法；

（5）企业账款催收的程序和方法；

（6）企业对失信客户的处罚规定。

企业信用手册由信用管理部门提供，销售部门发放给企业。有些销售人员认为向客户提供信用手册会破坏和客户的关系，因此存在抵触心理。事实上，这样的做法对企业在随后的账款管理和催收方面帮助很大。它可以使客户清楚了解企业信用政策的具体内容，并清楚认识到拖欠该企业账款将造成的严重后果。

3. 参与商务谈判。在面对重要客户和大宗业务时，销售部门应安排一个专门时间与尽职调查专员和客户一起讨论客户信用申请。在有尽职调查专员参与信用谈判的情况下，销售人员应首先介绍尽职调查专员的身份，并表明只有在重要情况下尽职调查专员才会参加商务谈判，体现了企业对客户的重视程度。

尽职调查专员必须同销售人员一同会见客户，充分了解双方交易所需的信用期限、信用额度、额度类型等问题，并配合销售部门作出合理的信用决策。尽职调查专员还应该与客户建立起友好和相互信任的关系，为尽职调查专员日后的管理工作奠定基础。同时，尽职调查专员也要在谈判中肩负起重要责任。同时，从客户的角度而言，让客户在信用申请阶段就详细了解企业的信用政策，可以使客户从开始就认识到企业对信用管理的重视程度。

尽职调查专员在会谈中必须全面、详细讲解企业的信用政策。这些内容包括：

（1）客户获得信用的基本条件；

（2）客户申请信用应履行的程序和提交的文件；

（3）对客户的具体信用政策，包括企业向客户提供的信用种类、期限，企业信用管理流程、客户获得信用额度应具备的条件等；

（4）企业在应收账款管理时的工作流程和追收方式；

（5）信用管理的奖惩措施，包括对不同客户的管理方法，即对优良客户的鼓励和奖励措施、对不良客户的限制和惩罚措施等。

4. 指导客户填写信用申请表。企业与客户达成交易意向之后，尽职调查专员需要辅导客户正确填写信用申请表，并协助客户提交其他信用文件。

信用申请表中一般都包含一些对客户的限制性条款和惩罚性条款，有些客户不愿填写信用申请表，甚至认为填写信用申请表是对客户的歧视。因此，尽职调查专员必须学会如何说服客户填写信用申请表。在说服过程中，尽职调查专员的说服技巧和处理方式非常重要。僵化、强硬的处理方式很可能遭到客户的强硬反对，甚至直接影响到双方的合作关系。因此，在说服客户填写信用申请表时，应使客户既感到尽职调查专员坚决执行企业信用政策的坚决态度，又体会到他灵活务实的办事作风，既严肃认真，又和蔼可亲。

在取得客户的认可和共识后，尽职调查专员应该将准备好的企业信用手册、程序文件说明和信用申请表递交给客户，并讲解其中每个程序的含义和做法。尽职调查专员还要说服客户提交财务报表。除非能够从公共信息上查阅到客户的财务状况，或有充分证据表明客户的财务状况非常良好、信用交易的风险极小，尽职调查专员才可以放弃这个程序。否则，将拒绝授予客户信用额度。

三、处理强势客户

并不是所有客户都能够被说服，对于一些强势客户和大客户，信用销售往往是交易的先决条件。如果新客户提出信用请求，销售人员在确实无法说服客户放弃信用交易时，应立刻将客户的需求通知信用管理部门。销售人员必须从信用经理那里得到明确信息，了解客户是否能够接受信用销售，这个客户的基本条件是否符合企业信用销售政策的要求。信用经理应该根据企业信用管理政策作出判断，明确和快速通知销售部门所作决定的内容，并指出在这种情况下销售人员应采取的行动和注意事项。

四、受理老客户的信用申请

一直采用信用交易形式的老客户，当原有信用额度不能满足需求时会继续提出新的信用申请。有时，由于时间紧迫等因素，这种申请由销售人员代客户向信用管理部门提出。这时，信用管理部门必须根据客户信用等级、交易记录和信用信息，决定是否批准客户增加信用额度。

1. 对于最低风险级别的客户，即企业集团内部的各采购账户、各分支公司或者行政单位，信用管理部门会立刻增加需要的信用额度，而无须任何调查。

2. 对于较低风险级别的客户，即那些信用评级较好、业务合作密切、合作时间比较长久的信用客户和重要客户，信用管理部门只需向销售部门了解增加交易额度是否正常，相关的交易方式和条款是否有变化，以及本企业在供货时是否能够履行客户的要求即可。如上述普通审查程序均无问题，信用经理会立刻增加客户的信用额度，而无须其他调查。

3. 对于中等（或一般）风险级别的客户，即普通信用级别客户，审查变得非常严格。事实上，信用管理部门可能会由于客户本时期财务状况或现金流情况不佳、信用政策紧缩、信用管理目标未完成等原因，立刻拒绝一些认为有风险的信用申请。即使列入审查程序，审查也会较为严格。这时，除了向销售部门了解客户增加信用额度的原因和合同签订条款有无变动的情况外，信用管理部门通常还需要客户再次提交信用申请以及相关财务状况说明。有时信用管理部门人员会约见客户代表，亲自了解客户申请信用额度的原因。即使由于路途和时间的原因而无法见面，信用经理也有必要和客户的采购部门经理联系，取得客户申请信用的充分说明。对仍有疑问的客户，信用经理还可以与销售经理取得联系，了解是否由于销售的增加而进货增加，并分析客户采购人员和销售人员说法的有无差异和可疑之处。

4. 对于较高风险级别的客户，即有较高风险、财务状况恶劣、经常拖欠货款、逾期时间长的客户，信用管理部门会立刻通知销售部门和客户，拒绝客户新额度的申请。

五、辨别客户不提供信用申请表的原因

企业信用管理政策规定，客户在申请新的信用额度时，必须提交信用申请表。但是，有些客户出于各种原因，可能拒绝提供信用申请表。当客户不愿意填写信用申请表时，尽职调查专员应该立刻开展调查核实工作，并准确辨别客户不提供信用申请表的原因。在确定准确原因后，尽职调查专员应及时向有关部门和人员通报情况，并按照信用经理的指令开展下一步工作。

客户不提供信用申请表的原因大致有七种：

第一，客户对企业的尽职调查存在误解。

许多客户不能正确理解商业信用尽职调查意义，认为要求客户提供信用信息是不相信客户的表现，是对自己的歧视和侮辱，有损双方的合作关系。

第二，客户认为信用申请表的有关内容泄露了客户的商业机密。

一些客户认为，信用申请表的许多内容涉及客户自身的商业机密，例如客户供应商和购买商信息、银行信息、财务信息等内容，都是较为敏感的信息，这些信息的泄露会损害客户自身的权益。

第三，客户内部管理混乱。有些客户内部管理水平低下，管理流程混乱，办事拖沓，相关人员多一事不如少一事，以不会填写表格等理由互相推诿，造成迟迟无法递交信用申请表。

第四，由于交易双方买强卖弱，授信企业处于弱势地位，客户处于强势地位，客户倚重于强势地位不接受企业任何信用审查。

第五，客户不重视与企业的合作关系。当客户的供应商选择较多，或对企业产品需求量较小时，客户可能对企业采用歧视政策，拒绝提供任何信用协助和调查。

第六，由于客户自身信用状况存在缺陷或有不良记录而回避信用审查。

有些客户融资和还款能力较差，财务状况不佳；有些客户在付款意愿和付款速度方面信誉较差，经常和大量拖欠融资款和货款；有的客户存在曾被政府机构查处等不良记录；有的客户在公共记录中负面信息很多。这些客户会刻意

回避信誉审查，拒绝提供信用申请表。

第七，客户存心诈骗而回避信用审查。

客户申请信用完全出于诈骗目的。这时，诈骗人会虚构各种信息取得销售人员的信任。但是当信用管理部门要求提供信用申请表和相关信息时，诈骗人由于无法自圆其说而拒绝提供信用申请表。

在实际工作中，有的客户可能出于上述多种原因同时存在而不提供信用申请表；有的客户则是由于某种原因不提供信用申请表，但却以其他的借口掩饰、搪塞。因此，尽职调查专员必须认真分析判断客户不提供信用申请表的真实原因。

六、说服客户提供信用申请表

当客户对企业的信用管理政策存在误解而拒绝提供信用申请表时，尽职调查专员应负责解释、说服和安抚工作。尽职调查专员在说服客户提供信用申请表时，应使客户充分了解本企业信用管理政策，正确理解采集信用申请表的意义，并最终使客户自觉自愿地提供信用申请表。

在说服过程中，尽职调查专员的技巧和处理方式非常重要。僵化、强硬的处理方式很可能遭到客户的反感，甚至直接影响到双方的合作关系。因此，在说服客户填写信用申请表时，尽职调查专员既要让客户充分感到企业坚决执行信用管理政策的态度，同时又表现出态度诚恳、灵活务实的办事作风。

在说服客户提供信用申请表时，尽职调查专员应向客户说明以下几点原因：

（1）客户向企业提供信用申请表是遵循国际惯例原则。在国际上，企业间信用交易中客户提出书面信用申请已经在全球范围内形成约定俗成的贸易惯例，并沿用了半个世纪以上。客户不提供信用申请表被认为是对授信方的严重歧视，这种情况客户往往得不到任何信用额度。中国企业信用交易日益活跃，信用交易活动必须遵守国际惯例，客户应按照国际惯例提供信用申请表。

（2）客户向企业提供信用申请表是遵循对等公平原则。授信企业对客户提供信用，为扩大客户经营规模和运营资金提供了很大的便利，并因此承担了账款拖欠甚至坏账的信用风险，在这种情况下，要求了解客户一些简单的信息或要求一定的保障是完全公平的，应该得到客户的支持。

（3）信用申请表内容不涉及客户任何商业机密。信用申请表的格式和内容完全遵循国际通行的方式，内容上不会涉及客户任何商业机密。企业要求获得客户其他供应商和购买商信息、银行信息、财务信息，只是为了简单核实客户在还款能力和还款意愿方面的情况，不会询问其他的信息。同时也不会向第三方泄露客户任何信息。

（4）可使客户获得更高的信用待遇。如果客户提供齐全和有保障的信用申请表，在审批过程中，可能会获得更高的授信额度和企业其他优惠政策。而那些不配合调查甚至拒绝提供信用申请表的客户，将无法得到任何优惠政策。

（5）信用申请表是区分客户的试金石。只有信用记录不良的客户才会害怕调查和对外提供信息。优良客户应该通过各种途径宣传企业，与那些信用不良的企业区分开。还可以举例说明其他优良客户都积极配合和主动提供信用申请表，而只有几个经常拖欠货款、信用不良的企业拒绝提供信用申请表。这样做可以通过正面引导的方式获得信用申请表。

（6）要求客户提供信用申请表是企业既定的信用政策和方针。如果客户不提供信用申请表，客户就无法得到任何信用额度，使贸易无法实施。为使双方合作进行下去，客户应配合企业的信用政策。对于相对弱势的客户，适当的强硬态度往往能够取得成功。

七、辅导企业填写信用申请表

信用申请表没有统一的格式和内容，不同行业、不同企业的信用申请表各不相同。但是，标准的信用申请表中，有几个方面的内容是必须具备的，这些内容的设计目的不同。

1. 客户一般信息。客户一般信息是反映客户工商注册的信息。在信用申请表中，这些信息包括以下内容。

注册名称：在工商管理部门注册的具有法人资格和承担法律责任的名称；

注册地址：在工商管理部门注册的法定地址；

经营地址：实际办公和对外宣传的地址；

发票地址：在邮寄发票时送达的地址；

成立日期：在工商管理部门注册成立的日期；

企业性质：在中国，该项目反映企业的所有制性质。

客户的注册名称必须是客户在工商管理部门注册的全称。如果没有搞清客户的名称，或在签署合同时使用了不完全准确的客户名称，其法律主体就可能发生变化。许多判例都是由于企业名称不完全准确造成签订合约的本身不被承认，使债权方失去向债务方索取权益的权利。

客户的地址必须被清晰地了解和掌握。在很多企业中，"公司地址"往往不是唯一的。注册地址仅代表企业在注册时办公和使用的场所，随着时间的推移和企业的发展，其办公场所可能发生改变，或者由一个办公场所迁移到另一个办公场所，或者由一个办公场所发展成为几个办公场所。在一些较大的集团公司中，负责企业销售的机构和负责企业财务结算的机构可能分属两个不同的地址甚至不同地区，如果不能确知其经营地址和发票地址，将对企业今后的工作带来很多的麻烦，甚至影响双方的合作关系。

成立日期能够反映客户经营时间的长短。在信用评估和决策时，绝大多数人认为，刚刚成立或成立不久的企业产品不成熟，经营渠道不畅通，管理制度不完善，企业出现信用风险的可能性大；而成立很久的企业产品成型，渠道畅通，制度完善，企业出现信用风险的可能性小。因此，客户的成立时间成为企业决策的一项依据和考评指标。

2. 客户信用相关方的信息。客户信用相关方信息，是指客户经济交易和财务往来过程中与其他经济体和金融机构往来的信用信息。在信用申请表中，这些信息包括：

（1）客户关联银行的信息。这里所说的关联银行，是指与客户建立财务关系和融资往来的银行。银行信息又分为资金往来银行的信息和信贷往来账户银行的信息。其中，资金往来银行的信息是开立基本账户和一般账户所在银行的信息；信贷往来银行的信息是开立贷款账户所在银行的信息。无论是资金往来银行还是信贷往来银行的信息，都要求客户提供银行名称、详细地址、银行接洽人的姓名和联系方式等内容。

客户所在银行的信息能够为企业提供客户重要的信用信息和信用决策依据。资金往来银行是一个企业资金主要存放和流动的银行，基本账户的资金存量和变动情况很大程度上反映了一个企业的实力和经营规模。信贷往来银行是向企业贷款的银行，贷款账户存量、变动情况以及偿还借款的速度，也能够从一个侧面反映客户的还款能力和还款意愿。

在向银行索取客户信用信息时，银行必然需要得到客户事先的书面同意。因此，如果需要向银行调查客户的信用状况，那么在信用申请表中一定要包含授权声明的内容，表示信用调查获得客户的授权，同意银行接受相关调查。客户应在授权条款后加盖公章。

（2）客户商业信用相关方信息。这里所说的客户商业信用相关方，主要是指客户的上游供应商和下游购买商。

客户供应商信息是客户上游供应商对客户付款情况的评价信息。企业向客户供应商咨询的内容包括与客户的交易时间、交易量、信用额度、客户债务还款能力、还款意愿和实际偿还情况等。

购买商的信息是客户下游购买商对客户供货情况的评价信息。客户购买商信息是客户下游购买商对客户供货和产品情况的评价信息。企业向客户购买商咨询的内容包括与客户的交易时间、交易量、信用额度、客户产品和市场情况、与客户合作的前景等。无论是供应商还是购买商信息，都要求客户提供交易商名称、详细地址、交易商接洽人的姓名、联系方式等内容。

与采集银行信息相同，在向客户的其他合作伙伴采集信用信息时，也必须得到客户的书面授权。因此，在信用申请表中一定要包含授权声明的内容，表示信用调查已经获得客户的授权，客户同意针对客户交易商的调查。客户应在授权条款后加盖公章。

（3）客户财务信息。客户的财务信息包括客户在一个时期的资产状况和收支情况。在绝大多数信用申请表中，都要求客户提供上一年度的财务信息，包括资产负债表和利润表上的数据资料。在特殊的情况下，例如重要客户的信用销售，也会要求客户提供更多年份的财务信息。这时，客户也可以将财务报表随附信用申请表一并提交。

（4）惩罚性条款。信用申请表的惩罚性条款，是指在企业的权利被侵害时，客户应承担的相应义务和赔偿责任。

信用申请表的格式存在一定差异。在一些信用申请表中，不包含对客户的惩罚性条款，而另一些信用申请表中，则包含惩罚性条款。关于信用申请表中是否应包含惩罚性条款，应根据实际情况而定。过于严厉的惩罚性条款，会使客户感到非常不满和反感，甚至危害到业务合作；但有些时候，例如当销售商占据主导地位、客户无关紧要、客户的信用风险很大、客户的经营时间很短和行业既有惯例时，惩罚性条款也完全可以使用。目前国际流行的信用申请表格式，基本都包含惩罚性条款。较为常见的惩罚性条款包括：

①对于客户拖欠账款的罚息条款。客户拖欠账款的罚息，是指当客户拖欠企业的账款达到一定时间后，企业向客户征收的利息费用标准。罚息＝日罚息率×拖欠天数。

②对于客户承担逾期账款催收费用的条款。当企业将客户拖欠的账款委托第三方追讨或法律诉讼时企业费用转嫁给客户应承担的费用标准。

③个人担保条款。个人担保，是指客户的股东、主要负责人以个人身份为本企业申请信用提供的担保。当法人无法偿还欠款时，由上述个人的财产进行偿还。

一旦客户在信用申请表上签字，这些惩罚性条款就成为客户的承诺，客户因此承担相应的法律责任。

八、客户信用申请表的格式和内容

信用申请表是按照企业要求，由客户在信用申请时填写的信用信息表格。信用申请表一般都是由企业根据本行业和本企业的特点提前设计出标准样本，在客户提出信用申请时，将标准样本提供给客户填写。

标准信用申请表中文格式：表格一：（信用申请人经营期限未满 5 年填写）

×××××公司　信用申请表

信用申请人基本情况

公司名称：_____　注册地址：_____

经营地址：（如与上述不同）_____　电话：_____　传真：_____

邮政编码：_____

发票地址：（如与上述不同）_____　电话：_____　传真：_____

邮政编码：_____

公司性质：□有限制公司　　□合伙企业　　□独资企业

公司成立日期：_____

公司总经理和公司主要负责人

姓名 1：_____身份证号码：_____电话：_____

家庭住址：_____邮政编码：_____

姓名 2：_____身份证号码：_____电话：_____

家庭住址：_____邮政编码：_____

信用申请

上年度销售额：_____本次申请信用额度：_____申请额度使用方法：□一次性　　□循环使用

申请账期：_____

银行资料

开户银行：_____银行地址：_____

账号：_____银行接洽人：_____邮政编码：_____

贷款银行：（如有）_____银行地址：_____

银行接洽人：_____邮政编码：_____

其他供应商

供应商 1：_____地址：_____接洽人：_____电话：_____

供应商 2：_____地址：_____接洽人：_____电话：_____

供应商 3：_____地址：_____接洽人：_____电话：_____

信用申请人保证条款

每次销售所用的销售条款（包括付款或收款条件）按每张发票详细列明的为准。我公司作为信用申请人在此同意支付因未支付货款而造成的所有必要的追账费用或有关法律费用。债权人有权与以上银行和供应商联络以核实我公司的信用状况。债权人有权单方决定是否提供或延续信用。债权人有权单方面决定终止任何信用的提供或延续。

我已阅读并理解以上诸条款，我在此同意以上所述。

信用申请公司全称：_____授权委托人签名：_____申请者职位：_____

日期：_____信用申请公司合同章：_____

个人担保

本签字人独立地亲自保证及时支付在此以前和以后由上述商务引起的所有债务。此个人担保不会因为提供的信用总额大小而受到影响。此个人担保只有在上述债权人信用管理部门发出挂号邮寄的书面撤销通知后才会失效，并且任何个人担保的撤销并不意味着取消担保人在此撤销发生前因所有债务而提供付款的义务。

签名人1：_____身份证号码：_____家庭住址：_____邮政编码：_____

日期：_____

签名人2：_____身份证号码：_____家庭住址：_____邮政编码：_____

日期：_____

签名人3：_____身份证号码：_____家庭住址：_____邮政编码：_____

日期：_____

表格二：（中文格式，信用申请人经营期限超过5年填写）

×××××公司　信用申请表

信用申请人基本情况

公司名称：_____注册地址：_____

经营地址：（如与上述不同）_____电话：_____传真：_____邮政编码：_____

发票地址：（如与上述不同）_____电话：_____传真：_____邮政编码：_____

公司性质：□有限制公司　　□合伙企业　　□独资企业　　公司成立日期：_____

母公司名称（如有）_____地址：_____

公司负责人和财务负责人

姓名1：_____身份证号码：_____电话：_____邮政编码：_____

姓名2：_____身份证号码：_____电话：_____邮政编码：_____

姓名3：_____身份证号码：_____电话：_____邮政编码：_____

姓名4：_____身份证号码：_____电话：_____邮政编码：_____

信用申请人经济往来方信息	
资金往来银行：	信贷银行（如有）：
地址：	地址：
联系人：	联系人：
电话：	电话：
传真：	传真：
供应商1：	供应商2：
地址：	地址：
联系人：	联系人：
电话：	电话：
传真：	传真：
供应商3：	供应商4：
地址：	地址：
联系人：	联系人：
电话：	电话：
传真：	传真：

　　我代表信用申请公司特此同意，在这信用申请表上所列的银行及供应商有权提供给××××××公司的信用部经理任何就建立我贸易信用的有关我本人或我公司的资料。

　　此授权的参考证明的影印件可能被接受。

信用申请公司全称：_____授权委托人签名：_____申请者职位：_____

日期：_____信用申请公司合同章：_____

以下信息是信用申请人20_____年财务情况信息（如提供编制的资产负债表和利润表，可不填写下述财务数据）

流动资产：　　　　　　　　　　　　　　流动负债：

银行存款及现金_____　　　　　　一年内的银行存款的应付账款_____

到期的客户应收账款_____　　　　到期的应付税务账款_____

库存成本　_____　　　　　　　　到期的应付商品债权人账款_____

其他的流动资产_____　　　　　　一年内的其他到期债务_____

251

固定资产:　　　　　　　　　　　　　　　　年内未到期负债:

企业设备: _____　　　　　动产的货物货款抵押: _____

企业用地: _____

动产的其他资产: _____

企业用房: _____　　　　　房地产货款抵押: _____

其他固定资产: _____　　　其他长期负债: _____

资产总额: _____　　　　　负债总额: _____

净值: _____

其他说明:

_____

_____

_____

_____

双方特此同意所有货物的购买应根据以下条款来进行

1. 以下签字的买方同意支付账户过期_____天的服务费, 这些收费按每月_____% 的比率收取。

2. 以下签字的买方同意在其拖欠的账款及其账户因之被转到追账公司或律师那里来进行追账时, 支付因追账及/或律师费用、法庭费用、传送费用和/或其他因其不付款所致的所有费用。

我作为信用申请人的授权人已经充分了解你们信用申请表上所列的条款, 所有此表上我提供的信息收费所知的是完整和正确的。

信用申请公司全称: _____　　授权委托人签名: _____

申请者职位: _____

信用申请公司合同章: _____　日期: _____

第六节　现场采集客户信用信息

现场采集客户信用信息能够最真实地反映客户的运营能力, 因此, 必须重视对客户的现场尽职调查。由于企业与客户接触最广泛的是销售人员, 因此多数情况下销售人员充当了尽职调查人员的角色。在开展重大的赊销业务时, 信用管理部门也会直接派遣专职尽职调查专员前往客户现场进行调查。

现场采集客户信息有两种形式, 一种是面访的形式采集客户信用信息, 另一种是进场的形式采集客户信用信息。

一、面访采集客户信用信息

面访采集是指通过与客户面对面地交谈了解客户信用状况的调查活动。面访是重要的信息采集途径，尽职调查专员应充分利用这个机会，获取通过其他途径无法采集的信息。在各种信用活动中，面访都被认为是企业考察客户信用状况最行之有效的方法之一。有经验的尽职调查专员可以通过面访了解客户的品格和能力，判断授予客户信用的风险性，评估客户今后的偿还能力和意愿。

尽职调查专员在与客户的交谈中，应密切观察客户的行为举止，认真记录客户的谈话内容，并通过提出各种有针对性的问题考察客户的信用状况。

1. 面访的准备工作。尽职调查专员在面访前应首先了解一些该客户的基本信息，包括客户的经营状况、行业中所处地位、经营者和领导者的背景、与本企业的经济来往以及客户的信用需求等信息。尽职调查专员可以通过销售部门、客户网站或搜索引擎、企业内部保存的客户信用记录、客户信用相关方提供的信息以及客户自己提交的资料等渠道了解。只有掌握客户的基本信息，才能够在面访过程中提出有针对性的问题。

2. 面访时提出的问题。在对客户面访前，尽职调查专员应做好充分准备，并根据客户的具体情况预先设计好提出的问题。在面访时，尽职调查专员向客户询问这些问题。

（1）评估客户经营管理方面的问题。

①从资料中反映，贵公司近三年的销售收入和利润方面不十分理想，是否在经营上有一点困难？

②听说贵公司的管理层有一定变动（或企业正在改制），企业将在经营和人事的哪些方面进行调整？

③贵公司好像在经营方向上有所调整，这种调整基于什么考虑？

（2）评估客户财务和付款情况的问题。

①从财务报表中我们看到贵公司的应收账款较多，最长的应收账款（或DSO）大致是多长？

②从财务报表中我们看到贵公司的应付账款周转期较长（或与应收账款周转期差距较大），贵公司对外支付是否较为缓慢？

③有的企业反映贵公司付款的速度较慢，这是普遍现象吗？

（3）围绕客户银行往来情况的问题。

①贵公司的结算银行好像不止一家，请问贵公司结算银行主要是哪几家？

②贵公司的贷款较大，短期和即将到期的贷款数额大致多少？

（4）评估客户企业管理者品格的问题。

①您的从业背景和经验是否对企业的经营发挥重要的作用？

②听说贵公司最近涉及一项法律诉讼（行政制裁、退票传闻、经营决策失误），请介绍一下情况。

从资料看，贵公司好像存在一些对外现金支付的压力，通过什么方法解决？

（5）评估企业管理者能力的问题。

①贵公司的经营管理理念是什么？

②如何能够管理好一个企业，管理的核心是什么？

③贵公司如何进行团队建设？

（6）评估企业战略经营方针的问题。

贵公司经营方针和计划是什么（三年或五年计划是什么）？

（7）评估企业竞争优势的问题。

您认为您的企业最突出的优势和资源是什么？

（8）评估企业管理层合理性和稳定性的问题。

①董事长和总经理是否是同一人？

②总经理对董事长的评价如何（要判断在夸奖的背后是否有不满的情绪，总经理和董事长不和会危及企业的发展）？

（9）判断客户身份、还款能力的问题。

①贵企业好像刚刚进入这个行业，我们还从没有从其他企业中听到过贵企业的信息，贵企业为什么进入该行业？

②贵公司以往供货商有哪些，为什么放弃继续合作？

③贵企业的购买商有哪些？与购买商或代理商在什么时候建立起合作关系？

这些购买商合作了几年，每年的采购方式是什么？

④贵公司的销售渠道（或客户）较少，如果它们停止购货，贵公司如何应对？

⑤如何能够保障按期偿还货款？如果购买商没有按期偿还货款是否会影响你们的付款？

（10）判断客户资金使用方面的问题。

①听说最近贵公司要进行大额资产购置，这些资金从哪里筹措，是否会对支付造成一定的影响？

②听说贵公司正在多元化发展（或对外大额投资），这些投资大约多长时间可以开始盈利？

③听说贵公司的管理者热衷于在资本市场的短线投资和资金运作，可否介绍这方面的情况？

（11）了解客户在抵押、担保方面情况的问题。

①听说贵公司为其他企业提供了担保，请问是否存在此类担保，担保的数额大小？

②贵公司向银行贷款是以什么资产担保的？

3. 面访采集信息时的要求。

（1）面访的时机。原则上一个新客户提出信用申请时，尽职调查专员都必须对客户进行面访，当面采集客户的信用信息。当老客户在付款能力和付款意愿方面出现问题，并危及债务偿还的时候，信用经理也有必要亲自或派遣相关人员对客户进行面访。

（2）面访的时间要求。新客户的面访应安排在信用评估和决策前进行；老客户的面访应在客户出现危机时立刻安排。专门针对信用调查的面访时间安排不能低于3个小时。对于一些重要客户或信用交易金额巨大的业务，累计面访时间应在5个小时以上。

（3）面访的人员要求。大多数非重要客户和在有条件限制的情况下，销售人员应充当面访时的尽职调查专员。对于重要业务和客户，尽职调查专员有条件见到客户时，尽职调查专员也应单独或联合销售人员对客户进行面访。

（4）面访时提问的要求。尽职调查专员不能让客户有被审问的感觉，更不能居高临下、怀着不信任的态度进行会谈。提问时应该采用敬语，并用假设和推测的方式询问。

（5）面访的气氛。不论多么重要的会谈，不论怎样怀疑客户的信用，面访的气氛都应该是和谐和友好而非对立的。尽职调查专员应善于缓和会谈的气氛，使面访变成一个相互了解、增加信任的场所和与对方建立良好关系的开始。

4. 面访的操作步骤。

（1）当一个新客户向销售人员提出信用申请要求时，销售人员就应立刻开始采集客户的相关信息，并着手准备需要向客户了解的问题。

（2）在准备工作完成后，销售人员应安排与客户面访的时间，并向客户强调此次会谈的主题是信用申请的相关问题。

（3）在与客户约定时间后，销售人员应与信用管理部联系，通报会议的相关情况。尽职调查专员和信用经理决定是否参加面访，并回复销售人员。

（4）在面访结束后，应由销售人员撰写面访报告。报告中除了详细记载洽谈的全部内容外，还必须在每一项调查内容上加入销售人员的参考意见。报告随客户提交的信用申请表一起提交信用管理部门。在尽职调查专员参加面访的情况下，尽职调查专员审核销售人员面访报告时可以加入自己的意见。

二、现场采集客户信用信息

现场采集是指通过到客户内部实地走访采集信用信息的调查活动。现场采集是通过对客户现场实际工作状况的考察，了解和核实客户信用状况的调查活动。现场采集信息的优势体现在"现场"，因为一切调查均来自第一手资料。

1. 现场采集客户信息的内容。现场采集的客户信息包括客户生产经营、办公场所和人员状况、生产状况、购货情况、存货情况、销售情况、生产能力情况等。

相对于客户的财务报表信息，客户供销存和生产情况更加真实，不宜作假、修饰、隐瞒，不但能够反映客户真实的经营能力，而且还能验证客户提交的财务报表和信用申请表的真实性。

（1）对购货情况的考察。尽职调查专员可以通过走访客户的合同部门或采购部门获得客户的购货信息。

对于一个平稳发展的企业，业务已经定型，其每年的购货渠道比较稳定，有的企业甚至在年初就已经签订了全年的购货合同。通过对客户购货渠道和购货合同的了解，就大致可以计算出这个客户全年或一个时期的购买量、销售成本等数据；如果客户没有固定购销渠道、业务随机性大、存货不能满足生产需要，虽然这个客户的发展潜力可能很大，也会给授信方带来较大的信用风险，在信用评估和决策时应十分慎重。

（2）对存货情况的考察。尽职调查专员应走访客户的仓储部门，了解原材料和产成品的库存金额、每月或每日耗用量、进货量及库存周转时间，同时也可顺便了解原材料的进货价格等信息。

原材料是企业生产中重要的环节，原材料不足则生产受到严重影响，甚至难以为继；反之，原材料过多，不仅积压大量现金，而且大大增加企业的管理费用，甚至影响存货的品质。产成品也是如此，过多的产成品积压说明企业的销售环节出现问题。因此，企业的原材料存货和产成品存货必须适当。

（3）对销售信息的考察。尽职调查专员应走访客户的合同部门或销售部门获得客户销售信息。

销售活动是企业经营活动的最重要组成部分，无论企业的生产能力有多强，如果不能销售出去，企业经营创造利润的最终目标就无法实现。因此，销售能力的调查十分重要。

销售能力的调查包括以下几个方面：客户近三年销售业绩、销售价格、销售渠道、主要销售对象和客户数量、收款情况等。

（4）对生产状况的考察。尽职调查专员应走访客户的生产部门获得客户生产状况信息。

如果客户是一个生产型企业，就有必要对客户的生产能力进行调查。生产能力包括生产设备能力和运转能力，设备能力是机械的设计能力，运转能力是加入原材料、人工、时间等生产要素的总和能力。

调查客户的生产能力，首先应了解生产能力的计算基准。计算基准要素包括每月工作天数、每日工作小时数、每日几班制、机器保养期间、适当运转基准和计算单位等。了解计算基准后，再调查现有职工人数是否与生产能力相适应。通过这些调查，大致可以测量出客户的生产量，验证其他数据中有关客户购销存数字的准确性。

（5）客户的生产经营场所、办公场所和人员的考察。客户的生产经营场所、办公场所能够从一个侧面反映企业的资金实力和规模。生产、经营和办公场所应和客户的资金实力、经营规模、销售收入、利润状况密切相关，如果客户提交的资料显示客户的资金实力和规模很大，但是场所的规模、环境却不相称，客户提交的资料就值得怀疑。另一种情况是，客户的场所过于豪华气派，与客户的资金实力和规模不符，此时也需要对客户的真实状况提出质疑。

企业员工的工作态度、积极性、对企业的看法和忠诚度、薪金水平和福利待遇、员工流动情况等信息也能够从一个侧面反映企业的经营管理状况。其中，员工的对企业的看法和忠诚度最需要调查了解。

2. 现场采集信用信息的要求。

（1）现场采集信息的时机。信用管理政策并不要求所有信用申请都必须现场采集信息。现场采集客户信息的成本是所有信息采集成本中最高的，而且可能耗费较多的调查时间。因此，信用管理政策规定，只有在条件许可的情况下，才有必要现场采集信息。

由于销售工作的便利，在很多情况下销售人员都有机会进入客户现场，这是包括尽职调查专员在内的其他人员都不具备的优越条件。销售人员应该充分利用这个便利条件，为企业采集大量的重要信息。对于一些非常重要的客户和业务，有时尽职调查专员也会独立或与他人共同完成现场采集客户信用信息的工作。

（2）现场采集信息的时间要求：现场采集信息的时间不能低于 3 个小时，对于一些重要的或金额巨大的信贷和信用销售，累计调查时间应在 5 个小时以上。

（3）现场采集信息的人员要求：绝大多数现场采集信息的工作由销售人员完成。对于一些重要的或金额巨大的信贷和信用销售，以及授信方与客户所在地在合理距离内时，信用政策也要求尽职调查专员甚至信用经理参加。

（4）现场采集信息的气氛：进场调查应是在和谐和友好的气氛中进行。实际上，被尽职调查企业应毫无察觉正在被调查。富有经验的尽职调查专员会在不知不觉中完成实地调查。

（5）现场采集后的书面报告。无论是销售人员还是尽职调查专员进行实地调查，在调查结束后，都必须撰写"现场采集调查报告"。报告中除了详细记载洽谈的全部内容外，还必须在每一项调查内容上加入尽职调查专员的评语和参考意见。

3. 现场采集信息的操作步骤。

（1）当销售人员或尽职调查专员第一次前往某个客户所在地考察、谈判或参观，或到某个客户所在城市出差，不论是否已经授予该客户信用额度，销售人员或尽职调查专员都必须对该客户进行进场信息采集。

（2）在现场采集信息前，尽职调查专员应该详细了解该客户的基本情况，并有计划和有针对性地准备调查的内容。

（3）尽职调查专员应判断客户是否愿意配合调查。如果客户非常重要和强势，并且非常强烈地反对调查，那么尽职调查专员的调查可在非公开情况下进行，不必通知客户调查的情况；如果客户相对弱势或并不介意被调查，为节省时间，信用采集人员可以通知客户安排调查的接待单位和人员。

（4）在面访结束后，应由销售人员撰写现场采集信息的报告。报告中除了详细记载进场走访的全部内容外，还必须在每一项调查内容上加入销售人员的参考意见。报告随后提交信用管理部门。在尽职调查专员参加现场采集工作的情况下，尽职调查专员审核销售人员报告时可以加入自己的意见。

第七节　非现场采集客户信用信息

一、直接索要客户信息

尽职调查专员应直接向客户索要相关资料，包括客户的"三证"、客户的信用申请表和财务报表等，以验证客户的身份、了解客户的信用状况，并取得客户的付款承诺。关于这一点，第一章已有详细论述。

二、通过客户信用相关方采集信息

客户信用相关方是指曾经或正在与客户发生交易的经济体，包括银行等金融机构、客户上游供应商、客户下游购买商等。

由于客户的信用相关方曾经与该客户发生过经济往来和信用往来，掌握着客户大量信用信息和交易记录，因此，如果能够获得这些信息，将对企业信用评估和决策帮助巨大。信用管理政策要求，采集客户信用相关方信息是客户信用信息采集的必要程序，客户信用相关方信息必须采集到才能够评估。

1. 采集客户关联银行的信息。银行掌握着企业大量信用信息，包括企业的银行存款存量和增减量，资金流入和流出的走向，借款、担保和还款记录等信息。

与客户有经济往来的银行分为资金往来银行和信贷往来银行两种。资金往来银行是企业在经济往来活动中的财务结算银行，企业资金通过银行流入和流出，完成各种经济活动的结算任务。资金往来银行又可分为基本账户银行和一般账户银行。基本账户银行是企业经济往来结算和企业内部资金活动中的主要银行，一个企业只有一家基本账户银行；一般账户银行则起到附属作用，一个企业可以有多家一般账户银行。信贷往来银行是向企业提供借款的银行，是企业的金融债权人，信贷往来银行掌握着申请人大量贷款信息和债务偿还信息。在很多情况下，申请人的信贷往来银行也是其资金往来银行。

在采集客户关联银行信息时，应特别注意对以下一些环节进行详细调查。

（1）关联银行的数量的调查。企业往来银行的数量应适合其营业规模。如果一个企业关联银行过多，那么这个企业与每个银行的往来关系都不会很紧密，而且企业的资金和存款调度也可能经常发生错误。正常经营、信用良好的企业不会多头开户，而会将其绝大多数业务放在一家银行。因此，关联银行过多的企业本身十分值得怀疑，所以，尽职调查专员应该调查企业的关联银行数量，并详细了解每个银行的重要程度和相关客户信息。

在财务结算过程中，如果一个客户的付款银行经常发生改变，也是一个危险信号，应记录到客户信用档案中，作为信用管理部门的决策依据。

（2）客户的银行借款金额的调查。如果从客户财务报表中或其他途径了解客户存在银行借款，尽职调查专员应向客户提供借款的银行进行调查核实。银行借款调查核实内容包括贷款种类、期限、担保品、贷款偿还情况等。如果通过调查发现客户提供的借款金额与银行提供的信息严重不符，尽职调查专员应立刻与客户进行核实和查证。

目前，中国人民银行已经建立银行信贷查询系统，每家银行都可以在系统中查询客户的借款情况，这个系统目前只对银行系统内部开放，企业无法使用这个系统进行查询。

（3）客户的银行存款数量的调查。尽职调查专员还应调查客户在银行的存款数量。在得到客户的授权后，尽职调查专员可以向银行询问客户在银行的存款数量。按照国际惯例，银行应该予以配合，至少应将客户的存款的量级告诉尽职调查专员。但是在我国，即使拿到客户的授权，仍有很多银行会以各种理由拒绝此类查询。

（4）客户银行基本账号资金往来情况的调查。尽职调查专员应向客户开设基本账号的银行询问客户资金往来的情况。要求银行提供详细数据显然要求太高，但是询问这个账号的资金往来是否活跃则通常可以得到答复。通过分析客户资金往来是否活跃，就可以判断客户提供信息是否真实。

（5）银行评价。在调查客户的关联银行信息时，最好能够获得银行对客户的评价。但要注意，银行给予客户的评价往往比客户的上游供应商的评价高得多。这是由于企业总是尽最大努力与银行保持良好关系，即使企业出现财务危机，也会首先偿还银行的债务，况且银行还手握企业贷款时的担保品。因此，对于银行的评价，必须采取相对保守的判断。比较而言，供应商的评价才最可信。但是，一旦银行对客户有一点微词，就应立刻引起尽职调查专员的高度重视。

有时，被调查的银行工作人员处于对自身的保护或多一事不如少一事的心态，不太配合调查或干脆予以拒绝。这时，要告诉他三点：（1）这种做法是国际惯例，几乎所有国际银行天天都是这样做的。（2）对客户的信用调查是相互的，企业也会在对方需要的时候提供有用的信息。现在很多行业的供应商之间、企业和银行之间都相互沟通，联合打击经常赖账的购买商和诈骗犯。（3）如果对方认为是商业机密，可以拒绝回答，但一些基本信息仍然需要对方配合。

2. 采集上游供应商的信息。客户的上游供应商是了解客户信用非常重要的信息来源，尽职调查专员或信用经理应把采集客户上游供应商信息作为重要的工作任务。客户的上游供应商往往是企业的同行，甚至是竞争对手，但这并不妨碍双方相互帮助验证客户的信用状况。在欧美国家，一个行业里的大部分企业都会加入本行业的信用组织，以便交流经验和信息。行业中的信用经理也彼此认识甚至熟知，在需要帮助的时候，信用经理之间的交流和信息采集往往一个电话就可以解决。在中国，有的行业内的信用交流和互助组织已经建立，交流日趋频繁。

对于客户的上游供应商，调查的重点围绕着客户付款意愿和付款能力。在付款意愿的调查中，要了解客户以往的付款习惯、账款平均付款速度、有无经常拖欠的记录、有无经常提出质量争议的记录和退货记录等。在付款能力方面，可以了解客户有无因为财政困难迟付账款的现象，或开出支票被退回的现象。

在直接和客户的上游供应商联系时，最好是由信用经理打电话。这样可以表示对事情的重视程度以及对对方的尊重。在联系申请人供应商时，如果供应商有信用管理部门，应直接联系对方的信用经理，这是最好的选择。如果没有信用管理部门，应联系供应商的销售部门负责人。

打电话是最好的联系方式。这种方式既省费用，又能够将己方的要求陈述清楚。虽然如此，许多银行和供应商不愿在电话中透露申请人的信用记录或其他相关信息。他们通常要求授权书，这时就必须通过发传真的形式将客户信用申请表的授权内容发给申请人的银行或供应商，然后再进一步进行调查。

3. 采集下游购买商的信息。尽职调查专员也应关注和采集客户下游购买商的信息。虽然从表面看这些信息并不能直接反映客户的付款情况，但是从下游购买商那里也能获得企业有用的信用信息。这些信息不仅可以验证客户销售的真实性，而且可以了解他的客户群体的构成和销售范围，以及客户销售渠道的稳定性。

对于客户的下游购买商，调查的重点围绕着销售能力方面进行。要了解客户与下游交易方的交易额、交易方式和结算方式、产品价格、产品质量、合作的延续性、发展趋势等内容。

三、征信市场采集客户信息

所谓征信市场，是指由征信机构组成的、为企业和个人提供被调查对象信用信息而形成的市场。那些专门为经济组织提供信用信息的征信机构通常被称为信用服务机构，信用服务机构采集信息编写的报告被称为资信调查报告。

1. 征信市场采集信息的优点。从征信市场采集客户信息是现代企业普遍采用的客户资料采集方法，这种方式具有其他采集渠道无法比拟的优势。

（1）内容全面。一份由专业信用服务机构提供的资信调查报告包括几乎所有能够反映企业信用状况的信息，包括以下内容。

公司概要：介绍公司的简要情况；

公司背景：介绍公司的注册情况、历史、隶属关系、股东及行政人员资料；

业务情况：介绍公司的业务范围、现在的供货来源、市场分布、收付款习惯以及所在地区、办公场所状况；

付款记录：介绍公司以往对外付款记录及获得的最高信用额和信用期；

财务情况：介绍公司财务情况及营业发展趋势；

银行往来：主要往来银行及关系；

公共记录：介绍公司的法律诉讼、抵押记录等；

综合评估：对与该公司交易时应注意的问题、应采用的结算方式、信用额度和放账期等进行评估，并提出建议。

（2）信息及时。资信调查报告从委托日到完成一般需要 7~10 个工作日，这个时间可以满足大多数业务需要。如果企业需求迫切，信用服务机构可以在最短 3 个工作日内提供。可以说，没有哪个渠道和方法能够比征信市场采集信息更快捷。

（3）内容专业。

①大多数资信调查报告都包含被调查企业的财务信息，除了财务信息外，资信调查报告还对这些财务信息进行详细的分析，并写明分析结果。

②标准资信调查报告都包含尽职调查专员实地走访的内容，这些信息能够真实反映一个企业的经营情况，在企业无法现场采集客户信息的情况下，信用服务机构的实地走访对核实客户身份十分必要。

③对于中小企业，有时即使掌握了客户的一些信用信息，也无法准确评估客户的信用状况。由于信用服务机构保存着大量行业信息和企业信息，并且长期从事资信调查和信用评估工作，因此，可以比较准确地分析被调查企业的信用状况和信用等级。标准资信调查报告都会在报告中提出信用评估和决策的建议，为企业的信用决策提供帮助和指导。

（4）成本低廉。成本是大多数企业长期、大量选择资信调查报告的主要原因之一。与企业内部人员调查相比，资信调查收费相对低廉。目前，国内标准资信调查报告普遍在 1000 元以下，国际标准资信调查报告也不超过 2000 元。而且，信用服务机构往往通过会员的方式推广业务，并向会员企业销售资信调查"单元"。企业通过购买"单元"，可以在上述价格基础上享受大幅度优惠。

由于从征信市场采集客户资料具有其他采集方式无法比拟的优势，所以，它成为欧美企业采集客户资料的首选方式。通常情况下，企业在制定信用管理政策时，会明确要求信用管理部门通过征信市场采集客户资料，并要求信用管理部门作出征信市场采集信息的预算。

2. 资信调查报告的内容。一份完整的标准资信调查报告，其内容应包含以下信用要素：

企业注册情况、分支机构及下属企业、历史沿革、社会荣誉、企业组织结构图、董事与主要经营者简介、从业人员状况、经营场所状况、主要产品及生产线、采购来源、付款情况、供应商情况、产品销售范围、结算方式、销售/服务对象、销售渠道、客户情况、资产负债表、利润表、资产及负债对比表、安全性分析、营运性分析、收益性分析、财务说明、主要开户行及账号、银行借贷情况、信用评估等级、总体评价等。

第八节　关注客户信用状况变化

在对客户赊销后，尽职调查专员密切关注客户的各种迹象，分析和判断客户的信用变化趋势。客户有些迹象对企业来讲并不是很严重的，但应引起企业的注意；而另一些迹象则非常危险，可能意味着客户将发生较大变化，甚至威胁到应收账款的安全。

1. 需要引起注意的客户言辞。

（1）需要注意的各种托词。

如果一个客户突然出现下列言辞，并且和以往的情形很不相同，这可能说明客户要拖延付款了。这些迹象绝大多数可能都是虚惊一场，并不代表客户出现了问题。对客户反映出的最初迹象的疑惑取决于管理经验和判断。但是，尽职调查专员必须具备这种敏感。如：

"总经理（财务经理）出差，没有他的决定什么钱都无法支付。"

"请等几天，马上有客户向我们付款。"

"请等几天，客户尚未付款。"

"电脑故障，无法打印支票。"

"支票已经寄出，不过不能排除中途丢失的可能，最近出现了好几次。"

（2）采取相应的管理措施。越是对客户产生怀疑，越要加大与客户联系的频率。尽职调查专员可以通过侧面了解客户的情况，但是必须注意不能在联系过程中流露出任何怀疑的口气，否则可能适得其反，损害客户关系。尽职调查专员在没有取得证据前，没有必要向信用经理汇报。

对需要引起注意的客户言辞，尽职调查专员应该记录在客户通话记录簿中，供信用经理查阅。

2. 需要密切监控的迹象。客户出现以下情况时，尽职调查专员必须对客户作出专项调查，并在信用经理的指导下采取相应的管理措施。

（1）突然或经常变换开户银行和账号：必须立刻调查清楚这种情况的真实原因。

（2）客户高层出现重大人事变动：必须调查客户管理层的变动是否会影响到双方的合作关系，或者客户的付款政策是否会发生变化。

（3）突然大量增加订单：必须查明是否由于客户的销售渠道和销售量大幅增加，或者拿到一个大订单？这种增加是建立在稳健的基础上的吗？客户能否按时拿到货款并偿还上游企业？如果不能，客户拿什么偿还货款？

（4）流动比率和速动比率低于行业标准或所有客户平均标准，应该密切跟踪，如果差距太大，应该降低客户信用等级。

（5）资产负债率高于行业平均标准或所有客户平均标准：一般性跟踪。比平均标准高出太多，或者接近资不抵债，应该分析客户的现金还款能力。

（6）经营额连年下降：应了解其真实原因。在没有其他情况同时发生时，暂不用采取任何措施。

（7）公共信息采集的财务数据与企业提供的财务数据不符：应与客户取得联系，询问其中原因，如果是客户为了得到更多信用额度而引起的，应根据准确的财务数据重新评估客户的信用额度。

（8）隐瞒抵押和担保情况：应了解其真实原因。没有其他情况同时发生时，不用采取任何措施。

（9）关联企业出现重大变化或严重亏损：应评估这种变化和亏损对客户产生的影响。

（10）客户的下游企业出现重大变化：应评估这种变化对客户销售额和利润的影响，以及对本企业的商品供应产生什么影响。

（11）受到政府相关部门严厉查处：应评估这种变化对客户造成的影响，以及对本企业的商品供应产生什么影响。

（12）在供销存方面存在隐瞒事实的现象：按真实情况重新评估客户的信用额度。

（13）毫无理由即要求退货：至少说明客户是一个不遵守商业道德的企业。除非客户作出合乎情理的解释，否则取消信用额度，改为现金交易。

（14）经常提出质量争议。只要断定有两次以上是客户故意所为，就应立刻降低客户级别。

当客户出现上述迹象，尽职调查专员必须立刻记录，并放入客户文件夹中，随客户通话记录簿定期上交信用经理。

3. 需要立刻采取债权保障措施的迹象。客户出现以下情况时，尽职调查专员必须立刻向信用经理汇报，信用经理也应立刻与主管领导、销售部门负责人取得沟通，建议立刻取消客户的信用额度，改为现金结算。

（1）退票：客户的付款支票被退票是非常严重的恶意拒付现象。

（2）有远低于进货价销售情况发生；毫无规划和目的地倾销说明客户存在立刻卷款倒闭的可能。

（3）流动性指标和安全性指标严重恶化，客户的现金流极其短缺或破裂，严重资不抵债：这样的客户风险太大，无法再给予信用额度。

（4）突然出现巨额经营亏损或投资亏损，超过企业承受的极限：这样的客户风险太大，无法再给予信用额度。

（5）被揭露出现大额抵押担保并造成连带损失，超过企业承受的极限：这样的客户风险太大，无法再给予信用额度。

（6）被银行列入黑名单，连银行的贷款都能够拖欠的客户是完全不值得信赖的。

当客户出现上述迹象，尽职调查专员需要立刻记录并放入客户文件夹中，并及时向信用经理汇报，采取进一步管理措施。

第十一章

尽职调查的行为心理学

尽职调查是一个极具挑战性的工作，这在尽职调查人员进入企业现场后表现得更为突出。尽职调查的特点就是要在信息不对称的情况下，在很短暂的时间内挖掘企业的真相，作出正确的分析和判断。而尽职调查人员面对的是一群陌生的人、一个陌生的环境和一个无法预知的场面。因此，尽职调查工作对尽职调查人员综合素质要求很高，既要拥有专业的技术能力（智商），又必须拥有极强的社会经验、沟通能力，尤其是敏锐的分析能力和判断能力（情商），通过各种细节挖掘企业真相、发现企业的疑点和风险点。

尽职调查人员进入企业现场后，所面对的各种人、物、场景都反映着企业的重要信息。尽职调查人员要通过各种访谈、对人的观察、对物的观察、对场景的观察，对企业的还款能力、还款意愿、风险点、借款用途等进行分析判断，这时，就对尽职调查人员的观察、判断能力提出了极高的要求。如何提高尽职调查人员的观察、判断能力？学习一门专业的学科——行为心理学能够迅速提高这方面的能力，这是优秀的尽职调查人员必修的课程。实际上，优秀的尽职调查人员往往都是一个在业务实践中熟练掌握行为心理学的人。熟练掌握行为心理学，既可防止上当受骗，又可避免误解他人，还能准确领悟他人意图，走进他人内心。尽职调查人员对于行为心理学的研究和掌握，并娴熟运用到尽职调查的实际中，将极大地提高尽职调查的质量和效率。

尽职调查中行为心理学的应用，主要体现在以下几个方面。

第一，尽职调查最重要的工作内容之一是尽职调查人员和借款企业实际控制人、主要经营者、财务主管、其他员工的面谈和交流。在与这些企业人员交

268

流过程中，尽职调查人员如何通过语言的熟练运用，以及在与被访者见面过程中他们的言谈、行为、举止等各项特征和反应，发现企业可能存在的各种疑点、隐瞒、粉饰、谎言、造假的行为，从而在尽职调查过程中避免陷入借款企业布置的陷阱，还原企业真实面目。

第二，尽职调查人员通过对借款企业现场的观察，发现各种不合理的场景和现象，并对这些可疑现象进一步深入调查，发现企业可能存在的各种隐瞒、粉饰、谎言、造假的行为，还原企业真实面目。

第三，尽职调查人员通过行为心理学研究，还可以在实践过程中更充分、全面地了解被访谈人的性格、状态、品格、特点、爱好、观点、作风，进而对企业和经营者描绘出全方位的画像，以便更加精准地判断企业的实际状态和借款风险程度。

第一节　尽职调查人员的交流方法

一、尽职调查中的谈话环境营造

良好的开端是成功的一半，在访谈开始时，尽职调查人员要注意营造一个良好的气氛。可以参考的流程：先进行自我介绍，感谢被访者配合访谈，通报访谈的目的，然后询问被访者身份，告知被访者，尽职调查人员将在访谈时做笔记，并解释尽职调查人员将怎样使用该记录；如有需要，向被访者重复访谈内容所承担的保密性。

放松双方的紧张心态是尽职调查人员必须掌握的要领。对尽职调查人员来说，放松心态能够使自己在随后的调查中处事冷静、把握到位、效率提高，而且能够以从容的心态发现被访者的说谎细节和蛛丝马迹，并能够很好地控制局面。对被访者来说，放松被访者心态反而能够使对方放松警惕，从而在访谈中突然提出较为复杂和尖锐的问题，使被访者因氛围的突然变化造成其谎言无法很好地掩饰而暴露出来。

一些有经验的尽职调查人员采用以下方式放松双方的心态，降低抵触和紧张情绪。

1. 在开始时，为放松双方心态，尽职调查人员可以闲谈一些与此次访谈无关的事件。如对方的爱好，一些人的爱好可以通过其阅读的书籍反映或者被访者办公室照片甚至是实物反映出来。又如对方的相貌，如果这个被访者在相貌上有客观上的可赞美之处，如年轻、英俊、健壮、精神矍铄等，即可以当作话题夸奖对方，并引申一些其个人爱好和家庭，获得一些信息。夸奖对方能够取得对方的好感，便于后面的交流。

2. 也可以粗浅地谈谈对被访者企业所在行业的看法，这种方法能够调动被访者的积极性，因此没有其他话题比这个话题更能够引起被访者的谈话兴趣，此时，即使一个非常不喜欢说话的人，也会滔滔不绝地与你打开话匣。当然，以被访者行业作为话题，也要求尽职调查人员事先对这个行业具有较高的认知度，事先做功课是必需的，否则，如果尽职调查人员对行业一无所知，反而会造成被访者的轻视或发现撒谎的办法。

3. 必要时，尽职调查人员应当鼓励被访者。例如，先花时间消除不确定因素及焦虑，这将进一步保证被访者能顺利回答将要问的问题。在进入正题之前，有时被访者要先发泄一下抑制已久的情绪，这时尽职调查人员应该表示投合默契，因为大多数人都喜欢诚恳热诚的态度，还可以给予认可和表扬，予以肯定能鼓励双方交谈。

二、尽职调查人员的交流策略

在双方建立了良好的沟通环境，访谈正式开始之后，尽职调查人员必须非常清晰地掌握交流的方式和策略：引导谈话方向，聆听探索真相。具体的做法是：

1. 自己尽可能少说来鼓励对方提供更多的信息。

2. 必须全神贯注，认真聆听，给对方充分的尊重，并在对方阐述过程中偶尔通过语言、肢体等来表示自己对对方的关注和尊重。

3. 在涉及关键的内容，可适当有礼貌地插话，要求被访者尽量列举实例或具体事实。

4. 对于未理解的内容，可适当有礼貌地打断对方，逐字重复来检查理解的是否正确。

5. 在对方讲完后，可进行阶段性总结，从理解对方的角度阐述自己的观点和疑虑。

6. 保证对一个问题充分的，但是是有效率的讨论完之后，快速转向下一个问题。

7. 必须清晰地聆听和记住对方说的重要的信息，在长篇大论的废话中收集到有价值的信息。将听到的信息用关键词总结出来，广泛地联想其中的逻辑关系是否有疑问。如果还没有考虑周全，为了不冷场，可把对方的谈话引入一个非重要但对方十分愿意谈的话题，让对方尽情阐述而给自己进一步的考虑时间。但是，不能让对方看出你的心不在焉。

8. 注意被访者的潜台词。

9. 不断地总结、汇总并及时与被访者核实。

三、尽职调查人员的举止要求

一个专业的尽职调查人员，从他的行为举止，都能够看到他的专业性，并赢得客户的尊重。要想成为优秀的尽职调查人员，其行为举止应符合以下要求。

（一）一般要求

1. 目光接触。在尽职调查所使用的肢体语言中，最重要的是目光接触。没有其他肢体语言比目光更能传达出诚实、干练、信心和精气神了。从见到访谈对象的那一刻起，直到访谈结束，尽职调查人员都要直视对方的眼睛。如果转开目光，就会给访谈对象以不相信自己所说的话的印象。

2. 手势。尽职调查人员在做手势的时候，一定要举止自然，可以配上关键的提问的语句和自己的理解，这会使尽职调查技巧更加完美。因为人们对矫揉造作的动作反应很敏感，一旦对方感觉你是在跟他演戏时，他就会对你产生一定的逆反心理，不会配合你的提问。尽职调查人员的手势和动作要切合主题。如果在询问一件不重要的财务指标的时候，千万不要面带惊讶，挥舞手臂，表现出夸张的样子，这样会让人觉得很假，而且一旦遇到真正重要的问题时，这种表情就会失去作用。

3. 面部表情。尽职调查人员的面部表情要轻松自然，不要用程式化的微笑或者僵硬的表情完成整个访谈工作。否则不但你自己感觉难受，对方也会难熬。尽职调查开始和结束的时候，都要用友善真诚的微笑和温暖的握手来表示感谢，即便访谈不太顺利，也要主动用笑容证明你的宽容。这不仅对以后的调查环节大有帮助，还会提高自身的素质。

4. 尽量少在当场做笔记，至少主要访谈人员应如此。避免频繁掏手机，而是尽可能把有用信息带回去整理。这是因为记笔记会给访谈对象的心理造成负担，造成可说可不说的话而不敢说，频繁出示、操作手机甚至会引发对方产生录音的顾虑。同时，尽职调查人员还要注意与尽职调查人员的互动，多做听众，用心倾听，少做演说家。充分调动企业实际控制人、工人、保安、周围邻居和知情人等人作为演说家的积极性，这些人的信息来源和信息提供越多，可供参考和比对印证的信息越多。

（二）询问问题方式

心理学大师奥斯卡·维尔德说过："绝对不要冒失地提问。要在适当的时机提出自己的问题。"人们常常倾向于根据自己的感觉提出一些问题，但有时这些问题并不是对方需要的，或者是不符合当时的场景。

当尽职调查人员粗鲁和冒失地提出不恰当问题，或提问的方式、声调、语境、肢体语言不恰当时，对方会觉得受到了冒犯和伤害；检查性提问使别人感觉被人盘查，被逼入某种困境，因而拒绝交流。诱逼性提问很可能引导别人作出回答，但这种问题对双方而言没有什么成效，因为你可能根本得不到真诚的回答。追根问底的提问，有时会导致别人过早地处于防守地位，不利于以后的真诚交流。

那么，作为一个优秀的尽职调查人员，要根据问题的性质，选择合适的提问方式。

如果需要从对方得到一个简短精确的回答，应该使用"封闭式提问"或"选择性提问"。例如"您在这个行业从事 20 年了吗?"任何人给出的答案都会是"是"或者"不是"。如果希望对方能够在这个问题上进行更详细的交流，这个提问方式显然无法达到目的。更恰当的提问应该是"您在这个行业从事了多少年?"

如果希望从交谈的对象那里得到一些更确切的回答,同时又不想给对方造成太大的压力,那么"半开放式提问"或者"关联提问"效果更好。这样的提问,事先不会给出或者暗示任何可供选择的答案。在这种情况下,对方的回答是自由的,他可以多讲一些,也可以少讲一些,可以详细阐述,也可以粗浅地介绍一下。例如"您为什么要多元化经营?""您为什么认为需要融资呢?"

如果并不希望给予对方任何的思路和暗示,也不想太多地表露自己的意图,希望给予对方尽可能大的发挥空间的提问应是"完全开放式的提问",例如"您对这个行业的看法是什么?"

如果尽职调查人员希望通过自己的提问方式,让对方觉得你是为他考虑,是设身处地地为他着想,那么你的提问应是"具有感染力的提问方式"。例如"您这次比我上次见您要憔悴得多,可能是您最近工作压力太大了,要注意身体。最近有什么很烦心的事吗?"通过这样的提问,尽职调查人员不仅为自己留下回旋的余地,以便应对各种可能的变化,同时也给对方留下一个印象:你能够体察到他身上的问题,你对他的状况很关心。

(三) 对疑点询问技巧

当尽职调查人员察觉被访者谈话存在疑点和漏洞,就应该通过有策略、有技巧的提问方式,进一步深入挖掘疑点,验证自己的判断是否正确,最终揭示出企业的真实情况。

1. 间隔放松提问法。问完一个问题之后,如果认为被访者可能说谎,可先放松一下。这时,说谎者的紧张情绪会平静下来,他们会觉得自己已经成功骗过了对方,身体会逐渐放松。这个时候,当尽职调查人员出其不意再次提问的时候,被访者已经不处于说谎的状态当中了。这时候,被访者的表现一种是容易出现非常态的恼羞成怒特征,另一种是干脆直接坦白,"我还是跟你说实话吧,事情是这样的……"

2. 多方式提问法。当尽职调查人员询问一个看起来与其想得到的信息似乎没有关系的问题时,被访者由于在极短的时间内无法准确判断其含义,而说出没有掩饰的详情。对重要的数据和信息，尽职调查人员可以通过多个没有关系的问题核实同一个数据信息。例如在核实企业的营业收入时，可以通过多种方式在不同的时间对被访者进行询问。精明的尽职调查人员根本不问销售收入，而是通过其他方式进行核实。例如：

（1）询问被访者采购成本，以及毛收入或毛利率推算；

（2）通过询问前五大企业的每个企业的销售金额和总占比推算；

（3）通过询问纳税金额和税率推算；

（4）通过生产工人数量和单位工时、工效推算；

（5）生产型企业通过产品的水电气单位使用量和变化量推算；

（6）通过原材料和产品运输工具推算，等等。

这些问题如果被访者有个别无法回答尚能谅解，但是如果多数无法回答，就基本可以说明被访者存在欺诈、说谎行为。

3. 关键细节抽取询问法。如果被访者在阐述一个重要环节时，提到一些较为关键的数据、材料、事件等情况，而这些关键情况的进一步挖掘非常能够说明企业某方面的问题，尽职调查人员就应该立刻记录下来，并在一段时间例如半小时后通过类似问题予以核实。一般来说，如果被访者说谎，在其毫无准备的情况下常常对同样的问题编造出完全不同的答案；哪怕大体相同，互相之间也存在难以避免的自相矛盾的细节。例如，被访者提到一个新工艺的引进，使公司增加了60%的营业额。尽职调查人员在相隔一段时间后，在与被访者谈到公司生产情况时，就应该询问新生产线的单位产量，以推算这个新工艺和新产品线是否真的能够达到新增公司营业额60%的产能。

4. 倒叙询问法。虽然编造一个故事很容易，但是当人们说谎时，倒着时间顺序来描述会非常困难，因为那并不是真正的记忆，而如果是真的，只需简单回忆即可。例如，某企业负责人面对尽职调查人员夸夸其谈自己成功开拓某地区市场的艰难过程，并且绘声绘色地描述了先做什么后做什么最后做什么。但是当尽职调查人员巧妙地分阶段倒着询问他时，负责人马上显示出来慌乱，开始语无伦次，完全不符合之前描述的情形。

5. 回避追问法。被访者在被问及企业隐瞒、造假的数据和问题时，往往采用转移话题的方式。虽然善于说谎者转移话题的方式可能较为巧妙，但对于经验丰富的尽职调查人员来说，仍然可以轻易地辨别。尽职调查人员应时刻注意话题的转换，当一个话题尚未结束，而被访者突然讨论其他话题时，尽职调查人员应立刻分析判断这个话题是否敏感，是否可能涉及对方的弱点和问题，如果是，就要立刻进行记录，并要留意对这个问题的进一步调查和提问。

第二节　被访者行为特征与内在含义

被访者的语言表达方式和行为特征，都是在向尽职调查人员传递着被访者的性格特点、工作作风、诚信状况等信息，有时甚至能够对重要的分析判断和信贷决策提供重要的辅助作用。

一、被访者语言与性格特征

1. 口头禅与被访者性格。口头禅会彰显一个人的不同心理反应、性格特点甚至品格特征。例如：喜欢说"说真的、老实说、不骗你"的人，往往担心对方误解不信任自己，这种人性格比较急躁，很在意别人的看法；喜欢说"可能、也许、大概"这些词的人，一般都比较圆滑，自我防卫本能很强，不会将内心想法暴露出来。他们待人接物比较沉着冷静，人际关系比较不错；喜欢说"听说、据说"这类口头禅的人都是在给自己说话留有余地，这些人一般见多识广、处世圆滑，但是缺少决断能力；喜欢说"你必须，你应当，一定要"之类口头禅的人，一般自信心较强，而且比较专制，希望别人无条件服从自己；喜欢说"好呀，对呀，有道理"口头禅的人，这是一种顺从的表现，这类人一般比较老练，他们表面同意你的意见，博取你的好感，但是你一旦损害了他们的利益，他们就会翻脸；喜欢说"但是，不过，可是"这样的人，看似接受了对方的意见，实际是在反驳，说明他们为人温和，不会断然拒绝他们，说话语气比较委婉；喜欢说"你应该""你必须""你不能"的人，很专制、固执、骄横，有强烈的领导欲望；喜欢说"我不行"的人，表面上看起来很谦虚，其实多数很无能；喜欢说"随便"的人，如果双方偶尔见面，可能是出于客气，但是彼此非常熟悉的话，说明此人性情随和，但也反映他在生活和工作中没有主见；喜欢说"绝对"的人，往往比较有主见，常常以自我为中心，有较强的自恋倾向，而且往往将"绝对"作为自我防卫和被证明错了的时候的挡箭牌，多数情况下，这类人言行不一；喜欢说"我只告诉你"的人，其实往往告诉所有人。这类人做事不成熟，也不是可信赖的人；喜欢说"我知道"的人，意味着对方已经不愿意再听下去，最好结束双方的谈话或转换话题；喜欢说"所以说"的人，往往以聪明者自居，自以为是；喜欢说"真的"的人，多数缺乏自信；喜欢说"我个人的想法是""是不是""能不能"的人，比较和蔼可亲，不独断专行，很尊重他人，同时也会得到他人的尊重和爱戴。

2. 语言变化与心理反应。

（1）一般来说，语速快的人性格多外向，有青春活力，但有时也会让人觉得紧张、焦躁。语速慢的人性格相对内向，给人感觉诚实、沉稳、深思熟虑，但也会让人感觉犹豫不决、漫不经心，甚至消极悲观。

（2）对于同一个人，如果发生语速明显变化就有深意了。当语速比其正常明显放缓时，往往因为交谈的内容明显超出了他的思考范围，他在寻找答案或掩饰的借口，或试图通过思考弥补漏洞；相反，如果一个人有愧于心，或者说谎时，说话的速度就会明显加快。

（3）音量和声调突变。如果在提问一个问题时，被访者突然一反常态地提高音量或者降低音量，尽职调查人员就需要注意，这往往是因为说谎者在故意掩饰壮胆或者心虚气力不足。

（4）被访者出现结巴、口头禅突然增多，例如"是这样的""然后""实际上"……这类词语多次出现，以及谈话突然出现短暂停顿，都说明被访者正在进行内心思考和盘算，很有可能正在编造谎言。

3. 语言表达疑点与风险判断。如果说被访者的语言表达方式主要体现了被访者的性格特征，并不能完全说明被访者品格优劣和是否诚信。那么，下面的语言表达方式，则往往能够反映出被访者存在较大的问题，甚至可能危及信贷安全。

（1）夸夸其谈的人。这样的人往往对细节问题不怎么关心，从不把琐碎小事放在心上。这样的企业往往管理粗放、经营欠佳、问题重重。

（2）江湖气息过重，称兄道弟。这类人往往以关系和个人承诺为办事作风，不讲商业规则和原则；管理企业粗放，做事武断，家长气息浓烈，企业可能存在较大风险。

（3）在谈话中反映出该人寻租心里过重。这类人过分看中关系和个人利用在融资过程中的作用，经常将认识什么人、与谁关系紧密挂在嘴边，这样的人也无法持久地经营好一个企业。

（4）在谈话中炒概念倾向过重。这类人往往手中有一个或几个项目经过某些机构或所谓权威人士鉴定的专有技术或批文，但运作多年也没有发展起来，或虽然签订了一些订单，但仔细推敲判断根本无法履行。为这样的企业贷款风险极大。

（5）在谈话中有暴富倾向和投机心理过重。这类人并不谈企业在资金实力、技术水平、预期市场和关联能力上有明显缺陷，却津津乐道其未来的宏伟蓝图。也很少谈及经营管理企业的理念、思路，却空谈如何赚大钱。这类人的投机心理和行为非常明显，总是希望通过运作大项目大捞一笔的想法，其经营的企业往往假大虚空。

（6）对尽职调查人员的不恰当语言和称呼。虽然多数情况下中小企业在借贷双方地位上被看作是弱势的，但是，一般而言借贷双方是平等的，双方人员见面也是在平等的气氛中进行。但是，如果被访者作为企业的领导者，却用不恰当的称呼和行为表现对待尽职调查人员时，往往反映出被访者的不正常心态。例如，被访者年龄明显较大，而尽职调查人员是年轻人，然而被访者却一直用"您"来称呼，而且语言表达极为恭敬。在交谈过程中，也明显感到其用词和语调上不恰当地恭敬。实际上，在不恰当语言的同时，往往在其他方面也会出现不恰当的表现。这种表现可能说明，被访者有他自认为的明显缺陷和短处，使他认为通过正常情况无法获得其诉求。此时，应引起尽职调查人员警惕。

（7）被访者不经意地流露出对企业各项活动的不关心甚至厌烦。会出现企业高管对企业漫不经心吗？在实践中确实存在。一些企业实际控制人在转让企业或准备借款后偿还高利贷后关门大吉、逃之夭夭时，往往就会不经意地流露出对企业未来发展的漫不经心来。

二、被访者行为与性格特征

留心观察人的行为就会发现，被访者身体的一举一动都在告诉别人：我是什么样的人！因为人的身体的反应往往出卖了人的个性。同理，尽职调查人员对一个人个性的了解，不仅可以掌握其当前的行为，而且可以根据其个性，预见其未来的行为。

行为心理学研究证明，在人际交往中，无声语言信息，即"身体语言"信息要比有声语信息的内涵多5倍。如果说人的语言作假相对容易欺骗对方的话，那么人的行为举止却很难作假，这些行为举止会鲜明地反映出一个人内心的真实想法。当语言和行为举止两者自相矛盾时，行为举止传递的信息更为准确。尽职调查人员既要听其言，又要观其行。

（一）被访者的姿势与心理反应

1. 头部姿势。持中立态度的人一般会把头部抬高，并静止不动。如果被访者把头倾向于一边，表示他对目前的事很感兴趣，情绪状态较好；如果被访者把头低下，则表示他此时的情绪状态出现波动，或低落或烦躁不耐烦，不想再听下去，对尽职调查人员谈话做事更多是持否定、批评态度。如果是一边摇头一边口头称是，那么被访者一定是在伪装，此刻他说的话多数都是假话。

2. 腿部动作和坐姿。如果被访者谈话时跷起二郎腿，说明他此刻对其他人说的话不太感兴趣，或者他对你有所保留和提防；如果被访者在与你谈话时作出"T"形的跷腿动作，则表示被访者在向尽职调查人员炫耀他的地位、权势、尊严，以及对现在场面的充分自信和支配地位。此时，即使他嘴里还在赞扬你是多么出色，但实际上他的心里却在想，"你还差得远呢""你什么都不明白"。

两腿两脚并拢一起，双手交叉放在大腿两侧，此人多为人古板，不轻易接受他人意见。

半躺半坐，双手抱在脑后，一副怡然自得的样子。此人性情温和，善于控制自己的情绪。

一条腿叠放另一条腿上，双手交叉放在腿两侧，此人具有较强的自信心。

两膝盖并在一起，脚跟分开呈"八"字，两手掌相对放在膝盖中间，此人感情细腻，但为人腼腆害羞。

两腿分开距离较宽，两手没有固定放处，这是一种开放的姿势，此人放荡不羁，标新立异，喜欢和他人相处。

3. 手臂姿势。手臂交叉带有明显的负面、紧张、自我保护和防卫色彩。如果被访者作出这种姿势，则表明他对你存有戒心，不会轻易相信你说的话，更不会把一些重要的事情告诉你。这时，往往是尽职调查人员已经在某些方面威胁到了他和他的企业。有时在刚刚见面时，被访者也会把手臂交叉起来，这是心态封闭、谨小慎微的人见到生人时常有的姿势。

（二）被访者行为与心理反应

避免目光接触。尽管企业经营者往往自信满满，但如果偶尔说谎，说话时往往会摸一下眼睛或者避免与别人的目光接触。企业实际控制人为女性的有可能害怕弄花自己的妆容，会故意看天花板。企业实际控制人为男性的揉眼睛的时候通常会比较有力，有时候也会看其他地方。

东张西望。对方很少看你，说明对方面对讨厌的人或事物，或对你说的话漫不经心。

眼睛向上看，往往代表着轻蔑。但有一种情形，被访者在低头的时候眼睛向上看你，是为了向你表示他的威严或者攻击性。

眨眼。心理学实验证明，当一个人说谎时和说谎后他的眨眼频率会大幅上升，此时的眨眼行为是不受大脑控制的下意识行为，说谎的特征暴露无遗。

嘴唇变化。人在紧张或说谎的时候，心跳和血液循环加快，一些神经密度较高的器官开始呈现干燥状态。嘴唇是典型的这类器官，舔嘴唇、抿嘴唇、咬嘴唇，都是人心态不安的映射。

吞咽。同时，舌头也有极高的神经元密度，所以当人紧张或说谎时，会分泌更多的唾液，来润滑舌头和口腔。这些多余的唾液需要一次吞咽来处理，这时，就有了紧张和说谎的人不自觉的吞咽动作。一些人还会出现咀嚼和吸吮反应。

触摸。当人说谎、不安的时候，所作出的绝大多数动作与手有关，并往往

279

在触摸自己。人们说谎的时候，往往伴有手指头下意识的抚摸身体某一部位的细微动作，例如搓手、玩弄手指，用手触摸其他器官，例如脖颈、面部、下巴、鼻子、头发、胡子等。

（三）被访者拒绝和反对的表现

如果被访者做出下面动作和姿势，说明被访者已经对尽职调查人员产生厌烦情绪，此时，尽职调查人员或者转换话题以便缓解气氛，或者暂停一段时间，进行其他方面的调查。

1. 被访者经常侧身，将头扭在一边。

2. 被访者长时间面无表情，无话可说。

3. 被访者目不转睛地盯在中间距离的某一点。

4. 被访者假装或真的打哈欠。

5. 被访者板着脸、噘着嘴，皱着眉头。

6. 被访者坐立不安，不停地、快速地、有规律地摆弄胳膊、手掌、手指，或剃指甲、剔牙，或把关节弄得啪啪响，或快速敲击桌椅。

7. 被访者长时间不抬头，自顾自地看手边材料。

8. 被访者厌烦地不停摇头。

9. 被访者借故离开，长时间不回。

第三节　尽职调查场景中的行为特征

一、被访者的衣食住行与疑点

（一）"衣"，即被访者的穿戴特征

金缕玉衣还是衣衫褴褛，浓妆艳抹还是朴素无华，都是被访者给尽职调查人员的直观展现。虽不可以貌取人，但可作参考。

1. 被访者的衣着特点。被访者衣着朴素，却大方得体、齐齐整整，作为一个经营业主，虽然难以确认其掌控生意运作是否有一套成功之法，但是反面讲，一个穿戴杂乱无章的人怎能将一个企业打理得井然有序？

2. 被访者的穿戴与经营行业匹配度。被访者披金戴银，却从事一个劳动密集型的手工作坊；被访者衣服沾满油渍，却正在从事大企业经营，这种反常规状态都是疑点。

3. 被访者的穿戴与收入匹配度。被访者衣衫不整，或者企业很多员工的衣着穿戴十分简陋，这与企业高薪金、高福利的材料描述验证不符，这些也反映出疑点。

（二）"食"，即被访者的饮食习惯

在调查被访者的过程中，很难观察到其饮食习惯。但是，如果能够创造条件，可查看一下被访者的饮食情况。例如，一个经验丰富的尽职调查人员，在对被访者的家访时拉开冰箱门，看看餐桌上，翻翻垃圾桶等小技巧，观察剩菜怎么样，日常饮食产生的垃圾是什么，也能验证被访者是否存在疑点。例如：

1. 生活水平与收支情况，如有吃剩的咸菜、腌萝卜存放桌上，就是明显表明被访者生活可能较为拮据，其还款能力有待考证；

2. 家庭结构和关系，如果剩余菜肴种类较多且垃圾桶中食物残渣类别多，暗示家庭用餐成员较多，或进一步推测家庭关系不坏；

3. 健康状况和贷款用途，如进门便闻药味，或者看见一些特殊药品，则表明有人健康不佳，也可反思其真正的借款用途，并推测可能由某些原因引发的还款能力下降。

（三）"住"，即被访者的住所和企业经营场地

这里主要描述被访者的住所，关于企业经营场所的观察，在下节详细阐述。

中国人对房子的渴求度一直比较高，住所也是安身立命首先要解决的大事。

被访者的住所的疑点包括：

1. 住房情况与提交资料不符。例如，从其房子的价值可以反映出企业或其家人过去资本积累的情况，如果一个人说自己生意很大，年收入过百万，而其住所简陋，其可信度值得怀疑。

2. 生活氛围与实际情况不符。例如，一个长期居住的房间，应具有自然、正常的居家生活环境，如果房间过于整齐、各个角落一尘不染或者缺少一些必备物品，冰箱内空无一物或者摆放极为整齐，这些都是与实际生活场景完全不

同的，就需要提出质疑。

（四）"行"，即被访者的出行

随着汽车的普及，出于生意或生活需要，大部分的企业有车，从其代步工具中也可看出端倪。

1. 汽车的优劣与行业特点匹配度。一个只有一辆较低档次的轿车的企业，却准备上创业板，这样的落差过大。

2. 车的价格和个人职务财产匹配度。一般来说，个人财产和汽车的价格相匹配，一个千万富翁经常开"小面包车"值得怀疑。

3. 车与企业年龄。虽无必然关系，但可匹配被访者身份证显示的年龄，进一步了解被访者的从业履历，了解其资产来源。

4. 车证件信息与隐情。行驶证是家人名字，或者登记日期与核发日期不同，也能反映很多信息，例如是否有道德风险，家人不放心登记到企业名下，或是自身有债务纠纷，名下资产需要转移。

二、被访者的房间特征

1. 办公桌整洁度。如果企业实际控制人的办公桌桌面和抽屉都是整整齐齐的，各种物品摆放合理舒适，表明这个人是很有效率的，他的生活也有规律，计划性较强，懂得珍惜时间。但是，这样的人的缺点往往是应变能力不足。

如果抽屉和桌面放着一些具有纪念意义的物品，这类人多数较为内向，不太善于交际，朋友不多。他看重友情亲情，但心理比较脆弱，容易受到伤害，做事缺乏足够的恒心和毅力，遇到挫折往往不战而退。

抽屉和桌面乱糟糟的人，他们待人多相当热情，性格随和，做事凭借爱好和一时冲动，三分钟热情过后会较为轻易放弃。他们缺乏深谋远虑的智慧，不会把事情考虑得太周密，没有长远计划。他们生活态度乐观，不拘小节，有时马马虎虎、得过且过，但适应能力比一般人强。

桌子和抽屉像垃圾堆，找一样东西往往把所有东西全部翻遍，但是还是找不到。这样的人工作能力差，效率极低，逻辑思维能力差，也缺乏足够的责任心。

桌面干净清洁但抽屉里乱七八糟，这样的人虽然有足够的智慧，但往往不能脚踏实地，爱耍小聪明，做表面文章，性格上比较散漫、懒惰，为人处世不能让人放心信任。这样的人往往有不错的人际关系，但是事实上没有几个真正要好的。

2. 被访者的兴趣爱好。每个人都有自己最喜欢的东西，可能是物品或人物，也可能是某种行为和习惯。个人喜好是一个人本性的流露，尽职调查人员通过观察企业实际控制人的喜好，就可以了解他的心理，判断他的品格。

（1）个人兴趣爱好。尽职调查人员可以在访谈时询问企业实际控制人的兴趣爱好，留心其办公室及周边环境的物品陈设并进行综合判断。例如办公室摆着鱼竿，说明喜欢钓鱼，这种人往往向往心灵的安宁，做事但求无愧于心。所以他们对过程的重视往往多于结果，希望在过程中体验到快乐和自我价值。如果企业实际控制人说自己喜欢写作，则说明他具有很强的思考能力，遇事希望有自己独特的见解和看法。如果喜欢烹饪，则说明他创造力和想象力很好，目标和理想很高，而且会为了目标和理想不断地追求。如果喜欢冒险运动的，例如热气球、跳伞等，说明企业实际控制人身体健壮，思维缜密，做事小心谨慎，往往把一件事情可能出现的问题全部有所考虑之后才行动。他们做事比较坚定，一旦决定轻易不会改变，并且敢于向一些未知的领域挑战。如果喜欢下棋玩牌的人，这种人一般喜欢逻辑推理，智力往往比较高，并且人际关系较好，做事情的成功几率比较大。如果喜欢旅行，则说明企业实际控制人性格外向，好奇心比较强，喜欢富于变化或者刺激的东西。

（2）个人行为偏好。尽职调查人员可以从企业实际控制人的行为偏好判断企业实际控制人的品格。例如，读书最能反映一个人的品格特点。如果企业实际控制人办公室放有书架，尽职调查人员就应该留意观察他偏重的书籍类型。喜欢阅读财经杂志的人比较崇尚权威，渴望荣誉，不安于现状，争强好胜；喜欢看人物传记的人，好奇心比较强，办事小心谨慎，善于统筹全局，盘算利弊得失；喜欢读科幻小说的人，富有想象力和创造力，但是缺乏坚持的精神；喜欢阅读时尚杂志的人，一般都把时间和精力花费在外表上，而容易忽略内在的修养，很难取得成就；喜欢读侦探小说的人，喜欢挑战困难，善于解决问题，善于从各个角度分析问题。

（3）个人收藏喜好。很多企业实际控制人都有收藏物品的习惯，并把收藏品放置在办公室，从收藏品也能看出企业实际控制人的性格。例如，喜欢收集钱币的人，比较保守传统，不敢冒风险，接受新鲜事物能力较差，但是他们的责任心很强，做事能够善始善终。喜欢收集书籍的人，比较有学识和上进心，喜欢独处，但是他们的藏书如果已经脱离时代却依然收藏，很可能他们在实际生活中总比别人慢半拍。喜欢收集艺术品和古董的人，一般比较注意自己的身份和地位，好胜心比较强，因为古董是财富的象征。喜欢收集工艺品和刺绣的人，一般责任心比较强，能够对自己做的事情负责，还款意愿一般不成问题，因为他们知道自己该做什么，不该做什么，不会放纵自己。喜欢收集照片的人，说明他喜欢回忆过去的时光，这种人往往把人生当成一场戏，自拍自导自演，努力让生活完美。

3. 房间的其他物品。办公室是悬挂、摆设各种照片的场所。一些企业负责人喜欢将与各方人员的合影放在房间，这些照片能够反映各种信息。例如，这些人员中的人员身份是什么，在什么场合拍的照，什么时间拍摄的，这些都能够反映出被访者的历史沿革、经营历史、社会层次、人脉关系等。尽职调查人员可以在通过观赏照片的同时，自然地询问一些照片的背景，被访者就能够自然地、甚至炫耀地滔滔不绝将背景全盘托出。

办公室或其他场所悬挂或摆设各种证书和奖状，与摆设照片的意义相同。尽职调查人员也要通过了解各个证书和奖状的情况，充分了解企业和被访者个人的信息。

如果一个墙上挂着标注别人名字的营业执照或桌上摆放一整盒他人名字名片的办公场所，可与其自称是独资经营业主进行验证。

办公桌上或房间里摆放着家人的照片，说明这个人的家庭观念很强，往往很有责任心和事业心，做事较为稳重，这样的人对企业的经营是有益的。

三、员工的办公场所特征与疑点

在对普通员工办公场所进行调查时，如果办公场所出现下列情况，可视为疑点：

1. 办公场所装修较差，明显与企业资产和销售规模不符。

2. 办公场所的工位与企业资产和规模严重不符。

3. 办公场所人员较少，明显与企业资产和销售规模不符。

4. 办公场所大量工位闲置，办公桌上的摆设明显没有办公迹象。

5. 办公人员无所事事，聊天、看书者极多。

6. 无打卡机，员工上下班极为自由、随意。

这时，尽职调查人员可在没有企业负责人的陪同时，随机询问一个工作人员企业人数、待遇、对公司的看法等问题。但询问问题应注意方式方法，不能引起被访者的反感和抵触。

四、生产经营场所的特征与疑点

很多企业为了骗取银行贷款，往往会把自己伪装得很有实力，在尽职调查环节制造很多假象。在尽职调查实践中，往往会从企业的生产经营现场发现很多与企业宣称的不一致的东西。

例如销售额，有些企业宣称自己的销售额一年达到 2000 万元，但是尽职调查人员到企业现场一看，企业生产厂房里的设备全都是厚厚的尘土，没人干活，一看就是假的。如果生产环节看不出问题，也可以进一步查看运输环节，查看被调查企业有多少货物运进运出，这些货物量都要有物流单，上面载明进货多少、出货多少，或者观察被调查企业的卡车现在有多少，单据对不对。再例如水电气用量，一个生产型的企业，它的水电气和它生产的产品关系会很密切。如果被调查企业宣称自己每天生产 1000 件产品，总共花了 1000 度电，下个月又宣称生产达到 1200 件了，尽职调查人员应当查看企业水电气的变化，如果没变，或者用电量下降到了 800 度，说明企业的话肯定是假的。因为单位耗电量都是明确的，是不会作假的。

再例如生产人员状况。一个企业宣称自己有 50 名车间工人。尽职调查人员亲赴现场，也确实看到了 50 名工作人员正在忙碌，但是在进一步核实人员的工资单、工资单纳税情况、五保一金的社保情况时，企业却拿不出相关单据，后来经过了解得知，企业为了骗取贷款，故意拉来一大堆机器，雇来很多的人伪装现场。当然，有些企业也可能会做一些假单据，例如对银行的报表、用电量、工资单什么的假单据，尽职调查人员还可以留心观察，如果这些工人手忙脚乱的什么也不会，可以随便叫几个人过来，询问你是做什么产品的啊，工资有多少啊，这个产品的质量如何管控啊。如果是假的，多询问几句就会露馅。

在对生产厂区进行调查时，如果生产厂区出现下列情况，可视为疑点：

1. 厂区外观、内观存在长期未整理痕迹，如杂草、灰尘、杂乱摆设等。注意，一些企业为应对检查，会刻意地将主厂房进行修饰和修缮，蒙骗尽职调查人员。因此，如果企业生产的产品是有配件的，并在其他的厂房进行生产，有经验的尽职调查人员会去调查非主要生产车间，如配套零件生产厂房等。

2. 生产厂房内：机器数、机器产能、生产班次、工作时间、生产人数等与企业销售规模不符。

3. 机器是否过旧和未清洗，灰尘较厚，似乎长时间未用。

4. 生产人员虽然忙碌，但是非常不熟练，有些人员甚至机械呆板，笨手笨脚。

五、仓库的特征与疑点

尽职调查人员应该对库存予以重点留意。例如，某尽职调查人员在企业实际控制人陪同下查看企业仓库。走到仓库里一看，仓库里的轮胎都是最新的，仓库占用了一半，库存也不算多，与企业报表的描述不太一致。第二次考察时趁着实际控制人不在，找到了企业的会计，询问还没有其他的仓库。会计来的时间不长，实际控制人也没有叮嘱，就把尽职调查人员领到了另一间仓库，里面的景象令人吃惊：里面的轮胎堆得满满的，大多轮胎都蒙上了厚厚的一层灰。尽职调查人员由此推断，如此大的库存积压必然导致企业的资金链紧张，而且库存过大肯定不是为了备货，而是因为产品滞销。实际上，上述情况是生产型企业比较普遍的困境：满负荷开工，工厂一片繁忙，但是产品销售不出去。但是企业又不得不这么做，因为如果部分停产，肯定会白白发给工人工资，因为工人工资依照合同是必须要发的。而且，如果让银行看到企业停产，还会影响贷款，所以企业只能硬着头皮生产，造成大量产品积压。

在对仓库进行调查时，如果仓库出现下列情况，可视为疑点：

1. 仓库外观、内观存在长期未整理痕迹，如杂草、灰尘、杂乱摆设等。与生产车间相同，一些企业为应对检查，会刻意地将主仓库进行修饰和修缮，蒙骗尽职调查人员。因此，需要随机询问企业工作人员企业的仓库数量，在对企业调查时，有经验的尽职调查人员应去其他仓库，查看仓库的内在情况。如果企业对其他仓库的检查不配合，就说明该企业存在疑点。

2. 仓库内存货数量推测。通过对仓库单位产品面积或装箱的包装面积和装箱数量，可大致推测出仓库的原料、半成品、产成品装载数量。这些数量应与企业报表进行对比核实，如果存在明显差异，说明企业数据可能作假。

3. 物品真实性检查。一些企业为了应对检查，会故意摆放一些空置的包装箱。一般情况下，空置包装箱都放置在内侧和里面。因此，尽职调查人员需要直接搬动或摇晃包装箱，感受其中是否空置。

4. 包装检查。每个包装箱均应有生产产品的名称、生产日期、车间、入库日期等信息，如果有的包装没有信息，或者包装信息明显与摆放的时间、包装箱上的灰尘等不符，说明包装箱存在疑点。

5. 检查包装箱的灰尘厚度。一些企业在报表中反映出企业的存货周转快速，例如20天的库存周转期，但是，在仓库检查时，却发现包装箱上的尘土非常厚，说明存货的时间已经非常长，这就说明企业的数据可能作假。

六、人与人之间的关系特征

一个企业的管理层之间以及管理层与员工之间的关系是否和谐，是影响企业发展的重要因素，也是尽职调查的重要内容。即便在现场调查时很多关系可以伪装得很和谐，但是运用行为心理学知识还是可以看出一些端倪。例如，可以通过人与人之间距离的远近来判断。心理学家把人与人的距离分为4种。3.7～7.6米是公众距离；1.2～3.7米是社交距离；0.45～1.2米是个人距离；0.15～0.5米是亲密距离。尽职调查人员如果看到管理层之间的距离始终保持在

3 米以上，说明他们关系一般，如果发现管理层与员工之间的距离始终保持在 3 米以上，说明管理层并不真正关心员工，企业的凝聚力并不高。反之，如果他们之间的距离保持到半米到一米左右的距离，说明他们之间的关系很好，可以时常聊一些家常，企业的向心力也比较好。

七、其他现场调查疑点

1. 在进行现场调查时，如果企业负责人总是刻意领尽职调查人员到人少的地方去查看，急匆匆地想早点结束贷款调查，或者进门给人使眼色，逢人便递香烟，尽职调查人员就要画出问号，为什么实际控制人如此讨好工人？场地的归属究竟是谁？

2. 尽职调查人员家访时，被访者对家人指着尽职调查人员心虚地说这是朋友，来家坐坐，并尽量避免尽职调查人员与家人交流，或者小心翼翼地回复家人言语，说明家人并不知晓企业借款事宜。或者到被访者住所调查时家里人态度比较冷淡，对获知贷款调查时一副漠不关心的样子，其家人对其贷款的支持度有待确认，或者微妙的家庭关系存在一定内情，要考虑后续在企业发生资金危机时能否全力支持。

3. 企业负责人非常不了解企业内部情况。例如，企业负责人在查找一些非常常见的物品和单据时，却根本不知道这些东西放在何处，最后还是不停地打电话询问，这与其主人的身份似乎也不相吻合。

4. 在对企业多人进行访谈时，每个人对相同问题的表述不一致，或在尽职调查人员不注意时用眼神交流避免一些话题"穿帮"，或有一个人为另一人"圆场"的情况，这些现象都有较大疑点。

5. 企业管理者作为被访对象自身对业务不甚了解，而其朋友却能夸夸其谈，究竟谁在经营？

6. 尽职调查时，发现一些陌生人在现场，这些人神情严肃，不与尽职调查人员交流，也不像企业内部人员。这些人有可能是企业的其他债权人或追债人员，企业负责人为了向这些人表现出即将获得银行贷款，减轻追债压力，在尽职调查人员前来时，叫上这些债主前来观看。

7. 尽职调查人员进入工厂与工人聊天时，工人对问题三缄其口，当作什么都不知道，或者对尽职调查人员进入工厂充满警惕神情，或者对"实际控制人"的到来不以为然，聊天、抽烟照旧。

8. 邻居的表现。在对被访者调查时，发现邻居擦肩而过，没有相互招呼，甚至唯恐避之不及，这与其平时是否有某些不良嗜好或者人品恶劣可能有关系。

第十二章

尽职调查人员的素养与行为规范

大到一项事业，小到一个项目，成败的关键在于团队和人员素质。信贷和商业调查人员的素质如何，直接决定着尽职调查工作的质量。能否出色地完成调查工作任务，关键在于不断提高调查人员的整体素质。在思想观念日趋多元、知识更新不断加快的今天，一个优秀的尽职调查人员应当具备非常高的综合素质，包括良好的道德素质、复合的知识结构、缜密的思维能力、敏锐的洞察能力、良好的沟通能力、过硬的心理素质以及团结协作能力和团队精神等。

第一节　尽职调查人员的必备素养

一、良好的道德素养

如果尽职调查人员应具备的素质和能力是一座金字塔，良好的道德素质就是金字塔的根基所在，品格决定一切。这是因为，尽职调查必须客观地反映被调查企业的真实情况，必然要求尽职调查人员具备诚实守信的品格，树立良好的职业道德，排除一切干扰，客观公正，实事求是，弄清被调查企业的本来面目。如果尽职调查人员带有偏见、不负责任，经不起各种诱惑甚至妄图主动索贿，即便在其他方面再有能力，也只会利用这些能力钻空子，说假话，给债权人的决策乃至整个信贷和商业活动带来巨大的风险和损失。具体来说，良好的道德素养表现在以诚信为本、操守为重、实事求是、秉公办事、不徇私情、胸怀坦荡、光明磊落、敢于担当、勇于负责、敬畏法律、保守秘密、有敬业精神。

这些都是信贷和商业信用尽职调查人员应当具备的基本素质。

尽职调查人员必须做到：（1）不参加企业和其他相关人员的宴请、唱歌、洗浴、游玩和其他有偿服务行为。（2）不接受任何礼物。（3）不许诺任何条件。（4）不受任何任何人的干扰，包括亲属、熟人、同学、同事、上级等所有人员。（5）绝不拿企业和其他相关人员一分钱。

二、复合的知识结构和专业能力

尽职调查涉及多个学科领域，尽职调查人员需要熟练掌握会计学、审计学、金融学、法律学、经济学、行为心理学、企业经营管理学、行业特征等专业性知识。在实践中，只有极少的、优秀的尽职调查人员才能够达到全面掌握各项知识、技能的要求。多数情况下，尽职调查人员都存在知识结构的缺陷，一些人员不懂得财务报表分析，更不清楚财务报表、凭证、单据如何检查和交叉检验；一些人员缺乏法律知识，不了解企业的各种法律风险和违规违法特征；有些人员极为欠缺对行业的了解，被企业轻易蒙骗而毫无察觉；有些人员不擅长沟通交流，无法从观察、谈话中发现疑点。因此，要想成为优秀的尽职调查人员，就必须持续、不间断地学习各项专业知识，不断提高自己在各领域的专业能力。

三、缜密的逻辑思维能力

为了弄清被调查企业的真实情况，缜密的思维能力必不可少。信贷和商业信用尽职调查人员在错综复杂的经济活动中，面对大量的数字、凭证和访谈信息，首先要由此及彼、由表及里、由浅入深地进行归纳总结，并在短时间内作出正确的分析判断。尽职调查人员只有运用缜密的逻辑思维能力，才能明察秋毫，鉴别真伪，作出客观公正的结论。例如，在人员访谈环节，尽职调查人员设计的提问必须环环相扣、前后关联，才有可能在被访者的回答中发现前后矛盾的可疑之处。而在撰写尽职调查报告时，必须思路清楚，条理分明，逻辑清晰、例证充分。尽职调查人员在报告中写下的每一项结论，都必须有翔实可靠的事实和严谨的逻辑推理作为支撑。因此，严谨缜密的逻辑思维能力也是信贷和商业信用尽职调查人员的一项基本功。

四、良好的沟通能力和敏锐的洞察力

尽职调查不仅仅是查阅资料、报表、凭证和文档，还需要同被调查企业及相关行业的各类人员打交道，了解真实信息，所以良好的沟通能力是必要的。例如，财务专业和信息化专业的人员往往比较沉闷、性格内向，在进行财务报表分析和数据分析时专业娴熟，但是一旦进入与被调查企业人员的访谈和交流环节，他们的能力水平很可能勉为其难。所以，精通财务、审计、税务的人不一定是称职的尽职调查人员。一个称职的尽职调查人员应该是复合型人才，具备多方面的专业知识和技能，以及丰富的社会阅历和娴熟的交流沟通能力。只有熟练掌握、运用各类专业知识，并辅以娴熟的交流沟通能力，才能够全面、透彻调查、分析被调查企业的真实情况，作出正确的结论，为债权人的决策提供真实、可靠的信息。

沟通能力最重要的就是因人而异，对于被调查企业的管理层、基层员工、合作伙伴等不同对象，谈话的方式和技巧都是不同的。要掌握谈话沟通的艺术和技巧，使调查对象首先在心理上愿意积极配合完成调查，而不是敷衍塞责。

在良好沟通的基础上，洞察力也要非常强，要有尽职调查职业的敏感性。在敏感性的基础上，能够很快找到比较容易产生问题和风险的环节。例如面对被调查企业提供的财务报表和文档，能够迅速找到切入点，从蛛丝马迹之中发现问题。在与调查对象交往过程中，要能通过观察和倾听，非常敏锐地抓住谈话中的很多疑点；尤其在和被调查企业实际控制人谈话的时候，通过他的语言、表情、动作和对问题的各种反应，判断他话语的真实性和企业的实际经营状况。当然，这种敏感性和洞察力要有牢固的专业知识和长时间的实践积累。

五、过硬的心理素质和坚持的工作作风

信贷和商业信用尽职调查工作进行得是否顺利，调查质量的高低，在一定程度上还取决于调查人员的心理素质。现场尽职调查要破除畏惧困难的心理，对尽职调查工作不畏缩。工作要有计划，要依照被调查企业的不同情况制订不

同的调查和访谈计划。在开展现场尽职调查时，最重要的还是要有坚持不懈的精神，要有不查到真相不罢休的韧劲。过硬的心理素质有助于整个尽职调查人员充分有效地完成战略计划。这就要求调查人员的情绪不容易受到外界环境的影响，尤其是情况突变的时候能保持冷静、随机应变、意志坚定、百折不挠。做到这些，如果没有过硬的心理素质、较强的承受能力和坚持不懈的精神，是不可能完成的，所以说调查人员应该强化心理能力的锻炼，培养良好独特的心理素质。

一位资深的尽职调查人员在总结成功经验时谈到，现场尽职调查的关键在于坚持，坚持形成良好的习惯，细节决定成败。他的坚持可以总结为"9、8、7、6、5、4、3、2、1"，即坚持见过 90% 的股东和管理层，坚持早上 8 点到达被调查企业，对企业里的至少 7 个部门进行调查，在企业连续待 6 天，对企业团队、管理、技术、市场、财务等 5 个要素进行详细调查，与被调查企业的 4 个上下游企业交谈，调查 3 个以上同类企业或竞争对手，提问不少于 20 个关键问题，至少与公司的普通员工吃过 1 次饭。

六、良好的团结协作精神

尽职调查工作往往需要 2 人或多人配合完成，这是尽职调查人员之间良好合作必不可少的，需要整个调查团队集体的智慧和共同努力。尽职调查团队的成员不能"单打一""各自为政"，而应该各有所长、分工配合、互相补充、团结协作。要做到技术与方法互相交流，遇到问题要互相探讨，发现线索互相提醒，资料信息要互相共享。

第二节　尽职调查人员行为规范

一、语言规范

尽职调查人员的语言表达应充分体现其专业性和高素质。尽职调查人员的语言规范包括：

1. 在尽职调查过程中，全程采用专业用语，包括财务、法律、经营、管理等的风控专业知识用语，以及企业所在行业的行业和产品专业用语，这就需要尽职调查人员前期做足功课。

2. 尽职调查人员的言谈必须做到语言美，讲话谦和礼貌，态度要不卑不亢，使用"您好、请、谢谢、对不起、再见"等礼貌用语以示对被尽职调查单位的尊重，友善、积极地进行有效的交流。无论在任何场合、与任何人交谈，绝不能盛气凌人、语言粗俗，甚至使用谩骂、威胁、恐吓等语言，即使对方严重冒犯到自己也应做到语言美。

二、着装规范

尽职调查人员的穿着代表了机构的形象，因此，机构都会对尽职调查人员的着装有明确而具体的要求，一个人的着装将自我形象和自我价值彰显于最外层，给人最直观的印象和感受，必须认真对待。

尽职调查人员进入调查现场时，女士着装应端庄、稳重、大方、干练，符合商务人士形象礼仪要求；着干净、整洁、得体的应季服装，最好是职业套装。男士着装应干净整洁，最好是得体西装（如果是休闲西装，可匹配合适的裤子），白衬衫或浅蓝衬衫、正式的领带、擦亮的皮鞋。不适宜穿着的服装：无袖上衣、无袖T恤、短裤、超短裙、拖鞋、过于暴露的和紧身的服装，浓妆艳抹、使用浓烈香水。

三、面貌规范

与着装一样，尽职调查人员的精神面貌也非常重要。良好的精神面貌对外可以赢得对方的尊重，对内可以获得内心的自信。对尽职调查人员的面容要求：不留长发、面容清洁干净、刮净胡须、不留长指甲、不佩戴耳环、不浓妆艳抹、口腔清新、身上无异味。对精神面貌的要求：精神饱满、神采奕奕、注意力集中、态度积极、反应迅速。

四、装备规范

1. 公文包。尽职调查人员平时需要携带很多东西，因此，一名专业的尽职调查人员必须拥有一个大容量、上档次、高规格的黑色皮包（尽量不要用别的颜色）。

2. 黑色签字笔。笔是尽职调查人员日常工作中最常用的物品，但实践中反而是最容易忽略的一样东西。尽职调查人员经常需要记一些东西，也经常会遇到让企业签字的情形，因此，尽职调查人员在公文包里至少要准备好两支能流畅书写的黑色签字笔，并放在公文包固定的位置。

另外，尽职调查人员还要随身携带一个纸质的笔记本，因为相对于电子记事本，手写更有速度优势，也不用担心电量和容量的问题，有这样一个小本子，可随时把企业需求、工作思路等一些重要信息记录下来，查看起来也比较方便。

3. 小号印泥。尽职调查过程中，借款申请表、借款合同、抵押合同、授权委托书等重要文书有时不仅需要借款企业签字而且需要加盖公章或手印，准备一个印泥可以随时应对这些情况，尤其是小号印泥，体积小、易携带，非常方便。

4. 笔记本电脑。笔记本电脑是尽职调查人员的标配，电脑应待机时间长、小巧方便，提前将调查提纲、企业资料、PPT 等资料存储好。根据企业情况，可随时调用电脑文件使用，显示出尽职调查人员的专业性和职业素养。

5. U 盘。尽职调查人员调查时，难免会遇到需要保存电子资料的时候，这时，一个体积小容量大的 U 盘会非常实用。

6. 手机。手机是尽职调查人员身体的一部分，尽职调查人员基于工作特点，一定要买一个大屏幕、像素高、容量大、速度快的智能手机，便于随时拍摄、录音、录像、通信使用。

7. 4G 无线路由器、移动电源。尽职调查人员在外工作，经常需要用笔记本电脑连接网络，但是不是每个业务场合都有 Wi–Fi，即便有网络也可能会出问题或网速很慢，这时候，一个自带的 4G 无线路由器就变得非常方便。

移动电源的重要性就不用多说了，现在手机已经成为尽职调查人员生活的一部分，而一旦手机没电了，就可能会严重影响尽职调查、取证工作。

8. 名片及名片夹。商务场合还要互换名片，一个有质感的名片夹能体现尽职调查人员的身份与品味。如果没有名片夹，名片直接从包里拿出来，有时候还夹着其他杂物，企业看到会有不良印象。名片夹中至少要有 20 张以上的名片，要记得及时补充。

9. 汽车。并非所有尽职调查工作均需要开车。但是，如果由于挤公车或地铁可能使衣着褶皱、满身大汗，就会影响调查工作。在路况允许的情况下，开车是一个较好的选择。

10. 录音笔、电子记事本（PDA）。录音笔主要是用来调查、取证用的，作为尽职调查人员一定要备上一个，平时不见得用得上，但需要用的时候随时都能拿出来。

电子记事本作为一种新型记录方式也是必不可少的，它能管理个人信息，其通讯录、记事和备忘、日程安排、便笺、计算器、录音和辞典等功能也不至于让自己手忙脚乱。电子记事本和纸质笔记本互相不能替代，两个都要有。另外，有了电子记事本，一般就不用再准备计算器等工具，但需要注意电量，及时充电。

11. 其他装备。除了上述装备，还有其余一些装备，尽职调查人员可以根据实际情况配备其他装备。

附录一

某银行授信业务尽职调查指引

单一企业短期授信尽职调查指引

第一章 单一企业短期授信尽职调查要点

一、对借款企业的尽职调查要点

（一）借款企业基本情况

- 借款企业名称、性质、成立时间、地址、注册资本、主营业务（如借款企业为上市公司，包括：借款企业名称、股票简称、股票代码、股票发行时间、上市时间、上市地点、主承销商）；

- 借款企业是否具有借款企业资格；

- 借款企业是否经历过股权结构变更及具体演变过程；

- 借款企业目前的权益结构是否清晰，注册资本是否到位（如为中资企业需了解注册资本未到位的原因，如为外资企业需了解外方出资者每年是否按计划出资）；

- 借款企业是否涉入兼并、合资、分立、重大诉讼、破产等事项及其对借款企业的影响；

- 借款企业类型，即是生产型、贸易型还是投资型。

（二）借款企业生产经营（贸易、投资）情况

- 借款企业所属行业近年是否为增长趋势；

- 按生产规模、综合财务指标等排名，借款企业在行业内排名是否靠前；
- 目前借款企业主要产品的市场占有率是否领先；
- 借款企业与行业中主要竞争对手相比优势是什么；
- 借款企业近三年为改善其生产经营情况采取了哪些有效措施；
- 借款企业近三年的销售收入、净利润是否有显著增长；
- 未来一年借款企业主要产品的市场竞争局面；
- 未来一年借款企业经营战略和生产计划是否发生变化；
- 未来一年借款企业生产（销售）计划与其主要产品市场需求量的预测是否相符；
- 借款企业主要供货商情况，借款企业与供货商是否保持长期稳定的合作关系，未来一年内是否会改变结算方式；
- 借款企业主要客户情况，借款企业与主要客户是否保持长期稳定的合作关系，未来一年内是否会改变结算方式。

（三）借款企业经营管理情况

- 借款企业内部组织架构是否健全；
- 借款企业领导层是否稳定；是否有较强的专业技术水平和经营管理能力，是否团结协作，是否重合同、守信用，是否具有遵纪守法观念等；
- 借款企业规章制度是否健全，财务管理、质量、技术、信息管理是否科学有效。

（四）借款企业的财务情况

- 借款企业近三年财务报告是否经过会计师事务所审计。

1. 借款企业偿债能力。

- 截至上月末，借款企业的负债总额，其中长、短期借款的余额，贷款行、贷款的起止日期；
- 近三年借款企业资产负债率（包括贷后资产负债率）、利息保障倍数和现金利息保障倍数等指标是否有异常变动及其变动原因，与行业标准财务指标比较的情况；
- 近三年借款企业流动比率、速动比率、现金比率和到期债务本息偿付比率等指标是否有异常变动及其变动原因，与行业标准财务指标比较的情况；

- 截至上年末，借款企业是否存在大额债务担保等或有负债。

2. 借款企业盈利能力。

- 近三年借款企业销售收入、销售成本、净利润等指标是否有异常变动及其变化原因；

- 近三年借款企业的销售净利率、销售毛利率和净资产收益率是否有异常变动及其变化原因，与行业标准财务指标比较的情况；

- 近三年借款企业"三费"是否存在异常变动，从而对借款企业的盈利能力产生较大影响，其原因是什么；

- 近三年借款企业是否存在由于营业外收入和投资收益金额较大而掩盖营业利润下降的情况。

3. 借款企业资产运营能力。

- 近三年借款企业存货周转率、应收账款周转率是否有异常变动及其变动原因，与行业标准财务指标比较的情况；

- 近三年借款企业账龄超过 1 年的应收账款占全部应收账款的比例是否逐年上升，原因是什么；

- 近三年借款企业存货中产成品的占比是否出现大幅度增加，原因是什么。

（五）借款企业与我行的关系

- 借款企业是否在我行开立基本户；

- 借款企业在我行的存款、结算量是否占其全部存款和结算量的大部分；

- 借款企业在我行贷款余额是否占其全部贷款余额的大部分；

- 借款企业的信用等级；

- 我行已提供的各类授信的金额、时间、审批单位、用途，授信使用情况是否正常，尤其是上年我行提供的短期授信使用情况是否正常；

- 包括该笔授信在内我行对该借款企业授信的风险值是否在我行为该借款企业最新核定的风险限额以内；

- 借款企业在其他行的授信情况、担保情况和还款记录是否正常。

二、对短期授信可行性的尽职调查要点

- 短期授信的申请用途是否合理；
- 短期授信的申请金额是否合理；
- 我行通过该笔授信是否可以取得可观收益。

三、对授信组合合理性的审查

- 授信组合是否合理；
- 出口类贸易融资风险审查；
- 进口类贸易融资风险审查。

四、对担保条件的尽职调查

（一）保证方式担保

- 保证人名称、性质、注册资本、主营业务；
- 是否具有保证人资格；
- 是否经过保证人董事会通过并授权；
- 保证人是否已出具保证承诺函；
- 担保人与借款企业之间是否存在密切的经济关系；
- 担保人是否具有担保能力（如为外资企业还需了解是否能够进行境外执行）。

（二）抵（质）押方式担保

- 抵（质）押人是否是依法对抵（质）押物享有所有权或经营管理权的法人、其他组织或个人；
- 抵（质）押物是否为可抵押的财产范围（如为外方进口设备，进口设备合同是否存在不得抵、质押条款）；
- 抵（质）押物是否具有较强的变现能力；
- 抵押物的使用期限是否长于项目贷款期限；
- 抵押的财产是否办理保险手续；

- 抵押物价值是否经过有资产评估资格的评估机构进行评估并出具评估报告；
- 抵押率是否符合我行的有关规定；
- 抵押物权属是否清晰；
- 是否已进行抵押登记或承诺进行抵押登记。

第二章　单一企业短期授信的尽职调查指南

"单一企业短期授信"是相对于"集团企业短期授信"而言的，集团企业短期授信一般实行授信额度管理，目前我行的具体授信模式为集团核定总体授信额度，与集团公司本部签订授信额度协议。总体授信额度项下，对集团内各成员发生实际授信业务时，由各成员分别与我行签订授信合同。如果我行对授信申请人提供的短期授信不准备采用上述授信模式，均可视为单一企业短期授信。

一、关于对借款企业资格问题的尽职调查

根据《贷款通则》第十七条对借款企业资格的规定，借款企业应当是经工商行政管理机关（或主管机关）核准登记的企（事）法人、个人合伙、个体工商户或具有中华人民共和国国籍的具有完全民事行为能力的自然人。如果经过核对借款企业营业执照，借款企业性质符合《贷款通则》的要求，且持有已经年审的贷款卡，说明其具有借款企业资格；如果无法确切把握借款企业性质是否符合《贷款通则》的要求，根据中国人民银行《银行信贷登记咨询管理办法（试行）》的有关规定，贷款卡是借款企业凭以向各金融机构申请办理信贷业务的资格证明。因此，只要借款企业持有已经过年审的贷款卡，就可以判断其具有借款企业资格。

二、关于对借款企业股权结构的尽职调查

尽职调查人员应详细了解借款企业的股权结构，划出借款企业权益结构图，

了解大股东经济实力情况。如果借款企业为上市公司，尽职调查人员可在相关网站查询股东情况和其他公告，特别是了解其关联交易情况及其对银行授信的影响。要对股权结构的稳定性、安全性等问题作出基本的判断分析。

三、关于对借款企业所属行业情况的尽职调查

尽职调查人员应该通过查阅报刊、走访行业主管部门、调阅相关行业报告和上网查询等方式深入、系统地了解新建项目所属行业信息。

如果上网查询有关行业信息，尽职调查人员可通过网站搜索所需的行业网站，查询相应的行业信息。

通过了解到的有关行业信息，尽职调查人员应注意把握：

（一）如果国家行业主管部门出台的有关政策，对该行业或行业内部分企业有较大影响，不利于我行现有贷款的收回，对此，我行应不再新增授信支持；

（二）借款企业在所处行业中应具有全国领先地位或区域领先地位，与国内或区域内具有一定竞争力的企业相比，该企业在技术设备、产品等方面具有一定优势；

（三）通过对国内外市场的供需情况的预测，借款企业的主要产品应是供不应求或具有一定的市场发展前景；

（四）原材料供应价格在未来一年内将不会出现较大波动，以保证主要产品成本将保持稳定。

四、关于对借款企业经营管理情况的尽职调查

尽职调查人员在全面了解借款企业经营管理情况的基础上，应注意以下问题：

（一）画出借款企业组织构架图

通过详细了解企业内部各组织机构设置和职能定位，判断企业组织机构是否健全，是否有利于企业的正常运作和经营成果。

（二）深入分析财务管理制度的变化情况

1.借款企业所属行业系统内的资金管理是否已经发生变化，或在未来的一

段时期内将发生变化。一般情况下，借款企业行业系统内的资金管理可能会导致系统内某些企业将不再具有对外投融资权，资金将实行统借统还，从而使我行授信的借款企业和还款人发生变化，直接影响我行授信业务。因此，尽职调查人员应详细了解、分析行业系统内资金管理变化的内容以及对我行现有授信余额和未来即将发生的授信会产生哪些影响。

2. 借款企业在原材料和产成品的结算方式上是否发生变化。如果原材料的结算方式发生变化，将主要导致企业应付账款、应付票据和预收账款等流动负债科目的增减；如果产成品的结算方式发生变化，将主要导致企业应收账款、应付票据和应付账款等流动资产科目的增减。从而导致整个企业流动资金贷款需求量发生变化。因此，尽职调查人员在详细了解借款企业主要供货商和主要企业情况的基础上，应对其原材料和产成品的主要结算方式的变化情况进行详细了解，同时分析该变化对我行授信需求量的影响情况。

五、对借款企业财务情况的尽职调查

1. 对借款企业偿债能力的尽职调查。

（1）尽职调查人员应详细了解截至上年末借款企业的负债总额，及其中长、短期借款的余额，贷款行，贷款的起止日期。同时了解在未来一年内，借款企业到期的长、短期借款金额和还款资金来源。

（2）尽职调查人员应深入了解近三年借款企业资产负债率（包括贷后资产负债率）、利息保障倍数和现金利息保障倍数的变动情况及其原因；同时与行业标准财务指标比较，说明该企业的资产负债率和利息保障倍数在同类企业中的水平。

其中，$资产负债率 = \dfrac{负债总额}{资产总额} \times 100\%$

$贷后资产负债率 = \dfrac{负债总额 + 该项目涉及的贷款和其他负债金额}{资产总额 + 项目形成的资产金额} \times 100\%$

$利息保障倍数 = \dfrac{税前利润 + 利息费用}{利息费用} \times 100\%$

$现金利息保障倍数 = \dfrac{经营活动现金净流量 + 付现利息支出 + 付现所得税}{付现利息支出} \times 100\%$

如果借款企业近三年资产负债率连年攀升，目前已低于行业平均水平，利息保障倍数和现金利息保障倍数连续三年为负值，我行原则上不予提供贷款支持。

（3）尽职调查人员应深入了解近三年借款企业流动比率、速动比率、现金比率和到期债务本息偿付比率等指标的变动情况及原因，同时与行业标准财务指标比较，说明该企业的速动比率在同类企业中的水平。

其中，流动比率 $= \dfrac{流动资产}{流动负债} \times 100\%$

速动比率 $= \dfrac{流动资产 - 存货}{流动负债} \times 100\%$

到期债务本息偿付比率 $= \dfrac{经营活动现金净流量}{本期到期债务本金 + 现金利息支出} \times 100\%$

如果借款企业近三年流动比率和速动比率连年降低，目前已低于行业平均水平，到期债务本息偿付比率连续三年为负值，我行原则上不予以提供贷款支持。

（4）如果借款企业存在大量债务担保，尽职调查人员应对借款企业具体的担保情况进行调查。

2. 对借款企业盈利能力的尽职调查。

（1）尽职调查人员应了解近三年企业销售收入、销售成本、净利润等指标的变化情况及其变化原因。

（2）尽职调查人员应深入了解借款企业近三年的销售净利率、销售毛利率、净资产收益率。

其中，销售净利率 $= \dfrac{净利润}{销售收入} \times 100\%$

销售毛利率 $= \dfrac{销售收入净额 - 销售成本}{销售收入净额} \times 100\%$

净资产收益率 $= \dfrac{净利润}{股东权益平均总额} \times 100\%$

尽职调查人员可以从三个方面深入调查：第一，借款企业近三年的销售净利率、销售毛利率和净资产收益率的变化情况及其变化原因；第二，借款企业目前的销售净利率、销售毛利率和净资产收益率与行业标准财务指标比较，说明企业盈利能力在同类企业中的地位；第三，通过因素分析法，深入分析盈利能力指标变动的影响因素，例如，如借款企业销售毛利率逐年上升，但销售净利率却逐年下降，尽职调查人员需进一步分析"三费"、营业外收支净额和投资收益等的详细变化情况，从而深入了解影响企业盈利能力的原因及企业经营中存在的问题。

3. 对借款企业资产运营能力的尽职调查。尽职调查人员应深入了解借款企业近三年的存货周转率、应收账款周转率的变化情况及其原因，同时与行业标准财务指标比较，说明该企业的存货周转率和应收账款周转率在同类企业中的水平。

其中，存货周转率 $= \dfrac{\text{销售成本}}{\dfrac{\text{期初存货} + \text{期末存货}}{2}} \times 100\%$

应收账款周转率 $= \dfrac{\text{销售收入}}{\dfrac{\text{期初应收账款} + \text{期末应收账款}}{2}} \times 100\%$

如果存货周转率和应收账款周转率变动幅度较大，尽职调查人员可深入了解借款企业的供货商和销货商的情况。

六、关于对短期授信用途的尽职调查

在对短期授信用途的了解、分析过程中，尽职调查人员应注意把握以下几点：

（1）对于用于企业日常生产经营以外短期授信，尽职调查人员应严格把握。短期授信用于企业日常生产经营以外的用途包括以下几种情况：一是将短期授信直接用于企业固定资产建设项目，即通常所说的"短贷长用"；二是将短期授信提供给固定资产建设项目股东，再由股东投资用于项目建设，即通常所说的"股本贷款"；三是将短期授信用于支持企业建设项目固定资产贷款到位前的资金需求，即通常所说的"项目搭桥贷款"（对于此种情况，尽职调查人员可以根据企业和项目的实际情况灵活掌握）；四是将短期授信用于投资性业务。尽职调查人员应深入分析企业在资金用途同时结合对企业实际日常生产经营性资金需求量的测算结果，判断企业该笔授信申请的实际用途，防止我行短期授信被挪用。

（2）企业在日常生产经营过程中，一次性资金需求不得以授信额度形式支持。短期授信分为单笔短期授信和授信额度两个授信业务品种，尽职调查人员应详细了解企业申请短期授信的实际用途，对于生产经营过程中一次性短期资金需求应提供单笔短期授信，不应核定授信额度。

（3）企业短期资金占用应具有合理性。对于生产企业，贷款购入的原材料等物资应符合生产需求；现有原材料储备数量和结构符合企业生产和销售的需求。对于商业企业，贷款购入商品的货源应可靠，适销对路，企业商品库存数量与结构合理。另外，尽职调查人员还应注意分析企业应收账款账龄情况，对于账龄在一年以上的应收账款应详细了解各笔应收账款的情况。

七、关于对短期授信金额合理性的尽职调查

借款申请贷款往往考虑的是银行的批准额而非实际需求额，尽职调查人员应根据借款企业的生产经营情况，预测企业未来年度资金需求量，从而判断企业申请的金额与实际需求金额是否配套。尽职调查人员可采用"销售百分比法"预测企业未来年度内对外融资需求量。

销售百分比法是首先假设收入、费用、资产、负债与销售收入存在稳定的百分比关系，根据预计销售额和相应的百分比预计资产、负债和所有者权益，然后利用会计等式确定融资需求。

具体的计算方法有两种：一种是先根据销售总额预计资产、负债和所有者权益的总额，然后确定融资需求；另一种是根据销售的增加额预计资产、负债和所有者权益的增加额，然后确定融资需求。

（一）根据销售总额确定融资需求

例：假设 ABC 公司下年预计销售 4000 万元，预测的步骤如下。

	上年期末 实际（万元）	占销售额百分比 （销售额3000万元）（%）	本年计划 （销售额4000万元）（万元）
资产：			
流动资产	700	23.3333	933.33
长期资产	1300	43.3333	1733.33
资产合计	2000		2666.66
负债及所有者权益			
短期借款	60	N	60
应付票据	5	N	5
应付款项	176	5.8666	234.66
预提费用	9	0.3	12
长期负债	810	N	810
负债合计	1060		1121.66
实收资本	100	N	100
资本公积	16	N	16
留存收益	824	N	950
股东权益	940		1066
融资需求			479
合计	2000		266.66

1. 确定销售百分比。销售额与资产负债表项目的百分比，可以根据上年有关数据确定。

流动资产÷销售额＝700÷3000×100%＝23.3333%

固定资产÷销售额＝1300÷3000×100%＝43.3333%

应付款项÷销售额＝176÷3000×100%＝5.8667%

预提费用÷销售额＝9÷3000×100%＝0.3%

要注意区分直接随销售额变动的资产、负债项目与不随销售额变动的资产、负债项目。不同企业销售额变动引起资产、负债变化的项目及比率是不同的，需要根据历史数据逐项研究确定。就本例而言，流动资产和固定资产都随销售额变动，并假设成正比例关系；应付账款和预提费用与销售额成正比；而其他负债项目如短期借款、应付票据、长期负债以及股东权益项目（表中以N表示），则与销售无关。ABC公司每1元销售额占用流动资产0.2333元，占用固定资产 0.4333 元，形成应付账款 0.0587 元，形成预提费用 0.003 元。

资产、负债项目占销售额的百分比，也可以根据以前若干年度的平均数确定。

2. 计算预计销售额下的资产和负债。

资产（负债）＝预计销售额×各项目销售百分比

流动资产＝4000×23.3333%＝933.33 万元

固定资产＝4000×43.3333%＝1733.33 万元

应付账款＝4000×5.8666%＝234.66 万元

预提费用＝4000×0.3%＝12 万元

在此基础上预计总资产：

总资产＝933.33＋1733.33＝2666.66 万元

预计不增加借款情况下的总负债（无关项目按上年数计算）：

总负债＝60＋5＋234.66＋12＋810＝1121.66 万元

3. 预计留存收益增加额。留存收益是公司内部融资来源。只要公司有盈利并且不是全部支付股利，留存收益会使股东权益自然增长。留存收益可以满足或部分满足企业的融资需求。这部分资金的多少，取决于收益的多少和股利支付率的高低。

留存收益增加＝预计销售额×销售净利率×（1－股利支付率）

假设股利支付率为 30%，销售净利率与上年相同（136/3000＝4.5%），则：

留存收益增加＝4000×4.5%×（1－30%）＝126 万元。

4. 计算外部融资需求。

外部融资需求＝预计总资产－预计总负债－预计股东权益

＝2666.66－1121.66－（940＋126）

＝2666.66－2187.66＝479 万元

ABC 公司为完成销售额 4000 万元，需要增加资金 666.66 万元（2666.66－2000），负债的自然增长提供 61.66 万元（234.66＋12－176－9），留存收益提供 126 万元，本年应再融资 479 万元（666.66－61.66－126）。

（二）根据销售增加额确定融资需求

融资需求＝资产增加－负债自然增加－留存收益增加

$$= （资产销售百分比 \times 新增销售额） - （负债销售百分比 \times 新增销$$
$$售额） - [计划销售净利率 \times 销售额 \times （1 - 股利支付率）]$$
$$= （66.6666\% \times 1000） - （6.1666\% \times 1000） - [4.5\% \times 4000 \times$$
$$（1 - 30\%）]$$
$$= 666.6 - 61.6 - 126$$
$$= 479 万元$$

以上是通过"销售百分比法"预测企业未来年度对外融资需求量的详细过程，尽职调查人员可以参考使用，但应注意：

（1）上述方法预测了企业未来年度内全部对外融资需求量，如只说明流动资金的需求量，应假定固定资产投资不变；

（2）上述方法是以一定的假设为前提的，尽职调查人员还应根据企业的实际情况，对结果进行调整。

八、关于对贷款期限的尽职调查

通常而言，流动资金贷款期限越长，风险也越高。尽职调查应从企业的实际生产经营需要与银行的贷款风险两方面来评估贷款期限是否合适，还款计划是否切合实际。流动资金贷款的期限应与借款企业的营运周期及现金周期有关，营运周期等于存货周转天数与应收账款周转天数之和，而现金周期则是营运周期与应付账款周转天数之差。现金周期是借款企业付出购货现金与收回销货现金之间的天数，借款企业在这段时间内可能需要短期融资。因此，尽职调查应从借款企业的营运周期和现金周期确定公司的资金需求、评价贷款用途及还款计划的可行性。

需要指出的是，临时贷款和周转贷款的根本区别在于临时贷款是短期临时调剂性质，银行发放临时贷款的资金来源也主要是各种短期负债。对于临时贷款，尤其需要加强期限管理，应注意合理确定贷款期限，防止企业挪用临时贷款资金现象。

九、关于授信品种组合的调查

在对企业一揽子授信中，除贷款外，银行可以根据企业的需求为其核定贸易融资额度。但授信品种组合应合理搭配，并注意各类授信品种的特点与风险。应严禁用打包贷款、开证等方式归还逾期贷款，或通过贷款方式掩盖贸易融资项下垫款。相关授信品种应专款专用，合理使用。

对贸易融资和保函授信的审核，除应考虑企业财务状况和担保/反担保条件外，还应参考企业近几年的进出口贸易额、贸易周转期、在我行及他行的结算业务量、对我行的利润贡献、历史履约记录、通过我行办理的出口应收账款等因素，结合不同授信产品的风险特征以及具体业务的基础合同背景、进出口国家和地区、供货商和购买商情况、进出口商品市场行情等情况区别处理。出口类贸易融资中，我行作为融资银行在企业提交合格出口商业单据后向其提供应收账款融资便利。由于有对应的出口商品应收账款作为还款来源，且该应收账款需要通过我行进行结算和回收，具有一定的自偿性；且出口贸易融资还有来自于国外开证行、承兑行或进口保理商的付款凭证，多数情况下我行在收回融资款项前可以掌握物权单据，授信风险相对较低。出口类贸易融资的审核可主要考虑企业所处行业、出口商品种类、行情、通过我行办理的出口应收账款金额、企业在我行历史履约记录等因素。企业财务指标以及担保条件可作为授信审查的参考依据。出口类贸易融资业务应注意考查出口货物是否会引起反倾销纠纷，防范潜在风险。对于不掌握货权的出口类贸易融资，授信风险相对较高，审查时除注意以上因素外，要加强对企业资信的调查。

进口类贸易融资风险通常高于出口类贸易融资风险。对进口类贸易融资授信的审核，除考虑企业财务状况、短期偿债能力、担保情况外，还应根据进口商品的市场供求情况、变现难易程度等因素区别处理。对于企业有出口应收账款的，可以凭该部分出口应收账款作为核定进口类贸易融资的依据，但前提是该部分出口应收账款通过我行办理，且我行应与企业签署协议，授权我行以企业出口收妥款项偿还我行对企业进口融资金额。

在我行有较稳定的结算业务量并且履约情况较好的中资外贸公司企业，在控制风险的前提下可对其贸易融资和保函授信需求继续予以支持；对新建企业，由于没有任何授信关系，为保证资金安全，必须从严掌握，充分论证和了解企业资信、贸易融资背景、交易原委等情况，谨慎处理企业申请，注意风险控制，防范业务诈骗，在有充分把握后方可叙做。对叙做业务较多的非授信企业，应争取建立正式的授信业务关系，或采取授信额度方式予以支持。

十、关于出口类贸易融资授信风险审查

（一）打包贷款

打包贷款是我行为支持出口商按期履行合同，出运交货，向收到信用证的出口商提供的用于采购、生产、装运信用证项下货物的短期融资。

打包贷款以信用证为基础，以出口商品为贸易背景，以预期国外收汇为还款保障，较普通贷款在控制还款来源方面更为有利，并且打包贷款可以带来后续的结算量和其他贸易融资的机会。我行应在了解、把握出口企业履约记录、履约能力、经营状况，在确有商品出口，且出口商品市场稳定的前提下，开展打包贷款业务，并做到专款专用。打包贷款的金额原则上不应高于信用证金额的80%。

打包贷款以信用证作为还款凭据和抵押品，但信用证本身是一个有条件的银行信用保证，需要企业按期履约并满足信用证的全部条件和要求。因此，打包贷款实质上是一种无抵押信用放款。

（二）出口押汇

出口押汇是出口商发运货物后，我行凭出口商交来的出口单据在保留追索权的前提下向其提供的短期资金融通。

出口押汇通常融资周期短，发生频繁，收益较高，以出口收汇作为还款来源，授信风险较小。

1. 信用证项下出口押汇。单证相符或单证不符但开证行已确认接受不符点的信用证项下出口押汇业务，其授信风险主要来自金融机构信用风险。一般情况下，该类授信业务不占用工商企业授信额度，而占用相应金融机构的授信额度。对于存在实质性不符点且未获得开证行电提接受的单据项下的押汇，比照D/P项下押汇有关规定执行。原则上只对我行认可的评级机构（含我行内部评级）BBB级以上（含BBB级）的工商企业叙做无押品但有追索权的买单业务。

2. D/P项下押汇，D/A项下押汇。原则上只能对我行认可的评级机构（含

内部评级）BBB 级以上（含 BBB 级）的工商企业叙做无押品但有追索权的买单业务。

（三）出口贴现

出口贴现是我行保留追索权地购入已经银行承兑的未到期远期汇票/已经银行承付的未到期远期债权，为企业提供短期融资的业务。

在远期跟单业务中，汇票一经银行承兑/承付，承兑银行就对该汇票/债权作出了一种付款承诺，因此出口贴现的授信风险主要来自金融机构信用风险。一般情况下，该类授信业务不占用工商企业授信额度，而占用相应金融机构的授信额度。

（四）福费廷

福费廷是在远期信用证项下，我行应出口商要求无追索权地买断经开证银行或其指定银行承兑的未到期汇票或经开证银行或其指定银行承付的未到期债权，或在承兑交单（D/A）项下，我行应出口商要求无追索权地买断经银行保付的已承兑商业汇票。

（五）出口双保理

出口双保理是出口商将其 O/A、D/A 项下应收账款转让给我行，由我行为其提供贸易融资、销售分户账户管理，并委托国外进口保理商为其提供应收账款的催收及信用风险控制与坏账担保等服务。

出口双保理的授信风险主要来自国外进口保理商的信用风险。办理出口双保理时应重点审核出口商的融资申请、收汇记录及相关贸易背景。

（六）出口商业发票贴现

出口商业发票贴现是出口商将 O/A、D/A 项下应收账款转让给我行，由我行为其提供贸易融资、应收账款催收、销售分户账管理等服务的融资业务。

十一、关于进口类贸易融资风险审查

（一）进口授信开证/进口押汇

进口授信开证是在进口商未将足额信用证备付款项存入我行保证金账户的情况下，我行为其办理开立进口信用证的业务。进口押汇是我行收到国外来单后，应开证申请人要求向其提供的短期资金融通，用以对外支付该单据项下款项。

开证行开立进口信用证后，当出口方银行向开证行提交全套合格单据后，开证行即负无条件付款之责任。如进口商资金不足，开证行或者向进口商提供押汇或其他资金融通，或者将形成垫款。放单后的进口押汇业务风险比放单前相对更大一些。进口授信开证的授信风险虽低于进口押汇，可按进口押汇的授信风险掌握。

大额开证应检查下列情况并作充分的了解：受益人的资信、大宗商品交易的市场情况、开证申请人是否有该项商品的经验、贸易形式是否正常、开证条款是否合理、赎单资金来源、有无真实贸易背景等。

（二）提货担保

提货担保是当进口货物先于货运单据到达时，进口商为办理提货，向承运人或其代理人出具的、请求我行加签并由我行承担连带责任的书面担保。

提货担保大多承担金额、期限上的敞口风险，风险高于进口授信开证和进口押汇，只能为资信及往来记录良好的企业，在我行有能力控制风险的前提下办理。由于我行不能掌握货权，应从严掌握，对企业进行严格的资信审查，并尽可能落实抵押或担保手续作为第二性还款来源。另外，应在信用证要求全套货权单据时，才能签发提货担保。并要严格审查有关商业单据，如有关发票和提单副本等，以确认货物归属及真实价值。

（三）进口双保理

进口双保理是我行应国外出口保理商的申请，为某一特定的进口商核定信用额度，从而向国外出口商提供应收账款催收、资信调查、坏账担保等服务。进口双保理的授信风险主要来自进口商的信用风险，应重点审查进口商的资信与履约能力。

十二、关于对保证人资格问题的尽职调查

关于保证人资格问题，《担保法》明确规定：具有代为清偿债务能力的法人、其他组织或者公民，可以作担保人；国家机关不得为保证人，但经国务院

批准为使用外国政府或者国际经济组织进行转贷的除外；学校、幼儿园、医院等以公益为目的的事业单位、社会团体不得为保证人；企业法人的分支机构、职能部门不得为保证人。企业法人的分支机构有法人书面授权的，可以在授权范围内提供保证。尽职调查人员要严格把握保证人是否具有担保资格。

十三、关于对保证人担保实力的尽职调查

尽职调查人员可以根据以下情况判断保证人担保实力。

（一）担保人生产经营情况

经过调查，如果近三年担保人生产经营情况较好，产品市场占有率、销售收入和净利润保持稳定或逐年上升，说明保证人具有一定担保能力。

（二）保证人担保率

$$担保率 = \frac{保证人负债总额 + 累计保证金额}{保证人资产总额} \times 100\%$$

担保率越低，证明保证人的担保能力越强，反之，担保能力越弱。一般要求担保率不超过100%。

十四、关于对保证人担保意愿的尽职调查

尽职调查人员可以从两方面判断保证人的担保意愿，一是保证人与借款企业的关系。对于新建项目贷款，保证人一般为项目股东，否则，尽职调查人员应深入了解保证人与借款企业、项目股东之间的背景关系，以分析保证人提供保证的经济动机，判断保证人提供保证的意愿，是否迫于外部压力而非自愿出具担保，从而对履行保证义务产生不利影响。二是保证人的信用记录。调查保证人的信用记录包括保证人对自身债务的还本付息记录和保证人按照约定履行担保责任的记录。

十五、关于对抵（质）押物范围的尽职调查

根据《担保法》规定，可以充当抵押物的财产有：
（一）抵押人所有的房屋和其他地上定着物；
（二）抵押人所有的机器、交通运输工具和其他财产；

（三）抵押人依法有权处分的国有的土地使用权、房屋和其他地上的定着物；

（四）抵押人依法有权处分的国有的机器、交通运输工具和其他财产；

（五）抵押人依法承包并经发包方同意抵押的荒山、荒沟、荒丘、荒滩等荒地的土地使用权；

（六）依法可以抵押的其他财产。

质押可分为动产质押和权利质押，根据《担保法》规定，可以充当权利质押的质物有：

1. 汇票、支票、债券、存款单、仓单、提单。

2. 依法可以转让的股份、股票。

3. 依法可以转让的商标专用权、专利权、著作权中的财产权。

4. 依法可以质押的其他权利。

尽职调查人员应严格审查抵押物和质物是否符合《担保法》的上述规定。

第三章　单一企业短期授信尽职调查上报材料要求

1. 填写完整并有问责审批人明确意见的《总行项目审报表》。

2. 经业务部门初评并经风险管理部门复核的企业信用等级评级表。（风险管理部门）

3. 企业风险限额核定材料或其他证明借款企业资信情况的材料。（已评级企业）

4. 上报单位请示文件（行发文）。

5. 上报单位风险风险管理委员会评审意见和评审结果。

6. 上报单位尽职调查报告。（风险管理部门）

7. 上报单位贷款评估报告。（公司业务部门）

8. 借款企业借款申请书（写明借款企业概况，申请借款金额、币别、期限、用途、还款来源、借款担保方式、用款、还款计划等）。

9. 借款企业已在工商部门办理年检手续的营业执照。

10. 借款企业的贷款证（卡）。（未使用信贷登记系统的必须提供）

11. 股权结构图和大股东、主要关联公司说明。

12. 借款企业近三年及最近期的财务报表（资产负债表、利润表、现金流量表，年度报表应经财政部门或会计师事务所审计）和审计意见。

13. 如贷款担保采用保证方式，需有银行与经银行认可的、有经济实力的法人签订的还款保证合同，或上述法人出具的无条件按照银行要求的格式与银行签订保证合同的承诺函。

14. 如贷款担保采用抵押（质押）方式，需有银行与抵押（质押）人签订的抵押（质押）合同，或抵押（质押）人出具的无条件按照银行要求的格式与银行签订抵押（质押）合同的承诺函。贷款抵押物的保险单或借款企业同意将抵押物办理保险手续、并将保险权益转让我行的承诺函。

15. 借款合同、保证合同或抵押（质押）合同（草本）。

16. 保证人的营业执照、近三年的财务报表。

17. 抵押（质押）物的清单、有权部门出具的价值评估文件、物权权属证明文件、上报单位对抵押（质押）物的核查报告。

18. 原、辅材料采购合同、产品销售合同、进出口商务合同。

19. 借款企业其他资金来源已经到位或能够按期到位的证明（或说明）文件。

20. 借款企业（或保证人、抵押人、质押人）应出具包含相关内容的董事会决议（有法定人数董事会成员签名）和授权书。（外商投资企业或股份制企业）

21. 如为出口打包贷款，应出具进口方银行开立的信用证、由国际结算部门出具的信用证条款无疑议的材料。进口商与开证行的资信证明或说明文件。

22. 如借款用途涉及国家实行配额、许可证等方管理的进出口业务，应出具其进出口许可证和应取得的其他批件。（出口打包贷款）

23. 进出口许可证和应取得的相关批件。（借款用途涉及国家实行配额、许可证等方面管理的进出口业务项目）

24. 上级行因项目本身需要，要求提供的其他文件、资料。

附录二

A 股上市公司 22 个一类行业传统指标中值统计（2014—2016 年）

农林牧渔					
偿债能力		单位	2016 年	2015 年	2014 年
1	流动比率	%	252.47	228.42	237.22
2	速动比率	%	171.89	152.55	149.21
3	资产负债率	%	40.47	41.35	43.11
4	产权比率	%	107.06	82.27	107.05
5	净资产比率	%	59.53	58.65	56.89
盈利能力					
1	主营业务利润率	%	24.42	21.19	20.84
2	营业利润率	%	4.88	5.86	-0.25
3	销售净利率	%	7.62	7.81	2.60
4	销售毛利率	%	25.14	21.76	21.48
5	销售成本率	%	74.87	78.24	78.52
6	销售税金率	%	39.87	24.97	21.83
7	净资产利润率	%	5.44	5.71	1.52
8	总资产报酬率	%	6.28	4.07	4.41
9	销售期间费用率	%	21.25	23.72	20.18
10	成本费用利润率	%	12.13	8.58	6.22
11	实交所得税与利润总额比率	%	13.00	6.92	1.32
营运能力					
1	总资产周转率	%	70.11	74.28	80.66
2	存货周转率	%	421.50	427.80	427.96
3	存货周转期	天	184.64	183.61	189.01
4	应收账款周转率	%	1570.08	1313.93	1548.03
5	应收账款周转期	天	41.10	42.81	41.94
6	营业周期	天	225.52	224.42	229.24
7	流动资产周转率	%	158.65	160.75	173.32
8	固定资产周转率	%	366.07	333.09	286.18
9	所有者权益周转率	%	123.88	135.32	173.46
10	应付账款周转率	%	1464.09	1486.82	1474.51
11	应付账款周转期	天	42.81	41.52	40.67
经营发展能力					
1	总资产增长率	%	30.08	19.51	14.52
2	净资产增长率	%	41.47	35.50	21.66
3	存货增长率	%	23.74	-3.20	12.76
4	固定资产增长率	%	10.10	9.24	12.63
5	主营业务收入增长率	%	23.57	12.73	2.07
6	主营业务利润增长率	%	108.13	82.23	27.86
7	营业利润增长率	%	128.16	-41.43	-28.44
8	利润总额增长率	%	106.60	-162.08	23.27
9	净利润增长率	%	115.40	-179.91	-6.42

采掘					
偿债能力		单位	2016 年	2015 年	2014 年
1	流动比率	%	179.73	153.47	143.98
2	速动比率	%	149.50	127.76	116.52
3	资产负债率	%	50.35	52.40	50.10
4	产权比率	%	160.92	172.54	135.04
5	净资产比率	%	49.65	47.60	49.90
盈利能力					
1	主营业务利润率	%	19.69	14.78	20.09
2	营业利润率	%	-5.44	-6.19	-16.21
3	销售净利率	%	-5.80	-5.83	-7.44
4	销售毛利率	%	22.57	17.58	22.15
5	销售成本率	%	77.43	82.42	77.85
6	销售税金率	%	-2.58	-24.53	10.32
7	净资产利润率	%	-4.55	-4.08	-2.47
8	总资产报酬率	%	0.63	-0.24	2.72
9	销售期间费用率	%	20.88	24.80	21.42
10	成本费用利润率	%	-2.82	-2.26	0.41
11	实交所得税与利润总额比率	%	14.81	6.39	16.74
营运能力					
1	总资产周转率	%	35.65	37.31	50.93
2	存货周转率	%	924.34	890.40	981.51
3	存货周转期	天	73.33	73.98	63.09
4	应收账款周转率	%	832.29	817.05	1432.18
5	应收账款周转期	天	101.74	111.03	77.39
6	营业周期	天	172.75	167.70	140.92
7	流动资产周转率	%	108.90	112.25	145.11
8	固定资产周转率	%	117.22	122.14	172.73
9	所有者权益周转率	%	99.42	80.82	125.55
10	应付账款周转率	%	549.73	547.21	649.58
11	应付账款周转期	天	107.27	108.68	78.59
经营发展能力					
1	总资产增长率	%	10.41	71.90	21.38
2	净资产增长率	%	17.92	11.03	15.97
3	存货增长率	%	0.38	13.23	21.26
4	固定资产增长率	%	1.25	11.27	30.89
5	主营业务收入增长率	%	10.50	107.77	4.26
6	主营业务利润增长率	%	101.85	35.90	-14.90
7	营业利润增长率	%	-39.35	-342.39	-189.77
8	利润总额增长率	%	-199.68	-363.33	-117.46
9	净利润增长率	%	30.11	-470.12	-123.02

化工					
偿债能力		单位	2016 年	2015 年	2014 年
1	流动比率	%	241. 56	217. 16	207. 08
2	速动比率	%	192. 50	168. 36	153. 25
3	资产负债率	%	40. 35	43. 03	46. 29
4	产权比率	%	103. 27	132. 31	132. 52
5	净资产比率	%	59. 65	56. 97	53. 71
盈利能力					
1	主营业务利润率	%	21. 20	20. 26	18. 42
2	营业利润率	%	8. 19	3. 24	0. 29
3	销售净利率	%	8. 35	4. 24	0. 08
4	销售毛利率	%	22. 58	21. 07	19. 08
5	销售成本率	%	77. 42	78. 93	80. 92
6	销售税金率	%	25. 51	23. 21	25. 60
7	净资产利润率	%	4. 26	2. 94	9. 01
8	总资产报酬率	%	5. 88	5. 26	5. 17
9	销售期间费用率	%	18. 83	19. 73	16. 46
10	成本费用利润率	%	10. 18	7. 71	5. 93
11	实交所得税与利润总额比率	%	15. 43	18. 74	15. 73
营运能力					
1	总资产周转率	%	71. 84	72. 32	82. 93
2	存货周转率	%	748. 27	689. 78	715. 53
3	存货周转期	天	78. 74	79. 97	75. 38
4	应收账款周转率	%	3439. 79	3282. 76	5223. 52
5	应收账款周转期	天	58. 74	60. 65	51. 40
6	营业周期	天	137. 65	139. 28	126. 43
7	流动资产周转率	%	168. 27	177. 41	199. 04
8	固定资产周转率	%	330. 27	312. 05	294. 27
9	所有者权益周转率	%	157. 90	152. 87	164. 85
10	应付账款周转率	%	1288. 63	1283. 40	1312. 03
11	应付账款周转期	天	49. 50	53. 50	46. 36
经营发展能力					
1	总资产增长率	%	46. 29	21. 52	15. 83
2	净资产增长率	%	30. 55	31. 67	21. 83
3	存货增长率	%	15. 70	5. 24	11. 65
4	固定资产增长率	%	18. 10	10. 67	20. 33
5	主营业务收入增长率	%	46. 28	5. 34	13. 25
6	主营业务利润增长率	%	69. 48	55. 70	44. 84
7	营业利润增长率	%	60. 28	− 23. 68	− 14. 30
8	利润总额增长率	%	44. 34	− 6. 13	− 38. 75
9	净利润增长率	%	− 7. 29	− 1. 45	− 52. 29

钢铁					
偿债能力		单位	2016 年	2015 年	2014 年
1	流动比率	%	105.84	87.97	88.08
2	速动比率	%	71.23	58.68	48.90
3	资产负债率	%	62.94	66.24	64.82
4	产权比率	%	326.33	428.72	273.24
5	净资产比率	%	37.06	33.76	35.18
盈利能力					
1	主营业务利润率	%	8.88	2.48	7.84
2	营业利润率	%	−1.42	−10.15	−0.09
3	销售净利率	%	−1.01	−8.01	0.55
4	销售毛利率	%	9.55	2.85	8.27
5	销售成本率	%	90.45	97.15	91.73
6	销售税金率	%	14.46	−52.30	0.93
7	净资产利润率	%	−1.98	−41.78	−1.43
8	总资产报酬率	%	4.07	−2.18	2.79
9	销售期间费用率	%	9.86	9.90	7.54
10	成本费用利润率	%	1.52	−6.29	1.06
11	实交所得税与利润总额比率	%	21.11	7.39	25.48
营运能力					
1	总资产周转率	%	92.28	83.77	109.41
2	存货周转率	%	632.89	623.58	577.94
3	存货周转期	天	77.40	89.98	83.67
4	应收账款周转率	%	6599.44	5088.71	5875.48
5	应收账款周转期	天	20.34	21.77	14.77
6	营业周期	天	97.73	111.74	98.44
7	流动资产周转率	%	232.48	213.51	265.72
8	固定资产周转率	%	377.80	292.62	372.19
9	所有者权益周转率	%	434.29	368.82	360.54
10	应付账款周转率	%	840.23	730.60	840.03
11	应付账款周转期	天	67.85	97.50	69.84
经营发展能力					
1	总资产增长率	%	25.72	−1.83	10.28
2	净资产增长率	%	45.26	−9.79	7.06
3	存货增长率	%	20.98	−25.14	−0.05
4	固定资产增长率	%	5.36	−3.36	22.60
5	主营业务收入增长率	%	13.54	−25.13	−2.54
6	主营业务利润增长率	%	309.41	−38.62	70.39
7	营业利润增长率	%	210.86	−627.68	−41.89
8	利润总额增长率	%	165.25	−608.35	−200.25
9	净利润增长率	%	141.58	−772.62	−59.89

续表

有色金属					
偿债能力		单位	2016 年	2015 年	2014 年
1	流动比率	%	241.39	224.78	201.42
2	速动比率	%	172.69	149.36	167.98
3	资产负债率	%	42.03	44.52	45.79
4	产权比率	%	141.38	160.61	128.11
5	净资产比率	%	57.97	55.48	54.21
盈利能力					
1	主营业务利润率	%	19.73	16.73	17.39
2	营业利润率	%	2.78	-2.73	3.31
3	销售净利率	%	2.46	-2.19	4.08
4	销售毛利率	%	20.99	17.59	18.09
5	销售成本率	%	79.01	82.41	81.91
6	销售税金率	%	28.91	6.58	24.15
7	净资产利润率	%	5.45	-0.93	4.84
8	总资产报酬率	%	5.67	3.19	5.29
9	销售期间费用率	%	17.66	15.63	14.37
10	成本费用利润率	%	13.44	7.36	10.50
11	实交所得税与利润总额比率	%	19.01	14.14	20.50
营运能力					
1	总资产周转率	%	75.25	77.27	85.43
2	存货周转率	%	573.04	558.13	576.65
3	存货周转期	天	137.23	131.60	139.06
4	应收账款周转率	%	3535.75	2885.80	3063.48
5	应收账款周转期	天	51.00	51.00	46.36
6	营业周期	天	188.34	182.21	172.83
7	流动资产周转率	%	158.84	164.96	176.98
8	固定资产周转率	%	325.73	318.16	333.45
9	所有者权益周转率	%	163.63	203.83	226.66
10	应付账款周转率	%	2041.65	1869.89	1980.89
11	应付账款周转期	天	36.75	44.72	41.51
经营发展能力					
1	总资产增长率	%	49.93	18.39	15.55
2	净资产增长率	%	23.29	35.40	22.76
3	存货增长率	%	31.27	11.28	16.73
4	固定资产增长率	%	18.18	18.02	12.38
5	主营业务收入增长率	%	46.64	6.28	16.83
6	主营业务利润增长率	%	106.45	42.53	27.03
7	营业利润增长率	%	162.37	-175.94	-58.18
8	利润总额增长率	%	93.94	-115.80	-143.77
9	净利润增长率	%	95.45	-145.46	-130.83

续表

电子					
偿债能力		单位	2016 年	2015 年	2014 年
1	流动比率	%	323.31	337.26	318.67
2	速动比率	%	268.48	282.66	253.15
3	资产负债率	%	37.00	36.17	36.55
4	产权比率	%	84.42	77.40	93.98
5	净资产比率	%	63.00	63.83	63.45
盈利能力					
1	主营业务利润率	%	24.98	24.75	24.70
2	营业利润率	%	5.98	4.52	2.65
3	销售净利率	%	7.45	6.95	3.06
4	销售毛利率	%	25.76	25.39	25.32
5	销售成本率	%	74.24	74.61	74.68
6	销售税金率	%	30.96	27.01	31.35
7	净资产利润率	%	7.11	5.45	7.14
8	总资产报酬率	%	5.54	4.85	5.96
9	销售期间费用率	%	18.35	18.89	18.78
10	成本费用利润率	%	11.70	10.82	10.78
11	实交所得税与利润总额比率	%	14.19	13.17	13.25
营运能力					
1	总资产周转率	%	62.45	62.22	67.17
2	存货周转率	%	474.28	475.85	482.57
3	存货周转期	天	115.70	117.67	120.52
4	应收账款周转率	%	434.09	435.65	501.79
5	应收账款周转期	天	109.42	109.24	98.88
6	营业周期	天	225.12	225.79	225.13
7	流动资产周转率	%	110.48	108.83	116.17
8	固定资产周转率	%	391.02	357.15	389.11
9	所有者权益周转率	%	116.69	114.56	128.55
10	应付账款周转率	%	633.88	653.14	701.82
11	应付账款周转期	天	71.21	71.39	63.61
经营发展能力					
1	总资产增长率	%	41.77	45.31	37.33
2	净资产增长率	%	32.49	46.66	29.11
3	存货增长率	%	39.31	40.64	27.14
4	固定资产增长率	%	21.52	32.58	26.88
5	主营业务收入增长率	%	44.02	26.95	31.81
6	主营业务利润增长率	%	55.79	30.26	55.95
7	营业利润增长率	%	62.15	30.78	29.41
8	利润总额增长率	%	54.61	47.47	11.18
9	净利润增长率	%	53.34	9.76	20.18

汽车					
偿债能力		单位	2016 年	2015 年	2014 年
1	流动比率	%	192.22	198.49	186.62
2	速动比率	%	151.04	154.73	141.64
3	资产负债率	%	45.47	45.24	46.48
4	产权比率	%	131.40	133.40	144.96
5	净资产比率	%	54.53	54.76	53.52
盈利能力					
1	主营业务利润率	%	20.73	19.93	20.49
2	营业利润率	%	8.60	4.77	6.95
3	销售净利率	%	8.54	5.22	6.89
4	销售毛利率	%	21.81	20.78	21.34
5	销售成本率	%	78.19	79.22	78.66
6	销售税金率	%	49.07	48.84	59.21
7	净资产利润率	%	10.94	6.70	9.65
8	总资产报酬率	%	6.38	5.96	7.50
9	销售期间费用率	%	15.65	15.87	15.06
10	成本费用利润率	%	11.57	8.97	10.38
11	实交所得税与利润总额比率	%	17.13	3.80	16.80
营运能力					
1	总资产周转率	%	72.75	76.14	81.14
2	存货周转率	%	615.86	576.78	575.69
3	存货周转期	天	90.99	94.45	90.63
4	应收账款周转率	%	1449.87	1830.87	1835.88
5	应收账款周转期	天	76.18	72.53	66.98
6	营业周期	天	167.17	166.98	157.62
7	流动资产周转率	%	128.71	134.65	144.84
8	固定资产周转率	%	421.21	543.98	403.38
9	所有者权益周转率	%	178.44	205.56	215.23
10	应付账款周转率	%	664.55	793.84	775.12
11	应付账款周转期	天	72.56	68.43	64.46
经营发展能力					
1	总资产增长率	%	31.56	71.77	19.24
2	净资产增长率	%	24.21	32.37	22.28
3	存货增长率	%	21.23	6.07	20.59
4	固定资产增长率	%	21.99	29.96	20.68
5	主营业务收入增长率	%	23.05	12.26	14.07
6	主营业务利润增长率	%	48.93	16.70	47.13
7	营业利润增长率	%	55.84	−26.60	8.45
8	利润总额增长率	%	87.45	−23.35	34.00
9	净利润增长率	%	82.40	−3.60	3.16

续表

家用电器					
偿债能力		单位	2016 年	2015 年	2014 年
1	流动比率	%	193.39	214.66	230.15
2	速动比率	%	153.57	169.74	182.87
3	资产负债率	%	45.75	43.15	43.38
4	产权比率	%	108.98	95.30	112.24
5	净资产比率	%	54.25	56.85	56.62
盈利能力					
1	主营业务利润率	%	25.32	25.43	24.61
2	营业利润率	%	7.15	6.89	6.35
3	销售净利率	%	6.62	7.30	4.60
4	销售毛利率	%	26.26	26.14	25.30
5	销售成本率	%	73.74	73.86	74.70
6	销售税金率	%	59.03	51.07	60.05
7	净资产利润率	%	9.48	10.96	10.91
8	总资产报酬率	%	5.96	6.73	6.54
9	销售期间费用率	%	20.10	19.16	18.07
10	成本费用利润率	%	11.41	10.23	8.12
11	实交所得税与利润总额比率	%	10.89	15.64	12.77
营运能力					
1	总资产周转率	%	95.51	93.15	96.68
2	存货周转率	%	521.99	527.51	550.55
3	存货周转期	天	78.70	78.94	75.34
4	应收账款周转率	%	1449.04	1352.66	1260.39
5	应收账款周转期	天	73.29	71.77	68.66
6	营业周期	天	150.48	151.21	143.64
7	流动资产周转率	%	138.38	139.02	142.83
8	固定资产周转率	%	591.58	589.19	606.28
9	所有者权益周转率	%	211.20	206.35	252.65
10	应付账款周转率	%	689.33	769.04	818.55
11	应付账款周转期	天	60.69	61.48	58.42
经营发展能力					
1	总资产增长率	%	75.09	25.99	19.48
2	净资产增长率	%	26.86	30.52	22.07
3	存货增长率	%	25.38	13.09	5.03
4	固定资产增长率	%	23.82	18.17	14.75
5	主营业务收入增长率	%	19.09	3.36	10.80
6	主营业务利润增长率	%	21.90	5.72	18.65
7	营业利润增长率	%	112.63	-16.58	-65.50
8	利润总额增长率	%	90.82	-13.87	4.83
9	净利润增长率	%	89.49	-33.90	7.35

食品饮料					
偿债能力		单位	2016 年	2015 年	2014 年
1	流动比率	%	269.85	308.36	337.77
2	速动比率	%	188.27	211.35	231.72
3	资产负债率	%	32.60	30.82	31.04
4	产权比率	%	62.80	55.82	60.20
5	净资产比率	%	67.40	69.18	68.96
盈利能力					
1	主营业务利润率	%	35.83	36.77	36.60
2	营业利润率	%	9.90	− 11.15	8.77
3	销售净利率	%	9.77	− 13.46	6.86
4	销售毛利率	%	40.93	41.36	41.39
5	销售成本率	%	59.07	58.64	58.61
6	销售税金率	%	41.48	42.29	46.76
7	净资产利润率	%	6.37	7.61	8.46
8	总资产报酬率	%	7.46	7.78	8.20
9	销售期间费用率	%	30.06	31.81	28.07
10	成本费用利润率	%	19.83	13.75	18.05
11	实交所得税与利润总额比率	%	23.32	21.50	17.71
营运能力					
1	总资产周转率	%	66.22	71.63	71.51
2	存货周转率	%	398.65	398.20	371.29
3	存货周转期	天	293.22	331.24	383.78
4	应收账款周转率	%	12308.74	14767.60	17322.72
5	应收账款周转期	天	25.23	25.90	27.65
6	营业周期	天	324.06	363.51	383.25
7	流动资产周转率	%	128.54	135.10	138.78
8	固定资产周转率	%	300.61	294.17	259.12
9	所有者权益周转率	%	113.27	112.95	118.32
10	应付账款周转率	%	1339.04	1536.78	1378.71
11	应付账款周转期	天	47.73	36.39	43.94
经营发展能力					
1	总资产增长率	%	10.14	25.38	13.30
2	净资产增长率	%	8.22	26.33	21.09
3	存货增长率	%	3.91	6.18	5.39
4	固定资产增长率	%	7.36	14.91	10.68
5	主营业务收入增长率	%	8.22	42.22	− 1.84
6	主营业务利润增长率	%	8.63	36.08	4.31
7	营业利润增长率	%	14.24	8.07	− 60.63
8	利润总额增长率	%	10.31	− 39.78	2.53
9	净利润增长率	%	3.55	− 4.97	5.13

纺织服装					
偿债能力		单位	2016 年	2015 年	2014 年
1	流动比率	%	279.11	239.78	253.03
2	速动比率	%	198.61	162.22	165.31
3	资产负债率	%	35.87	37.89	38.88
4	产权比率	%	78.60	86.06	85.53
5	净资产比率	%	64.13	62.11	61.12
盈利能力					
1	主营业务利润率	%	29.32	28.66	27.87
2	营业利润率	%	4.99	4.26	7.16
3	销售净利率	%	7.43	3.77	6.59
4	销售毛利率	%	30.44	29.63	29.04
5	销售成本率	%	69.56	70.37	70.96
6	销售税金率	%	36.44	32.12	40.01
7	净资产利润率	%	6.76	5.98	7.96
8	总资产报酬率	%	6.61	6.67	7.47
9	销售期间费用率	%	23.98	24.02	21.16
10	成本费用利润率	%	11.41	9.71	10.71
11	实交所得税与利润总额比率	%	27.51	13.54	18.66
营运能力					
1	总资产周转率	%	66.92	66.04	72.76
2	存货周转率	%	315.04	315.34	300.04
3	存货周转期	天	184.19	201.54	186.52
4	应收账款周转率	%	904.58	946.18	1129.13
5	应收账款周转期	天	59.51	59.80	54.84
6	营业周期	天	235.34	244.55	241.94
7	流动资产周转率	%	119.79	118.24	127.02
8	固定资产周转率	%	585.26	421.09	446.99
9	所有者权益周转率	%	111.29	112.65	132.03
10	应付账款周转率	%	1161.19	1184.36	1232.24
11	应付账款周转期	天	42.31	47.99	37.99
经营发展能力					
1	总资产增长率	%	28.72	41.85	16.21
2	净资产增长率	%	33.00	29.66	16.25
3	存货增长率	%	15.53	-0.74	7.61
4	固定资产增长率	%	7.15	18.67	16.98
5	主营业务收入增长率	%	45.05	10.54	11.07
6	主营业务利润增长率	%	39.68	54.25	9.02
7	营业利润增长率	%	66.52	-30.69	6.98
8	利润总额增长率	%	72.03	-10.40	4.80
9	净利润增长率	%	22.14	-31.13	-50.87

轻工制造					
偿债能力		单位	2016 年	2015 年	2014 年
1	流动比率	%	259.91	278.04	202.12
2	速动比率	%	193.17	208.23	131.76
3	资产负债率	%	38.67	39.49	42.12
4	产权比率	%	82.07	124.96	84.69
5	净资产比率	%	61.33	60.51	57.88
盈利能力					
1	主营业务利润率	%	23.52	23.12	21.69
2	营业利润率	%	7.17	4.39	4.42
3	销售净利率	%	7.37	7.64	5.78
4	销售毛利率	%	24.50	23.83	22.34
5	销售成本率	%	75.50	76.17	77.66
6	销售税金率	%	34.70	28.12	29.91
7	净资产利润率	%	7.61	4.77	2.66
8	总资产报酬率	%	7.05	6.61	6.83
9	销售期间费用率	%	16.25	18.68	17.91
10	成本费用利润率	%	11.23	10.33	8.41
11	实交所得税与利润总额比率	%	21.34	12.39	19.97
营运能力					
1	总资产周转率	%	66.09	68.75	79.60
2	存货周转率	%	457.00	395.02	414.53
3	存货周转期	天	125.04	135.17	136.35
4	应收账款周转率	%	1042.45	1167.62	1836.17
5	应收账款周转期	天	64.67	63.26	56.83
6	营业周期	天	189.87	198.43	192.23
7	流动资产周转率	%	126.29	128.86	141.93
8	固定资产周转率	%	660.61	644.42	631.62
9	所有者权益周转率	%	129.59	118.76	159.70
10	应付账款周转率	%	1384.11	1444.47	1446.39
11	应付账款周转期	天	46.72	42.16	41.86
经营发展能力					
1	总资产增长率	%	34.20	36.23	12.40
2	净资产增长率	%	39.84	47.51	9.01
3	存货增长率	%	10.22	12.22	11.13
4	固定资产增长率	%	24.82	11.72	9.36
5	主营业务收入增长率	%	60.40	9.70	6.90
6	主营业务利润增长率	%	65.01	24.85	9.20
7	营业利润增长率	%	126.19	−39.83	−6.80
8	利润总额增长率	%	130.52	27.91	−12.33
9	净利润增长率	%	72.77	−25.16	−7.56

医药生物					
偿债能力		单位	2016 年	2015 年	2014 年
1	流动比率	%	318.65	331.26	378.82
2	速动比率	%	254.06	266.25	301.09
3	资产负债率	%	33.04	34.33	34.71
4	产权比率	%	67.98	73.69	75.88
5	净资产比率	%	66.96	65.68	65.29
盈利能力					
1	主营业务利润率	%	46.53	45.05	45.36
2	营业利润率	%	13.79	13.77	15.25
3	销售净利率	%	12.69	12.18	13.75
4	销售毛利率	%	47.82	46.11	46.49
5	销售成本率	%	52.18	53.89	53.51
6	销售税金率	%	56.15	55.17	63.91
7	净资产利润率	%	10.54	10.48	13.11
8	总资产报酬率	%	8.70	8.95	10.69
9	销售期间费用率	%	32.93	31.98	31.15
10	成本费用利润率	%	21.79	21.61	22.91
11	实交所得税与利润总额比率	%	17.59	17.48	16.25
营运能力					
1	总资产周转率	%	62.35	67.34	71.90
2	存货周转率	%	341.27	354.17	369.73
3	存货周转期	天	180.70	180.54	185.03
4	应收账款周转率	%	957.75	992.85	1255.03
5	应收账款周转期	天	79.86	76.18	69.85
6	营业周期	天	269.59	263.23	254.98
7	流动资产周转率	%	111.24	115.64	129.70
8	固定资产周转率	%	432.41	426.01	426.33
9	所有者权益周转率	%	115.10	130.06	139.83
10	应付账款周转率	%	1501.63	1412.21	1548.46
11	应付账款周转期	天	41.72	43.74	42.17
经营发展能力					
1	总资产增长率	%	27.62	37.13	28.62
2	净资产增长率	%	33.27	45.16	31.33
3	存货增长率	%	19.72	25.48	25.06
4	固定资产增长率	%	19.31	28.20	21.38
5	主营业务收入增长率	%	24.30	44.91	24.64
6	主营业务利润增长率	%	27.53	38.07	42.75
7	营业利润增长率	%	80.09	33.16	63.74
8	利润总额增长率	%	69.51	24.58	12.80
9	净利润增长率	%	65.41	15.98	20.95

公用事业					
偿债能力		单位	2016 年	2015 年	2014 年
1	流动比率	%	129.91	124.37	120.98
2	速动比率	%	109.45	104.10	97.46
3	资产负债率	%	53.12	53.11	54.20
4	产权比率	%	142.14	150.44	161.92
5	净资产比率	%	46.88	46.89	45.80
盈利能力					
1	主营业务利润率	%	28.18	29.96	28.50
2	营业利润率	%	17.18	17.85	15.85
3	销售净利率	%	16.39	16.95	14.74
4	销售毛利率	%	29.53	31.11	29.71
5	销售成本率	%	70.47	68.89	70.29
6	销售税金率	%	36.93	41.84	39.13
7	净资产利润率	%	8.84	9.89	9.97
8	总资产报酬率	%	6.40	7.29	6.64
9	销售期间费用率	%	16.84	16.74	16.63
10	成本费用利润率	%	24.16	26.19	22.65
11	实交所得税与利润总额比率	%	12.18	16.03	19.76
营运能力					
1	总资产周转率	%	32.90	36.19	39.67
2	存货周转率	%	1882.16	2266.79	2901.21
3	存货周转期	天	75.50	81.03	71.88
4	应收账款周转率	%	1206.53	1393.81	1305.44
5	应收账款周转期	天	80.73	73.47	78.90
6	营业周期	天	157.07	155.04	143.92
7	流动资产周转率	%	162.28	170.59	182.53
8	固定资产周转率	%	145.45	135.73	139.66
9	所有者权益周转率	%	77.60	90.07	97.46
10	应付账款周转率	%	804.25	1057.10	996.65
11	应付账款周转期	天	86.96	78.20	71.79
经营发展能力					
1	总资产增长率	%	27.51	35.52	30.02
2	净资产增长率	%	28.36	32.15	25.08
3	存货增长率	%	34.65	20.41	26.70
4	固定资产增长率	%	24.40	26.86	20.93
5	主营业务收入增长率	%	14.17	20.67	35.03
6	主营业务利润增长率	%	11.72	44.12	42.28
7	营业利润增长率	%	29.58	-9.84	103.57
8	利润总额增长率	%	17.95	17.64	40.87
9	净利润增长率	%	3.66	5.93	8.90

交通运输					
偿债能力		单位	2016 年	2015 年	2014 年
1	流动比率	%	148.37	170.12	163.92
2	速动比率	%	120.69	142.99	133.63
3	资产负债率	%	45.77	45.91	47.87
4	产权比率	%	128.97	161.24	140.54
5	净资产比率	%	54.23	54.09	52.13
盈利能力					
1	主营业务利润率	%	27.18	26.39	26.16
2	营业利润率	%	18.37	17.59	16.86
3	销售净利率	%	16.02	16.71	19.35
4	销售毛利率	%	28.12	27.65	27.60
5	销售成本率	%	71.88	72.35	72.40
6	销售税金率	%	38.30	38.27	43.21
7	净资产利润率	%	7.58	9.69	3.27
8	总资产报酬率	%	6.28	6.75	14.60
9	销售期间费用率	%	13.08	13.93	13.93
10	成本费用利润率	%	30.44	29.29	35.18
11	实交所得税与利润总额比率	%	16.47	19.46	17.95
营运能力					
1	总资产周转率	%	51.51	52.01	55.67
2	存货周转率	%	14116.78	14461.93	12155.25
3	存货周转期	天	119.72	145.51	129.44
4	应收账款周转率	%	6200.83	4366.76	3379.48
5	应收账款周转期	天	41.44	38.18	36.44
6	营业周期	天	164.71	188.06	170.15
7	流动资产周转率	%	183.01	189.96	180.84
8	固定资产周转率	%	604.18	498.34	502.20
9	所有者权益周转率	%	130.99	164.54	182.16
10	应付账款周转率	%	2029.11	2013.92	2195.05
11	应付账款周转期	天	48.43	48.75	48.85
经营发展能力					
1	总资产增长率	%	25.48	18.00	55.14
2	净资产增长率	%	18.53	33.01	13.45
3	存货增长率	%	31.93	25.49	37.74
4	固定资产增长率	%	18.42	16.94	16.36
5	主营业务收入增长率	%	14.62	9.36	12.76
6	主营业务利润增长率	%	61.98	21.14	45.97
7	营业利润增长率	%	4.57	87.34	-10.78
8	利润总额增长率	%	24.46	55.50	16.60
9	净利润增长率	%	20.14	3.50	-0.93

房地产					
偿债能力		单位	2016 年	2015 年	2014 年
1	流动比率	%	218.88	217.88	203.56
2	速动比率	%	90.71	85.93	62.00
3	资产负债率	%	62.82	63.34	62.77
4	产权比率	%	278.81	247.11	257.94
5	净资产比率	%	37.18	36.66	37.23
盈利能力					
1	主营业务利润率	%	21.69	22.51	23.70
2	营业利润率	%	-12.97	-3.44	6.03
3	销售净利率	%	-16.84	-5.41	4.16
4	销售毛利率	%	29.88	31.24	32.46
5	销售成本率	%	70.12	68.76	67.54
6	销售税金率	%	36.96	28.60	34.27
7	净资产利润率	%	4.20	5.06	4.96
8	总资产报酬率	%	3.81	3.23	3.86
9	销售期间费用率	%	32.88	27.27	34.51
10	成本费用利润率	%	12.41	12.09	17.82
11	实交所得税与利润总额比率	%	25.91	17.69	23.59
营运能力					
1	总资产周转率	%	25.41	22.91	24.53
2	存货周转率	%	64.75	70.04	71.85
3	存货周转期	天	1455.18	1822.09	1846.51
4	应收账款周转率	%	20090.76	23138.76	19535.93
5	应收账款周转期	天	27.38	45.10	43.38
6	营业周期	天	1492.94	1881.79	1910.22
7	流动资产周转率	%	36.46	34.18	35.63
8	固定资产周转率	%	2538.83	2526.22	2793.66
9	所有者权益周转率	%	87.21	79.28	91.28
10	应付账款周转率	%	749.99	582.29	681.17
11	应付账款周转期	天	114.19	120.81	115.93
经营发展能力					
1	总资产增长率	%	35.34	27.38	15.08
2	净资产增长率	%	33.42	25.62	15.22
3	存货增长率	%	2.34	7.86	16.06
4	固定资产增长率	%	33.71	32.96	17.02
5	主营业务收入增长率	%	68.38	46.91	17.71
6	主营业务利润增长率	%	101.22	78.42	10.94
7	营业利润增长率	%	66.95	-24.94	7.87
8	利润总额增长率	%	51.63	27.37	-13.49
9	净利润增长率	%	43.69	-11.67	-19.55

续表

商业贸易					
偿债能力		单位	2016 年	2015 年	2014 年
1	流动比率	%	139.29	131.31	142.88
2	速动比率	%	90.58	87.57	97.14
3	资产负债率	%	54.01	54.95	56.24
4	产权比率	%	192.56	180.56	213.34
5	净资产比率	%	45.99	45.05	43.76
盈利能力					
1	主营业务利润率	%	17.88	18.51	19.11
2	营业利润率	%	8.27	6.78	-8.40
3	销售净利率	%	6.60	5.29	-11.39
4	销售毛利率	%	19.57	20.40	21.12
5	销售成本率	%	80.43	79.60	78.88
6	销售税金率	%	35.34	33.38	43.27
7	净资产利润率	%	13.28	-1.62	5.88
8	总资产报酬率	%	4.67	4.63	5.71
9	销售期间费用率	%	16.51	16.37	19.17
10	成本费用利润率	%	9.53	8.19	5.22
11	实交所得税与利润总额比率	%	25.06	26.12	20.21
营运能力					
1	总资产周转率	%	116.68	128.98	129.32
2	存货周转率	%	1307.10	1603.40	1629.05
3	存货周转期	天	114.27	94.32	94.10
4	应收账款周转率	%	10923.53	11911.80	12275.83
5	应收账款周转期	天	15.15	13.03	11.66
6	营业周期	天	129.74	107.70	104.80
7	流动资产周转率	%	215.60	236.84	236.04
8	固定资产周转率	%	1208.55	1290.68	1139.58
9	所有者权益周转率	%	351.79	385.82	364.08
10	应付账款周转率	%	1614.45	1798.73	1547.59
11	应付账款周转期	天	47.15	44.91	44.82
经营发展能力					
1	总资产增长率	%	71.94	17.70	13.27
2	净资产增长率	%	31.16	23.94	14.20
3	存货增长率	%	14.53	15.53	6.90
4	固定资产增长率	%	16.84	12.46	9.36
5	主营业务收入增长率	%	18.21	74.20	1.57
6	主营业务利润增长率	%	29.80	12.76	4.13
7	营业利润增长率	%	12.54	-40.64	7.07
8	利润总额增长率	%	11.52	-40.08	22.19
9	净利润增长率	%	-28.65	-105.16	-6.33

续表

休闲服务					
偿债能力		单位	2016 年	2015 年	2014 年
1	流动比率	%	204.08	249.17	199.61
2	速动比率	%	174.35	214.40	165.92
3	资产负债率	%	41.35	38.56	40.10
4	产权比率	%	96.61	220.59	55.96
5	净资产比率	%	58.65	61.44	59.91
盈利能力					
1	主营业务利润率	%	45.94	46.12	41.11
2	营业利润率	%	12.30	11.25	-3.29
3	销售净利率	%	7.61	11.55	-21.66
4	销售毛利率	%	48.14	50.91	44.91
5	销售成本率	%	51.86	49.09	55.09
6	销售税金率	%	30.52	25.12	24.22
7	净资产利润率	%	31.97	-4.21	-31.22
8	总资产报酬率	%	5.36	7.39	1.84
9	销售期间费用率	%	41.04	43.18	38.89
10	成本费用利润率	%	23.98	23.55	-2.33
11	实交所得税与利润总额比率	%	-7.64	41.92	38.99
营运能力					
1	总资产周转率	%	48.61	53.97	64.42
2	存货周转率	%	2596.21	2304.21	3013.75
3	存货周转期	天	98.26	96.84	81.55
4	应收账款周转率	%	5020.74	3627.69	4107.76
5	应收账款周转期	天	45.82	47.95	32.05
6	营业周期	天	142.65	143.48	111.02
7	流动资产周转率	%	133.60	143.02	171.79
8	固定资产周转率	%	543.53	164.05	170.05
9	所有者权益周转率	%	49.55	18.87	119.69
10	应付账款周转率	%	2203.69	2667.76	2294.85
11	应付账款周转期	天	47.37	44.90	44.17
经营发展能力					
1	总资产增长率	%	44.86	22.65	11.40
2	净资产增长率	%	40.81	32.17	8.44
3	存货增长率	%	36.29	22.28	4.48
4	固定资产增长率	%	17.27	5.54	0.75
5	主营业务收入增长率	%	25.01	9.75	12.44
6	主营业务利润增长率	%	33.84	25.60	11.14
7	营业利润增长率	%	-85.11	80.53	-110.54
8	利润总额增长率	%	14.57	120.21	-12.65
9	净利润增长率	%	-83.83	51.31	27.25

续表

综合					
偿债能力		单位	2016 年	2015 年	2014 年
1	流动比率	%	203.93	278.86	146.59
2	速动比率	%	147.82	227.82	100.19
3	资产负债率	%	49.01	49.24	52.82
4	产权比率	%	150.92	186.88	214.60
5	净资产比率	%	50.99	50.76	47.18
盈利能力					
1	主营业务利润率	%	23.92	23.40	21.32
2	营业利润率	%	29.50	-23.13	-8.09
3	销售净利率	%	7.34	-38.19	-13.61
4	销售毛利率	%	26.35	24.33	24.10
5	销售成本率	%	73.65	75.67	75.90
6	销售税金率	%	25.05	6.48	15.04
7	净资产利润率	%	0.20	12.43	1.30
8	总资产报酬率	%	4.22	1.35	3.12
9	销售期间费用率	%	37.89	44.62	35.06
10	成本费用利润率	%	16.12	-19.61	-0.69
11	实交所得税与利润总额比率	%	16.87	14.20	14.26
营运能力					
1	总资产周转率	%	41.95	39.68	47.41
2	存货周转率	%	1122.89	641.23	681.24
3	存货周转期	天	384.10	294.06	277.14
4	应收账款周转率	%	1854.98	1482.17	1749.06
5	应收账款周转期	天	90.01	73.28	59.15
6	营业周期	天	474.11	428.74	385.64
7	流动资产周转率	%	82.40	80.83	103.56
8	固定资产周转率	%	1105.92	631.64	607.88
9	所有者权益周转率	%	160.65	176.50	135.79
10	应付账款周转率	%	997.79	1142.26	1191.17
11	应付账款周转期	天	93.19	97.00	93.67
经营发展能力					
1	总资产增长率	%	52.18	111.83	8.08
2	净资产增长率	%	53.56	61.00	6.45
3	存货增长率	%	19.02	16.91	7.89
4	固定资产增长率	%	9.36	11.09	5.21
5	主营业务收入增长率	%	47.20	47.39	4.31
6	主营业务利润增长率	%	68.71	87.97	23.11
7	营业利润增长率	%	165.69	-62.23	-3.20
8	利润总额增长率	%	78.94	5.92	-35.99
9	净利润增长率	%	63.20	-59.59	-75.04

建筑材料					
偿债能力		单位	2016 年	2015 年	2014 年
1	流动比率	%	172.41	170.73	159.29
2	速动比率	%	137.01	131.00	115.77
3	资产负债率	%	46.10	47.10	46.13
4	产权比率	%	128.54	155.49	184.74
5	净资产比率	%	53.90	52.90	53.87
盈利能力					
1	主营业务利润率	%	22.78	20.68	22.67
2	营业利润率	%	4.12	−29.38	−3.62
3	销售净利率	%	3.11	26.06	−52.25
4	销售毛利率	%	24.06	22.07	23.53
5	销售成本率	%	75.94	77.93	76.47
6	销售税金率	%	35.52	21.15	35.89
7	净资产利润率	%	−0.27	6.21	7.65
8	总资产报酬率	%	5.53	5.22	6.64
9	销售期间费用率	%	19.73	46.75	21.71
10	成本费用利润率	%	7.51	7.72	7.39
11	实交所得税与利润总额比率	%	20.72	15.65	19.20
营运能力					
1	总资产周转率	%	60.51	62.26	69.86
2	存货周转率	%	696.21	582.55	645.55
3	存货周转期	天	125.16	137.94	121.36
4	应收账款周转率	%	3036.26	2995.23	3327.67
5	应收账款周转期	天	109.50	114.43	96.28
6	营业周期	天	236.25	222.92	186.32
7	流动资产周转率	%	138.60	139.42	164.15
8	固定资产周转率	%	505.08	251.76	253.92
9	所有者权益周转率	%	129.40	137.95	112.15
10	应付账款周转率	%	991.04	731.04	854.99
11	应付账款周转期	天	75.28	95.96	70.25
经营发展能力					
1	总资产增长率	%	19.00	61.24	28.27
2	净资产增长率	%	23.84	34.31	20.85
3	存货增长率	%	9.51	−0.06	27.42
4	固定资产增长率	%	7.32	3.53	9.13
5	主营业务收入增长率	%	28.14	11.58	31.32
6	主营业务利润增长率	%	70.62	12.33	76.39
7	营业利润增长率	%	61.79	−150.61	−29.42
8	利润总额增长率	%	−5.43	−12.40	−11.35
9	净利润增长率	%	−14.63	−73.54	−7.97

建筑装饰					
偿债能力		单位	2016 年	2015 年	2014 年
1	流动比率	%	160.13	163.99	154.49
2	速动比率	%	112.14	102.80	99.91
3	资产负债率	%	60.72	62.05	63.63
4	产权比率	%	218.76	229.38	252.53
5	净资产比率	%	39.28	37.95	36.37
盈利能力					
1	主营业务利润率	%	17.11	17.06	16.88
2	营业利润率	%	5.74	5.33	7.31
3	销售净利率	%	4.92	4.99	7.59
4	销售毛利率	%	18.15	19.37	19.32
5	销售成本率	%	81.85	80.63	80.68
6	销售税金率	%	42.63	46.18	54.98
7	净资产利润率	%	8.76	8.99	11.34
8	总资产报酬率	%	4.64	4.88	5.99
9	销售期间费用率	%	9.84	10.85	10.97
10	成本费用利润率	%	7.91	7.48	9.56
11	实交所得税与利润总额比率	%	20.61	20.10	22.67
营运能力					
1	总资产周转率	%	57.72	63.29	72.81
2	存货周转率	%	866.89	963.30	1043.21
3	存货周转期	天	177.67	186.99	166.82
4	应收账款周转率	%	379.59	406.53	460.79
5	应收账款周转期	天	173.73	160.98	132.01
6	营业周期	天	372.98	344.42	298.65
7	流动资产周转率	%	78.73	82.93	94.86
8	固定资产周转率	%	1373.25	1736.29	1328.48
9	所有者权益周转率	%	200.71	227.53	270.00
10	应付账款周转率	%	298.93	302.97	355.70
11	应付账款周转期	天	155.93	144.02	122.51
经营发展能力					
1	总资产增长率	%	44.63	58.67	33.86
2	净资产增长率	%	28.97	53.18	33.78
3	存货增长率	%	18.80	33.40	28.49
4	固定资产增长率	%	33.21	22.08	15.26
5	主营业务收入增长率	%	22.38	9.26	39.70
6	主营业务利润增长率	%	26.78	42.92	62.77
7	营业利润增长率	%	18.00	-2.51	22.23
8	利润总额增长率	%	-11.61	0.10	21.19
9	净利润增长率	%	-22.61	0.90	-2.22

电气设备					
偿债能力		单位	2016 年	2015 年	2014 年
1	流动比率	%	247.49	244.14	260.74
2	速动比率	%	199.84	195.52	206.24
3	资产负债率	%	42.11	41.68	41.10
4	产权比率	%	105.94	101.83	109.97
5	净资产比率	%	57.89	58.32	58.90
盈利能力					
1	主营业务利润率	%	26.86	27.57	27.01
2	营业利润率	%	3.36	5.21	7.35
3	销售净利率	%	3.18	4.83	8.39
4	销售毛利率	%	27.86	28.26	27.66
5	销售成本率	%	72.14	71.74	72.34
6	销售税金率	%	27.80	31.41	35.83
7	净资产利润率	%	5.62	7.31	7.04
8	总资产报酬率	%	4.84	5.81	6.70
9	销售期间费用率	%	21.25	20.43	20.01
10	成本费用利润率	%	8.72	10.22	12.21
11	实交所得税与利润总额比率	%	12.51	12.92	13.03
营运能力					
1	总资产周转率	%	53.04	56.39	59.71
2	存货周转率	%	380.16	369.53	369.58
3	存货周转期	天	140.16	145.83	146.28
4	应收账款周转率	%	268.09	271.71	287.75
5	应收账款周转期	天	171.56	172.81	169.63
6	营业周期	天	295.77	304.44	297.50
7	流动资产周转率	%	81.64	85.35	88.85
8	固定资产周转率	%	412.23	374.43	383.47
9	所有者权益周转率	%	107.13	113.05	119.48
10	应付账款周转率	%	618.95	617.61	665.52
11	应付账款周转期	天	90.61	86.34	86.62
经营发展能力					
1	总资产增长率	%	26.03	36.77	18.49
2	净资产增长率	%	26.04	33.86	22.54
3	存货增长率	%	20.53	25.67	26.03
4	固定资产增长率	%	23.15	31.63	18.60
5	主营业务收入增长率	%	22.87	22.79	16.00
6	主营业务利润增长率	%	28.54	33.80	15.79
7	营业利润增长率	%	−7.56	27.13	6.64
8	利润总额增长率	%	−28.62	53.74	2.82
9	净利润增长率	%	−38.89	46.26	−9.34

续表

机械设备					
偿债能力		单位	2016 年	2015 年	2014 年
1	流动比率	%	282.47	309.18	277.17
2	速动比率	%	233.37	238.30	205.58
3	资产负债率	%	38.46	36.47	39.06
4	产权比率	%	104.45	79.07	87.34
5	净资产比率	%	61.54	63.53	60.94
盈利能力					
1	主营业务利润率	%	26.96	27.61	28.11
2	营业利润率	%	9.44	4.04	7.93
3	销售净利率	%	9.42	4.83	10.97
4	销售毛利率	%	28.14	28.40	28.87
5	销售成本率	%	71.86	71.60	71.13
6	销售税金率	%	17.36	20.31	37.08
7	净资产利润率	%	2.76	4.00	7.54
8	总资产报酬率	%	3.51	4.07	6.28
9	销售期间费用率	%	21.93	21.51	19.42
10	成本费用利润率	%	9.83	10.09	13.14
11	实交所得税与利润总额比率	%	15.09	6.83	16.95
营运能力					
1	总资产周转率	%	43.73	46.16	53.62
2	存货周转率	%	258.52	253.69	273.18
3	存货周转期	天	202.63	204.25	193.37
4	应收账款周转率	%	342.54	326.68	419.58
5	应收账款周转期	天	175.31	163.50	142.29
6	营业周期	天	365.12	369.66	338.02
7	流动资产周转率	%	73.12	75.48	86.09
8	固定资产周转率	%	269.51	256.52	278.46
9	所有者权益周转率	%	82.73	83.36	101.97
10	应付账款周转率	%	630.21	655.20	688.40
11	应付账款周转期	天	95.48	91.23	78.48
经营发展能力					
1	总资产增长率	%	64.62	32.95	19.00
2	净资产增长率	%	26.70	38.54	21.57
3	存货增长率	%	19.98	12.78	21.59
4	固定资产增长率	%	22.58	20.18	20.55
5	主营业务收入增长率	%	20.90	9.02	8.75
6	主营业务利润增长率	%	41.01	10.68	15.28
7	营业利润增长率	%	0.39	−39.60	−27.95
8	利润总额增长率	%	−15.89	−65.33	−18.77
9	净利润增长率	%	−40.20	−104.90	−29.76

国防军工						
偿债能力			单位	2016 年	2015 年	2014 年
1		流动比率	%	205.32	225.09	182.69
2		速动比率	%	141.79	161.63	123.24
3		资产负债率	%	48.07	54.60	51.28
4		产权比率	%	117.24	112.04	255.04
5		净资产比率	%	51.93	45.40	48.72
盈利能力						
1		主营业务利润率	%	20.92	19.17	20.62
2		营业利润率	%	4.20	-14.25	2.75
3		销售净利率	%	4.71	-13.63	3.92
4		销售毛利率	%	21.59	19.53	21.03
5		销售成本率	%	78.41	80.47	78.97
6		销售税金率	%	17.11	18.86	5.33
7		净资产利润率	%	4.30	9.30	-0.48
8		总资产报酬率	%	3.30	0.42	3.05
9		销售期间费用率	%	15.58	18.40	16.12
10		成本费用利润率	%	6.82	-3.60	6.65
11		实交所得税与利润总额比率	%	14.22	5.24	6.22
营运能力						
1		总资产周转率	%	49.03	48.07	51.46
2		存货周转率	%	236.81	232.20	248.30
3		存货周转期	天	206.04	216.97	193.98
4		应收账款周转率	%	482.69	388.53	469.58
5		应收账款周转期	天	119.78	126.52	117.75
6		营业周期	天	312.40	343.49	311.74
7		流动资产周转率	%	86.24	74.69	79.84
8		固定资产周转率	%	312.59	300.02	286.46
9		所有者权益周转率	%	115.63	110.34	125.54
10		应付账款周转率	%	442.92	396.00	439.80
11		应付账款周转期	天	105.13	110.50	99.79
经营发展能力						
1		总资产增长率	%	74.85	19.83	26.30
2		净资产增长率	%	45.72	30.91	13.18
3		存货增长率	%	25.69	19.69	39.20
4		固定资产增长率	%	21.67	15.09	40.71
5		主营业务收入增长率	%	79.25	11.74	28.67
6		主营业务利润增长率	%	77.28	25.56	30.76
7		营业利润增长率	%	8.24	52.59	-35.41
8		利润总额增长率	%	-122.54	-16.85	4.67
9		净利润增长率	%	-22.37	-49.71	-48.40

续表

计算机					
偿债能力		单位	2016 年	2015 年	2014 年
1	流动比率	%	307.30	344.16	427.43
2	速动比率	%	266.59	301.58	374.54
3	资产负债率	%	33.11	32.55	31.12
4	产权比率	%	61.12	60.60	74.27
5	净资产比率	%	66.89	67.45	68.88
盈利能力					
1	主营业务利润率	%	38.58	40.11	40.97
2	营业利润率	%	8.45	8.94	12.18
3	销售净利率	%	9.14	10.51	13.69
4	销售毛利率	%	39.42	41.02	41.94
5	销售成本率	%	60.58	58.98	58.06
6	销售税金率	%	30.17	35.17	47.21
7	净资产利润率	%	6.79	9.67	11.26
8	总资产报酬率	%	5.52	7.08	8.41
9	销售期间费用率	%	29.46	29.61	29.52
10	成本费用利润率	%	15.90	17.11	19.47
11	实交所得税与利润总额比率	%	11.56	15.44	11.09
营运能力					
1	总资产周转率	%	52.92	58.29	62.66
2	存货周转率	%	1414.41	1777.53	1000.07
3	存货周转期	天	120.33	112.78	117.55
4	应收账款周转率	%	432.37	441.99	521.66
5	应收账款周转期	天	141.44	133.62	130.10
6	营业周期	天	246.56	242.89	247.28
7	流动资产周转率	%	81.87	85.52	88.81
8	固定资产周转率	%	1114.94	1172.74	1170.50
9	所有者权益周转率	%	89.15	102.67	125.78
10	应付账款周转率	%	1384.50	1599.04	1705.63
11	应付账款周转期	天	63.20	59.18	54.65
经营发展能力					
1	总资产增长率	%	35.33	57.42	35.53
2	净资产增长率	%	37.86	50.75	36.03
3	存货增长率	%	30.51	42.70	39.12
4	固定资产增长率	%	42.32	40.30	28.21
5	主营业务收入增长率	%	25.18	44.46	20.82
6	主营业务利润增长率	%	27.15	28.90	29.66
7	营业利润增长率	%	22.54	2.18	81.54
8	利润总额增长率	%	37.32	5.75	32.73
9	净利润增长率	%	7.46	−15.05	41.14

通信					
偿债能力		单位	2016 年	2015 年	2014 年
1	流动比率	%	233.71	237.64	243.47
2	速动比率	%	183.69	185.69	189.10
3	资产负债率	%	39.76	38.41	40.44
4	产权比率	%	92.75	76.40	100.90
5	净资产比率	%	60.24	61.59	59.56
盈利能力					
1	主营业务利润率	%	27.67	29.17	28.63
2	营业利润率	%	4.90	6.61	5.88
3	销售净利率	%	5.73	7.84	6.66
4	销售毛利率	%	28.41	29.99	29.71
5	销售成本率	%	71.59	70.01	70.29
6	销售税金率	%	26.26	31.45	32.68
7	净资产利润率	%	5.30	7.12	7.27
8	总资产报酬率	%	4.29	5.64	6.43
9	销售期间费用率	%	21.73	22.57	22.53
10	成本费用利润率	%	9.25	12.65	13.06
11	实交所得税与利润总额比率	%	15.21	11.31	10.66
营运能力					
1	总资产周转率	%	68.62	64.39	66.30
2	存货周转率	%	639.50	628.38	533.35
3	存货周转期	天	130.83	134.22	140.54
4	应收账款周转率	%	516.48	545.06	495.79
5	应收账款周转期	天	138.75	139.85	139.81
6	营业周期	天	239.29	271.42	278.49
7	流动资产周转率	%	103.67	101.88	101.67
8	固定资产周转率	%	848.53	762.72	692.53
9	所有者权益周转率	%	160.56	116.28	123.54
10	应付账款周转率	%	768.63	780.15	697.99
11	应付账款周转期	天	73.94	72.55	76.54
经营发展能力					
1	总资产增长率	%	89.10	34.57	51.91
2	净资产增长率	%	26.33	41.60	14.22
3	存货增长率	%	27.13	19.76	18.79
4	固定资产增长率	%	25.78	10.38	26.42
5	主营业务收入增长率	%	53.45	21.41	41.60
6	主营业务利润增长率	%	91.90	27.71	72.87
7	营业利润增长率	%	-9.40	93.02	86.00
8	利润总额增长率	%	33.07	-26.23	53.03
9	净利润增长率	%	-32.74	-20.07	52.97

附录三

新三板挂牌公司 22 个一类行业传统指标中值统计（2014—2016 年）

农林牧渔					
偿债能力		单位	2016 年	2015 年	2014 年
1	流动比率	%	239.78	242.32	250.00
2	速动比率	%	124.00	133.18	147.01
3	资产负债率	%	42.27	44.10	48.64
4	产权比率	%	104.50	125.30	155.41
5	净资产比率	%	57.73	55.88	51.36
盈利能力					
1	主营业务利润率	%	26.19	26.67	27.76
2	营业利润率	%	1.31	2.61	5.59
3	销售净利率	%	5.42	7.75	8.19
4	销售毛利率	%	26.66	26.88	27.94
5	销售成本率	%	73.34	73.12	72.06
6	销售税金率	%	27.35	31.96	28.07
7	净资产利润率	%	10.63	13.83	13.74
8	总资产报酬率	%	8.24	8.88	8.22
9	销售期间费用率	%	23.76	23.87	22.33
10	成本费用利润率	%	10.39	12.62	13.04
11	实交所得税与利润总额比率	%	5.14	6.55	7.38
营运能力					
1	总资产周转率	%	94.37	97.99	88.17
2	存货周转率	%	1674.21	1183.80	752.03
3	存货周转期	天	221.05	223.54	277.75
4	应收账款周转率	%	2486.52	2415.92	2275.40
5	应收账款周转期	天	72.21	59.55	49.93
6	营业周期	天	290.60	301.64	326.18
7	流动资产周转率	%	190.13	192.91	178.46
8	固定资产周转率	%	909.66	907.35	646.46
9	所有者权益周转率	%	204.65	258.57	255.00
10	应付账款周转率	%	4864.00	3872.73	3455.59
11	应付账款周转期	天	48.91	47.39	48.61
经营发展能力					
1	总资产增长率	%	23.31	39.40	29.11
2	净资产增长率	%	37.75	102.75	92.21
3	存货增长率	%	40.79	63.17	73.26
4	固定资产增长率	%	33.06	45.54	55.22
5	主营业务收入增长率	%	27.90	59.08	82.97
6	主营业务利润增长率	%	33.32	93.57	121.97
7	营业利润增长率	%	10.90	265.92	153.08
8	利润总额增长率	%	25.81	219.06	130.44
9	净利润增长率	%	25.13	184.25	113.81

采掘					
偿债能力		单位	2016 年	2015 年	2014 年
1	流动比率	%	393.22	268.38	235.60
2	速动比率	%	349.02	228.14	187.48
3	资产负债率	%	39.17	40.70	37.75
4	产权比率	%	102.48	170.33	76.90
5	净资产比率	%	60.83	59.30	62.25
盈利能力					
1	主营业务利润率	%	29.30	33.27	36.54
2	营业利润率	%	−30.75	2.59	10.99
3	销售净利率	%	−17.11	2.74	10.54
4	销售毛利率	%	31.05	34.84	37.56
5	销售成本率	%	68.95	65.17	62.44
6	销售税金率	%	13.56	41.95	54.98
7	净资产利润率	%	−2.76	−1.97	14.47
8	总资产报酬率	%	1.11	5.98	10.68
9	销售期间费用率	%	51.64	29.17	25.36
10	成本费用利润率	%	5.35	16.75	19.26
11	实交所得税与利润总额比率	%	14.58	15.31	17.21
营运能力					
1	总资产周转率	%	44.13	54.35	64.23
2	存货周转率	%	2365.54	1472.14	1850.69
3	存货周转期	天	173.28	145.67	157.30
4	应收账款周转率	%	734.87	1204.35	872.74
5	应收账款周转期	天	301.07	220.30	172.96
6	营业周期	天	504.56	363.26	326.78
7	流动资产周转率	%	87.07	99.35	109.62
8	固定资产周转率	%	514.71	816.36	420.98
9	所有者权益周转率	%	98.90	106.71	118.93
10	应付账款周转率	%	1126.82	1015.90	910.08
11	应付账款周转期	天	157.44	124.83	100.74
经营发展能力					
1	总资产增长率	%	7.73	14.48	15.00
2	净资产增长率	%	14.27	27.84	75.59
3	存货增长率	%	−3.64	33.97	55.36
4	固定资产增长率	%	42.55	46.48	5.74
5	主营业务收入增长率	%	−3.19	4.45	26.23
6	主营业务利润增长率	%	20.49	36.71	37.74
7	营业利润增长率	%	−22.25	236.43	57.91
8	利润总额增长率	%	−41.41	256.84	58.11
9	净利润增长率	%	−26.70	223.99	53.34

化工					
偿债能力		单位	2016 年	2015 年	2014 年
1	流动比率	%	256.61	235.09	211.40
2	速动比率	%	190.47	167.98	145.67
3	资产负债率	%	41.91	45.33	49.77
4	产权比率	%	99.89	125.05	158.98
5	净资产比率	%	58.09	54.67	50.23
盈利能力					
1	主营业务利润率	%	27.85	27.43	26.30
2	营业利润率	%	1.12	1.86	1.33
3	销售净利率	%	4.27	5.11	2.68
4	销售毛利率	%	28.84	28.02	26.80
5	销售成本率	%	71.16	71.98	73.20
6	销售税金率	%	25.55	32.70	34.54
7	净资产利润率	%	7.97	15.64	4.00
8	总资产报酬率	%	8.21	9.14	8.36
9	销售期间费用率	%	25.60	24.96	24.33
10	成本费用利润率	%	8.21	9.05	7.29
11	实交所得税与利润总额比率	%	13.65	17.18	17.90
营运能力					
1	总资产周转率	%	93.11	97.26	100.43
2	存货周转率	%	566.19	594.63	629.82
3	存货周转期	天	109.93	106.96	106.65
4	应收账款周转率	%	826.32	1021.41	1316.25
5	应收账款周转期	天	103.45	90.69	80.42
6	营业周期	天	213.45	197.78	187.08
7	流动资产周转率	%	164.20	170.04	179.45
8	固定资产周转率	%	490.47	577.49	549.70
9	所有者权益周转率	%	195.14	243.20	269.37
10	应付账款周转率	%	2274.16	1911.08	2056.36
11	应付账款周转期	天	45.18	47.56	46.59
经营发展能力					
1	总资产增长率	%	19.96	23.05	21.53
2	净资产增长率	%	37.33	101.15	63.55
3	存货增长率	%	32.02	28.01	33.82
4	固定资产增长率	%	25.96	36.51	41.32
5	主营业务收入增长率	%	16.85	27.90	30.25
6	主营业务利润增长率	%	29.77	66.18	68.91
7	营业利润增长率	%	43.69	135.15	87.48
8	利润总额增长率	%	52.25	150.17	85.12
9	净利润增长率	%	44.85	138.21	56.63

钢铁					
偿债能力		单位	2016 年	2015 年	2014 年
1	流动比率	%	140.24	131.91	115.85
2	速动比率	%	75.80	73.06	64.23
3	资产负债率	%	50.58	53.55	60.04
4	产权比率	%	137.18	168.31	288.87
5	净资产比率	%	49.42	46.45	39.96
盈利能力					
1	主营业务利润率	%	22.47	22.12	19.51
2	营业利润率	%	1.75	5.00	3.02
3	销售净利率	%	2.11	6.17	3.24
4	销售毛利率	%	23.33	22.63	19.90
5	销售成本率	%	76.67	77.37	80.10
6	销售税金率	%	14.38	29.06	12.52
7	净资产利润率	%	9.10	15.43	10.37
8	总资产报酬率	%	6.62	8.19	6.15
9	销售期间费用率	%	19.61	17.27	16.62
10	成本费用利润率	%	5.58	8.70	4.45
11	实交所得税与利润总额比率	%	16.28	14.02	28.09
营运能力					
1	总资产周转率	%	86.45	84.19	96.84
2	存货周转率	%	393.22	393.49	412.68
3	存货周转期	天	139.09	122.72	111.50
4	应收账款周转率	%	877.30	766.21	1029.30
5	应收账款周转期	天	109.69	84.01	62.89
6	营业周期	天	248.78	206.73	174.38
7	流动资产周转率	%	177.43	173.49	188.28
8	固定资产周转率	%	267.09	315.72	442.91
9	所有者权益周转率	%	216.06	285.82	410.96
10	应付账款周转率	%	1022.56	1431.02	1161.32
11	应付账款周转期	天	55.61	57.11	57.61
经营发展能力					
1	总资产增长率	%	13.35	9.34	5.03
2	净资产增长率	%	31.36	161.68	100.07
3	存货增长率	%	38.82	13.14	22.94
4	固定资产增长率	%	16.84	32.98	17.58
5	主营业务收入增长率	%	12.86	20.68	20.95
6	主营业务利润增长率	%	24.39	148.48	46.61
7	营业利润增长率	%	231.32	48.80	187.80
8	利润总额增长率	%	-7.70	-48.86	73.50
9	净利润增长率	%	-8.43	-139.91	75.43

有色金属					
偿债能力		单位	2016 年	2015 年	2014 年
1	流动比率	%	219.08	193.57	200.15
2	速动比率	%	151.49	134.10	128.34
3	资产负债率	%	44.10	47.89	51.32
4	产权比率	%	103.79	147.78	175.56
5	净资产比率	%	55.90	52.11	48.68
盈利能力					
1	主营业务利润率	%	26.44	26.60	25.91
2	营业利润率	%	1.26	4.87	5.10
3	销售净利率	%	2.87	5.37	5.27
4	销售毛利率	%	27.36	27.26	26.47
5	销售成本率	%	72.64	72.74	73.53
6	销售税金率	%	20.00	29.43	26.71
7	净资产利润率	%	9.20	14.65	11.97
8	总资产报酬率	%	7.63	8.28	7.64
9	销售期间费用率	%	23.46	20.87	20.10
10	成本费用利润率	%	7.40	8.95	7.89
11	实交所得税与利润总额比率	%	14.17	17.82	20.61
营运能力					
1	总资产周转率	%	86.57	90.77	91.95
2	存货周转率	%	553.01	521.03	435.18
3	存货周转期	天	135.42	130.68	145.00
4	应收账款周转率	%	451.45	527.92	614.80
5	应收账款周转期	天	153.80	132.05	123.05
6	营业周期	天	289.22	263.04	268.05
7	流动资产周转率	%	134.04	139.06	141.21
8	固定资产周转率	%	761.37	744.73	789.75
9	所有者权益周转率	%	183.53	239.43	296.44
10	应付账款周转率	%	1180.17	1161.19	1758.68
11	应付账款周转期	天	68.09	68.32	65.11
经营发展能力					
1	总资产增长率	%	17.19	19.34	16.16
2	净资产增长率	%	41.81	109.09	45.34
3	存货增长率	%	40.55	19.36	42.60
4	固定资产增长率	%	16.20	32.36	21.54
5	主营业务收入增长率	%	14.37	19.72	19.96
6	主营业务利润增长率	%	20.09	38.91	34.11
7	营业利润增长率	%	23.13	155.73	137.18
8	利润总额增长率	%	32.30	177.14	43.07
9	净利润增长率	%	35.59	171.35	72.21

续表

汽车					
偿债能力		单位	2016 年	2015 年	2014 年
1	流动比率	%	156.24	148.56	121.99
2	速动比率	%	106.08	102.13	78.24
3	资产负债率	%	52.43	55.97	61.91
4	产权比率	%	145.77	190.79	244.51
5	净资产比率	%	47.57	44.03	38.09
盈利能力					
1	主营业务利润率	%	27.99	27.13	27.13
2	营业利润率	%	5.42	-1.35	3.51
3	销售净利率	%	6.48	5.16	3.70
4	销售毛利率	%	28.85	27.69	27.66
5	销售成本率	%	71.15	72.31	72.34
6	销售税金率	%	47.05	31.87	46.69
7	净资产利润率	%	15.80	12.23	11.00
8	总资产报酬率	%	9.43	8.54	8.69
9	销售期间费用率	%	22.03	28.19	23.39
10	成本费用利润率	%	11.53	8.44	8.11
11	实交所得税与利润总额比率	%	13.47	19.15	21.22
营运能力					
1	总资产周转率	%	87.34	87.34	89.39
2	存货周转率	%	407.05	551.49	395.71
3	存货周转期	天	120.43	121.56	125.16
4	应收账款周转率	%	413.89	445.07	490.14
5	应收账款周转期	天	107.61	100.69	97.71
6	营业周期	天	228.04	222.39	222.87
7	流动资产周转率	%	143.31	144.02	146.84
8	固定资产周转率	%	561.78	584.04	690.35
9	所有者权益周转率	%	225.33	287.72	336.11
10	应付账款周转率	%	641.28	646.96	585.03
11	应付账款周转期	天	79.97	82.81	84.87
经营发展能力					
1	总资产增长率	%	32.08	34.10	28.10
2	净资产增长率	%	62.26	147.20	78.90
3	存货增长率	%	40.12	26.50	39.67
4	固定资产增长率	%	33.21	37.22	45.90
5	主营业务收入增长率	%	39.93	42.49	37.18
6	主营业务利润增长率	%	51.39	52.79	42.09
7	营业利润增长率	%	11.99	272.32	102.34
8	利润总额增长率	%	94.17	270.99	64.78
9	净利润增长率	%	93.39	244.12	58.14

续表

食品饮料					
偿债能力		单位	2016 年	2015 年	2014 年
1	流动比率	%	244.58	224.66	173.12
2	速动比率	%	142.39	127.68	103.16
3	资产负债率	%	42.10	45.35	54.91
4	产权比率	%	101.90	122.64	263.12
5	净资产比率	%	57.90	54.65	45.09
盈利能力					
1	主营业务利润率	%	35.81	36.31	36.12
2	营业利润率	%	−3.08	2.11	1.23
3	销售净利率	%	2.54	6.24	3.06
4	销售毛利率	%	37.76	37.50	37.46
5	销售成本率	%	62.24	62.50	62.54
6	销售税金率	%	20.98	21.28	24.37
7	净资产利润率	%	8.43	11.51	13.15
8	总资产报酬率	%	7.48	8.25	7.47
9	销售期间费用率	%	38.85	33.69	35.17
10	成本费用利润率	%	8.83	10.10	7.34
11	实交所得税与利润总额比率	%	17.68	13.02	13.12
营运能力					
1	总资产周转率	%	81.76	83.97	75.06
2	存货周转率	%	394.79	405.65	432.93
3	存货周转期	天	239.65	209.96	257.30
4	应收账款周转率	%	2058.46	1868.46	1898.21
5	应收账款周转期	天	66.85	53.15	49.07
6	营业周期	天	332.83	289.71	306.88
7	流动资产周转率	%	161.41	167.47	154.93
8	固定资产周转率	%	622.57	714.68	693.48
9	所有者权益周转率	%	162.77	209.84	240.85
10	应付账款周转率	%	1810.68	2349.89	1788.30
11	应付账款周转期	天	49.98	55.47	72.65
经营发展能力					
1	总资产增长率	%	40.21	37.09	27.06
2	净资产增长率	%	55.50	199.31	50.28
3	存货增长率	%	39.89	62.80	63.13
4	固定资产增长率	%	61.38	120.97	109.84
5	主营业务收入增长率	%	24.97	90.08	38.99
6	主营业务利润增长率	%	42.85	123.69	51.00
7	营业利润增长率	%	8.02	228.46	94.06
8	利润总额增长率	%	60.63	202.72	33.58
9	净利润增长率	%	44.95	284.58	130.77

纺织服装					
偿债能力		单位	2016 年	2015 年	2014 年
1	流动比率	%	228.44	208.76	153.56
2	速动比率	%	126.27	123.27	83.30
3	资产负债率	%	47.77	52.15	59.03
4	产权比率	%	120.71	160.09	245.12
5	净资产比率	%	52.23	47.85	40.97
盈利能力					
1	主营业务利润率	%	25.05	25.44	23.52
2	营业利润率	%	0.28	5.38	2.31
3	销售净利率	%	3.67	5.39	2.80
4	销售毛利率	%	25.85	25.96	24.01
5	销售成本率	%	74.15	74.04	75.99
6	销售税金率	%	17.40	34.73	48.39
7	净资产利润率	%	13.06	13.14	10.67
8	总资产报酬率	%	6.69	8.70	6.89
9	销售期间费用率	%	22.02	19.85	20.55
10	成本费用利润率	%	6.01	8.31	5.30
11	实交所得税与利润总额比率	%	15.54	20.66	17.23
营运能力					
1	总资产周转率	%	103.78	106.44	102.36
2	存货周转率	%	433.38	562.21	532.89
3	存货周转期	天	203.01	175.46	178.74
4	应收账款周转率	%	757.71	1001.13	1127.02
5	应收账款周转期	天	83.75	67.84	69.93
6	营业周期	天	287.86	243.29	248.68
7	流动资产周转率	%	161.51	162.62	158.52
8	固定资产周转率	%	2337.52	2623.12	2758.24
9	所有者权益周转率	%	237.27	319.87	371.70
10	应付账款周转率	%	3381.13	2667.14	1510.54
11	应付账款周转期	天	56.75	52.97	54.15
经营发展能力					
1	总资产增长率	%	11.91	22.16	18.84
2	净资产增长率	%	28.39	153.08	92.85
3	存货增长率	%	35.38	45.21	40.16
4	固定资产增长率	%	70.82	33.48	47.36
5	主营业务收入增长率	%	12.35	20.30	16.43
6	主营业务利润增长率	%	14.70	49.91	82.91
7	营业利润增长率	%	−14.61	116.23	59.62
8	利润总额增长率	%	16.27	146.53	64.91
9	净利润增长率	%	−17.56	142.59	145.15

续表

轻工制造					
偿债能力		单位	2016 年	2015 年	2014 年
1	流动比率	%	219.58	182.99	159.63
2	速动比率	%	140.07	135.20	101.12
3	资产负债率	%	45.99	49.56	55.83
4	产权比率	%	129.10	158.69	239.01
5	净资产比率	%	54.01	50.44	44.17
盈利能力					
1	主营业务利润率	%	25.82	25.97	25.34
2	营业利润率	%	−0.54	5.32	3.62
3	销售净利率	%	1.25	5.64	4.55
4	销售毛利率	%	26.72	26.56	25.87
5	销售成本率	%	73.28	73.44	74.13
6	销售税金率	%	19.97	26.14	25.33
7	净资产利润率	%	4.78	21.22	10.55
8	总资产报酬率	%	6.61	8.90	8.23
9	销售期间费用率	%	25.22	20.41	21.44
10	成本费用利润率	%	5.70	8.63	6.67
11	实交所得税与利润总额比率	%	15.63	18.24	20.06
营运能力					
1	总资产周转率	%	96.02	101.30	100.22
2	存货周转率	%	547.74	579.36	613.09
3	存货周转期	天	138.08	129.25	114.50
4	应收账款周转率	%	1008.91	1292.51	925.69
5	应收账款周转期	天	88.94	72.68	71.16
6	营业周期	天	225.42	202.32	186.21
7	流动资产周转率	%	161.44	170.76	174.18
8	固定资产周转率	%	1069.04	1083.47	819.76
9	所有者权益周转率	%	223.65	289.23	332.93
10	应付账款周转率	%	2162.87	1556.38	1494.75
11	应付账款周转期	天	55.09	49.13	52.41
经营发展能力					
1	总资产增长率	%	15.94	27.57	20.44
2	净资产增长率	%	36.97	149.45	79.46
3	存货增长率	%	45.30	30.32	43.80
4	固定资产增长率	%	32.90	53.76	42.06
5	主营业务收入增长率	%	12.81	44.98	32.48
6	主营业务利润增长率	%	18.02	64.11	45.17
7	营业利润增长率	%	−13.10	183.99	136.97
8	利润总额增长率	%	−87.80	294.71	135.00
9	净利润增长率	%	−34.62	266.21	182.78

医药生物					
偿债能力		单位	2016 年	2015 年	2014 年
1	流动比率	%	300.15	285.20	222.13
2	速动比率	%	218.86	213.53	160.93
3	资产负债率	%	36.37	41.50	46.65
4	产权比率	%	81.22	96.37	127.04
5	净资产比率	%	63.63	58.50	53.29
盈利能力					
1	主营业务利润率	%	43.99	42.19	40.94
2	营业利润率	%	-8.77	-11.16	-12.41
3	销售净利率	%	4.57	3.95	5.14
4	销售毛利率	%	45.29	43.12	41.70
5	销售成本率	%	54.71	57.08	58.30
6	销售税金率	%	27.66	32.10	34.33
7	净资产利润率	%	8.58	10.81	8.15
8	总资产报酬率	%	7.62	7.94	7.32
9	销售期间费用率	%	51.31	53.25	52.51
10	成本费用利润率	%	12.22	11.97	8.38
11	实交所得税与利润总额比率	%	11.61	15.32	11.36
营运能力					
1	总资产周转率	%	67.10	70.64	75.91
2	存货周转率	%	418.14	401.25	442.70
3	存货周转期	天	201.37	176.48	159.47
4	应收账款周转率	%	966.44	1203.71	1219.12
5	应收账款周转期	天	93.54	78.39	70.07
6	营业周期	天	292.76	255.12	231.59
7	流动资产周转率	%	126.95	133.49	140.41
8	固定资产周转率	%	427.43	466.90	493.08
9	所有者权益周转率	%	125.13	166.34	186.66
10	应付账款周转率	%	2684.53	2384.03	1919.65
11	应付账款周转期	天	62.44	58.43	67.11
经营发展能力					
1	总资产增长率	%	22.87	33.46	21.58
2	净资产增长率	%	44.13	105.94	84.62
3	存货增长率	%	28.78	34.59	28.44
4	固定资产增长率	%	25.14	53.35	31.68
5	主营业务收入增长率	%	21.67	41.70	48.91
6	主营业务利润增长率	%	35.03	65.52	72.97
7	营业利润增长率	%	74.66	120.68	22.68
8	利润总额增长率	%	92.98	106.47	43.63
9	净利润增长率	%	88.87	90.12	99.83

续表

公用事业					
偿债能力		单位	2016 年	2015 年	2014 年
1	流动比率	%	225.84	243.10	203.47
2	速动比率	%	182.89	187.48	156.26
3	资产负债率	%	44.90	46.45	52.32
4	产权比率	%	122.93	140.13	174.82
5	净资产比率	%	55.10	53.53	47.68
盈利能力					
1	主营业务利润率	%	31.28	31.21	29.58
2	营业利润率	%	0.90	4.88	5.20
3	销售净利率	%	6.43	7.24	8.54
4	销售毛利率	%	32.23	32.31	30.87
5	销售成本率	%	67.77	67.69	69.13
6	销售税金率	%	22.36	33.56	31.74
7	净资产利润率	%	9.56	15.40	10.73
8	总资产报酬率	%	7.98	9.80	8.88
9	销售期间费用率	%	28.30	25.16	23.48
10	成本费用利润率	%	14.94	16.28	13.57
11	实交所得税与利润总额比率	%	11.62	15.06	17.16
营运能力					
1	总资产周转率	%	65.18	72.97	73.72
2	存货周转率	%	2329.54	2152.40	3880.36
3	存货周转期	天	131.64	112.48	133.18
4	应收账款周转率	%	891.50	1210.84	1173.82
5	应收账款周转期	天	159.70	128.38	120.16
6	营业周期	天	296.48	239.13	256.09
7	流动资产周转率	%	130.80	137.80	138.78
8	固定资产周转率	%	1600.53	1845.75	1983.59
9	所有者权益周转率	%	134.43	180.80	199.85
10	应付账款周转率	%	1107.33	1048.74	1138.75
11	应付账款周转期	天	106.10	112.98	119.73
经营发展能力					
1	总资产增长率	%	31.30	43.40	35.81
2	净资产增长率	%	55.94	133.55	53.63
3	存货增长率	%	108.85	98.47	139.28
4	固定资产增长率	%	120.94	110.15	137.29
5	主营业务收入增长率	%	38.57	66.17	52.59
6	主营业务利润增长率	%	44.12	86.93	64.72
7	营业利润增长率	%	22.55	236.04	158.43
8	利润总额增长率	%	113.46	201.40	187.06
9	净利润增长率	%	108.93	275.29	217.77

交通运输					
偿债能力		单位	2016 年	2015 年	2014 年
1	流动比率	%	241.57	234.92	183.88
2	速动比率	%	218.62	215.14	156.25
3	资产负债率	%	44.19	46.19	50.38
4	产权比率	%	120.97	138.45	153.41
5	净资产比率	%	55.81	53.81	49.62
盈利能力					
1	主营业务利润率	%	18.41	19.30	17.01
2	营业利润率	%	1.16	4.23	0.64
3	销售净利率	%	2.06	3.79	2.40
4	销售毛利率	%	19.02	19.82	17.39
5	销售成本率	%	80.98	80.18	82.61
6	销售税金率	%	17.65	23.02	19.62
7	净资产利润率	%	9.36	15.49	10.57
8	总资产报酬率	%	8.03	10.05	7.90
9	销售期间费用率	%	16.74	15.14	16.28
10	成本费用利润率	%	6.66	6.64	6.33
11	实交所得税与利润总额比率	%	22.14	22.65	22.37
营运能力					
1	总资产周转率	%	167.39	176.96	162.82
2	存货周转率	%	19585.40	19115.28	13483.86
3	存货周转期	天	16.98	22.35	21.48
4	应收账款周转率	%	1389.27	1294.80	1495.32
5	应收账款周转期	天	80.94	65.78	57.40
6	营业周期	天	108.25	96.47	82.89
7	流动资产周转率	%	272.81	290.32	281.49
8	固定资产周转率	%	4194.14	3785.06	2942.31
9	所有者权益周转率	%	367.69	438.03	446.63
10	应付账款周转率	%	3824.55	4283.77	4641.72
11	应付账款周转期	天	50.86	49.03	31.31
经营发展能力					
1	总资产增长率	%	35.42	30.69	25.54
2	净资产增长率	%	60.40	97.44	69.95
3	存货增长率	%	192.34	97.22	26.04
4	固定资产增长率	%	72.82	70.25	33.76
5	主营业务收入增长率	%	32.13	41.99	44.86
6	主营业务利润增长率	%	35.28	89.75	72.50
7	营业利润增长率	%	49.67	290.43	102.94
8	利润总额增长率	%	139.54	255.66	292.86
9	净利润增长率	%	82.64	303.21	210.26

续表

房地产					
偿债能力		单位	2016 年	2015 年	2014 年
1	流动比率	%	268.61	226.55	167.71
2	速动比率	%	261.90	223.26	160.60
3	资产负债率	%	43.50	49.25	56.18
4	产权比率	%	112.23	169.12	294.08
5	净资产比率	%	56.50	50.75	43.82
盈利能力					
1	主营业务利润率	%	26.89	26.59	23.39
2	营业利润率	%	10.47	13.15	13.51
3	销售净利率	%	8.88	8.65	10.84
4	销售毛利率	%	28.90	31.83	28.50
5	销售成本率	%	71.10	68.17	71.50
6	销售税金率	%	58.85	97.06	108.49
7	净资产利润率	%	25.63	21.51	36.32
8	总资产报酬率	%	16.76	16.47	13.38
9	销售期间费用率	%	17.93	19.05	21.74
10	成本费用利润率	%	16.32	18.10	13.85
11	实交所得税与利润总额比率	%	28.01	22.01	32.02
营运能力					
1	总资产周转率	%	148.74	155.16	158.94
2	存货周转率	%	44925.71	40235.22	40623.14
3	存货周转期	天	2.25	10.25	24.13
4	应收账款周转率	%	1211.08	1300.72	1821.31
5	应收账款周转期	天	66.09	67.21	59.28
6	营业周期	天	46.63	58.77	63.77
7	流动资产周转率	%	187.33	197.76	196.11
8	固定资产周转率	%	7621.30	7799.84	5564.86
9	所有者权益周转率	%	335.92	433.68	512.06
10	应付账款周转率	%	12950.86	20874.08	13844.62
11	应付账款周转期	天	31.25	29.31	25.62
经营发展能力					
1	总资产增长率	%	64.50	84.44	27.24
2	净资产增长率	%	97.56	279.26	157.79
3	存货增长率	%	85.24	29.08	5.80
4	固定资产增长率	%	122.11	71.36	100.40
5	主营业务收入增长率	%	83.30	58.28	24.95
6	主营业务利润增长率	%	113.66	88.03	65.20
7	营业利润增长率	%	36.00	434.32	31.23
8	利润总额增长率	%	48.71	282.44	120.87
9	净利润增长率	%	102.36	307.69	115.68

商业贸易					
偿债能力		单位	2016 年	2015 年	2014 年
1	流动比率	%	357.38	329.58	295.55
2	速动比率	%	279.70	253.71	245.00
3	资产负债率	%	42.10	44.60	52.08
4	产权比率	%	128.17	155.25	196.24
5	净资产比率	%	57.90	55.40	47.92
盈利能力					
1	主营业务利润率	%	28.96	30.16	30.60
2	营业利润率	%	− 5.31	4.27	− 1.78
3	销售净利率	%	− 0.64	4.93	2.14
4	销售毛利率	%	29.67	31.10	31.90
5	销售成本率	%	70.34	68.90	68.10
6	销售税金率	%	21.85	42.33	51.86
7	净资产利润率	%	2.93	18.96	8.29
8	总资产报酬率	%	6.16	12.27	9.26
9	销售期间费用率	%	31.19	25.64	31.75
10	成本费用利润率	%	7.44	12.66	9.76
11	实交所得税与利润总额比率	%	16.98	20.26	21.16
营运能力					
1	总资产周转率	%	175.74	181.16	169.63
2	存货周转率	%	6192.20	6470.40	5916.24
3	存货周转期	天	92.96	87.35	106.29
4	应收账款周转率	%	2031.72	2368.05	2156.52
5	应收账款周转期	天	79.39	63.21	67.74
6	营业周期	天	168.15	149.44	173.75
7	流动资产周转率	%	219.66	227.94	216.01
8	固定资产周转率	%	9958.48	9877.08	8339.65
9	所有者权益周转率	%	400.16	524.38	467.58
10	应付账款周转率	%	7483.01	7109.04	5123.78
11	应付账款周转期	天	40.03	43.36	49.74
经营发展能力					
1	总资产增长率	%	39.05	100.85	61.06
2	净资产增长率	%	71.25	258.73	151.01
3	存货增长率	%	109.27	102.87	107.71
4	固定资产增长率	%	84.92	158.36	150.04
5	主营业务收入增长率	%	44.36	99.27	85.99
6	主营业务利润增长率	%	47.91	137.94	118.82
7	营业利润增长率	%	− 50.91	239.86	222.17
8	利润总额增长率	%	− 25.17	270.97	189.07
9	净利润增长率	%	− 43.43	216.62	167.37

续表

休闲服务					
偿债能力		单位	2016 年	2015 年	2014 年
1	流动比率	%	191.78	218.38	212.96
2	速动比率	%	164.13	194.13	188.34
3	资产负债率	%	47.10	53.11	50.48
4	产权比率	%	296.22	152.72	22.65
5	净资产比率	%	52.90	46.89	49.52
盈利能力					
1	主营业务利润率	%	50.97	49.95	56.04
2	营业利润率	%	3.70	5.57	3.24
3	销售净利率	%	3.17	4.09	2.01
4	销售毛利率	%	52.93	55.04	61.45
5	销售成本率	%	47.07	44.96	38.55
6	销售税金率	%	35.16	18.17	−8.02
7	净资产利润率	%	8.64	9.87	16.58
8	总资产报酬率	%	8.36	9.22	7.89
9	销售期间费用率	%	47.28	45.16	52.72
10	成本费用利润率	%	5.89	7.93	6.06
11	实交所得税与利润总额比率	%	23.61	0.72	17.76
营运能力					
1	总资产周转率	%	131.00	152.02	146.54
2	存货周转率	%	8517.33	3229.84	2100.81
3	存货周转期	天	60.68	55.58	163.29
4	应收账款周转率	%	5977.61	7201.32	6594.73
5	应收账款周转期	天	21.70	14.63	18.11
6	营业周期	天	82.38	70.21	181.40
7	流动资产周转率	%	287.40	340.02	336.92
8	固定资产周转率	%	1747.59	1674.23	1544.08
9	所有者权益周转率	%	344.32	497.47	346.85
10	应付账款周转率	%	1804.48	1944.14	1962.69
11	应付账款周转期	天	39.18	42.81	68.40
经营发展能力					
1	总资产增长率	%	38.56	38.92	72.09
2	净资产增长率	%	68.18	382.36	237.25
3	存货增长率	%	5.05	31.61	95.78
4	固定资产增长率	%	18.54	62.70	149.88
5	主营业务收入增长率	%	17.69	34.28	89.86
6	主营业务利润增长率	%	12.99	46.87	75.00
7	营业利润增长率	%	−78.06	148.74	341.36
8	利润总额增长率	%	−63.85	260.95	296.59
9	净利润增长率	%	−16.08	165.61	266.29

建筑材料					
偿债能力		单位	2016 年	2015 年	2014 年
1	流动比率	%	200.07	203.33	168.45
2	速动比率	%	139.88	146.15	114.24
3	资产负债率	%	43.96	48.18	52.67
4	产权比率	%	105.20	126.69	193.56
5	净资产比率	%	56.04	51.82	47.33
盈利能力					
1	主营业务利润率	%	29.88	30.72	29.58
2	营业利润率	%	−2.49	−2.05	1.03
3	销售净利率	%	3.57	5.03	6.37
4	销售毛利率	%	31.08	31.44	30.20
5	销售成本率	%	68.92	68.56	69.80
6	销售税金率	%	17.09	20.80	23.18
7	净资产利润率	%	5.13	10.88	10.41
8	总资产报酬率	%	6.10	8.07	6.96
9	销售期间费用率	%	30.31	32.10	28.08
10	成本费用利润率	%	9.85	12.08	9.29
11	实交所得税与利润总额比率	%	13.32	14.49	15.74
营运能力					
1	总资产周转率	%	67.94	72.93	71.56
2	存货周转率	%	626.59	631.35	673.71
3	存货周转期	天	153.48	144.65	163.30
4	应收账款周转率	%	660.18	666.65	681.50
5	应收账款周转期	天	159.34	132.59	118.34
6	营业周期	天	312.95	305.94	282.54
7	流动资产周转率	%	125.42	129.84	127.71
8	固定资产周转率	%	710.15	700.55	571.73
9	所有者权益周转率	%	148.81	188.07	191.20
10	应付账款周转率	%	942.16	1065.27	940.61
11	应付账款周转期	天	74.37	76.31	80.27
经营发展能力					
1	总资产增长率	%	17.03	23.60	22.66
2	净资产增长率	%	30.45	87.02	42.90
3	存货增长率	%	30.50	34.58	54.93
4	固定资产增长率	%	30.97	80.23	41.86
5	主营业务收入增长率	%	22.84	38.80	46.24
6	主营业务利润增长率	%	29.63	55.61	86.26
7	营业利润增长率	%	−76.35	227.04	131.52
8	利润总额增长率	%	16.04	293.82	146.39
9	净利润增长率	%	−12.75	230.10	104.60

建筑装饰					
偿债能力		单位	2016 年	2015 年	2014 年
1	流动比率	%	216.73	208.76	189.36
2	速动比率	%	140.53	138.65	125.67
3	资产负债率	%	51.41	52.78	55.16
4	产权比率	%	152.54	177.47	181.89
5	净资产比率	%	48.59	47.22	44.84
盈利能力					
1	主营业务利润率	%	24.03	23.46	24.21
2	营业利润率	%	2.06	6.03	7.58
3	销售净利率	%	2.50	5.54	7.00
4	销售毛利率	%	24.90	25.83	26.59
5	销售成本率	%	75.10	74.17	73.41
6	销售税金率	%	20.19	25.20	31.76
7	净资产利润率	%	9.96	14.54	17.49
8	总资产报酬率	%	6.21	8.34	9.43
9	销售期间费用率	%	20.21	16.63	15.67
10	成本费用利润率	%	7.05	9.62	10.66
11	实交所得税与利润总额比率	%	18.64	18.25	21.05
营运能力					
1	总资产周转率	%	87.58	97.14	102.52
2	存货周转率	%	801.49	930.06	1152.10
3	存货周转期	天	202.35	173.88	181.09
4	应收账款周转率	%	359.06	479.58	561.89
5	应收账款周转期	天	178.27	145.56	130.93
6	营业周期	天	381.19	319.58	312.27
7	流动资产周转率	%	104.95	116.84	125.53
8	固定资产周转率	%	4407.60	4848.84	4533.51
9	所有者权益周转率	%	230.55	280.56	306.93
10	应付账款周转率	%	768.64	758.45	891.58
11	应付账款周转期	天	122.82	108.98	84.00
经营发展能力					
1	总资产增长率	%	26.62	35.89	37.58
2	净资产增长率	%	36.92	81.99	77.74
3	存货增长率	%	85.39	69.93	107.11
4	固定资产增长率	%	78.29	95.32	89.24
5	主营业务收入增长率	%	20.28	42.60	65.52
6	主营业务利润增长率	%	28.24	64.69	86.70
7	营业利润增长率	%	−62.65	116.78	167.35
8	利润总额增长率	%	10.54	174.15	163.38
9	净利润增长率	%	−12.59	213.64	288.85

续表

电气设备					
偿债能力		单位	2016 年	2015 年	2014 年
1	流动比率	%	235.13	223.21	205.47
2	速动比率	%	177.34	163.62	140.57
3	资产负债率	%	45.44	47.78	51.02
4	产权比率	%	120.95	139.80	164.59
5	净资产比率	%	54.56	52.22	48.98
盈利能力					
1	主营业务利润率	%	28.61	28.60	27.67
2	营业利润率	%	−0.97	2.05	−4.96
3	销售净利率	%	1.88	3.78	1.88
4	销售毛利率	%	29.51	29.27	28.25
5	销售成本率	%	70.49	70.73	71.75
6	销售税金率	%	25.47	28.67	27.52
7	净资产利润率	%	9.77	12.58	3.90
8	总资产报酬率	%	7.13	8.24	6.95
9	销售期间费用率	%	27.52	25.59	28.22
10	成本费用利润率	%	6.55	7.86	6.10
11	实交所得税与利润总额比率	%	11.99	16.41	14.00
营运能力					
1	总资产周转率	%	90.69	97.18	97.03
2	存货周转率	%	508.01	538.49	559.32
3	存货周转期	天	145.67	132.33	148.67
4	应收账款周转率	%	537.51	526.75	543.59
5	应收账款周转期	天	163.10	136.63	140.98
6	营业周期	天	309.17	269.42	295.12
7	流动资产周转率	%	125.55	133.97	135.28
8	固定资产周转率	%	1225.42	1387.73	1208.99
9	所有者权益周转率	%	203.08	264.19	265.39
10	应付账款周转率	%	792.38	804.44	810.93
11	应付账款周转期	天	81.64	78.36	81.81
经营发展能力					
1	总资产增长率	%	23.58	32.99	22.26
2	净资产增长率	%	39.29	105.87	55.95
3	存货增长率	%	40.09	31.52	41.19
4	固定资产增长率	%	31.68	61.08	79.35
5	主营业务收入增长率	%	20.49	38.17	31.27
6	主营业务利润增长率	%	28.78	65.00	48.92
7	营业利润增长率	%	58.10	179.60	79.45
8	利润总额增长率	%	53.77	181.35	147.15
9	净利润增长率	%	41.59	164.08	140.70

续表

机械设备					
偿债能力		单位	2016 年	2015 年	2014 年
1	流动比率	%	258.68	248.76	216.83
2	速动比率	%	181.98	176.18	145.80
3	资产负债率	%	42.57	44.57	49.93
4	产权比率	%	106.01	128.41	147.45
5	净资产比率	%	57.43	55.43	50.08
盈利能力					
1	主营业务利润率	%	35.12	35.42	35.07
2	营业利润率	%	-5.27	1.81	2.88
3	销售净利率	%	2.03	5.47	6.21
4	销售毛利率	%	36.30	36.20	35.80
5	销售成本率	%	63.70	63.80	64.20
6	销售税金率	%	20.21	26.87	30.02
7	净资产利润率	%	8.20	11.10	19.00
8	总资产报酬率	%	6.73	8.60	8.64
9	销售期间费用率	%	37.39	32.45	31.05
10	成本费用利润率	%	8.35	10.95	10.64
11	实交所得税与利润总额比率	%	11.36	12.89	13.67
营运能力					
1	总资产周转率	%	74.90	80.75	81.57
2	存货周转率	%	347.57	433.50	330.88
3	存货周转期	天	219.09	202.43	204.27
4	应收账款周转率	%	558.34	591.55	602.81
5	应收账款周转期	天	171.12	144.33	129.70
6	营业周期	天	386.82	346.02	334.12
7	流动资产周转率	%	108.83	115.89	117.64
8	固定资产周转率	%	1209.75	1434.99	1387.73
9	所有者权益周转率	%	156.30	197.32	221.24
10	应付账款周转率	%	1286.94	1329.13	1230.76
11	应付账款周转期	天	80.91	77.47	73.41
经营发展能力					
1	总资产增长率	%	21.21	34.73	23.95
2	净资产增长率	%	36.67	110.86	50.64
3	存货增长率	%	32.84	31.33	35.78
4	固定资产增长率	%	35.91	62.82	69.92
5	主营业务收入增长率	%	19.84	36.46	31.28
6	主营业务利润增长率	%	27.75	54.06	52.05
7	营业利润增长率	%	-12.04	122.78	89.80
8	利润总额增长率	%	5.36	140.93	127.59
9	净利润增长率	%	-1.28	149.86	134.68

计算机					
偿债能力		单位	2016 年	2015 年	2014 年
1	流动比率	%	455.90	478.27	395.28
2	速动比率	%	403.89	426.66	345.96
3	资产负债率	%	32.88	33.86	39.84
4	产权比率	%	78.87	81.65	97.39
5	净资产比率	%	67.12	66.14	60.15
盈利能力					
1	主营业务利润率	%	44.53	46.75	47.81
2	营业利润率	%	−15.59	−4.55	−7.10
3	销售净利率	%	−2.51	3.82	4.94
4	销售毛利率	%	45.35	47.57	48.71
5	销售成本率	%	54.69	52.43	51.29
6	销售税金率	%	21.53	35.22	43.18
7	净资产利润率	%	0.65	12.25	16.74
8	总资产报酬率	%	6.05	12.22	12.23
9	销售期间费用率	%	58.53	51.02	54.17
10	成本费用利润率	%	8.74	15.17	14.87
11	实交所得税与利润总额比率	%	7.86	13.53	11.76
营运能力					
1	总资产周转率	%	106.75	115.36	115.01
2	存货周转率	%	4691.93	5064.74	3936.64
3	存货周转期	天	93.54	93.00	105.05
4	应收账款周转率	%	927.08	1032.06	1129.26
5	应收账款周转期	天	133.83	105.37	110.98
6	营业周期	天	239.11	208.36	224.06
7	流动资产周转率	%	132.34	141.80	143.85
8	固定资产周转率	%	6011.91	5986.89	4991.47
9	所有者权益周转率	%	193.18	234.07	243.52
10	应付账款周转率	%	6590.51	7000.60	7201.24
11	应付账款周转期	天	42.04	39.28	39.53
经营发展能力					
1	总资产增长率	%	43.53	107.02	63.91
2	净资产增长率	%	61.45	215.30	99.36
3	存货增长率	%	119.63	103.59	129.13
4	固定资产增长率	%	97.47	125.95	104.19
5	主营业务收入增长率	%	49.38	93.19	77.01
6	主营业务利润增长率	%	51.50	115.15	103.49
7	营业利润增长率	%	−0.19	178.23	165.19
8	利润总额增长率	%	8.64	214.73	186.24
9	净利润增长率	%	2.09	215.22	189.79

通信					
偿债能力		单位	2016 年	2015 年	2014 年
1	流动比率	%	297. 37	288. 12	263. 13
2	速动比率	%	216. 14	211. 54	191. 54
3	资产负债率	%	40. 86	43. 78	47. 86
4	产权比率	%	99. 83	122. 29	142. 09
5	净资产比率	%	59. 14	56. 22	52. 14
盈利能力					
1	主营业务利润率	%	31. 38	31. 49	32. 39
2	营业利润率	%	- 1. 42	3. 07	1. 98
3	销售净利率	%	3. 30	4. 66	4. 40
4	销售毛利率	%	32. 12	32. 10	32. 98
5	销售成本率	%	67. 88	67. 90	67. 02
6	销售税金率	%	28. 40	30. 77	42. 17
7	净资产利润率	%	10. 96	16. 29	15. 53
8	总资产报酬率	%	7. 91	9. 90	9. 94
9	销售期间费用率	%	29. 53	27. 54	29. 72
10	成本费用利润率	%	8. 63	9. 87	9. 06
11	实交所得税与利润总额比率	%	12. 27	13. 06	13. 05
营运能力					
1	总资产周转率	%	108. 08	115. 71	116. 14
2	存货周转率	%	1432. 97	1561. 61	1447. 31
3	存货周转期	天	135. 80	127. 75	134. 08
4	应收账款周转率	%	693. 68	826. 21	705. 20
5	应收账款周转期	天	121. 71	105. 66	109. 52
6	营业周期	天	258. 15	233. 82	240. 70
7	流动资产周转率	%	142. 40	150. 28	156. 71
8	固定资产周转率	%	2850. 07	3021. 06	2498. 90
9	所有者权益周转率	%	230. 09	307. 03	322. 48
10	应付账款周转率	%	1389. 02	1590. 50	1841. 55
11	应付账款周转期	天	69. 06	70. 76	67. 11
经营发展能力					
1	总资产增长率	%	30. 63	49. 09	36. 81
2	净资产增长率	%	54. 80	146. 56	72. 85
3	存货增长率	%	41. 65	55. 00	63. 41
4	固定资产增长率	%	55. 78	67. 56	69. 75
5	主营业务收入增长率	%	33. 94	53. 84	56. 93
6	主营业务利润增长率	%	40. 82	83. 36	64. 64
7	营业利润增长率	%	34. 16	211. 77	189. 38
8	利润总额增长率	%	71. 34	210. 78	269. 63
9	净利润增长率	%	74. 89	196. 66	233. 61

附录四

A 股上市公司 22 个一类行业
Themis 异常值评级指标中值统计（2014—2016 年）

农林牧渔					
指标	序号		2016 年	2015 年	2014 年
运营周转变化合理度	1	赊销债权周转期（月）	4.14	3.49	2.78
	2	赊购债务周转期（月）	4.80	3.80	3.26
	3	周转期（月）	−0.66	−0.31	−0.48
	4	周转期变化量（月）	−0.17	0.12	−0.14
	5	票据总周转期（月）	8.95	7.29	6.05
	6	货币资金对月营销比（月）	2.70	2.83	2.30
金融债务销售比	7	借款对月营销比率（月）	7.36	7.06	6.62
金融债务不健全度	8	借款变化不健全度（月）	−0.19	−1.49	0.78
实物性资产周转度	9	存货周转变化度（比值）	1.07	1.06	1.15
	10	固定资产周转变化度（比值）	1.15	1.26	1.31
投资资产效率	11	投资效率（比值）	0.58	4.33	2.24
	12	负债利率（比值）	−0.41	0.01	0.12
无形资产效率	13	无形资产变化度（比值）	6.96	2.50	1.29
经常收支合理度	14	经常收支比率（%）	122.70	112.29	119.15
	15	三年平均经常收支比率（%）	105.17	105.91	105.00
异常系数	16	赊销债权异常系数（比值）	0.00	0.01	−0.03
	17	赊购债务异常系数（比值）	0.14	0.03	0.05
	18	异常系数（比值）	0.34	0.20	0.32
Themis 支付余力系数	19	可支配资本与月销售额比率（比值）	31.27	29.74	18.05
	20	年销售额与总资产比（比值）	0.68	0.76	0.82
成本体系合理度	21	成本体系（%）	0.78	1.02	1.35
资产系数合理度	22	资产系数（比值）	3.72	3.49	2.37

采掘				
指标	序号		2016 年	2015 年	2014 年
运营周转 变化合理度	1	赊销债权周转期（月）	6.21	6.16	6.89
	2	赊购债务周转期（月）	6.25	7.29	7.50
	3	周转期（月）	-0.05	-1.13	-0.62
	4	周转期变化量（月）	0.55	10.82	-0.85
	5	票据总周转期（月）	12.46	13.45	14.39
	6	货币资金对月营销比（月）	3.87	4.53	4.20
金融债务销售比	7	借款对月营销比率（月）	10.14	10.93	9.40
金融债务不健全度	8	借款变化不健全度（月）	-0.61	-0.06	-0.38
实物性资产周转度	9	存货周转变化度（比值）	1.22	1.50	1.44
	10	固定资产周转变化度（比值）	1.60	2.05	1.93
投资资产效率	11	投资效率（比值）	1.02	1.17	1.05
	12	负债利率（比值）	-0.10	0.41	0.03
无形资产效率	13	无形资产变化度（比值）	6.36	4.38	1.59
经常收支合理度	14	经常收支比率（%）	105.10	126.44	107.65
	15	三年平均经常收支比率（%）	109.80	112.91	133.74
异常系数	16	赊销债权异常系数（比值）	0.12	-2.30	-0.33
	17	赊购债务异常系数（比值）	0.03	0.05	0.14
	18	异常系数（比值）	0.47	2.66	0.82
Themis 支付余力系数	19	可支配资本与月销售额比率（比值）	27.38	30.43	24.19
	20	年销售额与总资产比（比值）	0.40	0.38	0.51
成本体系合理度	21	成本体系（%）	2.61	0.80	1.46
资产系数合理度	22	资产系数（比值）	3.82	4.14	3.93

化工				
指标	序号		2016 年	2015 年	2014 年
运营周转 变化合理度	1	赊销债权周转期（月）	4.54	4.35	3.66
	2	赊购债务周转期（月）	5.30	4.30	4.02
	3	周转期（月）	-0.76	0.05	-0.36
	4	周转期变化量（月）	-0.38	0.13	-0.44
	5	票据总周转期（月）	9.84	8.66	7.68
	6	货币资金对月营销比（月）	4.76	2.21	1.33
金融债务销售比	7	借款对月营销比率（月）	15.42	4.90	5.40
金融债务不健全度	8	借款变化不健全度（月）	9.70	-1.92	1.11
实物性资产周转度	9	存货周转变化度（比值）	1.53	1.06	1.28
	10	固定资产周转变化度（比值）	1.18	1.27	1.20
投资资产效率	11	投资效率（比值）	0.63	0.83	0.76
	12	负债利率（比值）	-0.11	0.51	0.06
无形资产效率	13	无形资产变化度（比值）	5.68	2.06	1.42
经常收支合理度	14	经常收支比率（%）	106.32	122.51	109.24
	15	三年平均经常收支比率（%）	97.81	106.03	106.62
异常系数	16	赊销债权异常系数（比值）	0.01	0.04	0.01
	17	赊购债务异常系数（比值）	-0.11	0.04	0.03
	18	异常系数（比值）	0.60	0.27	0.29
Themis 支付余力系数	19	可支配资本与月销售额比率（比值）	19.17	16.11	11.54
	20	年销售额与总资产比（比值）	0.72	0.72	0.83
成本体系合理度	21	成本体系（%）	1.23	2.39	1.41
资产系数合理度	22	资产系数（比值）	4.32	2.21	1.88

续表

钢铁

指标	序号		2016 年	2015 年	2014 年
运营周转	1	赊销债权周转期（月）	2.03	1.87	1.63
	2	赊购债务周转期（月）	6.31	7.07	5.02
变化合理度	3	周转期（月）	−4.28	−5.21	−3.40
	4	周转期变化量（月）	−1.04	−2.79	−1.66
	5	票据总周转期（月）	8.34	8.94	6.65
	6	货币资金对月营销比（月）	1.02	1.04	0.71
金融债务销售比	7	借款对月营销比率（月）	6.55	6.35	4.66
金融债务不健全度	8	借款变化不健全度（月）	0.71	−0.04	0.36
实物性资产周转度	9	存货周转变化度（比值）	1.09	1.01	1.12
	10	固定资产周转变化度（比值）	1.38	1.55	1.38
投资资产效率	11	投资效率（比值）	2.16	1.30	10.74
	12	负债利率（比值）	0.04	0.06	0.07
无形资产效率	13	无形资产变化度（比值）	5.94	1.39	2.96
经常收支合理度	14	经常收支比率（%）	97.24	110.07	111.06
	15	三年平均经常收支比率（%）	102.78	107.19	106.09
异常系数	16	赊销债权异常系数（比值）	−0.08	0.10	0.02
	17	赊购债务异常系数（比值）	−0.59	0.11	0.09
	18	异常系数（比值）	1.21	0.47	0.34
Themis 支付余力系数	19	可支配资本与月销售额比率（比值）	5.85	5.66	4.63
	20	年销售额与总资产比（比值）	0.91	0.90	1.11
成本体系合理度	21	成本体系（%）	1.17	0.79	2.27
资产系数合理度	22	资产系数（比值）	1.70	1.76	1.29

有色金属

指标	序号		2016 年	2015 年	2014 年
运营周转	1	赊销债权周转期（月）	4.72	4.15	3.69
	2	赊购债务周转期（月）	5.14	3.97	6.08
变化合理度	3	周转期（月）	−0.42	0.18	−2.39
	4	周转期变化量（月）	2.05	2.12	−0.55
	5	票据总周转期（月）	9.86	8.12	9.77
	6	货币资金对月营销比（月）	3.46	1.86	2.06
金融债务销售比	7	借款对月营销比率（月）	5.71	5.24	5.96
金融债务不健全度	8	借款变化不健全度（月）	0.31	−0.77	0.99
实物性资产周转度	9	存货周转变化度（比值）	1.76	1.10	1.29
	10	固定资产周转变化度（比值）	1.64	1.28	1.91
投资资产效率	11	投资效率（比值）	−0.02	0.42	0.84
	12	负债利率（比值）	0.02	0.02	0.03
无形资产效率	13	无形资产变化度（比值）	2.06	1.60	4.15
经常收支合理度	14	经常收支比率（%）	109.49	107.82	107.70
	15	三年平均经常收支比率（%）	105.58	105.94	110.10
异常系数	16	赊销债权异常系数（比值）	−0.10	0.11	−0.33
	17	赊购债务异常系数（比值）	−0.03	0.05	−0.60
	18	异常系数（比值）	0.36	0.38	1.21
Themis 支付余力系数	19	可支配资本与月销售额比率（比值）	37.40	18.64	18.62
	20	年销售额与总资产比（比值）	0.74	0.78	0.86
成本体系合理度	21	成本体系（%）	1.32	1.98	1.03
资产系数合理度	22	资产系数（比值）	3.74	2.36	2.54

电子

指标	序号		2016 年	2015 年	2014 年
运营周转 变化合理度	1	赊销债权周转期（月）	5.50	5.51	5.21
	2	赊购债务周转期（月）	5.03	5.55	5.44
	3	周转期（月）	0.46	− 0.04	− 0.23
	4	周转期变化量（月）	0.65	− 1.26	− 1.81
	5	票据总周转期（月）	10.53	11.06	10.64
	6	货币资金对月营销比（月）	2.73	2.88	3.65
金融债务销售比	7	借款对月营销比率（月）	4.77	4.99	4.21
金融债务不健全度	8	借款变化不健全度（月）	1.90	0.99	− 0.42
实物性资产周转度	9	存货周转变化度（比值）	1.13	1.29	1.09
	10	固定资产周转变化度（比值）	1.67	1.80	1.32
投资资产效率	11	投资效率（比值）	2.86	3.12	1.41
	12	负债利率（比值）	− 0.12	− 0.06	− 0.18
无形资产效率	13	无形资产变化度（比值）	27.77	4.60	3.85
经常收支合理度	14	经常收支比率（%）	107.67	125.06	107.94
	15	三年平均经常收支比率（%）	105.64	101.83	105.11
异常系数	16	赊销债权异常系数（比值）	− 0.05	− 0.01	0.01
	17	赊购债务异常系数（比值）	0.00	0.01	0.19
	18	异常系数（比值）	0.29	0.27	0.40
Themis 支付余力系数	19	可支配资本与月销售额比率（比值）	23.69	25.93	22.05
	20	年销售额与总资产比（比值）	0.59	0.59	0.63
成本体系合理度	21	成本体系（%）	1.21	0.92	0.89
资产系数合理度	22	资产系数（比值）	2.72	2.92	2.55

汽车

指标	序号		2016 年	2015 年	2014 年
运营周转 变化合理度	1	赊销债权周转期（月）	5.20	4.56	4.41
	2	赊购债务周转期（月）	5.35	4.63	4.38
	3	周转期（月）	− 0.15	− 0.08	0.03
	4	周转期变化量（月）	− 0.21	− 0.24	− 0.02
	5	票据总周转期（月）	10.55	9.19	8.79
	6	货币资金对月营销比（月）	2.21	2.03	1.71
金融债务销售比	7	借款对月营销比率（月）	3.13	3.28	2.97
金融债务不健全度	8	借款变化不健全度（月）	0.46	0.40	0.06
实物性资产周转度	9	存货周转变化度（比值）	1.01	1.07	1.09
	10	固定资产周转变化度（比值）	1.18	1.25	1.17
投资资产效率	11	投资效率（比值）	6.31	2.06	10.34
	12	负债利率（比值）	− 0.47	− 0.67	− 0.36
无形资产效率	13	无形资产变化度（比值）	1.91	24.37	6.29
经常收支合理度	14	经常收支比率（%）	106.57	111.55	110.04
	15	三年平均经常收支比率（%）	106.80	106.22	107.62
异常系数	16	赊销债权异常系数（比值）	− 0.17	− 0.64	− 0.02
	17	赊购债务异常系数（比值）	0.14	− 0.09	− 0.05
	18	异常系数（比值）	0.60	1.16	0.41
Themis 支付余力系数	19	可支配资本与月销售额比率（比值）	14.35	14.02	11.91
	20	年销售额与总资产比（比值）	0.71	0.74	0.81
成本体系合理度	21	成本体系（%）	0.80	0.90	0.84
资产系数合理度	22	资产系数（比值）	1.95	1.86	1.67

家用电器					
指标	序号		2016 年	2015 年	2014 年
运营周转 变化合理度	1	赊销债权周转期（月）	4.43	4.21	4.15
	2	赊购债务周转期（月）	5.38	4.66	3.71
	3	周转期（月）	−0.95	−0.45	0.44
	4	周转期变化量（月）	−1.38	−1.08	0.31
	5	票据总周转期（月）	9.81	8.86	7.86
	6	货币资金对月营销比（月）	2.94	1.74	1.61
金融债务销售比	7	借款对月营销比率（月）	3.33	2.63	1.44
金融债务不健全度	8	借款变化不健全度（月）	1.70	0.78	−0.30
实物性资产周转度	9	存货周转变化度（比值）	1.25	1.39	0.97
	10	固定资产周转变化度（比值）	1.33	1.50	1.08
投资资产效率	11	投资效率（比值）	1.70	0.92	0.89
	12	负债利率（比值）	−0.14	−0.20	−0.40
无形资产效率	13	无形资产变化度（比值）	6.24	3.58	1.69
经常收支合理度	14	经常收支比率（%）	129.50	59.63	106.38
	15	三年平均经常收支比率（%）	108.48	104.78	104.99
异常系数	16	赊销债权异常系数（比值）	0.01	0.05	−1.20
	17	赊购债务异常系数（比值）	0.09	−0.00	−0.02
	18	异常系数（比值）	0.32	0.29	1.51
Themis 支付余力系数	19	可支配资本与月销售额比率（比值）	18.70	13.40	10.14
	20	年销售额与总资产比（比值）	0.90	0.94	1.00
成本体系合理度	21	成本体系（%）	0.69	0.76	0.82
资产系数合理度	22	资产系数（比值）	2.47	1.79	1.34
食品饮料					
指标	序号		2016 年	2015 年	2014 年
运营周转 变化合理度	1	赊销债权周转期（月）	1.81	2.82	2.27
	2	赊购债务周转期（月）	4.33	4.07	3.65
	3	周转期（月）	−2.52	−1.24	−1.38
	4	周转期变化量（月）	−1.11	0.01	0.04
	5	票据总周转期（月）	6.13	6.89	5.93
	6	货币资金对月营销比（月）	3.42	3.06	3.01
金融债务销售比	7	借款对月营销比率（月）	2.62	3.51	2.88
金融债务不健全度	8	借款变化不健全度（月）	−1.47	−1.10	−0.67
实物性资产周转度	9	存货周转变化度（比值）	0.94	1.07	1.31
	10	固定资产周转变化度（比值）	1.12	1.37	1.41
投资资产效率	11	投资效率（比值）	1.00	0.85	0.93
	12	负债利率（比值）	−0.03	−0.12	0.01
无形资产效率	13	无形资产变化度（比值）	1.60	2.22	1.52
经常收支合理度	14	经常收支比率（%）	115.24	105.35	107.90
	15	三年平均经常收支比率（%）	111.27	109.90	112.89
异常系数	16	赊销债权异常系数（比值）	−0.27	−0.01	0.03
	17	赊购债务异常系数（比值）	0.19	0.03	−0.03
	18	异常系数（比值）	0.59	0.19	0.15
Themis 支付余力系数	19	可支配资本与月销售额比率（比值）	27.07	25.94	21.02
	20	年销售额与总资产比（比值）	0.68	0.68	0.71
成本体系合理度	21	成本体系（%）	0.82	1.09	0.99
资产系数合理度	22	资产系数（比值）	2.73	2.72	2.24

纺织服装					
指标	序号		2016 年	2015 年	2014 年
运营周转 变化合理度	1	赊销债权周转期（月）	5.16	3.83	2.97
	2	赊购债务周转期（月）	4.76	3.83	3.25
	3	周转期（月）	0.40	0.00	−0.28
	4	周转期变化量（月）	0.64	0.39	0.15
	5	票据总周转期（月）	9.91	7.66	6.22
	6	货币资金对月营销比（月）	2.26	2.33	1.85
金融债务销售比	7	借款对月营销比率（月）	4.91	5.70	3.83
金融债务不健全度	8	借款变化不健全度（月）	−0.45	0.96	0.16
实物性资产周转度	9	存货周转变化度（比值）	0.99	1.25	1.12
	10	固定资产周转变化度（比值）	1.07	1.40	1.46
投资资产效率	11	投资效率（比值）	1.48	0.41	0.37
	12	负债利率（比值）	0.03	−0.19	−1.58
无形资产效率	13	无形资产变化度（比值）	7.33	2.89	2.30
经常收支合理度	14	经常收支比率（%）	107.74	89.12	111.87
	15	三年平均经常收支比率（%）	108.75	109.11	107.31
异常系数	16	赊销债权异常系数（比值）	−0.11	−0.04	0.05
	17	赊购债务异常系数（比值）	0.12	−0.02	−0.04
	18	异常系数（比值）	0.43	0.25	0.29
Themis 支付余力系数	19	可支配资本与月销售额比率（比值）	18.37	16.51	12.67
	20	年销售额与总资产比（比值）	0.68	0.70	0.78
成本体系合理度	21	成本体系（%）	0.92	1.38	1.14
资产系数合理度	22	资产系数（比值）	2.46	2.32	1.77
轻工制造					
指标	序号		2016 年	2015 年	2014 年
运营周转 变化合理度	1	赊销债权周转期（月）	3.55	4.30	3.61
	2	赊购债务周转期（月）	3.23	3.37	2.93
	3	周转期（月）	0.30	0.42	0.34
	4	周转期变化量（月）	0.14	0.16	0.11
	5	票据总周转期（月）	7.06	15.67	23.01
	6	货币资金对月营销比（月）	1.91	2.35	5.27
金融债务销售比	7	借款对月营销比率（月）	4.42	22.14	22.74
金融债务不健全度	8	借款变化不健全度（月）	0.38	10.88	14.78
实物性资产周转度	9	存货周转变化度（比值）	0.93	1.09	1.11
	10	固定资产周转变化度（比值）	1.04	1.05	1.25
投资资产效率	11	投资效率（比值）	0.74	0.67	1.04
	12	负债利率（比值）	−0.12	−0.22	0.04
无形资产效率	13	无形资产变化度（比值）	13.74	11.75	2.49
经常收支合理度	14	经常收支比率（%）	105.36	97.16	102.63
	15	三年平均经常收支比率（%）	105.14	104.03	103.46
异常系数	16	赊销债权异常系数（比值）	−0.36	0.04	−0.00
	17	赊购债务异常系数（比值）	0.23	−0.02	0.17
	18	异常系数（比值）	0.82	0.28	0.33
Themis 支付余力系数	19	可支配资本与月销售额比率（比值）	16.43	10.84	11.23
	20	年销售额与总资产比（比值）	0.64	0.66	0.78
成本体系合理度	21	成本体系（%）	0.94	1.00	1.29
资产系数合理度	22	资产系数（比值）	2.11	4.52	4.78

医药生物

指标	序号		2016 年	2015 年	2014 年
运营周转 变化合理度	1	赊销债权周转期（月）	4.44	4.42	4.24
	2	赊购债务周转期（月）	3.72	4.14	3.37
	3	周转期（月）	0.72	0.29	0.87
	4	周转期变化量（月）	−0.15	−0.70	2.80
	5	票据总周转期（月）	8.16	8.56	7.61
	6	货币资金对月营销比（月）	2.76	2.76	2.67
金融债务销售比	7	借款对月营销比率（月）	3.93	3.83	2.98
金融债务不健全度	8	借款变化不健全度（月）	1.50	1.14	0.75
实物性资产周转度	9	存货周转变化度（比值）	1.21	1.28	1.17
	10	固定资产周转变化度（比值）	1.14	1.16	1.23
投资资产效率	11	投资效率（比值）	14.83	2.28	3.52
	12	负债利率（比值）	−2.69	−0.35	−0.84
无形资产效率	13	无形资产变化度（比值）	3.03	3.47	2.23
经常收支合理度	14	经常收支比率（%）	115.68	86.26	116.20
	15	三年平均经常收支比率（%）	104.75	137.43	116.14
异常系数	16	赊销债权异常系数（比值）	0.01	0.01	−0.03
	17	赊购债务异常系数（比值）	0.02	0.08	−0.11
	18	异常系数（比值）	0.18	0.30	0.35
Themis 支付余力系数	19	可支配资本与月销售额比率（比值）	22.88	22.10	19.59
	20	年销售额与总资产比（比值）	0.61	0.64	0.73
成本体系合理度	21	成本体系（%）	0.94	0.92	0.85
资产系数合理度	22	资产系数（比值）	2.51	2.48	2.19

公用事业

指标	序号		2016 年	2015 年	2014 年
运营周转 变化合理度	1	赊销债权周转期（月）	4.55	4.24	4.39
	2	赊购债务周转期（月）	6.29	5.73	5.83
	3	周转期（月）	−1.74	−1.49	−1.44
	4	周转期变化量（月）	−0.34	−0.50	0.46
	5	票据总周转期（月）	10.84	9.97	10.23
	6	货币资金对月营销比（月）	3.02	2.76	2.33
金融债务销售比	7	借款对月营销比率（月）	16.11	15.25	14.44
金融债务不健全度	8	借款变化不健全度（月）	3.18	2.70	−0.04
实物性资产周转度	9	存货周转变化度（比值）	2.41	1.43	1.24
	10	固定资产周转变化度（比值）	1.24	1.28	1.31
投资资产效率	11	投资效率（比值）	4.49	3.60	7.88
	12	负债利率（比值）	0.04	−0.04	−5.86
无形资产效率	13	无形资产变化度（比值）	2.82	10.89	9.06
经常收支合理度	14	经常收支比率（%）	133.49	145.97	146.79
	15	三年平均经常收支比率（%）	137.58	129.25	130.14
异常系数	16	赊销债权异常系数（比值）	0.02	−0.01	0.01
	17	赊购债务异常系数（比值）	0.03	−0.07	−0.03
	18	异常系数（比值）	0.21	0.28	0.29
Themis 支付余力系数	19	可支配资本与月销售额比率（比值）	30.84	26.55	24.01
	20	年销售额与总资产比（比值）	0.33	0.36	0.40
成本体系合理度	21	成本体系（%）	1.83	1.79	1.66
资产系数合理度	22	资产系数（比值）	4.60	4.05	3.80

续表

交通运输

指标	序号		2016 年	2015 年	2014 年
运营周转 变化合理度	1	赊销债权周转期（月）	3.80	3.67	3.81
	2	赊购债务周转期（月）	4.89	4.68	4.81
	3	周转期（月）	-1.09	-1.01	-1.00
	4	周转期变化量（月）	-0.07	-0.33	0.31
	5	票据总周转期（月）	8.69	8.35	8.61
	6	货币资金对月营销比（月）	3.40	4.28	4.71
金融债务销售比	7	借款对月营销比率（月）	14.34	13.66	14.12
金融债务不健全度	8	借款变化不健全度（月）	1.37	0.40	1.51
实物性资产周转度	9	存货周转变化度（比值）	2.48	3.86	3.68
	10	固定资产周转变化度（比值）	1.33	1.30	1.13
投资资产效率	11	投资效率（比值）	55.41	56.60	35.44
	12	负债利率（比值）	-0.02	-0.25	0.15
无形资产效率	13	无形资产变化度（比值）	2.84	1.84	1.89
经常收支合理度	14	经常收支比率（%）	131.68	95.97	123.90
	15	三年平均经常收支比率（%）	133.63	128.54	127.96
异常系数	16	赊销债权异常系数（比值）	-0.11	0.08	0.18
	17	赊购债务异常系数（比值）	-0.23	0.08	-0.40
	18	异常系数（比值）	0.54	0.42	1.05
Themis 支付余力系数	19	可支配资本与月销售额比率（比值）	34.56	35.66	34.42
	20	年销售额与总资产比（比值）	0.52	0.52	0.58
成本体系合理度	21	成本体系（%）	0.98	1.31	1.77
资产系数合理度	22	资产系数（比值）	4.45	4.51	4.35

房地产

指标	序号		2016 年	2015 年	2014 年
运营周转 变化合理度	1	赊销债权周转期（月）	7.24	7.82	9.82
	2	赊购债务周转期（月）	19.04	20.67	19.88
	3	周转期（月）	-12.03	-12.85	-12.88
	4	周转期变化量（月）	4.16	-0.58	-4.16
	5	票据总周转期（月）	26.32	26.05	28.43
	6	货币资金对月营销比（月）	9.08	8.15	6.70
金融债务销售比	7	借款对月营销比率（月）	18.06	21.91	18.61
金融债务不健全度	8	借款变化不健全度（月）	6.51	8.86	10.63
实物性资产周转度	9	存货周转变化度（比值）	1.39	2.18	1.76
	10	固定资产周转变化度（比值）	3.11	3.25	3.75
投资资产效率	11	投资效率（比值）	0.39	0.55	0.50
	12	负债利率（比值）	0.03	0.02	0.01
无形资产效率	13	无形资产变化度（比值）	10.32	10.38	13.98
经常收支合理度	14	经常收支比率（%）	127.30	87.66	97.29
	15	三年平均经常收支比率（%）	114.18	105.54	100.66
异常系数	16	赊销债权异常系数（比值）	-4.40	-0.39	-0.04
	17	赊购债务异常系数（比值）	0.37	-0.03	-0.05
	18	异常系数（比值）	0.64	0.53	0.55
Themis 支付余力系数	19	可支配资本与月销售额比率（比值）	57.80	51.75	55.70
	20	年销售额与总资产比（比值）	0.29	0.26	0.28
成本体系合理度	21	成本体系（%）	1.05	0.96	1.78
资产系数合理度	22	资产系数（比值）	6.64	7.46	7.36

商业贸易					
指标	序号		2016 年	2015 年	2014 年
运营周转变化合理度	1	赊销债权周转期（月）	1.74	1.67	5.73
	2	赊购债务周转期（月）	5.14	5.00	7.30
	3	周转期（月）	-3.40	-3.33	-1.56
	4	周转期变化量（月）	-1.82	-0.64	2.20
	5	票据总周转期（月）	6.88	6.67	13.03
	6	货币资金对月营销比（月）	2.31	1.76	1.75
金融债务销售比	7	借款对月营销比率（月）	6.10	4.46	4.97
金融债务不健全度	8	借款变化不健全度（月）	2.36	0.30	0.36
实物性资产周转度	9	存货周转变化度（比值）	6.92	5.55	1.80
	10	固定资产周转变化度（比值）	1.08	1.18	1.17
投资资产效率	11	投资效率（比值）	13.05	17.92	4.40
	12	负债利率（比值）	-0.19	-4.03	-2.84
无形资产效率	13	无形资产变化度（比值）	13.83	3.09	2.22
经常收支合理度	14	经常收支比率（%）	106.14	129.47	50.88
	15	三年平均经常收支比率（%）	106.25	127.43	111.41
异常系数	16	赊销债权异常系数（比值）	0.81	-1.15	-0.02
	17	赊购债务异常系数（比值）	-0.61	-0.08	-0.05
	18	异常系数（比值）	1.89	1.71	0.45
Themis 支付余力系数	19	可支配资本与月销售额比率（比值）	10.99	9.24	8.27
	20	年销售额与总资产比（比值）	1.33	1.45	1.46
成本体系合理度	21	成本体系（%）	1.18	1.07	0.92
资产系数合理度	22	资产系数（比值）	2.33	1.88	2.11
休闲服务					
指标	序号		2016 年	2015 年	2014 年
运营周转变化合理度	1	赊销债权周转期（月）	4.74	4.29	3.17
	2	赊购债务周转期（月）	6.70	5.19	5.10
	3	周转期（月）	-1.96	-0.90	-1.93
	4	周转期变化量（月）	-0.06	0.20	-1.42
	5	票据总周转期（月）	11.44	9.48	8.27
	6	货币资金对月营销比（月）	4.12	4.49	2.93
金融债务销售比	7	借款对月营销比率（月）	7.56	8.74	7.66
金融债务不健全度	8	借款变化不健全度（月）	-2.01	-0.42	-0.14
实物性资产周转度	9	存货周转变化度（比值）	3.88	2.17	1.37
	10	固定资产周转变化度（比值）	1.09	1.06	1.11
投资资产效率	11	投资效率（比值）	1.24	2.37	0.33
	12	负债利率（比值）	-2.13	0.14	-0.72
无形资产效率	13	无形资产变化度（比值）	23.71	4.78	2.61
经常收支合理度	14	经常收支比率（%）	126.81	106.86	139.76
	15	三年平均经常收支比率（%）	120.44	117.01	114.16
异常系数	16	赊销债权异常系数（比值）	-0.11	0.77	0.13
	17	赊购债务异常系数（比值）	-0.06	0.33	-0.03
	18	异常系数（比值）	0.49	1.47	0.40
Themis 支付余力系数	19	可支配资本与月销售额比率（比值）	31.55	26.95	20.71
	20	年销售额与总资产比（比值）	0.50	0.56	0.69
成本体系合理度	21	成本体系（%）	1.77	1.28	0.75
资产系数合理度	22	资产系数（比值）	3.84	3.53	3.08

续表

综合

指标	序号		2016 年	2015 年	2014 年
运营周转 变化合理度	1	赊销债权周转期（月）	6.22	9.18	7.24
	2	赊购债务周转期（月）	12.63	11.72	9.93
	3	周转期（月）	-3.22	-4.76	-2.93
	4	周转期变化量（月）	1.57	-2.44	1.18
	5	票据总周转期（月）	19.17	19.29	14.50
	6	货币资金对月营销比（月）	14.06	15.50	5.24
金融债务销售比	7	借款对月营销比率（月）	13.99	11.16	10.70
金融债务不健全度	8	借款变化不健全度（月）	0.32	-9.35	-1.90
实物性资产周转度	9	存货周转变化度（比值）	1.83	2.30	1.11
	10	固定资产周转变化度（比值）	1.04	3.19	1.60
投资资产效率	11	投资效率（比值）	5.44	0.34	0.41
	12	负债利率（比值）	-0.05	-0.15	0.05
无形资产效率	13	无形资产变化度（比值）	1.38	2.34	2.69
经常收支合理度	14	经常收支比率（%）	100.19	90.86	125.49
	15	三年平均经常收支比率（%）	105.31	102.17	106.19
异常系数	16	赊销债权异常系数（比值）	-0.53	0.10	0.48
	17	赊购债务异常系数（比值）	-0.01	0.10	0.07
	18	异常系数（比值）	2.54	0.62	0.76
Themis 支付余力系数	19	可支配资本与月销售额比率（比值）	75.66	62.13	47.42
	20	年销售额与总资产比（比值）	0.45	0.41	0.54
成本体系合理度	21	成本体系（%）	0.98	1.07	0.97
资产系数合理度	22	资产系数（比值）	5.27	7.28	7.09

建筑材料

指标	序号		2016 年	2015 年	2014 年
运营周转 变化合理度	1	赊销债权周转期（月）	5.51	5.75	4.93
	2	赊购债务周转期（月）	7.54	11.32	5.97
	3	周转期（月）	-0.39	-0.15	-1.04
	4	周转期变化量（月）	0.35	0.12	-0.98
	5	票据总周转期（月）	10.82	11.64	9.47
	6	货币资金对月营销比（月）	4.39	4.38	1.34
金融债务销售比	7	借款对月营销比率（月）	6.71	7.68	6.09
金融债务不健全度	8	借款变化不健全度（月）	0.99	1.65	1.24
实物性资产周转度	9	存货周转变化度（比值）	1.07	1.19	1.92
	10	固定资产周转变化度（比值）	1.06	1.20	2.30
投资资产效率	11	投资效率（比值）	2.32	1.48	2.17
	12	负债利率（比值）	0.36	0.16	-1.41
无形资产效率	13	无形资产变化度（比值）	2.03	2.19	1.13
经常收支合理度	14	经常收支比率（%）	48.27	112.41	106.10
	15	三年平均经常收支比率（%）	122.95	105.85	107.36
异常系数	16	赊销债权异常系数（比值）	-0.06	0.07	0.04
	17	赊购债务异常系数（比值）	0.02	0.04	-0.24
	18	异常系数（比值）	0.44	0.37	0.63
Themis 支付余力系数	19	可支配资本与月销售额比率（比值）	28.50	57.24	16.16
	20	年销售额与总资产比（比值）	0.58	0.61	0.71
成本体系合理度	21	成本体系（%）	1.40	0.82	0.90
资产系数合理度	22	资产系数（比值）	2.57	2.68	2.12

续表

建筑装饰

指标	序号		2016年	2015年	2014年
运营周转 变化合理度	1	赊销债权周转期（月）	8.00	7.48	6.41
	2	赊购债务周转期（月）	9.22	9.66	8.46
	3	周转期（月）	−1.21	−2.18	−2.05
	4	周转期变化量（月）	0.84	−0.33	−0.28
	5	票据总周转期（月）	17.22	17.13	14.87
	6	货币资金对月营销比（月）	2.19	2.22	2.29
金融债务销售比	7	借款对月营销比率（月）	4.53	4.44	3.84
金融债务不健全度	8	借款变化不健全度（月）	1.41	0.64	0.83
实物性资产周转度	9	存货周转变化度（比值）	1.26	1.95	1.86
	10	固定资产周转变化度（比值）	4.36	1.31	1.18
投资资产效率	11	投资效率（比值）	0.25	0.22	−0.18
	12	负债利率（比值）	0.00	−0.02	0.00
无形资产效率	13	无形资产变化度（比值）	3.21	4.94	1.36
经常收支合理度	14	经常收支比率（%）	106.90	127.20	109.00
	15	三年平均经常收支比率（%）	102.59	102.45	103.07
异常系数	16	赊销债权异常系数（比值）	0.02	0.10	0.11
	17	赊购债务异常系数（比值）	−0.20	0.00	0.15
	18	异常系数（比值）	0.65	0.50	0.61
Themis 支付余力系数	19	可支配资本与月销售额比率（比值）	13.24	13.54	12.71
	20	年销售额与总资产比（比值）	0.58	0.61	0.71
成本体系合理度	21	成本体系（%）	0.96	0.97	1.07
资产系数合理度	22	资产系数（比值）	2.36	2.45	2.21

电气设备

指标	序号		2016年	2015年	2014年
运营周转 变化合理度	1	赊销债权周转期（月）	9.04	8.75	8.05
	2	赊购债务周转期（月）	7.15	6.84	5.78
	3	周转期（月）	1.88	1.91	2.27
	4	周转期变化量（月）	−0.47	−0.65	−0.07
	5	票据总周转期（月）	16.19	15.59	13.83
	6	货币资金对月营销比（月）	2.61	2.90	2.71
金融债务销售比	7	借款对月营销比率（月）	4.50	4.22	3.71
金融债务不健全度	8	借款变化不健全度（月）	1.19	0.36	0.27
实物性资产周转度	9	存货周转变化度（比值）	1.05	1.14	1.07
	10	固定资产周转变化度（比值）	1.23	1.21	1.27
投资资产效率	11	投资效率（比值）	1.09	5.68	23.94
	12	负债利率（比值）	−0.09	−0.02	−0.06
无形资产效率	13	无形资产变化度（比值）	2.19	2.23	1.75
经常收支合理度	14	经常收支比率（%）	198.34	101.58	149.04
	15	三年平均经常收支比率（%）	105.56	108.98	106.74
异常系数	16	赊销债权异常系数（比值）	0.01	0.03	−0.04
	17	赊购债务异常系数（比值）	0.05	0.05	0.09
	18	异常系数（比值）	0.29	0.29	0.32
Themis 支付余力系数	19	可支配资本与月销售额比率（比值）	21.54	21.36	20.04
	20	年销售额与总资产比（比值）	0.51	0.53	0.58
成本体系合理度	21	成本体系（%）	0.89	0.81	0.93
资产系数合理度	22	资产系数（比值）	2.70	2.62	2.39

续表

机械设备

指标	序号		2016 年	2015 年	2014 年
运营周转 变化合理度	1	赊销债权周转期（月）	8.71	8.18	7.05
	2	赊购债务周转期（月）	8.31	6.68	5.79
	3	周转期（月）	0.40	1.51	1.27
	4	周转期变化量（月）	−0.85	0.28	0.19
	5	票据总周转期（月）	17.02	14.86	12.84
	6	货币资金对月营销比（月）	10.57	3.11	2.90
金融债务销售比	7	借款对月营销比率（月）	9.43	4.68	4.01
金融债务不健全度	8	借款变化不健全度（月）	5.02	0.36	0.70
实物性资产周转度	9	存货周转变化度（比值）	1.25	1.32	1.26
	10	固定资产周转变化度（比值）	1.33	1.45	1.30
投资资产效率	11	投资效率（比值）	0.93	1.07	4.74
	12	负债利率（比值）	−0.90	−0.58	−0.23
无形资产效率	13	无形资产变化度（比值）	4.76	3.39	4.38
经常收支合理度	14	经常收支比率（%）	89.88	99.91	108.57
	15	三年平均经常收支比率（%）	105.25	100.39	106.89
异常系数	16	赊销债权异常系数（比值）	−0.07	0.05	0.06
	17	赊购债务异常系数（比值）	0.08	0.00	−0.02
	18	异常系数（比值）	0.48	0.28	0.22
Themis 支付余力系数	19	可支配资本与月销售额比率（比值）	35.84	26.85	22.10
	20	年销售额与总资产比（比值）	0.42	0.45	0.52
成本体系合理度	21	成本体系（%）	1.66	1.60	0.95
资产系数合理度	22	资产系数（比值）	3.37	3.00	2.59

国防军工

指标	序号		2016 年	2015 年	2014 年
运营周转 变化合理度	1	赊销债权周转期（月）	6.58	6.44	6.41
	2	赊购债务周转期（月）	6.51	7.80	7.01
	3	周转期（月）	0.07	−1.36	−0.60
	4	周转期变化量（月）	0.69	−1.26	−0.82
	5	票据总周转期（月）	13.08	14.24	13.43
	6	货币资金对月营销比（月）	3.26	3.41	2.84
金融债务销售比	7	借款对月营销比率（月）	5.82	5.96	5.19
金融债务不健全度	8	借款变化不健全度（月）	1.70	0.84	1.15
实物性资产周转度	9	存货周转变化度（比值）	1.10	1.18	1.30
	10	固定资产周转变化度（比值）	1.06	1.23	1.30
投资资产效率	11	投资效率（比值）	0.20	1.18	1.03
	12	负债利率（比值）	0.00	−0.31	0.03
无形资产效率	13	无形资产变化度（比值）	2.50	1.31	1.18
经常收支合理度	14	经常收支比率（%）	98.10	100.11	105.64
	15	三年平均经常收支比率（%）	98.29	101.40	103.73
异常系数	16	赊销债权异常系数（比值）	0.01	−0.03	0.07
	17	赊购债务异常系数（比值）	−0.04	−0.04	0.28
	18	异常系数（比值）	0.29	0.23	0.66
Themis 支付余力系数	19	可支配资本与月销售额比率（比值）	21.97	18.40	16.42
	20	年销售额与总资产比（比值）	0.47	0.47	0.50
成本体系合理度	21	成本体系（%）	1.12	1.09	0.96
资产系数合理度	22	资产系数（比值）	2.83	2.71	2.41

计算机					
指标	序号		2016 年	2015 年	2014 年
运营周转 变化合理度	1	赊销债权周转期（月）	6.77	6.53	6.28
	2	赊购债务周转期（月）	5.53	4.94	4.34
	3	周转期（月）	1.25	1.59	1.94
	4	周转期变化量（月）	−0.68	−0.33	1.15
	5	票据总周转期（月）	12.30	11.47	10.63
	6	货币资金对月营销比（月）	4.05	4.20	4.57
金融债务销售比	7	借款对月营销比率（月）	2.64	2.29	1.71
金融债务不健全度	8	借款变化不健全度（月）	1.28	1.10	0.74
实物性资产周转度	9	存货周转变化度（比值）	2.70	1.44	1.20
	10	固定资产周转变化度（比值）	1.51	1.34	2.36
投资资产效率	11	投资效率（比值）	0.70	0.82	0.73
	12	负债利率（比值）	−2.06	−5.57	−3.53
无形资产效率	13	无形资产变化度（比值）	3.75	6.12	5.35
经常收支合理度	14	经常收支比率（%）	126.98	109.43	114.75
	15	三年平均经常收支比率（%）	112.22	115.38	109.48
异常系数	16	赊销债权异常系数（比值）	0.01	0.02	−0.03
	17	赊购债务异常系数（比值）	−0.04	0.01	0.48
	18	异常系数（比值）	0.29	0.23	0.75
Themis 支付余力系数	19	可支配资本与月销售额比率（比值）	23.92	22.79	22.63
	20	年销售额与总资产比（比值）	0.52	0.55	0.61
成本体系合理度	21	成本体系（%）	0.76	1.05	0.90
资产系数合理度	22	资产系数（比值）	2.61	2.46	2.31
通信					
指标	序号		2016 年	2015 年	2014 年
运营周转 变化合理度	1	赊销债权周转期（月）	6.65	6.55	6.44
	2	赊购债务周转期（月）	5.48	5.37	5.29
	3	周转期（月）	1.16	1.18	1.15
	4	周转期变化量（月）	0.14	−0.86	−0.80
	5	票据总周转期（月）	12.13	11.92	11.73
	6	货币资金对月营销比（月）	3.26	2.80	2.57
金融债务销售比	7	借款对月营销比率（月）	3.20	3.04	3.85
金融债务不健全度	8	借款变化不健全度（月）	0.47	0.00	1.10
实物性资产周转度	9	存货周转变化度（比值）	1.05	0.92	1.07
	10	固定资产周转变化度（比值）	0.99	0.92	1.28
投资资产效率	11	投资效率（比值）	0.91	1.87	0.99
	12	负债利率（比值）	0.03	−0.06	−2.58
无形资产效率	13	无形资产变化度（比值）	2.43	2.84	1.73
经常收支合理度	14	经常收支比率（%）	93.23	130.02	108.33
	15	三年平均经常收支比率（%）	107.55	104.01	102.53
异常系数	16	赊销债权异常系数（比值）	−0.21	−0.00	−0.08
	17	赊购债务异常系数（比值）	0.05	0.06	0.02
	18	异常系数（比值）	0.46	0.21	0.23
Themis 支付余力系数	19	可支配资本与月销售额比率（比值）	18.89	18.73	15.48
	20	年销售额与总资产比（比值）	0.63	0.62	0.66
成本体系合理度	21	成本体系（%）	1.06	1.18	0.74
资产系数合理度	22	资产系数（比值）	2.27	2.21	2.08

附录五

新三板挂牌公司 22 个一类行业 Themis 异常值
评级指标中值统计（2014—2016 年）

农林牧渔					
指标	序号		2016 年	2015 年	2014 年
运营周转 变化合理度	1	赊销债权周转期（月）	10.93	3.75	4.48
	2	赊购债务周转期（月）	7.62	4.40	4.72
	3	周转期（月）	3.30	−0.65	−0.24
	4	周转期变化量（月）	1.48	2.15	2.03
	5	票据总周转期（月）	18.55	8.16	9.20
	6	货币资金对月营销比（月）	1.35	1.57	0.99
金融债务销售比	7	借款对月营销比率（月）	10.24	5.23	7.02
金融债务不健全度	8	借款变化不健全度（月）	2.89	−0.06	1.99
实物性资产周转度	9	存货周转变化度（比值）	1.58	1.92	6.57
	10	固定资产周转变化度（比值）	7.91	2.79	1.47
投资资产效率	11	投资效率（比值）	3.26	9.74	1.24
	12	负债利率（比值）	0.12	0.09	−0.34
无形资产效率	13	无形资产变化度（比值）	12.44	21.52	1.78
经常收支合理度	14	经常收支比率（%）	97.63	59.44	108.71
	15	三年平均经常收支比率（%）	113.31	107.19	104.77
异常系数	16	赊销债权异常系数（比值）	−0.08	−1.11	−0.93
	17	赊购债务异常系数（比值）	−0.43	−0.17	−0.64
	18	异常系数（比值）	0.90	1.68	1.86
Themis 支付余力系数	19	可支配资本与月销售额比率（比值）	30.81	17.78	16.84
	20	年销售额与总资产比（比值）	0.90	0.94	0.85
成本体系合理度	21	成本体系（%）	1.80	1.57	0.88
资产系数合理度	22	资产系数（比值）	3.84	2.23	2.35

采掘					
指标	序号		2016 年	2015 年	2014 年
运营周转 变化合理度	1	赊销债权周转期（月）	12.44	9.68	7.90
	2	赊购债务周转期（月）	9.45	6.93	6.30
	3	周转期（月）	2.99	2.75	1.59
	4	周转期变化量（月）	9.25	12.84	11.27
	5	票据总周转期（月）	21.89	16.62	14.21
	6	货币资金对月营销比（月）	3.35	2.13	1.47
金融债务销售比	7	借款对月营销比率（月）	6.70	3.61	5.73
金融债务不健全度	8	借款变化不健全度（月）	−1.25	−1.96	0.77
实物性资产周转度	9	存货周转变化度（比值）	2.13	2.23	1.75
	10	固定资产周转变化度（比值）	2.92	1.69	1.37
投资资产效率	11	投资效率（比值）	−	−	0.46
	12	负债利率（比值）	0.06	0.07	0.06
无形资产效率	13	无形资产变化度（比值）	58.02	1.57	0.72
经常收支合理度	14	经常收支比率（%）	108.34	101.28	104.14
	15	三年平均经常收支比率（%）	112.43	125.05	109.51
异常系数	16	赊销债权异常系数（比值）	−0.13	−0.29	−0.00
	17	赊购债务异常系数（比值）	0.11	−0.84	−0.07
	18	异常系数（比值）	0.87	1.67	0.42
Themis 支付余力系数	19	可支配资本与月销售额比率（比值）	34.51	22.80	18.69
	20	年销售额与总资产比（比值）	0.40	0.53	0.63
成本体系合理度	21	成本体系（%）	0.73	0.67	2.59
资产系数合理度	22	资产系数（比值）	3.91	2.75	2.47
化工					
指标	序号		2016 年	2015 年	2014 年
运营周转 变化合理度	1	赊销债权周转期（月）	6.16	4.70	4.55
	2	赊购债务周转期（月）	3.34	3.64	3.95
	3	周转期（月）	1.67	1.10	0.59
	4	周转期变化量（月）	1.90	1.81	1.33
	5	票据总周转期（月）	8.54	8.43	8.49
	6	货币资金对月营销比（月）	1.47	1.11	1.40
金融债务销售比	7	借款对月营销比率（月）	3.40	3.52	3.74
金融债务不健全度	8	借款变化不健全度（月）	0.06	0.11	0.77
实物性资产周转度	9	存货周转变化度（比值）	1.70	1.50	1.28
	10	固定资产周转变化度（比值）	3.38	2.98	1.35
投资资产效率	11	投资效率（比值）	0.65	0.31	0.32
	12	负债利率（比值）	0.05	0.05	0.07
无形资产效率	13	无形资产变化度（比值）	1.53	1.28	1.50
经常收支合理度	14	经常收支比率（%）	96.13	98.50	58.15
	15	三年平均经常收支比率（%）	99.17	99.98	105.17
异常系数	16	赊销债权异常系数（比值）	0.14	−0.29	−0.65
	17	赊购债务异常系数（比值）	−0.63	−0.19	−0.40
	18	异常系数（比值）	1.14	0.83	1.38
Themis 支付余力系数	19	可支配资本与月销售额比率（比值）	11.67	10.67	8.26
	20	年销售额与总资产比（比值）	0.89	0.94	0.98
成本体系合理度	21	成本体系（%）	1.11	6.40	1.37
资产系数合理度	22	资产系数（比值）	2.22	1.78	1.74

续表

钢铁					
指标	序号		2016 年	2015 年	2014 年
运营周转 变化合理度	1	赊销债权周转期（月）	5.02	4.55	3.65
	2	赊购债务周转期（月）	4.74	4.21	5.11
	3	周转期（月）	0.28	0.35	-1.47
	4	周转期变化量（月）	3.95	4.15	-0.09
	5	票据总周转期（月）	9.75	8.76	8.76
	6	货币资金对月营销比（月）	0.57	0.50	0.47
金融债务销售比	7	借款对月营销比率（月）	5.07	4.59	5.07
金融债务不健全度	8	借款变化不健全度（月）	0.09	0.21	-0.00
实物性资产周转度	9	存货周转变化度（比值）	1.55	1.18	1.01
	10	固定资产周转变化度（比值）	1.65	1.55	1.23
投资资产效率	11	投资效率（比值）	-	0.00	-
	12	负债利率（比值）	0.06	0.10	0.11
无形资产效率	13	无形资产变化度（比值）	5.75	4.47	1.03
经常收支合理度	14	经常收支比率（%）	97.37	108.86	92.65
	15	三年平均经常收支比率（%）	95.28	98.68	99.89
异常系数	16	赊销债权异常系数（比值）	-0.02	-0.09	-0.64
	17	赊购债务异常系数（比值）	-0.06	-0.34	-0.21
	18	异常系数（比值）	0.31	0.74	1.15
Themis 支付余力系数	19	可支配资本与月销售额比率（比值）	10.64	8.41	6.98
	20	年销售额与总资产比（比值）	0.83	0.86	1.00
成本体系合理度	21	成本体系（%）	0.92	8.39	0.98
资产系数合理度	22	资产系数（比值）	1.75	1.51	1.48

有色金属					
指标	序号		2016 年	2015 年	2014 年
运营周转 变化合理度	1	赊销债权周转期（月）	6.68	6.06	5.83
	2	赊购债务周转期（月）	4.81	5.01	5.20
	3	周转期（月）	1.87	1.06	0.62
	4	周转期变化量（月）	1.71	0.99	0.22
	5	票据总周转期（月）	11.49	11.07	11.03
	6	货币资金对月营销比（月）	1.07	1.02	0.83
金融债务销售比	7	借款对月营销比率（月）	3.80	3.82	3.73
金融债务不健全度	8	借款变化不健全度（月）	-0.12	-0.13	0.31
实物性资产周转度	9	存货周转变化度（比值）	1.41	1.23	1.22
	10	固定资产周转变化度（比值）	1.84	1.81	1.10
投资资产效率	11	投资效率（比值）	0.53	0.14	0.69
	12	负债利率（比值）	0.10	0.26	0.08
无形资产效率	13	无形资产变化度（比值）	1.21	1.17	1.01
经常收支合理度	14	经常收支比率（%）	98.79	95.41	102.80
	15	三年平均经常收支比率（%）	99.17	100.50	102.84
异常系数	16	赊销债权异常系数（比值）	0.02	-0.15	0.15
	17	赊购债务异常系数（比值）	-0.10	-0.22	-0.44
	18	异常系数（比值）	0.48	0.73	1.24
Themis 支付余力系数	19	可支配资本与月销售额比率（比值）	12.55	10.29	10.01
	20	年销售额与总资产比（比值）	0.84	0.88	0.91
成本体系合理度	21	成本体系（%）	1.70	0.90	1.10
资产系数合理度	22	资产系数（比值）	1.77	1.62	1.61

续表

汽车

指标	序号		2016 年	2015 年	2014 年
运营周转 变化合理度	1	赊销债权周转期（月）	5.49	5.32	5.52
	2	赊购债务周转期（月）	5.28	5.53	5.95
	3	周转期（月）	0.21	-0.22	-0.44
	4	周转期变化量（月）	3.27	4.97	4.21
	5	票据总周转期（月）	10.77	10.85	11.47
	6	货币资金对月营销比（月）	0.81	0.97	0.74
金融债务销售比	7	借款对月营销比率（月）	3.43	3.82	4.63
金融债务不健全度	8	借款变化不健全度（月）	0.37	0.30	1.33
实物性资产周转度	9	存货周转变化度（比值）	1.26	1.26	1.16
	10	固定资产周转变化度（比值）	6.27	4.21	1.23
投资资产效率	11	投资效率（比值）	0.09	0.07	1.46
	12	负债利率（比值）	0.04	0.07	0.12
无形资产效率	13	无形资产变化度（比值）	2.78	1.24	1.75
经常收支合理度	14	经常收支比率（%）	105.33	99.56	104.27
	15	三年平均经常收支比率（%）	99.82	100.43	105.02
异常系数	16	赊销债权异常系数（比值）	-0.63	-0.33	-0.06
	17	赊购债务异常系数（比值）	-0.08	-0.67	-0.29
	18	异常系数（比值）	1.12	1.41	1.08
Themis 支付余力系数	19	可支配资本与月销售额比率（比值）	9.38	8.72	6.86
	20	年销售额与总资产比（比值）	0.81	0.81	0.83
成本体系合理度	21	成本体系（%）	0.95	0.81	1.22
资产系数合理度	22	资产系数（比值）	1.57	1.56	1.54

食品饮料

指标	序号		2016 年	2015 年	2014 年
运营周转 变化合理度	1	赊销债权周转期（月）	3.75	4.00	5.50
	2	赊购债务周转期（月）	4.31	4.22	5.96
	3	周转期（月）	-0.34	-0.43	-1.23
	4	周转期变化量（月）	2.98	1.88	-1.11
	5	票据总周转期（月）	8.08	7.63	9.85
	6	货币资金对月营销比（月）	1.36	1.30	1.34
金融债务销售比	7	借款对月营销比率（月）	5.45	5.51	9.02
金融债务不健全度	8	借款变化不健全度（月）	0.12	0.26	1.94
实物性资产周转度	9	存货周转变化度（比值）	1.18	1.27	1.33
	10	固定资产周转变化度（比值）	1.86	2.63	1.83
投资资产效率	11	投资效率（比值）	-0.35	-0.70	0.22
	12	负债利率（比值）	0.18	0.07	0.07
无形资产效率	13	无形资产变化度（比值）	3.68	6.97	5.22
经常收支合理度	14	经常收支比率（%）	102.20	95.55	103.04
	15	三年平均经常收支比率（%）	95.08	94.67	106.38
异常系数	16	赊销债权异常系数（比值）	-0.14	-0.61	-0.35
	17	赊购债务异常系数（比值）	-0.05	-0.30	-0.22
	18	异常系数（比值）	0.53	1.14	1.05
Themis 支付余力系数	19	可支配资本与月销售额比率（比值）	20.00	16.48	2.90
	20	年销售额与总资产比（比值）	0.78	0.79	0.71
成本体系合理度	21	成本体系（%）	1.14	3.10	0.89
资产系数合理度	22	资产系数（比值）	2.42	2.20	3.21

续表

纺织服装				
指标	序号		2016 年	2015 年	2014 年

指标	序号		2016 年	2015 年	2014 年
运营周转 变化合理度	1	赊销债权周转期（月）	4.00	3.82	4.54
	2	赊购债务周转期（月）	3.63	3.52	4.52
	3	周转期（月）	0.37	0.30	0.02
	4	周转期变化量（月）	0.78	0.69	0.34
	5	票据总周转期（月）	7.63	7.34	9.06
	6	货币资金对月营销比（月）	0.84	0.94	0.83
金融债务销售比	7	借款对月营销比率（月）	4.46	4.05	4.97
金融债务不健全度	8	借款变化不健全度（月）	0.09	0.37	1.13
实物性资产周转度	9	存货周转变化度（比值）	1.46	1.43	1.35
	10	固定资产周转变化度（比值）	5.05	2.92	1.22
投资资产效率	11	投资效率（比值）	3.31	1.04	3.56
	12	负债利率（比值）	-0.11	0.08	0.08
无形资产效率	13	无形资产变化度（比值）	4.97	5.12	2.03
经常收支合理度	14	经常收支比率（%）	100.67	95.49	94.24
	15	三年平均经常收支比率（%）	97.00	98.05	142.25
异常系数	16	赊销债权异常系数（比值）	-0.08	-0.19	-0.08
	17	赊购债务异常系数（比值）	-0.49	-0.50	-0.17
	18	异常系数（比值）	0.96	1.01	1.16
Themis 支付余力系数	19	可支配资本与月销售额比率（比值）	8.57	7.92	6.64
	20	年销售额与总资产比（比值）	1.03	1.04	0.99
成本体系合理度	21	成本体系（%）	0.93	1.78	0.83
资产系数合理度	22	资产系数（比值）	1.43	1.33	1.39

轻工制造					
指标	序号		2016 年	2015 年	2014 年
运营周转 变化合理度	1	赊销债权周转期（月）	4.78	4.10	4.06
	2	赊购债务周转期（月）	3.84	3.74	4.36
	3	周转期（月）	0.94	0.36	-0.31
	4	周转期变化量（月）	1.99	1.27	-0.53
	5	票据总周转期（月）	8.62	7.85	8.42
	6	货币资金对月营销比（月）	1.01	1.04	0.82
金融债务销售比	7	借款对月营销比率（月）	3.91	3.64	4.40
金融债务不健全度	8	借款变化不健全度（月）	-0.30	-0.38	0.44
实物性资产周转度	9	存货周转变化度（比值）	1.16	1.08	1.18
	10	固定资产周转变化度（比值）	1.83	1.28	1.18
投资资产效率	11	投资效率（比值）	11.32	-4.11	0.11
	12	负债利率（比值）	0.02	-0.13	0.10
无形资产效率	13	无形资产变化度（比值）	3.10	15.83	21.24
经常收支合理度	14	经常收支比率（%）	101.74	135.50	108.16
	15	三年平均经常收支比率（%）	98.55	100.34	101.68
异常系数	16	赊销债权异常系数（比值）	0.00	-0.25	-0.26
	17	赊购债务异常系数（比值）	-0.04	-0.16	-0.12
	18	异常系数（比值）	0.64	0.80	1.15
Themis 支付余力系数	19	可支配资本与月销售额比率（比值）	9.99	8.72	7.04
	20	年销售额与总资产比（比值）	0.93	0.97	0.98
成本体系合理度	21	成本体系（%）	0.99	1.99	1.79
资产系数合理度	22	资产系数（比值）	1.52	1.40	1.38

续表

医药生物

指标		序号		2016 年	2015 年	2014 年
运营周转 变化合理度		1	赊销债权周转期（月）	4.81	4.69	4.89
		2	赊购债务周转期（月）	4.43	4.49	4.68
		3	周转期（月）	0.68	0.47	0.19
		4	周转期变化量（月）	2.55	3.09	1.49
		5	票据总周转期（月）	9.12	9.27	9.07
		6	货币资金对月营销比（月）	2.08	2.10	1.41
金融债务销售比		7	借款对月营销比率（月）	3.49	3.96	4.25
金融债务不健全度		8	借款变化不健全度（月）	-0.07	-0.04	0.42
实物性资产周转度		9	存货周转变化度（比值）	1.17	5.81	1.01
		10	固定资产周转变化度（比值）	1.78	2.48	1.19
投资资产效率		11	投资效率（比值）	9.43	0.47	7.64
		12	负债利率（比值）	-0.40	-0.17	0.07
无形资产效率		13	无形资产变化度（比值）	2.24	9.26	3.52
经常收支合理度		14	经常收支比率（%）	60.49	100.73	100.42
		15	三年平均经常收支比率（%）	99.12	107.98	98.83
异常系数		16	赊销债权异常系数（比值）	-0.13	-0.13	-0.22
		17	赊购债务异常系数（比值）	-0.11	-0.19	-0.11
		18	异常系数（比值）	0.54	0.62	0.63
Themis 支付余力系数		19	可支配资本与月销售额比率（比值）	19.44	19.34	14.18
		20	年销售额与总资产比（比值）	0.64	0.67	0.74
成本体系合理度		21	成本体系（%）	0.92	1.03	1.38
资产系数合理度		22	资产系数（比值）	2.65	2.75	2.44

公用事业

指标		序号		2016 年	2015 年	2014 年
运营周转 变化合理度		1	赊销债权周转期（月）	8.12	8.13	8.55
		2	赊购债务周转期（月）	7.46	8.14	8.71
		3	周转期（月）	0.67	-0.01	-0.16
		4	周转期变化量（月）	4.73	3.32	-1.84
		5	票据总周转期（月）	15.58	16.27	17.26
		6	货币资金对月营销比（月）	2.35	2.73	1.98
金融债务销售比		7	借款对月营销比率（月）	7.43	8.11	6.13
金融债务不健全度		8	借款变化不健全度（月）	1.83	1.37	-0.65
实物性资产周转度		9	存货周转变化度（比值）	3.55	6.90	2.37
		10	固定资产周转变化度（比值）	4.39	3.70	2.80
投资资产效率		11	投资效率（比值）	0.27	1.02	0.34
		12	负债利率（比值）	0.05	0.09	0.14
无形资产效率		13	无形资产变化度（比值）	16.63	1.84	0.82
经常收支合理度		14	经常收支比率（%）	107.15	101.43	106.03
		15	三年平均经常收支比率（%）	110.96	95.36	111.85
异常系数		16	赊销债权异常系数（比值）	-0.14	-0.54	-0.13
		17	赊购债务异常系数（比值）	-1.46	-0.74	-0.19
		18	异常系数（比值）	2.37	2.52	2.02
Themis 支付余力系数		19	可支配资本与月销售额比率（比值）	21.84	21.16	15.05
		20	年销售额与总资产比（比值）	0.62	0.68	0.68
成本体系合理度		21	成本体系（%）	1.18	1.39	1.00
资产系数合理度		22	资产系数（比值）	3.02	3.09	2.59

续表

交通运输

指标	序号		2016 年	2015 年	2014 年
运营周转 变化合理度	1	赊销债权周转期（月）	4.82	4.25	4.71
	2	赊购债务周转期（月）	3.39	3.28	4.27
	3	周转期（月）	1.43	0.97	0.45
	4	周转期变化量（月）	−7.86	−5.45	8.07
	5	票据总周转期（月）	8.21	7.54	8.98
	6	货币资金对月营销比（月）	1.05	0.91	0.68
金融债务销售比	7	借款对月营销比率（月）	5.30	5.20	8.70
金融债务不健全度	8	借款变化不健全度（月）	0.57	0.71	2.23
实物性资产周转度	9	存货周转变化度（比值）	1.11	1.34	1.30
	10	固定资产周转变化度（比值）	1.95	1.43	1.88
投资资产效率	11	投资效率（比值）	21.58	−1.19	0.79
	12	负债利率（比值）	−0.49	0.06	0.07
无形资产效率	13	无形资产变化度（比值）	2.63	1.53	1.74
经常收支合理度	14	经常收支比率（%）	95.09	96.42	103.19
	15	三年平均经常收支比率（%）	99.78	101.67	102.17
异常系数	16	赊销债权异常系数（比值）	0.29	−1.91	−0.17
	17	赊购债务异常系数（比值）	−1.19	−2.22	−5.62
	18	异常系数（比值）	2.52	4.60	6.49
Themis 支付余力系数	19	可支配资本与月销售额比率（比值）	10.80	10.08	10.17
	20	年销售额与总资产比（比值）	1.62	1.79	1.58
成本体系合理度	21	成本体系（%）	1.26	1.90	1.00
资产系数合理度	22	资产系数（比值）	1.65	1.57	1.92

房地产

指标	序号		2016 年	2015 年	2014 年
运营周转 变化合理度	1	赊销债权周转期（月）	3.57	7.42	4.34
	2	赊购债务周转期（月）	6.42	4.71	6.29
	3	周转期（月）	−2.85	2.71	−1.95
	4	周转期变化量（月）	−4.70	2.63	8.73
	5	票据总周转期（月）	9.99	12.13	10.63
	6	货币资金对月营销比（月）	3.40	3.81	2.77
金融债务销售比	7	借款对月营销比率（月）	1.43	9.52	2.43
金融债务不健全度	8	借款变化不健全度（月）	−4.57	0.17	−9.54
实物性资产周转度	9	存货周转变化度（比值）	7.59	0.46	1.10
	10	固定资产周转变化度（比值）	2.94	4.44	1.54
投资资产效率	11	投资效率（比值）	0.33	0.89	0.54
	12	负债利率（比值）	0.03	0.20	0.06
无形资产效率	13	无形资产变化度（比值）	8.74	3.73	5.04
经常收支合理度	14	经常收支比率（%）	120.35	114.81	100.28
	15	三年平均经常收支比率（%）	108.79	131.92	108.25
异常系数	16	赊销债权异常系数（比值）	−0.32	−0.25	−0.48
	17	赊购债务异常系数（比值）	−0.89	−0.67	−0.66
	18	异常系数（比值）	1.70	2.02	1.98
Themis 支付余力系数	19	可支配资本与月销售额比率（比值）	16.56	13.56	37.59
	20	年销售额与总资产比（比值）	1.36	1.44	1.59
成本体系合理度	21	成本体系（%）	0.88	1.41	4.03
资产系数合理度	22	资产系数（比值）	2.19	2.51	3.66

附录五 新三板挂牌公司 22 个一类行业 Themis 异常值评级指标中值统计（2014—2016 年）

续表

商业贸易					
指标	序号		2016 年	2015 年	2014 年
运营周转 变化合理度	1	赊销债权周转期（月）	4.80	4.92	10.74
	2	赊购债务周转期（月）	3.10	3.62	4.21
	3	周转期（月）	1.18	0.96	− 7.41
	4	周转期变化量（月）	3.62	3.00	− 1.99
	5	票据总周转期（月）	7.22	7.72	8.95
	6	货币资金对月营销比（月）	3.56	1.88	10.32
金融债务销售比	7	借款对月营销比率（月）	2.14	2.35	5.62
金融债务不健全度	8	借款变化不健全度（月）	0.26	0.28	1.89
实物性资产周转度	9	存货周转变化度（比值）	1.98	2.17	1.28
	10	固定资产周转变化度（比值）	4.73	4.12	10.51
投资资产效率	11	投资效率（比值）	9.06	7.91	4.76
	12	负债利率（比值）	0.20	0.02	0.16
无形资产效率	13	无形资产变化度（比值）	7.90	7.93	5.90
经常收支合理度	14	经常收支比率（%）	98.39	98.42	105.03
	15	三年平均经常收支比率（%）	52.46	102.19	105.04
异常系数	16	赊销债权异常系数（比值）	0.04	− 0.94	− 0.96
	17	赊购债务异常系数（比值）	4.71	− 3.58	− 3.70
	18	异常系数（比值）	8.74	5.58	5.97
Themis 支付余力系数	19	可支配资本与月销售额比率（比值）	15.37	9.58	27.69
	20	年销售额与总资产比（比值）	1.83	1.81	1.68
成本体系合理度	21	成本体系（%）	1.14	1.09	1.07
资产系数合理度	22	资产系数（比值）	1.69	1.37	4.00
休闲服务					
指标	序号		2016 年	2015 年	2014 年
运营周转 变化合理度	1	赊销债权周转期（月）	2.76	2.38	3.13
	2	赊购债务周转期（月）	8.12	4.74	8.27
	3	周转期（月）	− 5.35	− 2.36	− 5.15
	4	周转期变化量（月）	− 5.74	− 1.68	3.35
	5	票据总周转期（月）	10.88	7.13	11.40
	6	货币资金对月营销比（月）	0.74	1.92	1.00
金融债务销售比	7	借款对月营销比率（月）	1.50	1.84	1.97
金融债务不健全度	8	借款变化不健全度（月）	− 0.90	− 0.79	0.24
实物性资产周转度	9	存货周转变化度（比值）	0.89	1.33	0.97
	10	固定资产周转变化度（比值）	1.42	1.42	1.30
投资资产效率	11	投资效率（比值）	− 0.03	−	−
	12	负债利率（比值）	0.14	2.03	0.09
无形资产效率	13	无形资产变化度（比值）	2.46	4.79	13.33
经常收支合理度	14	经常收支比率（%）	111.96	91.31	114.27
	15	三年平均经常收支比率（%）	95.26	103.80	103.20
异常系数	16	赊销债权异常系数（比值）	− 0.15	− 0.42	− 0.20
	17	赊购债务异常系数（比值）	0.08	− 1.85	− 0.07
	18	异常系数（比值）	2.07	2.82	0.63
Themis 支付余力系数	19	可支配资本与月销售额比率（比值）	4.70	6.29	4.34
	20	年销售额与总资产比（比值）	1.72	2.05	1.85
成本体系合理度	21	成本体系（%）	0.97	0.62	0.55
资产系数合理度	22	资产系数（比值）	1.56	1.28	1.44

建筑材料					
指标	序号		2016 年	2015 年	2014 年
运营周转 变化合理度	1	赊销债权周转期（月）	7.29	6.64	7.05
	2	赊购债务周转期（月）	5.42	5.95	6.19
	3	周转期（月）	1.87	0.69	0.86
	4	周转期变化量（月）	1.28	1.57	1.12
	5	票据总周转期（月）	12.71	12.59	13.24
	6	货币资金对月营销比（月）	1.99	1.47	0.88
金融债务销售比	7	借款对月营销比率（月）	4.62	6.01	5.45
金融债务不健全度	8	借款变化不健全度（月）	−0.18	1.40	1.02
实物性资产周转度	9	存货周转变化度（比值）	2.11	1.28	1.24
	10	固定资产周转变化度（比值）	2.13	1.34	1.14
投资资产效率	11	投资效率（比值）	1.50	0.15	0.19
	12	负债利率（比值）	0.09	0.07	0.76
无形资产效率	13	无形资产变化度（比值）	22.59	19.96	2.19
经常收支合理度	14	经常收支比率（%）	118.52	83.37	96.46
	15	三年平均经常收支比率（%）	96.57	95.00	97.87
异常系数	16	赊销债权异常系数（比值）	−0.01	−0.14	−0.12
	17	赊购债务异常系数（比值）	−0.08	−0.24	−0.23
	18	异常系数（比值）	0.49	0.67	0.71
Themis 支付余力系数	19	可支配资本与月销售额比率（比值）	19.19	17.34	14.18
	20	年销售额与总资产比（比值）	0.66	0.69	0.69
成本体系合理度	21	成本体系（%）	1.38	1.11	1.17
资产系数合理度	22	资产系数（比值）	2.36	2.39	2.15
建筑装饰					
指标	序号		2016 年	2015 年	2014 年
运营周转 变化合理度	1	赊销债权周转期（月）	7.88	7.11	6.72
	2	赊购债务周转期（月）	6.35	6.04	5.62
	3	周转期（月）	7.80	−0.13	1.26
	4	周转期变化量（月）	9.21	1.06	−1.13
	5	票据总周转期（月）	14.24	13.06	12.30
	6	货币资金对月营销比（月）	1.10	1.10	0.77
金融债务销售比	7	借款对月营销比率（月）	2.68	2.55	3.02
金融债务不健全度	8	借款变化不健全度（月）	0.13	0.07	0.77
实物性资产周转度	9	存货周转变化度（比值）	8.80	4.46	1.62
	10	固定资产周转变化度（比值）	8.65	7.51	3.99
投资资产效率	11	投资效率（比值）	0.39	0.43	0.09
	12	负债利率（比值）	0.09	0.10	0.10
无形资产效率	13	无形资产变化度（比值）	1.29	1.33	1.15
经常收支合理度	14	经常收支比率（%）	95.20	92.29	95.25
	15	三年平均经常收支比率（%）	95.14	97.42	99.57
异常系数	16	赊销债权异常系数（比值）	−0.27	−0.48	−0.38
	17	赊购债务异常系数（比值）	−0.12	−0.26	−0.30
	18	异常系数（比值）	0.95	1.42	1.42
Themis 支付余力系数	19	可支配资本与月销售额比率（比值）	10.44	8.90	7.92
	20	年销售额与总资产比（比值）	0.81	0.91	0.95
成本体系合理度	21	成本体系（%）	1.53	1.08	1.19
资产系数合理度	22	资产系数（比值）	11.28	1.53	1.43

续表

电气设备

指标	序号		2016 年	2015 年	2014 年
运营周转 变化合理度	1	赊销债权周转期（月）	7.11	6.97	7.08
	2	赊购债务周转期（月）	5.41	5.32	8.74
	3	周转期（月）	1.70	1.66	−1.66
	4	周转期变化量（月）	1.85	1.95	−0.38
	5	票据总周转期（月）	12.52	12.29	15.82
	6	货币资金对月营销比（月）	1.39	1.59	1.08
金融债务销售比	7	借款对月营销比率（月）	2.90	3.28	4.34
金融债务不健全度	8	借款变化不健全度（月）	−0.02	0.10	0.80
实物性资产周转度	9	存货周转变化度（比值）	1.43	1.14	1.31
	10	固定资产周转变化度（比值）	2.30	1.88	1.71
投资资产效率	11	投资效率（比值）	−0.20	1.09	1.45
	12	负债利率（比值）	0.04	0.04	0.08
无形资产效率	13	无形资产变化度（比值）	7.99	18.10	20.70
经常收支合理度	14	经常收支比率（%）	98.17	96.84	132.45
	15	三年平均经常收支比率（%）	98.76	99.38	100.59
异常系数	16	赊销债权异常系数（比值）	−0.14	−0.33	−0.24
	17	赊购债务异常系数（比值）	−0.06	−0.25	−0.20
	18	异常系数（比值）	0.72	1.09	1.03
Themis 支付余力系数	19	可支配资本与月销售额比率（比值）	12.17	10.64	11.12
	20	年销售额与总资产比（比值）	0.86	0.91	0.92
成本体系合理度	21	成本体系（%）	1.15	0.92	1.13
资产系数合理度	22	资产系数（比值）	1.72	1.75	2.03

机械设备

指标	序号		2016 年	2015 年	2014 年
运营周转 变化合理度	1	赊销债权周转期（月）	9.23	7.43	6.93
	2	赊购债务周转期（月）	5.42	5.24	5.84
	3	周转期（月）	−10.35	−5.59	0.70
	4	周转期变化量（月）	−6.26	−1.18	0.79
	5	票据总周转期（月）	12.93	12.15	12.51
	6	货币资金对月营销比（月）	1.77	1.86	1.14
金融债务销售比	7	借款对月营销比率（月）	3.09	3.02	3.42
金融债务不健全度	8	借款变化不健全度（月）	−0.21	−0.93	0.54
实物性资产周转度	9	存货周转变化度（比值）	2.68	1.87	1.75
	10	固定资产周转变化度（比值）	2.32	3.66	2.13
投资资产效率	11	投资效率（比值）	−5.22	0.57	10.04
	12	负债利率（比值）	0.07	0.18	−0.00
无形资产效率	13	无形资产变化度（比值）	1.67	1.38	1.31
经常收支合理度	14	经常收支比率（%）	112.26	86.09	96.18
	15	三年平均经常收支比率（%）	97.14	97.06	102.98
异常系数	16	赊销债权异常系数（比值）	0.20	−0.17	−0.25
	17	赊购债务异常系数（比值）	0.09	−0.75	−0.14
	18	异常系数（比值）	0.95	1.41	0.93
Themis 支付余力系数	19	可支配资本与月销售额比率（比值）	15.14	13.59	11.27
	20	年销售额与总资产比（比值）	0.71	0.76	0.78
成本体系合理度	21	成本体系（%）	1.31	1.16	1.61
资产系数合理度	22	资产系数（比值）	2.42	2.06	1.80

续表

计算机

指标	序号		2016 年	2015 年	2014 年
运营周转 变化合理度	1	赊销债权周转期（月）	11.50	6.01	7.04
	2	赊购债务周转期（月）	6.35	4.25	4.05
	3	周转期（月）	5.15	1.76	2.99
	4	周转期变化量（月）	6.92	5.70	3.30
	5	票据总周转期（月）	17.85	10.25	11.09
	6	货币资金对月营销比（月）	3.60	6.63	2.30
金融债务销售比	7	借款对月营销比率（月）	1.19	1.05	1.53
金融债务不健全度	8	借款变化不健全度（月）	0.17	-0.02	0.41
实物性资产周转度	9	存货周转变化度（比值）	2.50	1.89	1.48
	10	固定资产周转变化度（比值）	3.83	3.13	1.96
投资资产效率	11	投资效率（比值）	9.15	3.45	2.34
	12	负债利率（比值）	-0.43	-0.38	0.30
无形资产效率	13	无形资产变化度（比值）	11.93	10.09	10.94
经常收支合理度	14	经常收支比率（%）	103.71	121.65	113.31
	15	三年平均经常收支比率（%）	97.34	100.09	103.25
异常系数	16	赊销债权异常系数（比值）	-2.63	-1.86	0.78
	17	赊购债务异常系数（比值）	-0.24	3.30	-0.51
	18	异常系数（比值）	3.92	6.80	5.23
Themis 支付余力系数	19	可支配资本与月销售额比率（比值）	21.43	23.68	13.27
	20	年销售额与总资产比（比值）	1.04	1.01	1.03
成本体系合理度	21	成本体系（%）	1.20	1.01	1.38
资产系数合理度	22	资产系数（比值）	2.34	2.25	1.65

通信

指标	序号		2016 年	2015 年	2014 年
运营周转 变化合理度	1	赊销债权周转期（月）	5.51	5.23	5.81
	2	赊购债务周转期（月）	4.06	4.35	4.25
	3	周转期（月）	1.45	0.88	1.56
	4	周转期变化量（月）	1.65	0.75	-0.77
	5	票据总周转期（月）	9.57	9.57	10.07
	6	货币资金对月营销比（月）	1.40	1.86	1.13
金融债务销售比	7	借款对月营销比率（月）	2.05	1.93	2.15
金融债务不健全度	8	借款变化不健全度（月）	0.20	0.01	0.40
实物性资产周转度	9	存货周转变化度（比值）	1.55	1.55	1.38
	10	固定资产周转变化度（比值）	2.91	2.73	2.32
投资资产效率	11	投资效率（比值）	0.85	0.18	2.42
	12	负债利率（比值）	-1.41	0.07	0.09
无形资产效率	13	无形资产变化度（比值）	20.94	2.99	9.56
经常收支合理度	14	经常收支比率（%）	102.60	97.59	109.03
	15	三年平均经常收支比率（%）	98.36	98.84	103.22
异常系数	16	赊销债权异常系数（比值）	-0.14	-0.47	-0.21
	17	赊购债务异常系数（比值）	-0.44	-0.85	-0.25
	18	异常系数（比值）	1.00	1.88	1.06
Themis 支付余力系数	19	可支配资本与月销售额比率（比值）	10.58	10.94	9.46
	20	年销售额与总资产比（比值）	1.01	1.05	1.05
成本体系合理度	21	成本体系（%）	0.94	1.13	1.10
资产系数合理度	22	资产系数（比值）	1.44	1.46	1.37

附录六

传统财务分析与 Themis 异常值分析案例

案例公司——湖北迈亚（000971）

一、公司简介

所属行业：纺织工业

湖北迈亚股份有限公司（以下简称公司）是 1993 年经湖北省体改委鄂改生（1993）6 号文件批复同意，以湖北仙桃毛纺集团有限公司为主发起人，联合湖北省经济开发公司、华夏证券湖北有限公司、湖北省纺织品公司三家公司共同发起，以定向募集方式设立。公司于 1993 年 3 月 26 日在仙桃市工商行政管理局登记注册，设立时总股本为 5500 万股，注册号：4200001000064，注册资本 5500 万元。1997 年湖北省体改委以鄂体改（1997）18 号文批准同意公司 1996 年度分配方案，即向全体股东按 10:5 比例送红股，送股后的总股本为 8250 万股。1998 年 3 月湖北省体改委以鄂体改（1998）17 号文批复同意公司 1997 年度分配方案，即向全体股东按 10:6 比例送红股，送股后的总股本达到 13200 万股。2000 年 4 月中国证券监督管理委员会证监发行字（2000）30 号文批复同意公司向社会公开发行人民币普通股 5500 万股，发行后总股本为 18700 万股，并于 2000 年 4 月 27 日在深圳证券交易所上市交易。

二、媒体揭露信息

公司 2001—2004 年收入、净利润、应收账款、存货波动幅度非常小，收入在 2.6 亿元上下，净利润在 0.26 亿元左右，应收账款在 1.6 亿元左右，而存货波动相对大一点，但也在 1.3 亿元上下，这种财务指标一般而言资产质量是有问题的，涉嫌虚构资产或者存在潜亏。2005 年公司收入有较大幅度的增长，但净利润在下降，实际上公司自 2001 年以来一直是微利，挣扎在盈亏边缘，2006 年终于无法隐瞒真相，曝出 1.95 亿元的巨亏。很多公司都有这种规律，多年微利之后曝出巨额亏损。

2006 年年报除了曝出巨额亏损之外，还曝出大股东占用资金。这个其实在 2005 年年报也有征兆，2005 年年报称大股东偿还往来款 1.08 亿元，由于公司主业不赚钱，账面上通过大股东"输血"做成盈利，大股东这种欠款也往往是"假还"，所以此信息蕴含着大股东巨额占款的可能性。

存在隐瞒借款嫌疑，2006 年隐瞒银行借款 3 亿元，从报表分析：应收账款从年初的 1.78 亿元净增至年末的 2.83 亿元，而其他应收款更是从年初的 0.32 亿元增加至年末的 2.24 亿元，两者合计净增 2.97 亿元。

存在严重的关联交易非关联化事实，现金流量表、利润表及资产负债表都受到操纵。

三、传统财务分析

公司财务危机爆发时间：2006 年。因此我们围绕 2005 年前后企业财务指标展开分析。

传统财务分析以分析企业偿债能力、盈利能力、营运能力、发展趋势等四个方面为主要方法。

1. 偿债能力

公司 2003—2007 年偿债能力财务指标如下：

	指标	单位	2007 年	2006 年	2005 年	2004 年	2003 年
偿债能力							
1	流动比率	%	0.4	0.67	1.45	1.24	1.15
2	速动比率	%	0.27	0.54	1.03	0.94	0.89
3	资产负债率	%	61.79	76.16	53.42	52.73	55.05
4	长期负债与营运资金比率	%	−26.83	−7.97	100.89	154.83	224.68
5	利息保障倍数	%	−215.49	−680.83	171.83	363.89	532.97
6	产权比率	%	161.71	322.75	114.67	111.53	122.47
7	有形净值债率	%	178.12	397.42	114.88	111.79	122.82
8	净资产比率	%	38.21	23.6	46.58	47.27	44.95
9	权益乘数	%	261.71	423.76	214.67	211.53	222.47

（1）短期偿债能力

A. 流动比率和速动比率

从公司 ST 前一年即 2005 年的短期偿债指标来看，其流动比率和速动比率均处于非常理想状态。1.03 的速动比率在全行业都是最好的。

纵向分析，公司 2003—2005 年流动比率和速动比率均保持较好指标值，且其趋势向好。

通过上述分析，传统财务分析认为公司偿还短期借款的能力很强。

（2）长期偿债能力

A. 资产负债率和净资产比率

2005 年，公司资产负债率为 53.42%，净资产比率为 46.58%，这样的资产负债率和净资产比率对于债权人来说非常理想，在行业中也是居于平均水平。

B. 利息保障倍数

利息保障倍数是企业息税前的利润和企业借款缴纳费用的比率。其计算公式为：

利息保障倍数 = 息税前利润/利息费用。古典财务分析认为，该指标应大于 100%，并且越高说明越安全。公司利息保障倍数为 171.83%，因此公司通过收益偿还借款能力较强。

C. 产权比率

产权比率 = 负债总额/所有者权益总额 × 100%。这一比率是衡量企业长期偿债能力的指标之一。它是企业财务结构稳健与否的重要标志。

公司产权比率为 114.67%，即负债是所有者权益的 1.14 倍，这个产权比率相对于债权人而言非常安全。

D. 有形净值债务率

有形净值债务率 = ［负债总额 ÷（股东权益 − 无形资产净值）］× 100%，这个比率是产权比率的延伸。该指标为 1.14 倍，指标总体合理。

E. 权益乘数

权益乘数 = 资产总额/股东权益总额，即 = 1/（1 − 资产负债率）。

权益乘数代表公司所有可供运用的总资产是股东权益的几倍。权益乘数越大，代表公司向外融资的财务杠杆倍数越大，公司将承担较大的风险。该公司权益乘数为214.67%，属较好水平。

通过上述分析，传统财务分析认为该公司偿还长期借款的能力很强。

（3）综合偿债能力

长期负债与营运资金比率 = 长期负债／（流动资产 − 流动负债）

一般情况下，长期负债不应超过营运资金。长期负债会随时间延续不断转化为流动负债，并需动用流动资产来偿还。保持长期负债不超过营运资金，就不会因这种转化而造成流动资产小于流动负债，从而使长期债权人和短期债权人感到贷款有安全保障。长期负债与营运资金比率低，不仅表明企业的短期偿债能力较强，而且还预示着企业未来偿还长期债务的保障程度也较强。

该公司长期负债与营运资金比率为100.89%，说明该公司综合偿债能力较强。

通过上述分析，传统财务分析认为，公司无论是短期偿债还是长期偿债的能力均很强。

2. 盈利能力分析

公司盈利能力财务指标如下：

	盈利能力		2007 年	2006 年	2005 年	2004 年	2003 年
1	主营业务利润率	%	−12.99	4.53	18.94	24.31	27.11
2	营业利润率	%	−65.07	−61.59	4.60	12.33	14.33
3	销售净利率	%	−66.62	−61.58	3.44	8.59	10.00
4	销售毛利率	%	−12.76	4.78	19.11	24.44	27.32
5	销售成本率	%	112.76	95.22	80.89	75.56	72.68
6	销售税金率	%	0.24	0.25	0.17	0.13	0.21
7	净资产利润率	%	−31.44	−51.79	2.53	5.01	5.94
8	总资产报酬率	%	−6.86	−15.46	4.34	4.76	4.89
9	销售期间费用率	%	39.28	66.12	14.56	12.08	12.78
10	成本费用利润率	%	−43.82	−38.17	5.50	14.63	17.47
11	实交所得税与利润总额比率	%	−0.00	−0.00	34.46	33.00	33.00

（1）经营活动反映收支指标

A. 销售毛利率

2005 年公司销售毛利率为19.11%，销售毛利率较低。但考虑到纺织业毛利率总体偏低，该指标在可接受范围内。纵向对比，公司销售毛利率正在逐步降低，应引起注意。

B. 营业利润率和销售净利率

营业利润率是营业利润和营业收入的比率。其计算公式为：营业利润率＝营业利润/营业收入。

销售净利率是企业净利润和销售净值的比率。其计算公式为：销售净利率＝净利润/销售净值。

这两个指标反映企业利润在税前和税后与销售的比率关系。总体而言，2005 年公司 4.6% 的营业利润率和 3.44% 的销售净利率在纺织行业中是可以接受的。

（2）资产反映收支状况指标

A. 总资产报酬率

2005 年，公司总资产报酬率为 4.34%，与行业整体状况大体持平。纵向对比，总资产报酬率变化幅度较小。

B. 净资产利润率

2005 年，公司净资产利润率为 2.53%，该指标较为正常。纵向对比，净资产利润率较上两年有所下降。

通过上述分析，传统财务分析认为，公司在盈利能力方面有所下降，但尚属正常范围。

3. 营运能力分析

该公司营运能力财务指标如下：

	营运能力		2007 年	2006 年	2005 年	2004 年	2003 年
1	总资产周转率	%	15.08	28.79	34.53	26.89	26.61
2	存货周转率	%	229.95	222.79	206.1	180.89	161.29
3	存货周转期	天	156.56	161.59	174.67	199.01	223.2
4	应收账款周转率	%	134.61	178.71	211.67	165.23	165.44
5	应收账款周转期	天	267.44	201.45	170.08	217.87	217.61
6	营业周期	天	424	363.04	344.75	416.88	440.81
7	流动资产周转率	%	47.73	55.97	68.35	56.66	51.8
8	固定资产周转率	%	41.7	63.3	70.75	51.83	55.19
9	所有者权益周转率	%	47.2	84.1	73.6	58.33	59.39
10	应付账款周转率	%	408.5	1170.37	1771.54	1028.33	1544.98
11	应付账款周转期	天	88.13	30.76	20.32	35.01	23.3

（1）应收账款周转。包括应收账款周转率和应收账款周转期指标。2005年公司应收账款周转期170.08天，虽然周转速度较慢，但符合行业总体特点。纵向分析，较上两年，公司的应收账款周转期缩短，反映其账款回收速度加快，收款的能力加强。

（2）应付账款周转。包括应付账款周转率和应付账款周转期指标。2005年该公司应付账款周转期20.32天，应付账款周期缩短，说明其应付账款周转速度加快，付款的能力加强。

（3）存货周转。包括存货周转率和存货周转期指标。2005年公司存货周转期为174.67天，较前两年的周转加快，说明其存货营运能力加强。

（4）固定资产周转。固定资产周转率为70.75%，即固定资产较大，创造收益水平较弱。但与前两年相比，公司固定资产周转速度加快，说明其固定资产营运能力加强。

通过上述分析，传统财务分析认为，公司虽然在营运能力方面一般，但与往年情况相比，营运能力正在得到改善。

4. 经营发展能力分析

公司经营发展能力财务指标如下：

	经营发展能力		2007年	2006年	2005年	2004年	2003年
1	总资产增长率	%	33.1	16.19	3.89	-1.46	5.39
2	净资产增长率	%	115.52	-41.14	2.37	3.63	6.12
3	存货增长率	%	-21.33	-27.2	37.39	5.9	-13.58
4	固定资产增长率	%	-12.61	13.41	-7.34	-2.32	24.54
5	主营业务收入增长率	%	-34.39	-8.17	29.94	2.98	1.99
6	主营业务利润增长率	%	-288.13	-78.03	1.24	-7.65	6.07
7	营业利润增长率	%	-30.68	-1329.75	-51.54	-11.37	7.42
8	利润总额增长率	%	-29.03	-1177.13	-46.8	-11.53	-0.33
9	净利润增长率	%	-29.03	-1743.47	-47.96	-11.53	-2.47
10	应收账款周转率增长率	%	-24.68	-15.57	28.11	-0.13	-6.86
11	固定资产周转率增长率	%	-34.12	-10.53	36.5	-6.09	-18.91
12	存货周转率增长率	%	3.21	8.1	13.94	12.15	20.1

从公司上述各项指标增长状况看，2005年，公司大多数指标发展趋势正常。存在问题的指标主要集中在盈利能力发展指标中。其中，营运利率增长率、利

率总额增长率、净利润增长率均呈现较大幅度负增长，说明其盈利能力有所降低，应引起注意。但从整体情况看，公司经营发展能力较为正常。

5. 传统财务分析结论

总体来看，2005 年公司经营和财务状况较为正常，偿债能力方面，短期偿债能力和长期偿债能力均较好；盈利能力方面，虽然较 2004 年和 2003 年盈利水平下降，但仍在可接受范围；营运能力方面，周转速度正常，并较 2004 年和 2003 年相关指标有所上升，因此，对公司总体结论是正常。

四、Themis 异常值分析

该公司财务危机爆发时间：2006 年。Themis 系统提前预警时间：2005 年，得分 30 分，等级 CC 级。2002—2004 年，该公司得分均稍高于 40 分，公司处于财务危机边缘。

1. Themis 系统等级和得分情况（2002—2006 年）

	评分项目		2006 年		2005 年		2004 年		2003 年		2002 年	
			得分	预警	得分	预警	得分	预警	得分	预警	得分	预警
1	债权债务周转期	10	0	*	0	*	0	*	0	*	0	*
2	金融债务销售比	10	0	*	0	*	0	*	0	*	0	*
3	金融债务不健全度	10	0	*	10		10		10		10	
4	实物性资产周转率		10		10		10		9		9	
	存货周转变化度	5	5		5		5		4		4	
	固定资产周转变化度	5	5		5		5		5		5	
5	投资资产效率	5	2	*	2	*	2	*	2	*	2	*
6	无形资产效率	5	0	*	3		3		3		3	
7	经常收支比率	10	8		5		10		10		10	
8	异常系数	10	3	*	9		9		9		9	
9	Themis 支付余力系数	10	10		10		10		10		10	
10	成本体系	10	4		8		6		6		5	
11	资产系数	10	0	*	0	*	0		0	*	0	*
	评估得分	100	37		57		60		59		58	
	减分处理		−25		−27		−18		−15		−15	
	综合得分		12		30		42		44		43	
	评估等级		C		CC		B		B		B	

2. Themis 专家评语

	2006 年	2005 年	2004 年
综合评价	短期内存在很大的财务风险，出现风险的可能性极高，财务风险近期可能爆发。	财务非常脆弱，受经济环境和经济条件的影响很大，存在较严重财务缺陷和风险，需要定期重点关注，存在重大财务风险可能性大。	防范风险能力较脆弱，就某些问题需要重点关注，应随时观察其趋势，不良趋势进一步发展将危及公司生存。
营业状况	从本期应收应付状况看，公司垫付资金过大，造成公司的资金周转困难。仅从本期应收应付状况分析，本指标得分最低，公司存在较高风险。建议立刻审查公司应收账款回收期长的原因，并分析公司资金链状况和偿付能力。 公司销售严重依赖借款，并且借款的使用效率低，在本指标得分中最低。可能的原因是：（1）库存过大；（2）固定资产投资过大，但投资效果非常差；（3）应收账款回收期延长，可能存在不良应收账款。建议立刻对公司库存、固定资产投资和应收账款等状况进行考察。	从本期应收应付状况看，公司垫付资金过大，造成公司的资金周转困难。仅从本期应收应付状况分析，本指标得分最低，公司存在较高风险。建议立刻审查公司应收账款回收期长的原因，并分析公司资金链状况和偿付能力。	从本期应收应付状况看，公司垫付资金过大，造成公司的资金周转困难。仅从本期应收应付状况分析，本指标得分最低，公司存在较高风险。建议立刻审查公司应收账款回收期长的原因，并分析公司资金链状况和偿付能力。 从借款对公司的销售贡献度看，公司近两年来借款使用稳定，单项得分很高。
资产效益	从本期情况看，公司投资收益非常差，可能的原因是：（1）投资失败；（2）投资回收期长；（3）投资回报率低；（4）刚刚投资。建议立刻审查公司投资的真实状况。	从本期情况看，公司投资收益非常差，可能的原因是：（1）投资失败；（2）投资回收期长；（3）投资回报率低；（4）刚刚投资。建议立刻审查公司投资的真实状况。	从本期情况看，公司投资收益非常差，可能的原因是：（1）投资失败；（2）投资回收期长；（3）投资回报率低；（4）刚刚投资。建议立刻审查公司投资的真实状况。

	2006 年	2005 年	2004 年
资产效益	与前两年相比，无形资产对公司销售的贡献度下降，可能存在高估的倾向。目前，由于无形资产占总资产的比例低，因此无形资产高估对公司的影响较小。建议关注无形资产变化趋势。		
异常状况	从公司的销售状况分析，公司可能存在报表粉饰或非正常现象。可能粉饰或不正常的科目包括：（1）应收账款；（2）应付账款；（3）销售额；（4）销售成本；（5）存货。建议结合其他评估指标进一步分析，并审查公司相关会计科目情况。	从公司的销售状况分析，公司可能存在报表粉饰或非正常现象。可能粉饰或不正常的科目包括：（1）应收账款；（2）应付账款；（3）销售额；（4）销售成本；（5）存货。建议结合其他评估指标进一步分析，并审查公司相关会计科目情况。	
收益状况	从收入和成本角度分析，公司成本上升状况存在疑问，可能的原因是做大或预支成本。应审查公司成本构成。		从收入和成本角度分析，公司可能存在以倾销方式扩大销售额的嫌疑，如确定必将在收益上遭受巨大损失。建议立刻审查其销售状况和公司真实收益状况。
	从公司资本与销售额的关系分析，公司销售额非常小，运营能力非常差，对资金需求不迫切。	从公司资本与销售额的关系分析，公司销售额非常小，运营能力非常差，对资金需求不迫切。	从公司资本与销售额的关系分析，公司销售额非常小，运营能力非常差，对资金需求不迫切。
特别事项	从公司应收账款回收状况分析，公司的账款回收期过长，存在一部分账款成为坏账的可能性，建议予以审查。	从公司应收账款回收状况分析，公司的账款回收期过长，存在一部分账款成为坏账的可能性，建议予以审查。	从公司应收账款回收状况分析，公司的账款回收期过长，存在一部分账款成为坏账的可能性，建议予以审查。

	2006 年	2005 年	2004 年
特别事项	从公司流动资产和流动负债各会计科目变动情况分析，公司存在将应付账款藏匿于其他科目的可能性，建议予以审查。	公司本期经常收支状况严重恶化，存在三年内重大财务危机的可能性。建议立刻审查公司的收支状况。	从公司流动资产和流动负债各会计科目变动情况分析，公司存在将应付账款藏匿于其他科目的可能性，建议予以审查。
	从公司借款与公司销售关系分析，公司借款并未对销售产生贡献。公司存在利用借款弥补坏账或其他用途的嫌疑。建议审查公司的借款使用情况。	公司存在通过赊销扩大销售规模的嫌疑，建议审查公司销售状况和公司成本状况。	公司本期经常收支与公司的销售状况不匹配，建议审查相关会计科目状况。
	公司本期经常收支与公司的销售状况不匹配，建议审查相关会计科目状况。		

3. Themis 指标分析

从媒体揭露信息看，该上市公司主要存在以下严重问题：应收账款存在严重问题，有激增现象和关联交易特征；借款存在严重问题，大量隐瞒借款；公司长期利润微薄，并可能通过粉饰掩盖亏损。2006 年终于无法隐瞒真相，曝光出 1.95 亿元的巨亏。

从 Themis 揭示的时间看，虽然低于 40 分的评价出现在 2005 年，但是，实际上公司出现财务危机的年份可以追溯到 2002 年。Themis 系统在 2002—2004 年三年间，给予该公司的评分分别是 43 分、44 分、42 分，这对向该公司进行投资和融资的人提出了预警——该公司财务状况长期处于危机的边缘。

由于 Themis 预警发生在 2005 年，我们着重以 2005 年作为分析的重点。

（1）公司间信用状况发生异常。Themis 分析揭示，该公司在 2002 年以后，多年来债权债务周转期一直存在严重问题。指标得分多年均为 0 分。

Themis 专家评语三次提出该公司债权债务异常状况。

营业状况提示：

"从本期应收应付状况看，公司垫付资金过大，造成公司的资金周转困难。

仅从本期应收应付状况分析，本指标得分最低，公司存在较高风险。建议立刻审查公司应收账款回收期长的原因，并分析公司资金链状况和偿付能力。"

特别事项中的提示：

"从公司应收账款回收状况分析，公司的账款回收期过长，存在一部分账款成为坏账的可能性，建议予以审查。"

"公司存在通过赊销扩大销售规模的嫌疑，建议审查公司销售状况和公司成本状况。"

公司债权债务周转相关指标值如下：

评分项目			2006 年	2005 年	2004 年	2003 年	2002 年
债权 债务 周转期	1	赊销债权周转期（月）	15.17	7.54	10.90	10.04	9.02
	2	赊购债务周转期（月）	7.72	2.21	3.65	4.62	3.97
	3	赊销赊购总周转期（月）	7.45	5.32	7.26	5.42	5.04
	4	周转期变化量（月）	0.20	−0.10	2.21	2.51	0.53
	5	票据总周转期（月）	22.89	9.75	14.55	14.66	12.99

为什么公司的债权债务周转期指标的得分为 0 分？Themis 指标体系债权债务周转期指标的评分方法，采取的是矩阵形式分析，即对公司赊销赊购状况分析时，既分析其本期的债权债务周转期的水平状况（赊销赊购总周转期），也分析其变化量（N 期与 N−2 期的差）。

从公司的赊销赊购周转变化量看，2005 年债权债务周转期变化量较为正常。变化量的单向得分是较高的。问题出在公司债权债务周转期水平指标上。根据对该行业的统计，当该行业所属企业的赊销赊购总周转期超过 5 个月时，公司处于该行业最差的状态，赊销带来的资金压力巨大。因此，在单向指标得分上，公司的得分为 0。

在特别事项中再次提到应收账款出现的严重问题，说明该指标被追加扣分。这主要是因为公司本期的赊销周转期超过了同类公司标准反常值，达到了重大反常值标准，因此，在对应收账款的扣分上公司又被追加扣除 3~5 分。

（2）公司经常收支的异常和粉饰。从传统指标看，公司 2005 年的收益状况似乎没有太多问题。

这说明，传统指标的静态分析，无法发现企业收益的异常和粉饰。

但是，如果通过 Themis 体系对公司经常收支状况进行分析，就能够发现公司的账面收益和实际经常收支存在较大差异。

Themis 体系中关于公司经常收支状况的分析是"公司本期经常收支状况严重恶化，存在三年内重大财务危机的可能性。建议立刻审查公司的收支状况。"

公司 2005 年经常收支指标值如下：

评分项目			2007 年	2006 年	2005 年
经常收	14	经常收支比率（%）	89.64	112.65	85.19
支比率	15	三年平均经常收支比率（%）	94.43	99.64	101.43

从上表可以看出，2003—2005 年的三年平均经常收支比率值较为正常，说明公司长期经常收支没有风险。但是，如果仅从 2005 年当年的经常收支状况看，公司的经常收支问题非常严重，2005 年公司的收入仅占公司支出的 85.19%，这个比值表示公司在收支环节处于非常危险的境地，公司 2005 年经常收支严重恶化。从指标得分看，该指标仅得 5 分。

同时，在特别事项中再次提及公司经常收支异常，说明与同行业对比，公司本期经常收支已经超出该指标标准反常值，达到重大反常值范围，因此，公司的经常收支指标被追加扣分。

对比公司的收益，2005 年公司在经常收支方面的重大异常表现，说明公司主营业务收入产生极不正常，其来源很可能出于关联交易，并可能存在大量粉饰。同时，销售收入无法快速回收，应收账款将出现长期化倾向并存在坏账危险。

（3）公司资产与销售的异常。从公司资产与销售情况看，2005 年公司总资产为 1020010644.88 元，公司主营业务收入为 345646940.52 元，因此，Themis 体系最后一个指标——公司资产系数指标值为 2.94，即公司的资产是公司年收入的 2.94 倍。这是典型的大马拉小车，说明公司的运营能力存在很大缺陷，销售出现严重问题、企业资产闲置。按照 Themis 指标的评分体系，公司资产系数 2.94 这个值是标准反常值，因此给予 0 分。

（4）借款异常。公司在借款方面存在严重问题。表现在其借款对销售额的贡献小，借款不能转化为销售收益。公司金融债务指标值如下：

评分项目	2007 年	2006 年	2005 年	2004 年	2003 年	2002 年	2001 年	2000 年	1999 年
借款对月营销比率（月）	33.11	24.14	14.96	18.33	19.23	19.34	18.67	19.33	17.84

从上表可以看出，从 1999 年至 2007 年九年间，公司借款额与月销售的比率都在 15～33 倍，如果用 Themis 体系进行评价，在该行业中，当借款与月销售的比率超过 6～9 个月时，说明公司的借款效率极低，借款最终没有真正应用于销售中产生销售收益。因此，该指标得分为 0。

4. Themis 异常值分析法对公司的总体结论

2005 年，公司的经营状况和财务状况明显恶化，将很可能在 2006 年出现较为严重的财务风险，因此，投资人和融资人应立刻审查该企业，并及早做好风险防范措施。